EUROPEAN THINK-TANKS AND THEIR STUDIES ON CHINA

欧洲思想库
及其对华研究

中国现代国际关系研究院

EUROPEAN THINK-TANKS AND THEIR STUDIES ON CHINA

时事出版社

European Think—Tanks and Their Studies on China

欧洲思想库
及其对华研究

中国现代国际关系研究院

时 事 出 版 社

总策划： 陆忠伟

主　编： 冯仲平　孙春玲

编　委（按姓氏笔划排）：

孙恪勤　江穗春　杨　芳

洪建军　张小红　张　健

樊春菊

欧洲战略文化的智慧之光

——为《欧洲思想库及其对华研究》作序

陆忠伟

世界思想库3000余，而欧洲竟然占到五分之一，即约600家。在世界“思想库”体系中，美国似乎当然拥有国际社会公认的“思想库大国”“专利”，可谓“超级行星”。较之美国，欧洲诸国的历史、社会背景，传统文化以及“政府”的作用各不相同，故其思想库的规模、性质亦别有特色。欧洲思想库大体可以分为三个“星系”：英国、德国属于“早而全”，起步早、历史长、机构多、人数众、阵容大，是政策研究“大国”；法国因其国际关系和战略理论“独树一帜”而呈现“少而精”的特点，起步晚、发展快、气象新，成果不逊同行；意大利、瑞典、荷兰等国思想库是突出重点、独具风格。

欧洲是一片具有数百年文化和外交技巧且老练世故的神奇土地。从伦敦的圣詹姆斯广场，到巴黎的VARENNE大街；从莱茵河畔，到罗马的“尤迪尼大厦”，欧洲这棵枝叶繁茂、常青不老“思想库”之树，得天独厚地沐浴着欧洲战略文化的智慧之光。欧洲各国各民族的发展与安全凝结着人类共同的智慧。这一方面决定了伦敦、柏林、巴黎的各类思想库姓“欧”，另一方面又说明它与美、俄、中的思想库一莲托生，既出思想，又出人才。

欧洲思想库兴起迄今，历经百年：英国于19世纪后期（1884年）成立费边社，于20世纪初叶（1920年）成立皇家国际事务研究所，到20世纪末叶（1998年）成立了英国外交政策中心，面对乱云飞渡、扑朔迷离的国际政经情势，在欧洲各国外交、经济、军事、文化、社会等各项政策形成中，扮演着重要的“观察家”、“设计院”、“信息网”与“人才库”的角色。

上世纪70年代，欧洲迎来建“智”立“库”的黄金时期，约有半数的思想库成立于这一时期，且其中的许多思想库倾向于吃“中餐”，越来越重视对中国的研究，有关经济模式、外交思想、决策机制、发展前景等涉华政策研究成为其“才智人生”的重要组成部分，涌现出一大批中国问题专家，与中国的大学和思想库建立起广泛的联系。“汉风”劲吹，显然与中国综合国力的发展及国际地位的上升密切相关。欧洲思想库的“崛起”，离不开时与势的背景。换言之，变幻无常的国际安全局势与地缘战略环境，以及国内层出不穷的政治社会问题，使上世纪末叶成为欧洲思想库的高速成长期。

思想库本身也是国际品牌，拥有巨额无形资产。例如，谈起英国，人们会想起《经济学人》周刊、披头四、BBC、苏格兰威士忌等一系列傲视全球的品牌。尤其是英国的“伦敦国际战略研究所”则更以宏观视野、睿智建言、权威预测在国际政治研究界享有不逊于美国兰德公司的知名度。该所号称“战略思想库”，延揽了欧美等80多个国家多达3000多人的工作会员，研究范围覆盖了国际战略格局、地区安全、国别政经及单项课题，其年度“战略评估报告”受到各国外交决策层及学术界的普遍重视，“含金量”颇高。

政策为何物？有西方哲学家认为，“政策是一项含有目标、价值与策略的大型计划”，“参与政策过程的利害当事人包括最高统治者、政策执行者、政策受惠者乃至一般‘顾客’等”。[①] 中国有关“谋略学”的经验之谈中，有“用师者王”之说。谋略在付诸实施之前，基本上是静的、阴的。当权者把握情况变化，目的在于销患于未形，保治于未然。可见，“师”与“王”的关系，好比海与船的互相渴慕；又似“知”与“治”的纽带、对话与思考的平台。

早在二战结束后不久，欧洲有远见的政治家就开始为欧洲大陆描绘和平与发展的蓝图。例如，英国的丘吉尔、法国的舒曼、意大利的加斯佩里、比利时的斯巴克和德国的阿登纳。这些彪炳

① 朴贞子：“政策行为与哲学”，《光明日报》2004年8月17日。

欧洲史册的执政者、战略家，深谙“与知之者谋之”的治策思想，其超越常人的见解、机敏应对的韬略、解疑醒世的良言，可谓“不畏浮云遮望眼，只缘身在最高层”。

决策程序即从灵感火花到政策形成的“工艺流程”。欧洲的思想库相对重视政策研究，多数思想库凭借其广泛的国内外人脉、雄厚的人才方阵以及与政财界的密切关系，参与政府、企业的中长期决策，不断扩大对决策的影响。

古人所云，“世易时移变法宜矣”，讲的是“变通”这个道理。“变”是指客观事物的绝对变化；“通”，是讲政策和策略根据客观情况变化而不断调整。决策者既要与时俱进，更要审时度势，运天下于掌上。

从事政策研究，参与决策过程，提出替代方案或选择设计，供政府决策之用。政策研究报告闪烁的重要思想，将对国家发展与外交战略、国际政治与经济气候等产生重要影响，在战后推动欧洲一体化合作、冷战时代谋求在东西抗衡夹缝中图存求强等方面，为国家决策定向。

立足方寸，远思千里。思想库的舞台有多大，思维空间就能拓展多大。欧洲思想库在加强跨国研究，将“知”放到国际社会中推敲，在建立政策调整基础方面，不亚于美国，有其特点，并由此得出一个结论——思想库的国际化将是重要的发展趋势：

一是各国思想库通过人员交往、国际研讨或正式结成思想库网络，就某一区域性、跨国性课题开展合作研究，如伦敦国际战略研究所就与世界55家研究机构建立了合作研究关系；二是扮演外交安全思想接触的“第二轨道”，如亚太安全问题论坛的新加坡“香格里拉对话”是由伦敦国际战略研究所所长约翰·奇普曼博士发起组织的，但同时又是英、美思想库联手合作的产物；三是在双边关系中发挥“助推器”的作用，如中国与欧盟首脑会谈商定建立“中欧思想库论坛”，首次会议将于2004年11月在海牙召开。

研究外国思想库是中国学术界今年的热点之一。2003年我曾应邀为敝院美国研究所同仁所著《美国思想库及其对华政策》一书作序，今又应欧洲研究所同仁之邀为其姊妹篇《欧洲思想库及其对华研究》执笔作序。古人云，“文章合为时而著”。在欧洲一体化为世人瞩目、大西洋两岸关系渐行渐远、中欧关系发展方兴未艾，加强对欧洲思想库的研究确乃时与势所需。

笔者不谙欧洲研究，“雾里看花，终隔一层”，但感作序系学习、接受新刺激的一个过程，其收获当然是受惠于与本院专家共事。“学问无大小，能者为尊”。特作小序，与作者诸君共勉。

2004年中秋

京西万寿山庄

目 录

第一部分 英 国

第二部分　法　　国

第三部分　德　　国

第四部分　意大利

第五部分　欧　盟

前 言

据德国2000年发表的研究报告，目前世界上大约有3000个思想库或智库，其中欧洲约有600家。近年来，随着世界政治、经济和安全形势的日益复杂多变，思想库越来越受到欧洲各国政府的高度重视。

真正意义上的欧洲思想库始建于20世纪初期，20世纪最后30年是欧洲思想库发展最为活跃的时期，有一半思想库是在这一时期成立的。欧洲国家众多，各国思想库的形成和发展不尽相同。英国和德国是欧洲建立思想库较早的国家，都有历史悠久、实力很强的思想库，如享有盛名的伦敦国际战略研究所、皇家国际事务研究所、德国外交政策协会研究所、科学与政治基金会等。法国接受思想库概念比较晚，但诸如国际关系研究所、国际与战略关系研究所等研究机构力量雄厚、影响广泛，对中国问题的研究有自己独到的见解。意大利对思想库的建设也非常重视，主要思想库就有19家之多。随着欧洲一体化的不断发展，欧盟本身的智库也开始出现，如欧盟安全问题研究所、欧洲亚洲事务研究所以及欧洲政策研究中心和欧洲政策中心均比较有名。随着欧洲各国政府及欧盟机构的日益重视，思想库在各国政府内、外决策中发挥着重要作用。中、欧关系近年来发展较快，欧洲研究机构也越来越重视对中国的研究，并在欧洲各国以及欧盟委员会制定对华政策中起了很大作用。加强研究欧洲思想库的政策思想及其对欧盟及欧洲各国外交决策所起的重要作用，特别是弄清楚欧洲思想库的涉华研究状况和对华政策倾向，对于我们研究欧洲各国及欧盟总体的外交以及对华政策十分必要。

我们在英、法、德、意以及欧盟挑选了 30 个思想库，作为研究的主要对象。同时对这些主要欧洲国家整体思想库的情况作了简要的论述，以帮助读者加深对各个智库的了解。由于时间紧和我们水平有限，且材料来源不够充分，我们的研究还处于初始阶段。敬请各位同行和读者提出批评。

第一部分

英国

概 论

在英国，思想库（Think Tank）一词是指那些在政府之外从事政治、经济、外交等多学科研究的非营利性组织、团体和机构，其主要职能是为政府、党派或大企业公司决策提供思想支持。

英国思想库数目之多“超出了人们的一般估计”。[①] 成立于1884年、后隶属于工党的费边社（The Fabian Society）是英最著名的思想库之一。二十世纪后，英国社会中的各种思想库不断增多。尤其上世纪80年代是英国思想库发展的最活跃时期，这期间新产生了一些著名的思想库，如经济事务研究中心、政策研究中心、欧洲改革中心、公共政策研究会、外交政策中心等。

一、英国思想库的分类

英国的思想库虽然都标榜自身的独立和非营利性，但它们通常都带有一定的政治导向和主张，其目标是对公共政策和公开辩论施加影响。因为，所有规模较大的思想库都面临着资金不足的现实困难，必须千方百计筹集资金，否则很难生存下去。所以，那些活跃的大思想库不得不依附于政府或某个主流政党。事实上，自二战以来，许多大思想库的兴衰与各大政党的命运

① Diane Stone，“The British Think Tank Tradition”，NIRA Review Summer 1997，http//www.nira.go.jp/publ/review/97summer/sto.html，p.1.

是紧紧相连的，具有明显的党派倾向。总体而言，英国的思想库可分为以下三大类：

（一）中左派思想库

目前属于中左政党或具有中左政党倾向的较大思想库主要包括费边社、青年费边人、公共政策研究会、史密斯研究所、促进研究会、新政策研究所、新经济基金会、改革中心、外交政策中心等。其中成立于上世纪 80 年代后期的公共政策研究会是目前中左派阵营中最有影响力的思想库，与托尼·布莱尔为首的新一代工党领导人关系密切。在工党上台前后曾大肆鼓吹、宣扬布莱尔和吉登斯等提出的“第三条道路”思想主张。费边社则是英国最古老的左派思想库之一，在过去一个多世纪历程中，一直为左派政党的社会公共政策出谋划策，对中左派思想的发展贡献颇大。青年费边人（The Young Fabians）是另一个重要的左派思想库，由一批充满活力的工党青年知识分子精英组成，英国报刊将其称为“工党未来的知识之星”和议员摇篮。[①] 史密斯研究所是英国中左派研究市场经济的主要研究所之一，在分析经济发展和社会公共政策方面发挥了重要作用。促进研究会（Catalyst）则为新左派的一个重要思想库，一贯鼓吹机遇平等，推出了许多有关财富和权利分配的具体政策主张。

（二）中右派思想库

主要有亚当·斯密研究所、经济事务研究所、政策研究中心、社会市场研究会、企业中心、政治论坛、约瑟夫·朗特里基金会、全国社会研究中心等。其中的亚当·斯密研究所为英国市场经济政策的主要倡导者，从撒切尔夫人执政时期开始，该所一直积极鼓吹实施私有化和自由贸易。政策研究中心则是撒切尔夫人和基思·耶瑟夫在上个世纪 70 年代联合创办的一个政策思想库。成立于 1988 年的社会市场基金会原属于右派的一个著名思想库，

① 见王军：“英国的思想库及其功能分析”，《当代社会主义》2003 年第 1 期，以及英《卫报》网络版有关思想库的评论，http：//politics. guardian. co. uk/thinktanks/page/0，10538，677698，00. html.

但目前已转变成为跨党派的、与布莱尔政府关系密切的政策思想库。由于它的跨党派特性，其大量工作人员均与中左派人员有工作联系。政治论坛成立于1995年，是从事社会经济政策和思想讨论的著名论坛。它平均每年出版10本有关社会和经济政策宣传手册，例如保守党前领导人提倡的“公共学校的未来”这一理念即是由该思想库最早提出来的。经济事务研究所则是英国最早提倡自由经济的思想库之一，其政治立场与费边社等左翼社团相反。自1955年成立以来，该所不断抨击中左派推崇的凯恩斯主义社会经济政策，认为这种经济政策不利于提高英国经济效率，并导致英国通货膨胀长期居高不下。[①] 该所与保持党一直保持较紧密联系。

（三）非党派的思想库

一般而言，只有那些隶属于某个大的政党或具有党派倾向的思想库，才能借助政府和政党的力量在英国政治生活中发挥较大影响。但英国也存在许多不属于任何政党的非党派思想库。虽然它们在政坛上的作用不如那些隶属于政府或大政党的思想库，但它们在公共政策形成过程中也能施加一定的压力和影响。并且由于它们的相对中立，其自身的命运也不会受到政党跌宕起伏的激烈影响。这类思想库规模通常不大，但各自均有自己的特色，如提倡激进政策主张的“狄莫斯”公共政策研究所，主张稳定和逐步改革的金融革新研究中心和财金研究所，关注国际发展和人权问题的海外发展研究所等都比较有名。近年来还出现了不少专题问题研究所，如：国际环境与发展研究所、欧洲环境政策与地球资源研究所、老年与家庭政策研究中心等等。

二、思想库在英政府和社会决策中的作用

自撒切尔政府时代以来，英国思想库在英国政治生活中的重要性日益突

① R. Cockett, *Thinking The Unthinkable: Think Tanks and the Economic Counter－Revolution 1931－1983*, Harper Collins, London, 1994, p. 134.

出。无论是保守党或工党执政，它们常利用思想库为其政策提供智力支持或科学依据。事实上，每当政府难以提出成熟的政策建议时，它们通常会寻求思想库的支持。而许多大思想库也成功地充当了这种角色。亚当·斯密研究所声称：在80年代，该所提供的100多项关于自由市场经济的主张被保守党政府采纳而得到实施。[①] 工党自1997年执政以来也非常重视向“新左派”的一些著名思想库寻求政策咨询，并与许多其他各类思想库建立和保持合作关系。

英国的许多思想库也主动利用其各自优势，广泛参与和影响政府或大公司企业的决策。在政策形成过程中，思想库可以向政府提供某些敏感的政策建议。尤其当政府试图改变其传统政策时，思想库能起到难以替代的作用。因此，历届英国政府在出台某项重大政策之前，通常会委托一些思想库进行前期的可行性研究工作，然后付诸实施。例如：撒切尔政府在上个世纪80年代推行的私有化政策就是首先由“政策研究中心”等中右派思想库系统研究后而逐步付诸实施的。布莱尔政府在推行其卫生和社会福利改革之前，也广泛征询了中左派思想库的意见主张。虽然这些思想库并非压力集团，但它们却往往能发挥一般院外游说集团无法替代的作用。

正由于思想库在政府决策中的影响日益突出，近年来英国工商和金融业界不断扩大对一些著名思想库的资助，以便间接获得影响政府决策的机会。而大多数思想库为了能发挥更大的作用，也极力要成为政府和大企业的“参与者”。为此，许多思想库越来越多地关注具体的政策研究工作，努力设计可操作性的新创意，竭力在“思想市场”的竞争中销售自己的产品。现代媒体和网络技术的发展也为思想库功能的发挥创造了更加有利的外部条件。目前，英国所有大的思想库均建立了自己的网站。它们依据这一新的平台，努力宣传自己的思想观点和政策主张，以便对公共政策和社会生活施加更大影响。

---

① Diane Stone, “The British Think Tank Tradition”, NIRA Review Summer 1997, http//www. nira. go. jp/publ/review/97summer/sto. html, p. 3.

三、英国主要外交和安全思想库

英国研究外交和安全问题的思想库可分为两大部分：一是研究外交、战略问题的专业研究所和中心，如伦敦国际战略研究所、皇家国际事务研究所、外交政策中心、欧洲改革中心、联邦托拉斯、皇家三军防务研究所、冲突研究所等。二是在各大学的一些研究国际政治、安全问题的研究中心，如剑桥大学国际问题研究中心、诺丁汉特伦特大学亚太研究中心、兰卡斯特大学防务与国际安全研究中心、威尔士大学安全研究所、格拉斯哥大学中东欧研究所、南安普敦大学蒙巴顿国际研究中心等等。

外交和安全思想库主要有三大功能：一是研究中心功能。研究本国和世界各国外交战略和政策，分析各国国防安全与地区冲突，提出和发展新的战略构想。二是信息和情报中心的功能。所有各研究所或中心都设立了具有自身特色的图书和资料库，负责收集和提供有关外交、经济、政治、民族和军事安全方面的情报以及为分析人员、学者及记者提供参考和咨询。三是学术论坛功能。几乎所有各主要研究所每年都要举办年会、学术讲座及一系列讨论外交、经济及安全战略问题的学术会议。此外，各大学的国际问题研究中心和研究室的科研工作也与所在院校的教学相结合，为本校的本科和研究生教育提供专业课程和指导。

英国的几个主要国际关系研究所均为世界著名的政策咨询机构。其中伦敦国际战略研究所素有“战略思想库”之称。该所吸收了欧、美及其他地区80多个国家的3000多名工作会员，其研究范围包括战略研究、防卫与军备、地区安全问题以及各主要大国和地区的政治、经济、民族和外交政策动态。该所出版的《军事力量对比》、《战略研究》和《年度研究报告》等被视为国际战略研究领域的权威而被各国政府部门和媒体广泛引用。英国皇家国际事务研究所为英国规模最大、历史最早的国际问题研究机构，与英国政府、企业、媒体和学术界均有着广泛的联系，其发表的研究报告对政府的外交政策有较大的影响。该所制订的著名的“查塔姆规则”为保障和促进国际学术自由讨论奠定了基础。[①] 英国外交政策中心是由当时的首相布莱尔及外

① See “The Chatham House Rule”, http: //www. riia. org. uk/index. php? id=2.

交大臣库克直接领导组建的，是目前各研究所中与政府及工党关系最紧密的外交政策思想库之一。该中心发表的所有研究报告、出版物及国际讨论均是有针对性的，对英国的内外政策有很大影响。英国冲突研究所以研究世界各地“暴力冲突”及可能引发的“战略性”后果而著名，其服务对象为西方国家行政和军事机构、大学和非政府组织。该所与英、美政府和克恩豪斯等大公司企业关系紧密。皇家三军防务研究所为英国防部下属的专业研究机构，主要研究英国和国际安全与防务问题，与英国军方及政府决策部门关系密切，其观点历来被英国政界和军界所重视。此外，欧洲改革中心、伦敦外交学院、兰卡斯特防务与国际安全研究中心、达勒姆大学国际国家边界研究所的学术研究水平也比较突出。

本书“英国部分”介绍了伦敦国际战略研究所、外交政策中心、皇家国际事务研究所、皇家三军防卫研究所、欧洲改革中心、简氏情报集团、兰卡斯特大学防务与国际安全研究中心及剑桥大学国际问题研究中心等 8 个外交与安全研究机构的概况，它们是英国最有代表性的外交和安全思想库，在英国和世界国际问题研究领域具有较大声望和影响。

伦敦国际战略研究所

IISS International Institute for Strategic Studies

地 址：Arundel House，13 — 15 Arundel Street，Temple Place，London WC2R 3DX，United Kingdom
电话：44 (0) 20 7379 7676
传真：44 (0) 20 7836 3108
电子邮件：iiss@iiss. org
网址：http：www. iiss. org/

一、基本情况与特点

伦敦国际战略研究所成立于1958年，前身是布赖顿协会，1971年改为现名。目前拥有人员近50人，其中：研究人员25名，访问学者13名。所长是约翰·奇普曼（John Chipman），下设三个副所长和一个研究主任。特伦斯·泰勒（Terrence Taylor）副所长兼任国际战略研究所美国分部主任。亚力克斯·尼科尔（Alex Nicoll）副所长是研究军工及军事采购的专家，曾长期担任《金融时报》的防务记者，对中国和印度的经济改革进行过深入报道和研究。研究主任加里·萨莫尔博士（Gary Samore）是毕业于哈佛大学的反扩散问题专家，1996—2000年在美国安全委员会担任过负责反扩散和出口控制的主任和克林顿总统的特别顾问，并曾在美国务院和兰德公司担任要职。

伦敦国际战略研究所是从事安全和战略研究的权威国际研究机构之一。该所发表的年度“战略评估报告”受到各国政府及学术部门的普遍重视。其主要研究领域包括：重大国际安全问题，各大国的防务政策、军控和大规模杀伤性武器问题，新恐怖主义、国际冲突的解决、和平行动与人道主义干预问题，地区安全，科学、信息技术与国际安全等，尤其擅长于国际安全和军事战略方面的研究。该所自称是一个经费自筹的独立学术单位，但实际上与英国许多官方部门有着密切联系。

该所主要出版物有三种：（1）年度报告：《伦敦战略研究所战略评估》（世界政治、军事发展年度回顾和展望）、《军事均势》（介绍世界各国军事力量现状与动态）；（2）季刊：《生存》、《伦敦战略研究所业务通讯》；（3）月刊：《战略评论》。另外还不定期出版有关战略研究问题的《阿德尔菲报告》。

经费来源：每年经费约400万英镑，其中一半来自会员的会费和出版物收入，其余来自国内外民间的基金和企业公司的捐款。

二、主要活动及对重大国际问题的观点

该所素有国际“战略思想库”之称。成立初期主要从事军事思想和防务政策等军事战略问题的研究。上世纪60年代中期后，研究范围逐步扩大到政治、经济及和平与冲突等基本问题，包括战略研究、防卫与军备、地区安全问题以及各主要大国和地区的政治、经济、民族和外交政策动态。

国际战略研究所每年发表许多研究报告和公开出版物，其观点和分析在国际上影响甚大。近年来该所对一些重大国际问题的立场如下：

1. 关于“9·11”后的美国安全战略。该所发表的《2002—2003年度战略评估报告》认为：美国目前还不能有效地应对以“9·11”事件为代表的新安全挑战，需要以迅速、灵活、各兵种有效联合行动为目标进行军事改革。美国防部已开始对未来战争的设想，着手设立一支常备联合特遣部队。但是，在必须改革的其他方面——选拔合适的高级领导人、开发需要的先进技术、创造促进革新所需的机构灵活性、改革采购战略、放弃旧的军事系统以便为新系统腾出经费等——还有待检验。

2. 关于当前欧洲的作用。该所认为："9·11"事件以及此后美国的表现和其军事地位得以加强，使欧洲人更清楚地知道了自己在全世界的责任和作用。其教训是，欧洲人必须做出努力以便负责自己的安全，但是在全球范围内仍然要依附于美国。原因之一是欧洲全神贯注于内部问题，人口结构可能是欧洲的重大难题。欧盟面临的三重任务是：一、加强机构一体化；二、增加成员；三、为了不削弱改革和维护稳定的努力，消除关于非成员问题的意见分歧。

3. 关于北约。该所认为：美、英支持北约转变成一个在全球发挥作用的反恐联盟，而法、德普遍反对这种转变。对欧洲人来说，一种选择是让美国继续在北约中发挥作用；另一种选择是在美国逐渐退出欧洲防御的情况下，使北约成为一个能独立发挥作用的军事联盟。无论如何，北约不可能变成一个强有力的全球军事机器。贸易领域或对外政策领域的摩擦可能会阻碍欧美之间建立团结一致、相辅相成的新安全关系。

4. 对于伊拉克问题的立场。该所所长约翰·奇普曼博士在英国《独立报》上发表文章指出：美、英攻击伊拉克早有预谋。布什和布莱尔虽提出了可信的证据说伊"已实质上违反了联合国1441号决议"，但关于伊拉克与基地组织有联系的指责却很牵强。该所《战略评估》认为：美国在伊拉克战争中有得有失。美国赢得了对海湾地区石油线的控制，在中东的战略地位得到了加强，但与盟国关系及在整个世界上的信誉受到冲击。由于至今联军在伊拉克并未找到任何大规模杀伤性武器，伊境内伊斯兰民众对美国的不信任日益增多，美国处境不断恶化。虽然美国得到部分盟国的支持，但一些欧洲大国却一直反对美国的军事行动。大多数欧洲人现在认为："9·11"后，美国政府越来越迷信于武力解决国际冲突，不利于国际稳定。而许多发展中国家则更多视美国为主要威胁。

三、研究人员概况

约翰·奇普曼博士（John Chipman），所长。先后在哈佛大学和伦敦经济学院学习历史，并最终在牛津大学获得国际关系博士学位。主要研究国家大战略、现代外交和安全危机、跨大西洋关系、欧洲安全、亚太事务及跨太平洋关系。1983—1984年在国际战略研究所任助理研究员；1985—1987年在巴黎大西洋国际事务研究所任副研究员；1987 年起任国际战略研究所所长助理；1993 年升任所长。2001 年他发起组织了名为“香格里拉对话”的新亚太安全问题论坛。奇普曼经常接受电台和电视台专访，评论地区冲突和战略动态，并经常在主流报刊上撰文评论欧洲、中东和亚洲安全问题。国际联系广泛，自任国际战略研究所所长以来，先后访问了 100 多个国家。

电子信箱：Chipman@iiss. org

大卫·金（David King），行政所长。负责全所行政领导，包括财政、行政管理、办公室事务、信息系统等部门的管理。在 1999 年 1 月进国际战略研究所工作之前，他在牛津大学沃斯特学院担任了 12 年财务总管。曾在军队中长期服役，退伍前为陆军上校。曾在剑桥大学学习国际关系并获得硕士学位。

电子信箱：King@iiss. org

特伦斯·泰勒（Terrence Taylor），副所长兼国际战略研究所美国分部主任。大部分时间在美国华盛顿办公。除了担负行政领导职务外，也参与一系列课题研究，包括：全球安全、南亚和海湾问题、军备控制、反扩散及对全球私营企业生物技术安全防护。同时还担任世界科学和危险分析协会主席。1993—1995 年间，曾担任联合国对伊拉克武器核查委员会主任。在此期间，他还在斯坦福大学国际安全合作中心担任客座研究员，研究“禁止大规模杀伤性武器条约”对政府和工业部门的影响。此外，他还为美国能源部及国际红十字会提供有关武装冲突的法律咨询。1995 年 9 月正式进入国际战略研究所工作。

电子邮箱：Taylor@iiss. org

亚力克斯·尼科尔（Alex Nicoll），副所长，研究军工及军事采购的专家。早年毕业于牛津大学圣约翰学院。在进入国际战略研究所之前曾长期担任《金融时报》的防务记者和亚洲栏目主编。他曾先后前往科索沃和阿富汗采访，并对中国和印度的经济改革进行过深入报道和研究。他兼任过《印度标准商业报》编辑，还先后担任过路透社驻香港、伦敦、巴黎、德黑兰和纽约记者。他于 2003 年 1 月进入国际战略研究所。自担任副所长以来，一直负责协调所内有关防务方面的研究和出版工作。

电子邮箱：Nicoll@iiss. org

加里·萨莫尔博士（Gary Samore），研究主任。防扩散问题高级研究员。负责亚洲问题、武器控制、国际恐怖主义、进攻性导弹和大规模杀伤性武器的研究。1996—2000年期间，担任克林顿总统特别顾问及美国家安全委员会反扩散和出口控制分部主任。在此之前，他还先后在国务院南亚司、中东及东亚司任职。此外，他还曾在美国国家图书馆和兰德公司工作。萨莫尔于1984年获得哈佛大学博士学位，于2001年9月进入国际战略研究所工作。

电子信箱：Samore@iiss.org

蒂姆·赫克斯利（Tim Huxley），高级研究员，《阿德尔菲报告》主编。主要负责亚太安全与防务、东南亚和印度尼西亚等领域的研究和编辑工作。先后在牛津大学东方学院、威尔士大学及澳大利亚国立大学学习。曾在英国和澳大利亚几所大学任教，并在新加坡东南亚研究所工作了数年。在进入国际战略研究所之前，他担任赫尔大学高级讲师并兼任该校东南亚研究中心主任。他最近的著作有：《保卫狮城：新加坡武装力量》（Allen & Unwin, 2000）和《印度尼西亚的分解？对地区安全的影响》（Adelphi Paper 349, July 2002）。自2003年1月加入国际战略研究所后，主要发表有关东南亚安全动态、澳大利亚安全战略、军事平衡及战略系列评论等方面的文章。

电子邮箱：huxley@iiss.org

四、中国问题研究概况

（一）中国外交、安全政策研究

中国是近年来国际战略研究所亚洲研究的重点。其主要观点是：东亚地区至今仍存在许多悬而未决的历史遗留问题，一些二战、中国内战、朝鲜战争和冷战的危险遗产仍可能发展成为新的地区冲突和战争的爆发点。东亚既是当前经济发展最活跃的地区之一，也是弹道导弹和大规模杀伤性武器扩散的一个重要来源，这一地区的多数国家至今仍竭力推进军事现代化并维持着极高水平的国防开支。尤其是台湾海峡两岸和南北朝鲜之间的军事对峙仍呈现继续加剧的趋势。在该地区的所有安全问题上，中国均是一个关键因素。近年来，中国在外交、安全政策上日益表现出更多的自信和灵活性。国际战略研究所“东北亚”研究项目小组主要集中研究中国台海和朝鲜半岛的安全动向，并集中对中国国内的经济、社会发展和转型过程中各种矛盾和困难进行深入研究，以及对中国领导层的变化和经济—社会发展的战略意义及其对外交、安全政策的影响进行分析。台湾海峡两岸的形势发展也是该所关注的重点之一。

（二）主要中国问题专家

亚当·沃德（Adam Ward），高级研究员，《战略评论》主编。负责所内亚洲研究项目的协调和组织有关地区战略问题的年会与讲座。他经常在报刊媒体上发表关于亚洲问题的评论。主要研究领域包括：亚洲安全和外交动态、美国对亚洲外交、安全政策、朝鲜与韩国、中国、日本、台湾、地区经济问题，尤其是有关中国经济问题。他目前正在从事的研究课题有：朝鲜核危机、十六大后的中国、亚洲安全结构等。最新有关中国的文章有："中国与美国：即将出现麻烦？"①。

亚当·沃德早年在沃威克大学攻读德国政治和国际研究课程，并获得学士和硕士学位。1997—2001 年，他在牛津分析咨询公司担任亚太问题编辑和分析员，负责研究亚太地区政府、多边组织及大公司企业等方面的问题，并对影响亚太外交、政治及经济等方面的问题进行研究。2002 年 3 月进入国际战略研究所工作。

电子邮箱：Ward@iiss. org

五、与世界各国智库的联系

伦敦国际战略研究所与世界各国的 55 个国际问题研究所、25 个新闻媒体机构及 70 多个政府或商业部门有业务关系。其从世界各国政府部门吸纳的研究会员达 3000 人。在与各国的交往中，其特别重视与美国各智库的来往与合作，于 2001 年 7 月 1 日在美国华盛顿特区专门设立了一个分部（International Institute for Strategic Studies－US，1747 Pennsylvania Ave，NW，7th Floor，Washington DC 20006），副所长特伦斯·泰勒出任分部主任，专门负责与美国政府研究机构及各大学研究中心的联络工作。目前与美

① 《生存季刊》，2003 年秋季号。

国战略与国际问题研究中心、亚太研究中心、外交政策研究所、斯坦福大学国际安全与合作中心、华盛顿生化武器控制研究所等研究机构开展合作。该所亦非常重视对亚洲问题研究。2001 年 6 月，该所在新加坡设立了“国际战略研究所亚洲分部”（The International Institute for Strategic Studies－Asia，Nanyang Technological University，Blk S4，Level B4，Nanyang Avenue，Singapore 639798）。2002 年 5 月，国际战略研究所首次在新加坡香格里拉饭店主办了“亚洲安全会议”，包括中国大陆和台湾在内的 15 个国家和地区的国防部长、议员、安全智囊人士共计 120 人出席了为期 3 天的大会。这次会议有两大特点：其一，代表中政府高官多，超出非官方“第二轨道”的会议范围。美国国防部副部长沃尔福威茨参加了会议。其二，许多国家想利用这个机会，在场外从事双边会晤，如美国代表希望在会外与我军方代表进行双边会晤。会议被称为“东方慕尼黑会议”，又因其地点而得名“香格里拉对话（Shangri－La Dialogue）”。此次会议虽以伦敦战略研究所出面，但实际上是英、美智库合作的得意之作。自那以来，国际战略研究所已经主持召开了三届“亚洲安全会议”。最近一届亚洲安全会议（又称“香格里拉对话—2004”）于 2004 年 6 月 4—6 日在新加坡举行，包括美国国防部长拉姆斯菲尔德在内的 20 多个国家的国防部长、参谋总长、国际问题研究人员，以及学术、新闻界人士参加了会议。

The Foreign Policy Centre

外交政策中心

地址：The Mezzanine Floor，Elizabeth House，39 York Road，London WE1 7NQ，UK

电话：44－2074015350

电传：44－2074015351

电子邮件：info@fpc. org. uk

网址：http：//www. fpc. org. uk/

一、基本情况

外交政策中心是英国的一个重要对外政策研究机构。该中心于 1998 年由英国首相托尼·布莱尔和时任外交大臣的罗滨·库克共同发起组建，其宗旨是推动国际问题讨论，发展对跨国和跨部门政策的研究。中心发表的所有研究报告、出版物及国际讨论均是有针对性的，对英国的内外政策有很大影响。其研究范围包括外交关系、安全与防务、发展、教育、文化及宗教等领域。中心经常召开政策问题专题讨论会和国际会议，邀请政府部门、企业、学术界及非政府组织代表共同讨论政策问题。目前正在进行的重大研究课题包括：伊拉克战争后的国际主义与世界秩序、欧洲公共舆论、欧盟改革、多元文化与英国特色、非政府组织权力与责任、人道主义干预、大集团公司在全球及地方治理中的作用、英联邦的未来发展、恐怖主义等。

该中心现有专业研究人员 11 人，另有 5 名在中心进行研究工作的访问学者。中心对外标榜为独立的研究机构，资金来源靠自筹，主要由社会各界捐助，不接受合同课题研究。外交政策中心的主要刊物是《全球思考》(Global Thinking)，每年出版 3 期。中心另外定期发表一系列的专题研究报告、论文、专著及小册子。地点设在伦敦约克路 39 号伊丽莎白大厦。

二、主要研究人员概况

马克·伦纳德（Mark Leonard)，中心主任，曾先后在政府部门、国际组织和公司企业从事政策和战略研究工作，著作主要涉及中东地区的公共外交、欧盟扩大及大公司的社会责任等。目前主持的研究课题主要涉及跨大西洋关系、欧洲的世界作用、未来外交和世界秩序等。1998 年他在欧洲网上发表的研究报告受到布莱尔、雅克·德洛尔、普罗迪和威廉·黑格等欧洲政要的好评。撰写的关于中东公共外交的报告对英国政府的相关决策、包括在外交部建立“公共外交战略委员会”发挥了关键作用。他的论文集《世界的重组：9·11 的长远影响》对这场恐怖主义袭击后的世界形势发展趋势进行了系统的预测。在加入外交政策中心之前，他曾在迪莫斯思想库主持欧洲问题研究。伦纳德经常在媒体上发表国际评论文章，被英国《新政治家》杂志称为“媒体上的智者和充满活力的原创思想家”，BBC 评论他是“英国外交政策的最大影响者之一”。

汤姆·阿布思诺特（Tom Arbuthnott)，研究项目主任，自 2000 年 12 月以来一直负责欧洲方向的研究。他对欧元、公共舆论、欧洲民主、德国、意大利及爱尔兰问题有很深的研究，并写了大量这些方面的文章。他毕业于剑桥大学，获硕士学位。曾先后在布鲁塞尔、意大利、德国和中、东欧国家做访问学者。他能够讲德语、意大利语和法语，并掌握了基本的西班牙语和罗马尼亚语。

亚斯敏·阿里拜—布朗（Yasmin Alibhai—Brown)，外交政策中心高级研究员，兼任《独立报》专栏作者。她是有关种族、多元文化主义和人权问题的著名英国评论家。她还定期为英国《卫报》和《新政治家》杂志写稿，并常接受电台和电视台的专访。近年来先后出版了几本专著，其中的《后多元文化主义论》在欧洲影响很大。

罗伯·布莱克赫斯特（Rob Blackhurst），担任中心刊物《全球思考》杂志总编，同时负责对外联络和咨询工作。布莱克赫斯特曾先后在英国工业和商务部、外交与联邦事务部、内阁办公室及工党任职。

三、中国问题研究

（一）对中国内外政策的研究

外交政策中心历来重视对亚洲和中国问题的研究。2004 年 5 月，中心推出了一个主题为“中国与全球化”的中国研究项目，以推动该中心对中国问题的研究、讨论和出版工作。为此，该项目组计划邀请国内外一些著名中国问题专家共同探讨全球化对中国社会、经济发展的冲击以及中国的崛起对未来全球化发展的影响。该研究项目将以中国本身的发展为起点，集中对以下三方面的情况进行探讨：

（1）中国政府、各利益集团及社会各不同阶层如何看他们自身的利益和价值观，以及如何根据自身的利益和价值观来塑造世界；

（2）外部世界如何理解中国政府、主要利益集团和社会阶层的最基本价值观；

（3）以上各不同主角的作用及彼此间的竞争，以及中国各主角在全球化和全球主流发展中的作用。

“中国与全球化项目”政策报告和专题论文将突破对中国问题的一般化论述，侧重关注中国发展对全球秩序的影响。项目组将寻求对中国各种新出现的思想观念和问题进行深入考察，对迅速发展的中国及各利益集团的内外影响进行探讨，包括中国对能源和原材料的日益增长的需求、中国的外交政策、中国对全球安全和国际秩序的影响、中国的发展与管理、技术开发及财政等问题。根据该项目组的计划，中心在未来一年中将组织以下活动：（1）分别在伦敦、布鲁塞尔、北京和上海组织一次国际论坛活动，邀请政府部门、企业和学术界人士参加有关问题的讨论；（2）以“中国的新思考”为主题，出版部分有代表性的中国作者的政策报告和论文；(3) 收集和出版国际观察家（包括政府部门、企业、学术和新闻界的作者）论述中国发展及其国际作用的政策报告和论文。

（二）主要中国问题专家

安德鲁·斯莫尔（Andrew Small），研究员，主要从事亚洲和中国问题的研究，并负责该中心的学术会议事宜。他目前还兼任“中国与全球化”和“中国与新多边主义”项目主任。该研究项目主要探讨中国的全球作用，研究中国的“世界观”、大战略及与其他大国的关系。他在这方面主要著作有《大事件——全球中国圆桌》等。他曾作为一名“英语联盟”学者在华盛顿特区爱德华·肯尼迪参议员办公室工作，研究债务减免、全球艾滋病危机、大集团公司的行为规则及跨大西洋关系等问题。他曾在牛津大学主修政治、哲学和经济学。

电子信箱：andrew. small@fpc. org. uk

（三）有关中国问题的重要报告和文章

中心最新出版的有关中国外交政策的报告是乔舒亚·库柏·拉莫所著的《北京共识》，该书为中心“中国与全球化”系列出版物之一。作者认为：国际社会正在出现一种新共识——许多国家对政治、发展和追求全球力量平衡等方面正在采取一种新的共同态度或立场，即作者所称的“北京共识”(New “Beijing Consensus”)。作者认为：这种共识受到中国维护主权和多边主义、追求“全球力量平衡”战略和策略的影响。人们常错误地认为，中国作为一个羽毛未丰的新“超级大国”并不希望与他国展开军备竞赛。但实际上中国正在努力发展和构建新的“平衡力量”，以便限制美国在其周边地区的政治、军事活动。中国通过与各国建立友好关系来维护其发展所需的和平环境，并有效阻止美国政界部分人孤立中国的企图。拉莫认为：继“华盛顿共识”破灭后，中国为发展中国家提供了某种新希望。它提供了一种更平衡的发展模式，并正日益被马来西亚、朝鲜等国家所接受。①

四、对外合作与培训

外交政策中心每年举行一次年度外交论坛活动，邀请政府高级官员和外国使节来该中心就重要时事问题发表演讲并展开学术讨论。被邀请演讲和出席者可以领取到该中心当年发表的一系列研究报告、刊物和论文。中心通过频繁举行学术讲座活动与外界建立广泛的联系和发展合作关系。

该中心的另一大特色是对外提供一系列实习培训项目，包括资金筹集、通信与市场、欧洲研究项目、南北关系、危机与安全等实习和培训项目。

资金筹集（Fundraising）：接受培训的实习生将与该中心负责资金筹集的经理紧密合作，并直接参与中心的资金筹集进程，包括为中心的研究项目寻找潜在的基金提供者，监督资金的使用以及帮助管理中心的资金等，从而熟悉思想库的资金筹集环境和具体操作进程。该实习项目不仅为有志于资金筹集工作的学生提供宝贵的经验，而且使他们能洞悉思想库的工作内幕。

通信与市场（Communications and marketing）：这是一个与英国媒体有紧密联系的快节奏的实习培训项目，其活动包括安排外交政策中心小册子的市场营销，帮助组织中心的新闻发布会，以及帮助编辑和发行《全球思考》等刊物和专业出版物。具有设计经验和对媒体感兴趣的申请者尤其受欢迎。

欧洲研究项目（Europe Programme）：该中心最近扩大了对欧盟问题的研究，主要集中研究如何通过欧盟和其他跨国组织帮助英国解决国内问题。这一新的实习项目可为实习生提供令人振奋的实习机会，学生将主要跟随该中心从事欧洲研究的著名研究员汤姆·阿布斯诺特实习，其工作包括课题研究、组织专题讨论会、参与中心各种事务、帮助协调欧洲各研究项目。申请实习者必须熟悉有关欧洲的知识。

南北关系研究实习项目（North－South Internship）：该项目包括民主的推动、贸易自由化，以及发达国家与发展中国家的合作与社会责任等问题的研究。从事南北关系问题实习的学生将可紧密参与外交政策中心的一般活

① 有关这一观点的详细内容见：Joshua Cooper Ramo，*The Beijing Consencus*，China and Globalisation Publications，London，Spring 2004.

动，并将有机会随该研究项目主任P·格里菲斯实习，为其提供日常行政帮助和研究方面的辅助工作。

危机与安全项目（Risk and Security Programme Internship）：危机与安全研究的目标是帮助理顺和处理决策者、非政府组织、私营部门和个人面临的日益增多而又复杂的危机问题。项目主任雷切尔·布里格斯最近主持的研究课题包括对绑架问题、反恐政策及大公司的市场安全等方面的问题。具有相应背景及对安全政策、政治危机、国际关系及恐怖主义等问题感兴趣者可向中心提出申请。申请者可通过电子邮件传送自己的简历和推荐信。

网址：internships@fpc. org. uk。

附　录

中心近年来主要代表性文章和论著：

1. *Policy Report*：*The Political Fortunes of War*：*Iraq and the Domestic Standing of President George W. Bush*，Richard C. Eichenberg and Richard J. Stoll，12 July 2004.

2. *Democracy and Human Development in the Broader Middle East*：*A Transatlantic Strategy for Partnership*，Mark Leonard，Daimler Chrysler，GMF，Parex Banka，22nd July 2004（A report by the German Marshall Fund and the Turkish Economic and Social Studies Foundation）.

3. The Civility Policy Agenda：Western Strategies for Middle East Reform，Richard Youngs and Zane Kanderian，March 2004.

4. *European Policies for Middle East Reform*：*A Ten Point Action Plan*，(A Research report)，Richard Youngs，March 2004.

5. *Global Europe*：*Implementing the European Security Strategy*，Mark Leonard，Richard Gowan，The British Counci，February 2004.

6. *Rethinking Fair Trade*，Phoebe Griffith，(Ed.)，Sciences Po，Nestle，September 2003.

7. A Roadmap for Joining the Euro，Mark Leonard ，June 2003（Foreign Policy Centre' s roadmap for joining the Euro has been endorsed by leading pro—Europeans）.

8. Reforming The European Parliament, Nick Clegg and Michiel van Hulten, May 2003.

9. Axis of Instability: Britain, America and the New World Order after Iraq, World Order After Iraq, Andrew Tyrie MP, *The Bow Group*, *March* 2003.

10. Iraq and World Order, World Order after Iraq series, John Lloyd, February 2003.

11. Is there a future for European farming? European Rural Communities Paper 3, Chris Haskins, RSPB, Tesco, November 2002.

12. *How to Reform the Common Agricultural Policy*, *European Rural Communities Paper* 1, Jack Thurston, *RSPB*, *Tesco*, September 2002

13. The Unlikely Counter—Terrorists, Rachel Briggs (ed.), *BAe Systems*, *Control Risk Group and the RSMF*, November 2002

14. *Re—Ordering the World*: *The long—term implications of September* 11th, Mark Leonard (Ed.), March 2002

15. A TRANSATLANTIC NEW DEAL What Europe should pay to promote US engagement, Policy Brief, No 2. Europe and the Bush, Malcolm Chalmers, 2000.

16. *NGO RIGHTS AND RESPONSIBILITIES*: *A new deal for global governance*, (A Policy report), Michael Edwards, July 2000.

皇家国际事务研究所

The Royal Institute of International Affairs

地址：The Royal Institute of International Affairs
Chatham House
10 St James' s Square
London SW1Y 4LE
电话：＋44 (0) 20 7957 5700
传真：＋44 (0) 20 7957 5710
网址：http：//www. riia. org. uk
电子邮件：chairman@riia. org

皇家国际事务研究所是目前英国规模最大、世界最著名的国际问题研究中心之一。它与英国政府、企业、媒体和学术界均有着广泛的联系，对政府的外交政策有一定的影响。

一、历史背景与现状简介

皇家国际事务研究所成立于 1920 年，位于伦敦圣詹姆斯广场著名的查塔姆大厦内。查塔姆大厦是前英国首相宅邸，曾经居住过三位首相，后由前首相皮特于1923年移交给该所。

该所由英国高层要人担任名誉所长，其日常事务管理机构——理事会则由知名政要、学者等组成。该所拥有庞大和高水平的研究队伍，在英国和世界国际关系学界享有崇高的威望。

皇家国际事务研究所对外标榜为独立、非赢利性的研究机构，其宗旨是"推动个人和组织对不断变化和日益复杂的世界进行全面研究并提供政策参考"。[①]

此外，在皇家国际事务研究所还诞生了为维护会议自由发言和保密的著名"查塔姆大厦规则"。它规定："根据查塔姆大厦规则，与会者在会议或会议讨论中，可自由使用会议上收集的材料并加以注明，但不得透露发言者身份或追溯其来源，未经同意，会议主办者不得记录发言者的讲话内容。"这一规则已成为世界各国普遍接受的通例，为维护自由讨论和发言者的权利创造了有利条件，为推动国际关系研讨做出了贡献。

二、组织机构与基本活动

（一）组织机构、主要负责人及其会员

皇家国际事务研究所有所长三名，分别是：赫德勋爵（THE RT HON LORD HURD OF WESTWELL）、罗伯逊勋爵（THE RT HON LORD ROBERTSON OF PORT ELLEN）、威廉姆斯男爵夫人（THE RT HON BARONESS WILLIAMS OF CROSBY）。该所的日常事务由理事会来管理，联络事宜由理事会秘书拉维尼亚·阿莉森负责。理事会由研究所成员无记名投票选举产生，任期三年，并可连任一届。其下设三个委员会，分别是：执行委员会、财政委员会和投资委员会。2003－2004年理事会人员组成如下：迪恩·朱利叶斯博士（主席）、彼得·库克（副主席）、阿德里安·兰贝（财务）、伦纳德·阿普尔亚德爵士（SIR Leonard Appleyard）、大卫·卡梅伦议员（David Cameron MP）、托尼·科尔曼议员（Tony Colman MP）、布赖恩·克罗爵士（SIR Brian Crowe）、圣安妮·戴顿博士（DR Anne Deighton）、希瑟·格拉贝博士（DR. Heather

① http://www.riia.org.uk

Grabbe)、尼克·高英（Nik Gowing)、克劳迪亚·哈米尔（Claudia Hamill)、克里斯托弗·希尔（professor Christopher Hill)、穆斯塔法·卡库蒂（Mustapha Karkouti)、拉雅·鲁巴（Raj Loomba)、伊丽莎白·帕德莫尔（Elizabeth Padmore)、昆廷·皮尔（Quentin Peel)、奥林·罗比森博士（DR Olin Robison)、罗珀勋爵（LORD Roper)、大卫·苏勒德格尔（David Suratgar)、安德鲁·陶西格（Andrew Taussig)、华莱士勋爵（LORD Wallace of Saltaire)、迈克尔·威廉姆斯博士（DR Michael Williams)。

该所的会员主要有四类：大公司、5 人以上公司或单位、个人和 E 会员。截止 2003 年，共有 40 家大公司、225 家公司/单位、1516 名个人成为其会员，其中 30 岁以下的个人会员为 114 人。40 个国家的媒体报道中，涉及该所的共有 1713 次。①

（二）研究重点与基本活动

1. 主要研究项目

非洲项目（Africa Programme)。研究的重点是：非洲大陆、非国家角色以及国际制裁对该地区的影响等。此外，还通过英国一安哥拉论坛（British－Angola Forum）等方式，推动对具体国别的研究。

美洲项目（Americas Programme)。由三部分组成：一是加勒比研究小组（Caribbean Study Group)，关注经济发展、地区一体化与全球的影响等问题。二是美国小组（United States Discussion Group)，旨在研究美国及其外交政策如何被世界认知和理解。三是拉美项目——“南方共同市场小组”(MERCOSUR Group)，定期举行会议，并出版了关于该地区重要问题的系列论文集。2002 年在迈阿密举行了欧盟一拉美关系商务会议。

亚洲项目（Asia Programme)。以中国项目为核心。这是皇家国家事务研究所与剑桥大学国际研究中心在英国合作研讨并推动的关于中国改革问题的核心论坛，关注的重点是中国的经济发展和亚洲贸易问题。此外，除了已经设立的中国研讨小组（China Discussion Group）和日本研讨小组（Japan Discussion Group）外，亚洲项目还有韩国研讨小组（Korea Discussion Group）和南亚研讨小组（South Asia Discussion Group)。亚太技术网络

① 《皇家国际事务研究所年度报告 2002－2003》

(Asia－Pacific Technology Network，APTN）是亚洲项目的合作伙伴，2002年10月在上海和汉城相继召开了部长级会议。

欧洲项目（European Programme)。研讨欧洲的政治、经济与安全问题。2002—2003年启动了两个新项目，其中之一是欧盟扩大的法律意义，另外一个是关于一体化中的欧洲商务。

国际经济项目（International Economics Programme)。对国际经济问题进行广泛的政策导向型研究，包括金融以及国际贸易的发展、增长以及减少贫困问题等等。

国际法项目。为律师以及决策者提供论坛，讨论国际法问题以及在国际关系问题中的实践。

中东项目（Middle East Programme)。通常与相关研究所和专家合作进行研究。伊拉克危机已成其关注的焦点问题。

新安全问题项目（New Security Programme)。2002年9月启动，主要研究领域包括伊拉克危机、美国安全战略、大规模杀伤性武器、军事冲突及多边机制的长期意义等五项。

俄罗斯与欧亚项目（Russia and Eurasia Programme)。此项目是组织英国国内对俄罗斯及独联体外交和国内政策进行研究的中心。2002—2003年出版了《弗拉基米尔·普京和俄罗斯外交政策的逆转》等专著，并举办“俄罗斯自然资源经济”、“乌克兰的后库奇马时代”等讲座。

可持续发展项目（Sustainable Development Programme)。前身为能源与环境项目，是皇家国际事务研究所最大的研究项目。

2. 会议项目。皇家研究所为世界领导人、决策者以及舆论提供在公正环境中倾听和讨论的论坛。该所每年举行100多场国际会议。

（三）出版物

皇家的出版物由于其深入浅出及与时事密切相关而在世界享有广泛的盛誉。主要出版物如下：

1. 期刊性杂志

《今日世界》(World Today)，月刊，对系列国际时事进行友好辩论。

《国际事务》(International Affairs)，杂志，是欧洲国际关系领域内的前沿期刊。

2. 论文

研究项目以简报、工作报告和报告的形式，分析、评估重大事件或提供相关背景资料。

3. 年度报告

出版物定购联络方式

地址：Matthew Link，Publications Coordinator

电话：+44（0）20 73142765

传真：+44（0）20 79575710

电子邮件：mlink@riia. org

三、涉华研究

中国项目研究是皇家国际事务研究所亚洲问题研究的重点。其主要侧重于研究中国的经济改革及影响，目的是“推动对中国经济、政治与社会发展及其对世界其他地方影响的理解”[①]。除了研究项目和发表各类关于中国问题的专著外，该所还通过举行国际会议等形式，增强对华研究，推动中英关系的发展。早在 1997 年，英国工业联合会和英国皇家国际事务研究所就联合举办过题为“中英 21 世纪伙伴关系”国际研讨会。

（一）主要研究领域及相关著作

1. 中国的私有化问题

研究目的是“评估迄今为止的中国私有化进程，并提出如何组织有效和公正的私有化”。其主要观点是：“中华人民共和国政府正在进行经济私有化。这是一个静悄悄的、逐渐的和偶然的进程，但是已经是明确无误的”。[②]

近期的主要文章有：“中国能够务完全私有化”（2003 年 8 月）。“三分之二私有化，中国上市公司是如何最终实现私有化的”（2003 年 12 月）。“三分之二私有化：正在进行吗？”（2003 年 12 月）。“前苏联阵营的私有化：

① http：//www. riia. org. uk

② http：//www. riia. org. uk

对中国是否有所启示?”(2003 年 11 月)。“中国的私有化是否奏效?”(2003 年 11 月)。

2. 中国并购重组的发展

主要观点是:“中国正在迅速建立起法律和制度框架来推动商业与资本的销售”。

代表性文章有:“市场控制:深圳交易所上市公司的不可买卖交易”(2003 年 12 月)。“旧股份,新股东:中国的两个所有权转换案例”(2003 年 11 月)。

3. 中国证券市场的改革

研究认为:整个 20 世纪 90 年代,中国的证券市场是用于向仍掌握在国家手中的国有企业提供资金,这些企业通常是上市后业绩开始下滑,并由于资本的极大挥发性、价格操控与极度不可靠的帐目而导致市场声名狼藉。

近期代表作:“中国证券市场:2004 能否走出低谷?”(2004 年 2 月)。《中国证券交易市场的发展,1984—2002:公平政策与市场机制》(2004 年)。《中国证券交易市场:发展,参与及前景指南》(2003 年)。“三分之二私有化,中国上市公司是如何最终实现私有化的”(2003 年 12 月)。“中国不正轨的证券市场:如何发展、运作以及实现增长?”(2003 年 10 月)。

4. 金融改革中的资产管理问题

研究称:中国基金或其他形式管理下的金融资产在过去 5 年中增长迅速。到 2002 年底,投资资金资产总价值 1380 亿元人民币(166 亿美元),保险和养老基金控制了 9000 亿元人民币(1080 亿美元)。2003 年,管理层还批准了 5 个新的中外基金管理公司,允许资本市场的基金管理者投资一部分国际社会保障养老金的合伙经营项目。

(二)中国问题专家简介

1. 亚洲项目负责人斯蒂芬·格林博士(Dr Stephen Green)

(1)联络方式:

电话:+44 (0) 20 7314 3635

传真:+44 20 7957 5710

电子邮件:sgreen@riia. org

(2)研究专长及主要学术观点:中国的经济与金融改革、政治与决策、财政调控。

在涉华研究，特别是经济问题研究中，斯蒂芬·格林的主要观点是：在中国市场经济地位问题上，取得市场经济地位可以使中国保护自己免遭西方保护主义的伤害，也是“中方所认为保证未来贸易增长的关键”。欧盟应该授予中国“市场经济地位。”① 其主要依据是：中国私有企业正在蓬勃发展，中国拥有发展中国家最开放的贸易体系，“中国有权保护自己免遭经常滥用职权的反倾销组织的伤害。西方政府机构，尤其是美国商务部，受‘捍卫’本国公司的强大压力，其各种审查手续常常有利于发现中国公司倾销。甚至目前欧盟对待中国的政策也带有这种偏见。而西方国家可以通过一些安全措施来保护自己免遭不公平贸易的伤害。西方国家仍有可能对中国公司提出倾销申述，但是在裁决时应采用更公正的标准”。总之，中国正在迅速变成市场经济，有充分的理由给中国经济重新定位。但他也表示：“无论怎样，完成这种转变尚需时日。北京还没有放弃将中国数十家国企转变成具有全球竞争力的大企业的野心；银行仍然更愿意向国企提供贷款；破产制度仍未生效，尤其是在涉及国企时。中国目前正处在一种活跃而混乱的转变之中，它不再是计划经济，但也不是成熟的市场经济，它介于两者之间”。

此外，斯蒂芬·格林认为：中国经济需纠正经济增长中的不平衡②。如果不存在经济过热现象，中国经济可能会以每年 8—10％的速度增长。但是，“如果想避免中国经济在明天出现问题，那么今天就必须矫正经济增长中出现的不平衡问题”。

对于中国证券业的发展，斯蒂芬·格林认为：中国“证券市场被用于支持国家工业政策，资助国有企业重组，而不是帮助私有企业筹集资本。”③

他还认为：中国经济的增长为发展中国家带来了机遇和挑战。“我们西方的印象是，中国吸引了所有的投资，因此中国是一个威胁。但在亚洲地区，不少亚洲国家乐于看到中国经济增长，因为它们意识到中国经济的增长会带来水涨船高的效果。”④

（3）正在进行的项目：中国资本市场的发展、中国的并购重组及外国购

① 2004 年 5 月 5 日，《中国是市场经济吗？》，《亚洲华尔街时报》，香港。

② 2004 年 5 月 5 日，《中国经济是否外强中干？》，《南华早报》，香港。

③ 2004 年 3 月 20 日，《不良贷款》，《经济学家》，英国。

④ 2004 年 1 月 17 日，美国《国际先驱论坛报》，“中国在发展中世界交新朋友”。

买者情况、金融服务领域内的中国市场及入世后的影响

(4) 研究及职业经历：2002 至今皇家国际事务研究所亚洲项目负责人。1999—2002《经济学家》杂志“世界”栏目副主编及主编。

(5) 近期著作：《中国证券交易市场的发展，1984—2002：公平政策与市场机制》(劳特利奇柯曾出版社，2004)《中国证券交易市场：发展，参与及前景指南》，(传略丛书，2003)。“中国，以东欧为向导”《中国南方早报》，(2003 年 12 月 15 日)。“中国私有化时刻的到来”，《亚洲华尔街时报》，(2003 年 9 月 22 日)。“中国必须培育自己的企业家”，《金融时报》，(2003 年 6 月 15 日)。“中国证券市场：2004 能否走出低谷?”，斯蒂芬·格林与何明，《亚洲项目简报》，(2004 年 2 月)。“三分之二私有化，中国上市公司是如何最终实现私有化的”，(2003 年 12 月)。“三分之二私有化：正在进行吗?”(2003 年 12 月)。“前苏联阵营的私有化：对中国是否有所启示?”(2003 年 11 月)。“中国的私有化是否奏效?”(2003 年 11 月)。“旧股份，新股东：中国的两个所有权转换案例”，(与詹纳·霍合作，2003 年 11 月)。“好于卡西诺：一些来自中国资本市场改革前沿的好消息”，《中国项目报告》，(2003 年 8 月)。

2. 中国问题专家大卫·沃尔教授（Professor David Wall，中文名字华大伟）

(1) 联络方式

电话：+44 (0) 20 7833 0838

非办公期间电话 (out of hours)：+44 (0) 07970 623 664

传真：+44 (0) 1825 724124

电子邮件：dgwall27@aol.com

(2) 研究专长及主要涉华观点：中国经济改革、东亚国家间关系、国际贸易政策、经济区、朝鲜的发展。

华大伟认为，由于当今国际关系日益以经济为主导，中国在世界经济中的作用和影响的不断提升将进一步确立中国作为一个崛起的大国实力和地位。

在对中国改革开放的评价上，他称：“20 年来，中国的改革开放给 12 亿中国人带来了富裕，使他们的物质和精神生活都发生了巨大的变化。由于贫困仍然是当今世界面临的一个重大问题，所以，占世界人口 1/5 的中国在消除贫困和促进文明方面为世界的发展作出了不可替代的贡献。这是中国改

革开放对世界最直接的意义”。中国的改革开放是一个“在没有航标的水域中探索和前进”的过程，这不仅涉及社会主义国家应如何发展的问题，就一般发展模式而言，对其他国家也是很有意义的。比如，市场经济和社会主义制度的融合问题，这是一种前所未有的实践，其中涉及大量理论和实践难题。迄今，中国在这方面还是比较成功的，正逐渐形成一套自己的理论、模式和方法。就经济发展本身而言，中国在宏观经济特别是抑制通货膨胀和保持经济增长方面有一些值得注意的经验，其中一些问题属于西方发达市场经济国家也仍在研究和探索的问题。这些经验对世界发展问题的研究是一种独特的贡献。

（3）正在进行的研究项目：私营企业在中国西部的角色、东北亚国家的经济合作。

（4）研究与职业经历：2000 年剑桥大学国际研究中心助教。2000—2001 年剑桥大学丘吉尔学院任教。2001 年剑桥大学东亚研究所客座研究员。1996 年至今，任伦敦大学中国研究中心和上海复旦大学的顾问、教授。1998—1999 年，皇家国际事务研究所亚洲项目负责人。

曾在世界银行、经济合作发展组织、联合国、英国政府以及其他政府和社会组织内担任顾问。

（5）近期著作：“WTO 与中国：中国私营企业的作用”，2001 年 1 月向世界银行提交的报告。“中国的开放型经济”，2002 年上海大学金融与经济出版社出版。“中国与世界贸易组织”，见罗伯特·阿斯，柯曾·理士满主编《亚洲的中国一体化》一书，英国萨里出版社出版，第 39－55 页。“朝鲜：核能力”《今日世界》，2002 年 12 月 12 日，第 58 期，第 21－22 页。

定期在日本的时代周刊上发表有关东亚问题的文章，见 www.japantimes.co.jp.

附录 1：赞助人、所长与理事会成员名录

The Rt Hon Lord Robertson of Port Ellen
The Rt Hon Baroness Williams of Crosby
The Council 2002/03
Lord Marshall of Knightsbridge
Chairman
Executive Committee
Finance Committee
Chairman, British Airways plc
Chairman, Invensys

Mr W. P. Cooke CBE
DEPUTY CHAIRMAN
Executive Committee
Finance Committee
Investment Committee
Former Director, Bank of England
Former adviser, PriceWaterhouseCoopers

Mr Adrian Lamb
HON. TREASURER (EX—OFFICIO)
Executive Committee
Finance Committee
Investment Committee
Partner, PriceWaterhouseCoopers (retired)

Sir Leonard Appleyard KCMG
Senior Adviser, Barclays Capital,
Chairman, Farnham Castle Conference Centre,
Vice—Chairman, Bournemouth University

Sir John Birch KCVO CMG
Executive Committee

Investment Committee
Director, British Association for Central and Eastern Europe

Tony Colman MP
Member of Parliament for Putney
Member of International Development Select Committee

Mr Humphry Crum Ewing
Finance Committee
Research Fellow, Centre for Defence
and International Security Studies,
Lancaster University

Dr Anne Deighton
Executive Committee
Fellow of Wolfson College, Lecturer in European
International Politics, University of Oxford

Peter Erskine
CEO, mm02

Nik Gowing
Presenter BBC World TV, BBC News

Dr Heather Grabbe
Research Director, Centre for European Reform

Mr Simon Henderson
Executive Committee
Finance Committee
Author, biography of Saddam Hussein and study of the Saudi royal family

Professor Christopher Hill
Montague Burton Professor of International Relations, LSE
Coordinator, FORNET programme of foreign policy
research across the EU

Dr DeAnne Julius, CBE
Executive Committee
Non—executive Director, Lloyds TSB, BP, Serco, Roche
Member of Bank of England Court

Mustapha Karkouti
Journalist and media consultant
President of the Foreign Press Association in 1993

Mr Raj Loomba
Chairman, Rinku Group plc

John Maples MP
Co—opted under By—Law 38
Member of the Foreign Affairs Select Committee,
Former Shadow Foreign Secretary, formerly Treasury Minister

Dr Richard Mayne
Writer, journalist, broadcaster
Former senior official of the European Community

Professor Roger Morgan
External Professor, European University Institute, Florence
Visiting Fellow, European Institute, LSE, 1998—2000

Quentin Peel

International Affairs Editor of the Financial Times

Dr Olin Robison
President, Salzburg Seminar (USA & Austria)
President Emeritus and Professor Emeritus, Middlebury College (Vermont, USA)

Lord Roper
Executive Committee
Finance Committee
Liberal Democrat Chief Whip, House of Lords
Hon. Professor, University of Birmingham

David Suratgar
Executive Committee
Lawyer and banker
Director of Institute for International Environment
& Development, of Major Projects Association
and of International Law Institute
Member, Global Advisory Board
of George Washington University DC

Andrew Taussig
Research Associate, Oxford Media Programme
Lecturer, Cardiff University
Member, Commonwealth Technology Partnership

Lord Wallace of Saltaire
Professor of International Relations, LSE
Liberal Democrat spokesman on foreign affairs, House of Lords

Mr Robert Walvis

Non－executive Director，Balfour Beatty plc
and Johnson Matthey plc

Dr Michael C. Williams
Executive Committee
Special Adviser to the Secretary of State for
Foreign & Commonwealth Affairs
Former senior official with the United Nations
Council meetings are customarily also attended
by the Director，the Secretary to Council and，at Council' s invitation，
the Staff Representative.
Secretary to Council

Lavinia Allison
Staff Representatives
Catherine O' Keeffe，*Margaret May*

附录 2：皇家国际事务研究所会员

MAJOR CORPORATE MEMBERS（at 31. 03. 03）

Accenture、AstraZeneca plc、BAE Systems plc、Barclays Bank plc、BDO Stoy Hayward、BG Group、BHP Billiton、Bovis Lend Lease Ltd、BP plc、British Airways plc、British American Tobacco

British Nuclear Fuels plc、BT plc、Commercial Intelligence、Control Risks Group、Deutsche Bank

Diageo plc、Economist Group、The ExxonMobil、Foreign & Commonwealth Office、GlaxoSmithKline、Goldman Sachs International、HSBC Holdings plc、International Development，Department forJETRO London、Ministry of Defence、mmO2. N M Rothschild & Sons、Pricewaterhouse Coopers、Reuters Ltd、Rinku of London plc、Rio Tinto plc、Saudi Petroleum Overseas Ltd、Shell International Limited、Standard Chartered Bank、

Trade and Industry，Department ofUnilever plc、United States of America、Embassy of World Leaders Magazine、

Yukos Oil Corporation、

CORPORATE MEMBERS（at 31. 03. 03）

ABC News Intercontinental Inc、AKE Ltd、Al－Hayat（London）、Allianz Marine & Aviation

Amar International Charitable Foundation、Amerada Hess Ltd、American Express Bank Ltd

Amnesty International、Anglo American plc、Arab－British Chamber of Commerce、

Argentina，Embassy of Armorgroup 、Services Ltd、Asahi Shimbun（Europe）、

Association of British Insurers、Australia，High Commission ofAustria，Embassy of

Azerbaijan，Embassy of Bahrain，Embassy of

Bank of England、Bank of Italy、Bank of Japan、Bank of Tokyo－Mitsubishi Ltd

Baring Asset Management、BBC － Monitoring Service、BBC News、BBC － World Service

Belgium，Embassy of

Belize， High Commission of BMCE Bank、BMW Group、BOC Group plc、Booz Allen Hamilton。

Bosnia and Herzegovina，Embassy ofBotswana，High Commission of British Council

British North American Research Association、Burson － Marsteller Ltd、Cabinet Office / 0verseas and Defence Secretariat、Cable and Wireless plc、

Canada，High Commission of CBS News、Centre For Global Energy Studies

Chile，Embassy of

China，Embassy of

Chubb Investment Services Ltd、Chubu Electric Power Co Inc、Church of England、

Citibank International plc、Civil Service College、Cleary Gottlieb Steen & Hamilton

Clerical Medical Investment Group、Clifford Chance、CNR International (UK) Ltd

Commerzbank AG (London)、Commonwealth Parliamentary Association Secretariat

Commonwealth Secretariat、Confederation of British Industry、Conoco (UK) Ltd

Corriere della Sera、Crown Agents、CRU International Ltd

Cyprus, High Commission of

Czech Republic, Embassy of the

Daily Mail and General Trust、Daily Telegraph、De La Rue Currency、

Denmark, Royal Embassy of

Development Bank of Japan、Diamond Trading Co (Pty) Ltd、EADS UK Ltd

Egypt, Embassy of

Electricity Association Services Ltd、Energy Intelligence Group、

Environment, Food and Rural Affairs, Department for the EPPA plc

Ernst & Young、

Estonia, Embassy of

European Bank for Reconstruction and Development (EBRD)

European Commission、European Parliament UK Office、Federal Trust、Fiat UK Ltd

Financial Services Authority、Financial Times、

Finland, Embassy of

France, Embassy of

Freshfields Bruckhams Deringer、Fujisankei Communications Intl、Future Events News Service Ltd

GB Airways Ltd、

GCHQ — Government CommunicationsHeadquarters、Genesis Investment Management、

Germany, Embassy of

GKN plc、

Greece, Embassy of

Group 4 Securitas (International) BV、Guardian, The HM Treasury、

Hong Kong Economic & Trade Office、Hong Kong Trade Development Council

House of Commons Library、House of Lords Library、Human Rights Watch、

Hungary, Embassy of

Iceland, Embassy of

Idemitsu International (Europe)、Inchcape plc、Independent Television News、

India, The High Commission of、Indonesia, Embassy of

the Republic of Instinet International Ltd

International Financial Services (London)、International Grains Council、International Underwriting Association of London

Investcorp International Ltd

Ireland, Embassy of

Israel, Embassy of

Italy, Embassy of

Japan Bank for International Cooperation

Japan Centre for International Finance

Japan, Embassy of (London)

Japan National Oil Corporation

JICA — UK Office

John Swire & Sons Ltd

Jordan Information Bureau

JP Morgan

Kansai Electric Power Co Inc

Korea, Embassy of the Republic of

Kroll Associates UK Ltd

Kuwait, Embassy of

Kuwait Information Centre
Kuwait Investment Office
Kyodo News
Lattice Foundation
League of Arab States
Lesotho，High Commission of the Kingdom of Linklaters
Lloyd’ s of London
Lloyds TSB Group plc
London Business School
London Export Ltd
London Stock Exchange
Lovells
Luxembourg，Embassy of
Macedonia，Embassy of
Malta，High Commission of
Marathon Oil UK Ltd
Marks & Spencer plc
Marubeni Europe plc
Matheson & Co Ltd
Matrix Research Ltd
Merrill Lynch Europe plc
Metropolitan Police Service
Mexican Embassy
Mitsubishi Corporation (UK) plc
Mizuho Research Institute
Monsanto Company
Morgan Stanley & Co International Ltd
Moscow Narodny Bank Ltd
NASEO
Netherlands，Royal Embassy of
New Scotland Yard
New Zealand，High Commission of

NHK Japan Broadcasting Corporation
Nihon Keizai Shimbun
Norinchukin Bank
Norway, Royal Embassy of
Oman, Embassy of the Sultanate of
Osaka Gas Co Ltd (London)
Oxford Analytica Ltd
Pakistan, High Commission for the Islamic
Republic of Poland, Embassy of
Portugal, Embassy of
Powergen UK plc
Premier Oil plc
Prudential plc
Punchline
Qatar, Embassy of the State of
Quebec, Office of the Government of
Reader' s Digest, The
Reliance Europe Ltd
Research Library, The
Rolls—Royce plc
Royal & Sun Alliance Insurance
Royal Bank of Scotland
Saudi Arabia, Royal Embassy of
Schroders plc
Scottish Natural Heritage
Singapore, High Commission of
Slovak Republic, Embassy of the
Slovenia, Embassy of the Republic of
Sonatrach Petroleum Corporation
South Africa, High Commission of
South African Breweries
Spain, Embassy of

Standard Life Assurance Co
State Street Bank and Trust Company
Statoil (UK) Ltd
Stephenson Harwood
Stirling Ltd
Sudan, Embassy of the Republic of
Sumitomo Mitsui Banking Corporation
Sweden, Embassy of
Switzerland, Embassy of
Taipei Representative Office
Tehran International Studies Research
Texaco Ltd
Tibet Information Network
Times Newspapers Ltd
Tokyo Electric Power
Toronto Star Newspaper Ltd
Toshiba of Europe Ltd
TotalFinaElf Holdings plc
Tunisia, Embassy of
Turkey, Embassy of
UBS Warburg
United Arab Emirates, Embassy of the
Universities Superannuation Scheme Ltd
URENCO Ltd
Venezuela, Embassy of
VERTIC
Wilmer Cutler and Pickering
Wilton Park
World Bank (London)
Yemen, Embassy of the Republic of
Yomiuri Shimbun

皇家三军防务研究所
Royal United Services Institute for Defence Studies

地址：Whitehall London SW1A 2ET United Kingdom
电话：+44 (0) 20 7930 5854
传真：+44 (0) 20 7321 0943
网址：http：//www. rusi. org
电子邮件：defence@rusi. org

皇家三军防务研究所是世界上历史最悠久的防务问题研究所之一，主要研究英国和国际安全与防务问题。该研究所与英国军方及政府决策部门关系密切，政策影响力广泛。

一、历史背景与现状简介

1831 年，惠灵顿公爵在伦敦白厅中心建立了皇家三军防务研究所。作为世界上最古老的防务问题研究所，一百多年来，它已经发展成为一个优秀的世界级研究中心，被称为“英国关注国内和国际防务与安全事务的专业论坛”。其宗旨是：研究和报告所有有关国家和国际防务与安全的重大问题，推动相关辩论及政策选择。

皇家三军防务研究所由于在英国和国际防务与安全问题上具有极高的权威性而享有良好的国际盛誉。它对于英国国内和国际防务和安全环境的了解与客观性是“独一无二的”[①]。此外，它拥有优秀的传统、诸多的荣誉以及在英国政府中所占据的重要位置，这使它的“可信度”增强，可以自由接触英国国防部及其他政府要员。

皇家三军防务研究所得到了许多英国重要人物的好评。英女王伊丽莎白二世是其重要的赞助者之一，她称：“我知道这是多么有价值的工作，为了和平与安全，皇家三军防务研究所成功地使军方与那些经济、政治决策者保持重要的联系”。英国首相托尼·布莱尔则表示：“作为信息与思想的推动者，作为现在和未来决策者的教导者，防务研究所都是独一无二的”。国防大臣胡恩也称：“对我们今天面临的日益复杂的防务与安全问题，该研究所发挥了一个完全建设性的作用，推动就此展开辩论并更好地理解这些问题。”国防参谋长迈克尔·沃克将军（General Sir Michael Walker GCB CMG CBE ADC Gen，Chief of the Defence Staff）认为：“英国的军队在一个不确定和富有挑战的世界中行动，提供传统和灵活的防御，为凝聚而不是忽视我们的民族精神之源而奋斗。我们必须把我们的人民放在首位，并支持他们。三军防务研究所在这些领域的辩论中发挥了领导作用，提供了专业和客观的分析。鉴于它对国内事务的关注和全球视野，应得到我们最有力的支持”。

二、组织机构与基本活动

（一）组织机构及主要负责人简历

1. 组织机构

（1）理事会。它负责研究所的管理，由所长、副所长、选举产生的委员、前官员、荣誉委员等组成。根据规定，理事会成员不得超过 24 名，选

① http：//www. rusi. org

举产生的委员不得少于12名，副所长任期5年，并可连任。理事会委员由年度全会从研究所会员中选出，期满后一年之内不能重新当选。德、法、美的国防部长通常受邀参加理事会，由驻伦敦武官代表其参加日常活动。目前，理事会有所长1名、副所长7名、委员24名。

(2) 顾问团(Corporate Advisory Group)。主要在以下三个领域提供建议，从而推动研究所的建设和发展。一是推动研究所与会员之间富有成效的互利关系，使研究机构的服务对现有成员更有吸引力。二是使研究所对现有或新的研究领域中的潜在新成员更具吸引力，有助于补充新成员。三是鉴于皇家三军防务研究所是一个慈善团体，建议研究所募捐，提高研究所的形象。现任顾问团主席是史蒂文·亨伍德(Stephen Henwood)。

(3) 常设机构。由所长办公室、研究部、军事科学部、商务和行政部、出版部、项目活动部等机构组成。

2. 主要负责人简介

(1) 所长：海军上将理查德·科博尔德(Rear Admiral Richard Cobbold CB FRAeS)

电话：+44 (0) 20 7747 2602

传真：+44 (0) 20 7321 0943

电子邮箱：director@rusi. org

1994年9月，理查德·科博尔德被正式任命为皇家三军研究所所长。他是皇家航空协会会员、伦敦海军学校校长。1997年以来一直担任下院国防委员会专家顾问。

他曾在皇家军队服役过33年，先后任海员指挥官、直升机观察员，指挥过“莫霍克号舰”和“黄铜号舰”的护卫舰。1984年起在皇家国防大学任教。他还在国防部任职多年，1987年起担任英国国防部防御思想司司长。1991年获海军少校军衔，1991—1994年间曾担任负责海军体系及联合体系行动的助理国防参谋长，1994年3月从皇家海军退役。

他为皇家三军防务研究所及其他出版物撰写了大量文章，就国防、国际防务与安全发表了诸多评论。

(2) 研究部主任：乔纳森·埃亚勒博士(Dr Jonathan Eyal)

电话：+44 (0) 20 7747 2616

传真：+44 (0) 20 7747 2636

电子邮箱：defence@rusi. org

埃亚勒博士是皇家三军防务研究所研究部主任和《新闻简报》编辑。他出生于罗马尼亚，但大部分时间生活在英国。他在牛津和伦敦大学学习国际法和国际关系专业，并获得了第一个硕士学位。1987 年在牛津获得博士学位，撰写论文《一战以来的东欧民族关系》。此后，在伦敦教书三年。1990 年成为皇家三军防务研究所研究员，同年开始任研究所研究室主任至今，负责管理该所的研究活动。是一个中东欧及巴尔干问题专家，曾发表过多部专著，在此领域有较高的学术水平及影响力，得到了英国政府及欧盟的认可。他曾向英国下院外交委员会提供“英国对东欧外交政策方向”的政策建议，并向前南斯拉夫和平方案专家小组提供过建议。他还是欧盟“前南国家财产分割研究”的顾问。曾出版过“关于 1991 年以来西方在处理巴尔干冲突中所犯的错误”的研究报告，以及“关于前华约组织军事支出”和“共产党时期巴尔干军事关系”等著作，并经常在《卫报》、《独立报》、《泰晤士报》等日报和《观察家》周报上发表东欧事务评论。能操流利的法语、罗马尼亚语、意大利语、匈牙利语和德语。

近年来，埃亚勒博士发表了数篇关于中国、亚洲及欧美关系等问题的文章，其主要观点是：

在美国与亚洲国家关系问题上。埃亚勒认为：“不论是在时间上还是在着重点上，美国的安全议程与该地区主要国家的安全议程都是不一致的”。美国希望中、日、韩等国在朝核问题上支持美国的计划，但中国最关心的安全问题是台湾问题，日韩更关心的则是“华盛顿最近决定撤走四分之一驻韩美军背后的逻辑以及此举向整个地区传达的信号”。

在欧美关系上。埃亚勒认为：欧美在战略问题上已经迅速走向分歧。这主要是因为大西洋两岸的争执体现了根深蒂固的心理差异。“欧洲人彼此贴近，生活在相对小而脆弱的国家里，习惯于认为他们最多只能指望控制安全风险。如果想实现这个目标，主要手段是把单一民族国家的特权让予国际和地区性机构”。而美国人则认为“弱点不该控制，必须予以消除，星条旗体现的国家利益高于一切”。[①] 大西洋两岸因应对共同敌人而结盟。如果双方对国际危机采取相似的态度，那么即使这个敌人不复存在，两岸的关系也能维系下去。而如果对新威胁抱有迥然相异的看法，他们的关系就将无法维持。在对待联合国的问题上，“美国人无法理解，为什么要把联合国作为国

① “大西洋之战”，英国《今日世界》，2003 年 3 月。

际法的最高权威。欧洲人觉得这个疑问很愚蠢。对美国人来说，战争就是在重申联合国的权威；欧洲人则认为战争标志着联合国的失败”。

对于美欧关系未来的发展，埃亚勒提出美欧关系正向“自愿结盟”模式发展。称欧美关系早在冷战结束时就缓慢而悄然地开始衰退。围绕伊拉克战争而产生的争端只是加剧了这一衰退，“新旧大陆之间的关系仍然重要，但大西洋两岸的双方正在缓慢解散这个旧有共同体，取而代之的是华盛顿和一些欧洲国家间的临时双边军事联系”。埃亚勒指出：“未来的口号就是自愿结盟，各国根据军事实力和政治环境结成暂时性的联盟”。这是因为，一方面，欧洲人在政治上对美国仍然很有用，美政府历来都不愿意给人留下孤军作战的印象，而美国作为联盟领袖的形象也让美国公众大感放心，觉得他们是在为人道而战。因此，“美国的单边主义越来越严重，另一方面却越发希望建立联盟”。但另一方面，此类联盟有重大局限性。首先，美国并不需要强大的军事作战能力，联盟成员的个数和火力都无关紧要。第二，五角大楼经常把这些国家看作战场上的麻烦，所以美国通常不愿为他们的加盟付出高昂的政治代价。最后，这个联盟可以根据危机或政治考虑加以调整。只要能允许美国总统宣布开战，联盟的构成相对来说无关紧要，只不过是个陪衬罢了。

在中国与北约的关系上。他认为：俄罗斯与北约新伙伴关系协定的签署，促使中国改变了对北约的立场。与北约的接触，是中国继与东盟及亚太经济合作组织、“上海五国合作组织”等国际组织展开经济和安全方面合作的一部分。

（二）研究重点与基本活动

1. 基本活动

研究所三大主要活动是：

通过其研究项目，推动国内和国际防务与安全问题的研究，以对防务和国际安全政策做出“独立”和“原创”的贡献。

通过讲座、会议与研讨会项目等形式，为国内、国际防务与安全事务讨论提供论坛，在一个广泛的国际背景下，把来自军方、政界、社会与外交机构等人士聚集在一起。

通过出版杂志及其他刊物，对国内和国际防务与安全事务进行富有见地的判断。

2. 研究重点

该所主要研究的方向是“英国国内、国际防务与安全问题”，下设两个研究部门：一是研究部，二是军事科学部。

研究部目前的主要研究项目有：

（1）亚洲项目。亚洲项目的设立反应了该研究所活动领域的不断扩大，对亚太地区的重视程度日益增加。该项目涵盖整个亚太地区，主要分析亚太地区的防务与国际安全问题，并探究英国在该地区安全与防务领域的角色。项目关注的领域包括：地区安全、国际关系及国防工业。这个项目目前已与新加坡“国防与战略研究所”建立了关系，联合召开了年度会议。2003年，与日本的国家防务研究所也发展了一系列联系。另外，亚洲项目还与大量知名的英国国防公司、顾问公司建立了良好的工作关系，为他们的研究和地区市场开发提供政策指导。并为一些公司提供商业性服务，运用研究所丰富的经验和所掌握的详实情况，帮助这些公司了解当地国内和国际政治情况。

亚洲项目还接待来自该地区军界和研究所的访问学者。曾同时接待过中国人民解放军和台湾地区的代表。

（2）中东和北非项目。重点关注整个中东和北非安全问题。

（3）欧洲安全项目。中心是研究欧洲和平与安全问题、北约的作用、欧盟及其他致力于此的机构，促进英国与其盟国的防务发展。

（4）跨大西洋项目。这是研究所最新的研究项目，自称要在美—英—欧防务和安全关系发展的“重要”时刻，提供一个推动跨大西洋防务与安全发展的论坛。

（5）国土安全与危机恢复项目。2002年开辟的新项目，重点研究预防、回应和修复潜在和实际的紧急状况及灾难。

（三）出版物

1.《皇家三军防务研究所期刊》（RUSI Journal）

是一份关于国内、国际防务与安全事务问题的双月刊，1857年创刊，已成为防务和国际安全研究最重要的刊物之一，被认为是涉足该领域人员的必备读物。

2.《皇家三军防务研究所新闻简报》（RUSI Newsbrief）

是一份前沿月刊，是该所就国际防务与安全问题和军事科学发布的简报。它以简洁的形式和高水准的文章对世界大事做出正确和迅速的反应。力求简单明了地传达最大量的信息。由内部和外部的专家撰写。

3.《皇家三军防务研究所防务体系》(RUSI Defence Systems)

每年出版三次，研究当今全球防务领域面临的战略性、概念性和定位性问题。《皇家三军防务研究所防务体系》已成为一份为世界高级国防人士准备的“领导性”国际防务刊物，堪称该领域人员的一份宝贵信息来源。

4.《白厅报告》(Whitehall Papers)

白厅报告是对国内和国际防务、安全领域中的问题或理论进行深度研究的刊物。每年不定期出版，反应的是最高级别的原创性研究和分析，是为决策者和相关专家准备的非常宝贵的背景资料。

5.《监控》(Monitor)

是一份关于国内安全的刊物，每年出版十次。内容包括战略和战术层次的、人为及自然紧急状况和灾难等有关问题。作者包括内、外部专家。

6.《最新中国军事动态》(CHINESE MILITARY UPDATE)。

着眼于中国军事的发展及问题。对世界上最大规模的军队进行客观和平衡的分析。主题有：新学说与新战略、思潮、新兵招募与保持、军队高级人物生评介绍。

7.《英国外交与安全政策文件》(Documents on British Foreign and Security Policy，DBFSP)

与英国文书局联合出版，提供与政府政策相关的系统性资料。第一卷涵盖保守党政府时期（1995—1997 年）资料，第二卷包括新工党政府执政第一年的资料，第三卷是有关 1999 年科索沃和其他危机事件的资料。

三、涉华研究

（一）涉华研究概况

2004 年 2 月，皇家三军防务研究所网页内的“所长专栏”里，发表了海军上将理查德·科博尔德所长的新春祝辞，其中特别提到“祝贺中国猴年新春”。中国问题研究是皇家防务所亚洲项目的主要内容之一。

该所中国问题研究的主要方向是中国军事的发展、中国的外交与安全政策、台海问题以及中国的亚洲多边安全战略等。亚洲项目负责人安德鲁·肯尼迪先生本人就是一位中国问题专家。《最新中国军事动态》是该研究所重要刊物之一，体现了该研究所对中国问题，特别是安全问题的日益重视，表明中国问题与国际防务与安全、欧洲安全、跨大西洋安全等问题一样，是该研究所重视的方向之一。

（二）中国问题专家介绍

亚洲项目负责人：安德鲁·肯尼迪（Andrew Kennedy）

电话：＋44（0）20 7747 2614

传真：＋44（0）20 7747 2636

电子邮件：AndrewK@rusi.org

安德鲁曾获得赫尔大学英国政治与法律研究文学学士，后在美国西南密苏里国立大学获得了国防与战略研究理学硕士，撰写论文“后冷战时期核武器的作用”。作为亚洲项目负责人，安德鲁·肯尼迪负责在媒体上代表皇家三军防务研究所就所有亚洲安全问题和英国对该地区的政策发表评论。他曾先后在CNN、天空新闻、BBC早间新闻、BBC 24小时新闻、BBC世界频道、第4电台“今日节目”和加拿大、日本的新闻网络上接受过采访。此外，他还在研究所《新闻简报》上定期发表文章。

其主要研究方向是：东亚及南亚安全、中国军事与外交政策、多边安全、印巴关系、中亚安全、美国和英国对亚洲政策、导弹防御与核战略。

附录1：皇家三军国防研究所理事会 (RUSI Council)

Mr John Weston CBE

Sir Paul Lever KCMG — Chairman—elect

Captain Simon Ancona Royal Navy

Air Chief Marshal Sir Anthony Bagnall KCB OBE FRAeS RAF — Vice Chairman

Mr Alex Dorrian CBE FREng

Lieutenant General Robert Fulton

The Rt Hon Bruce George MP

Sir Roger Jackling KCB CBE — Ex—officio

The Hon Bernard Jenkin MP

Général d' Armée Hanri Bentégeat — Ex—officio — Honorary

Ms Bridget Kendall

Mr Jamie MacIntosh

Ms Eliza Manningham—Buller

Ms Susanna Mason

Rear Admiral R A I McLean OBE

Ms Oona Muirhead CBE

General Richard Myers USAF — Ex—officio — Honorary

Dame Pauline Neville—Jones DCMG

Mr Edward Oakden

Professor Sir Keith O' Nions FRS — Ex—officio

Air Chief Marshal Sir Malcolm Pledger KCB OBE AFC BSc FRAeS RAF — Ex—officio

General Wolfgang Schneidehan — Ex—officio — Honorary

Mr Julian Scopes

Mr Andrew Sleigh

Sir Peter Spencer KCB — Ex—officio

Air Marshal Sir Jock Stirrup KCB AFC FRAeS FIMgt RAF

Mr Ian Stopps

Professor Hew Strachan

Dr Ian Thomas

Assistant Commissioner

David Veness CBE QPM
Brigadier General Hans—Werner Ahrens — Germany
Rear Admiral Jean Pierre Tiffou — France
Captain David L Wirt USN — United States

欧洲改革中心

Centre for European Reform

地址：29 Tufton Street，London，SW1P 3QL
电话：+44（0）20 7233 1199
传真：fax +44（0）20 7233 1117
网址：http：//www. cer. org. uk
电子邮件：info@cer. org. uk

欧洲改革中心是一个总部设在英国伦敦的“欧洲思想库”，其与欧洲其他国家及北美等类似机构保持密切的联系，主要研究欧盟内部改革、跨大西洋关系与欧俄关系。该中心是一个独立的非营利性机构，通过举办高级别研讨会、为政界和商界重要人物提供政策简报等渠道扩大其影响。英国《金融时报》评论其为“一个对官方决策影响力日增的思想库”。

一、历史背景与现状简介

1996 年，一群年轻学者认为英国原有的思想库无法用建设性观点来关注欧盟的改革，因此组建了“欧洲改革中心”，并于同年 9 月首次出版了四份小册子。最初，该中心只是一个非正式网络。1998 年 1 月，“欧洲改革中心”将办公地点迁至英国议会所在地——伦敦威斯敏斯特，并招收了第一批正式成员，开始了中心的正式运作。

从成立之日起，“欧洲改革中心”一直持“批判性亲欧洲”的立场。最初，它将提高英国对欧盟事务辩论的质量为己任。近年来，中心的影响已经走出英国向外扩大，大约一半的研讨会都是在英国以外召开的。现在的自我定位是：“一个总部设在伦敦的欧洲思想库”。“一个致力于提高欧盟未来辩论质量的思想库”。“一个人们讨论欧洲面临的政治、经济与社会挑战的论坛”。它积极寻求与世界上的类似机构合作。它认为：欧洲一体化非常有益，但欧盟在很多地方仍存在问题。因此，改革中心目标应是推动新的改革主张和政策，形成一个有竞争力的、开放的、与北美保持有力联系的欧洲。

“欧洲改革中心”的资金来源于各种基金或私人公司的捐款，没有接受欧盟或英国政府的资助。

二、组织机构与基本活动

（一）组织机构及主要负责人简历

1. 主要组织机构

现在，中心的固定工作人员共有 9 名，其中一人在巴黎工作。具体分工如下：

所长：查理斯·格兰特（Charles Grant）charles@cer. org. uk

副所长：希瑟·格拉贝（Heather Grabbe）heather@cer. org. uk

高级研究员：史蒂文·埃弗茨（Steven Everts）steven@cer. org. uk

经济学与社会政策研究部主任：阿拉斯代尔·默里（Alasdair Murray）alasdair@cer. org. uk

首席经济学家：卡廷卡·巴里奇（Katinka Barysch）katinka@cer. org. uk

安全与防务政策研究员：丹尼尔·基奥恩（Daniel Keohane ）daniel@cer. org. uk

办公室主任：凯瑟琳·霍耶（Catherine Hoye）catherine@cer. org. uk

出版事务负责人：凯特·米金斯（Kate Meakins）kate@cer. org. uk

网络编辑：劳尔·斯蒂亚（Laure Astill）laure@cer. org. uk

此外，中心还有一个由知名政、商及传媒界要员组成的顾问团。主要成员有：

珀西·巴纳维克（Percy Barnevik）阿斯利康国际公司（AstraZeneca）主席。

卡尔·比尔特（Carl Bildt），前瑞典首相、北欧企业网（Nordic Venture Networks）主席。

达伦多夫勋爵（Lord Dahrendorf）前牛津大学圣安东尼学院院长、欧盟委员。

理查德·哈斯（Richard Haass）英外交关系委员会主席

汉内勋爵（Lord Hannay）前驻联合国和欧盟大使。

伊恩·哈格里夫斯（Ian Hargreaves）英国机场管理局公司及公共事务部主任

弗朗索瓦·埃斯堡（Fransçois Heisbourg）法国战略研究基金会会长。

凯瑟琳·凯莱赫（Catherine Kelleher），美国海军军事学院客座教授。

约翰·克尔爵士（Sir John Kerr），前驻美国和欧盟大使，前英国外交与联邦事务部副国务大臣。

费奥雷拉·斯基奥帕（Fiorella Kostoris Padoa Schioppa）前意大利经济分析研究所所长。

理查德·兰伯特（Richard Lambert）前《金融时报》编辑。

多米尼克·莫伊西（Dominique Moïsi）法国国际关系研究所高级顾问。

约翰·蒙克斯（John Monks），欧洲贸易联合会大会秘书

2. 主要负责人简介

(1) 所长：查理斯·格兰特（Charles Grant）

电子邮件：charles@cer. org. uk

个人简历：出生于1958年，曾在剑桥大学研究现代史。后在格勒诺布尔大学法国政治专业获得学位。接着进入金融杂志《欧洲货币》（Euromoney）工作。1986年转入《经济学家》杂志社工作。1988年与大卫·谷德哈特（David Goodhart）一道撰写了费边小册子——《发展城市工作》，提出了英国金融市场改革计划的建议。1989年《经济学家》将格兰特派往布鲁塞尔欧共体总部。1992年他撰写的“关于经济和货币联盟”赢得了“阿德尔菲基金会的司汤达奖”（Adelphi Foundation’s Prix Stendhal）。1993年他回到《经济学家》伦敦总部，主要撰写英国事务文章。1994年出

版了雅克·德洛尔传记（Delors：Inside the House that Jacques Built，published by Nicholas Brealey），被翻译成了法、日、俄等多种文字。1994 年 10 月，格兰特成为《经济学家》“防御事务”编辑，撰写包括军工企业、防御政策、军事事务及前南斯拉夫战争等题材的文章。1996 年欧洲改革中心成立时，格兰特是组建元老之一。1998 年 1 月，格兰特离开《经济学家》，成为欧洲改革中心的首任所长。

2002 年 7 月，格兰特加入了英国文化理事会董事会（the board of the British Council）。此外，他还是俄罗斯杜马议员弗拉基米尔·雷日科夫为主席的“联合欧洲委员会”成员，以及莫斯科政治研究学院专家委员会主席。

业余时间他喜爱登山和欣赏音乐。

在欧洲改革中心发表的主要代表作有：“英国可以领导欧洲吗?”（Can Britain lead in Europe? 1998）、“乐观展望欧盟 2010 蓝图”（ EU 2010：an optimistic vision of the future ，2000）、“欧洲的军事革命”（Europe’s military revolution，2001）、“9·11 之后的欧洲”（Europe after September 11th）和“欧洲的新蓝图”（ New Designs for Europe）。

主要研究领域：俄罗斯、欧洲外交与防务政策、跨大西洋关系、欧洲未来、英国与欧元。

“9·11”之后，格兰特特别关注美欧关系的发展，并撰写了多篇研究文章。他认为，改善美欧关系，需要双方共同的努力。反对美国划分“新、老”欧洲的做法，认为美在采取单边行动之前要三思而后行，考虑其外交的后果。欧盟一方面需要从机构设置、政策健全和实际运作等多个领域加强防务建设，另一方面须提高自己的经济发展速度，以增强在美欧对话中的自信心。在大规模杀伤性武器问题上，“赞同美国鹰派的观点”，认为欧盟应严肃对待这一问题。为增进美欧安全合作，建议除北约之外，增设一个沟通机构，以便于美欧就安全问题进行年度磋商。[①]

（2）副所长：希瑟·格拉贝（Heather Grabbe）

电子信箱：heather@cer. org. uk

2000 年 10 月，希瑟·格拉贝博士加入欧洲改革中心成为副所长，负责研究项目、中心事务以及出版物等工作。

---

① 见 2003 年 4 月 18 日英国欧洲改革中心网站文章：“伊拉克战后美欧如何弥合分歧”，http：//www. cer. org. uk.

个人简历：拥有伯明翰大学的博士（PHD）学位和牛津大学的政治、哲学与经济学硕士学位。会讲法语、意大利语、德语，并略懂波兰语。曾任皇家国际事务研究所研究员，并在佛罗伦萨的欧洲大学研究所、巴黎的西欧联盟安全事务研究所以及波兰的国际关系中心做过访问学者。

她是皇家国际事务研究所理事会、英国柯尼希斯温特委员会、维尔顿学院理事会、英国与中东欧协会主管机构的成员。

研究的重点是欧盟扩大问题，主要着眼于扩大进程及对欧盟、后共产党国家转型及大欧洲的长期影响。其他研究课题还有：申根协议范围扩大、欧洲制度化发展、英德关系以及欧洲主义对中东欧治理的影响。主要著作包括：《欧盟东扩》（与克斯汀·休斯合著，Enlarging the EU Eastwards，1998，London：Cassell/RIIA）。在改革中心发表的文章主要有：2003 年 2 月的“新老欧洲对抗会取代东西欧对抗吗？”（Is an old versus new European divide replacing East against West?）、2002 年 12 月的“哥本哈根会议与欧盟扩大”（The Copenhagen deal for enlargement ）等。

（二）研究重点与基本活动

1. 研究项目

主要有：欧盟的机构与政策改革、欧盟扩大、欧元与经济改革、欧洲外交与防务政策、司法与国内事务、跨大西洋关系、欧盟与俄罗斯。未来工作重点是：欧盟司法与内政、欧洲议会改革、欧盟竞争政策、共同社会责任、欧元对价格的影响、欧盟与亚洲的关系、俄罗斯与世贸组织、欧洲防务、空间政策、欧洲怀疑论及应对等项目。

2. 基本活动

（1）出版物。小册子、评论、工作报告、政策简报、欧洲改革中心公报。

（2）会议。各种规格较高的研究会、大小型会议。英国首相托尼·布莱尔（Tony Blair）、财政大臣戈登·布朗（ Gordon Brown）、国防部长杰夫·胡恩（Geoff Hoon）、保守党主席迈克尔·霍华德（Michael Howard），德国总理格哈德·施罗德（Gerhard Schrøder），尼尔·金诺克（Neil Kinnock），以及欧盟商务委员帕斯卡·拉米（Pascal Lamy）、外交委员彭定康（Chris Patten）、外交与安全事务高级代表哈维尔·索拉纳（Javier Solana）、东扩事务委员费尔豪伊根（Günter Verheugen），北约前秘书长乔治·罗伯逊（George Robertson）等政要都曾与会。

（3）政策建议。向多个欧洲国家以及欧盟机构提供建议。并应欧盟委员会委员、各国部长及政府高级官员和商界人士的要求，提供的论文以及简报。

附录1：查理斯·格兰特在欧洲改革中心发表的作品

Should Britain hold a referendum on the EU constitution?
(bulletin article, December/January 2004)

EU defence takes a step forward (briefing note, December 2003)

Resolving the rows over ESDP (opinion paper, October 2003)

Transatlantic rift: how to bring the two sides together
(pamphlet, July 2003)

New leadership for Europe and A strategic European Council, a streamlined Council of Ministers chapters in New Designs for Europe (October 2002)

A coalition for global security, A stronger European foreign and defence policy, and A more political NATO, a more European Russia chapters in Europe after September 11th (pamphlet, December 2001)

Europe' s Military Revolution, pamphlet co－authored with Gilles Andréani and Christophe Bertram (February 2001)

Europe 2010: an optimistic vision of the future (pamphlet, September 2000)

Intimate Relations: Can Britain play a leading role in European defence － and keep its special links to US intelligence? (working paper, May 2000)

European defence post－kosovo (working paper, June 1999)

Can Britain lead in Europe? (pamphlet, October 1998)

附录 2：希瑟·格拉贝在欧洲改革中心发表的作品

Is an old versus new European divide replacing East against West? (bulletin article, February 2003)

The Copenhagen deal for enlargement (briefing note, December 2002)

Who's ready for EU enlargement? (working paper by Heather Grabbe and Katinka Barysch, November 2002)

JHA: Effective justice, secure rights (policy brief, September 2002)

Don't create eastern eurosceptics (bulletin article, August 2002)

The Benes decrees: implications for EU enlargement (briefing note, June 2002)

Germany and Britain: an alliance of necessity (pamphlet, February 2002)

Profiting from EU enlargement (pamphlet, June 2001)

Preparing the EU for 2004 (policy brief, December 2001)

What comes after Nice (policy brief, December 2000)

Set a date for enlargement now (bulletin article, December 2000)

Jane's 简氏情报集团[①]

Jane's Information Group

一、历史背景

简氏情报集团简称为“简氏”，创办人是弗雷德里克·托马斯·简(Fred T·Jane)，1865年出生于英国的一个牧师家庭。104年前，简推出了第一份出版物《简氏战舰手册》。简不仅才智过人，而且善于自我推销。他曾经抓获过一名被疑为德国间谍的侍者，并将从中获得的信息经战时办公厅转交给了英国军情五处，开创了简氏公司与情报部门联系的开端。目前，简氏集团已从当初单独一人搜集资料发展到如今每年收入4000万美元的信息资料处理中心。它在美国首都华盛顿和洛杉矶设有分部，在巴黎、波恩和曼谷等地设有地区总部，并在世界各地派驻300名记者，向设在科尔斯登的总部发回大量的信息。

① 简氏情报集团是一个以出版各类专业刊物和信息咨询为主的跨国军事战略情报分析公司，鉴于其与各国政府的密切联系及其影响力，故列入本书。

二、基本活动

如今的简氏是一家由加拿大伍德布里奇公司控股的跨国军事战略情报分析公司，其主要业务包括出版相关刊物，提供信息咨询，举办国际会议与展览。简氏集团共有200多种出版物，分为防务、安全和交通三大块。最著名刊物有《简氏防务周刊》、《简氏国际防务评论》、《简氏情报评论》和《简氏外事报道》等。集团总部设在英国。

三、主要出版物及其影响力

简氏集团每年出版24种年鉴和4种杂志，以最新统计数字和信息介绍航空航天、军事和普通航空运输、军用飞机、民航飞机、舰船、军火弹药、火炮、步兵、海上和空中发射武器、铁路、雷达系统、电子作战系统、水下作战系统、航空电子设备、空间市场以及情报等方面的情况。

1. 拥有国际权威的军事安全媒体

《简氏防务周刊》以报道军事和安全事务为主，读者主要是政府、军方和负责防务的决策者。之所以权威，与其报道客观公正有关，更重要的是，该周刊要求记者必须与政府消息人士建立相互信赖的关系。由于《简氏情报评论》和《简氏外事报道》等关于恐怖主义组织及国家风险评估具有很高的权威性，简氏已成为各国政府、各大企业“风险和安全方面”信息的首要提供者。《简氏运输》和《简氏运输金融》也已成为企业界人士的必读刊物。

2. 各国政府和情报机构信赖的信息服务项目

1999年4月简氏集团开设了“简氏资料服务”，现已发展成为电子信息服务和简氏书库两大类。该数据库囊括了简氏所有出版物的内容，一些军事分析和情报机构还把这些数据资料同自己的秘密情报相综合，提供给战略决策部门作参考。

3. 影响日益扩大的国际会议与展览

近年来，简氏集团已经成功地召开了50余次大型的国际会议，吸引了数千名高级决策者和国防工业专家。与会的代表包括各国政府代表（如总统、副总统、执行总裁、总经理与专家顾问），提供客观、迅速、有深度的防御、安全、警察、空间发展与交通领域的最新资料、观点与分析。此外，简氏集团每年都在全球各地举办主题展览。2003年5月，简氏集团在中国举办了“中国的警察与安全市场”展览，8月在台北举办了“台北空间技术展”。

四、涉华问题研究

目前简氏并没有在中国开设分支机构，整个亚太地区业务由新加坡办公室负责，但随着简氏在华业务量的增大，简氏正在考虑在北京设立办事处，并已委任了驻中国代表——毛嘉。此外，鉴于简氏对中国市场的特殊兴趣以及中国读者群的成熟，简氏杂志正考虑和中国合作出版第一个外文版本——中文版。简氏对中国问题的关注主要集中在以下几个方面：

1. 追踪中国军事发展动向

2004年6月1日，简氏资深防务分析家查尔斯·海曼在英国《泰晤士报》上发表了题为《北京将设法获得新式战争工具》的文章，称“中国将创建一支能应付今后20年威胁的精英作战部队”。2002年11月4日—7日在珠海举行的中国国际航空航天博览会上，《简氏防务周刊》亚太地区编辑罗伯特·卡尼奥尔专程来华采访，并称该周刊特别关注收集歼—10资料。在欧盟对华武器解禁问题上，卡尼奥尔认为：“中国人知道西方军事装备带有苛刻的附加条件，其中包括在受到制裁的情况下，他们的零部件供应有被切断的风险。欧洲有一系列军事产品能够满足中国对特定武器的需求，但我认为解除禁运不会对中国军队的现代化建设产生广泛影响。”

2. 关注台海局势

2003年1月，《简氏防务周刊》报道：美台设在台北市阳明山的针对中国大陆的监听站已曝光。监听站的主要任务是监视中国人民解放军南京军区和广州军区的部队动向和无线电通信，所获“信号情报资料”可以通过人造卫星直接传送到美国。

3. 反对中国威胁论

《简氏周刊》杂志主编克里德福·比埃尔人认为：中国是地区稳定的重要力量，不论在联合国还是地区安全论坛中都发挥着积极作用。

4. 拓展在华业务。2002 年 10 月 29 日，该集团全球咨询业务总裁彼得·巴科斯特在访华时透露了简氏终于下决心进军中国的“野心”。简氏打算向中国企业提供咨询服务。主要是向涉足到“国防、航天、交通”市场的政府和公司提供咨询服务。如：中国航天企业要把自己的发射业务推销到欧洲，简氏就会向这个企业提供市场需求的分析和评估等。另外，“9·11”之后，简氏咨询还开展了针对恐怖袭击的安保服务，为公司和政府设施遭受恐怖主义袭击的可能性提供评估。彼得·巴科斯特称，简氏咨询业务已经有了中国的客户，还有一些正在接洽中，业务范围包括“民用、安保、防务、交通等”，并承诺对“客户资源”严格保密。

附录 1：简氏集团董事会成员

Board of Directors

Alfred Rolington，Chief Executive Officer
Michael Staton，Chief Financial Officer
Rahul Belani，Chief Technology Officer
Jo Moon，Chief Sales and Marketing Officer
Linda Moore，Human Resources Director
Ian Kay，Director of Strategy and Planning
Michael Dell，Business Development Director

附录 2：简氏集团主要分布机构及其联络方式

Jane’s Europe and Africa
Jane’s Information Group
Sentinel House
163 Brighton Road
Coulsdon，Surrey CR5 2YH

United Kingdom
Tel：+44 (0) 20 8700 3700
Fax：+44 (0) 20 8763 1006
e—mail：info. uk@janes. com
Technical Support：techsupport. uk@janes. com

Jane' s Middle East
Jane' s Information Group
PO Box 502138
Dubai
United Arab Emirates
Tel：(+971 4) 390 2335
(+971 4) 390 2336
Fax：(+971 4) 390 8848
e—mail：mideast@janes. com
Technical Support：techsupport. uk@janes. com

Jane' s North，Central and South America
Jane' s Information Group
110 N. Royal Street
Suite 200
Alexandria，VA 22314
United States
Tel：(+1 703) 683 3700
(+1 800) 824 0768
Fax：(+1 703) 836 0297
(+1 800) 836 0297
e—mail：info. us@janes. com
Technical Support：techsupport. us@janes. com

Jane' s Canada
Jane' s Information Group

1400，100 Queen Street
Ottawa，Ontario
Canada
K1P 1J9
Tel：（+1 613）566 3642
Fax：（+1 613）566 3640
e—mail：geoff. mizen@janes. com
Technical Support：techsupport. us@janes. com

Jane’s Asia
Jane’s Information Group
78 Shenton Way ＃10—02
Singapore 079120
Tel：（+65）6325 0866
Fax：（+65）6226 1185
e—mail：asiapacific@janes. com
Technical Support：techsupport. uk@janes. com

Jane’s India
Jane’s Information Group
Post Box No. 3806
New Delhi 110049
India
Tel：（+91 11）2651 6105
Fax：（+91 11）2651 6105
e—mail：india@janes. com
Technical Support：techsupport. uk@janes. com

Jane’s Australia and New Zealand
Jane’s Information Group
PO Box 3502
Rozelle Delivery Centre

NSW 2039
Australia
Tel：(+61 2) 8587 7900
Fax：(+61 2) 8587 7901
e—mail：oceania@janes. com
Technical Support：techsupport. uk@janes. com

Centre for Defence and International Security Studies

兰卡斯特大学防务与国际安全研究中心

地址：Cartmel College，Lancaster University，Lancaster
LA1 4YL United Kingdom
电话：(44) (0) 1524594 254
传真：(44) (0) 1524 594 258
电子邮件：p. elliott@lancaster. ac. uk
网址：http：//www. cdiss. org/contact. htm

一、基本情况

在英国高校中，兰卡斯特大学的国际问题研究比较突出。该校设有两个著名的国际问题研究机构：防务与国际安全研究中心和理查森和平研究所。

防务与国际研究中心成立于 1990 年，由该校原来的两个研究机构——防务与安全分析中心和军备控制与国际安全研究中心合并而成。该研究中心的宗旨是：对世界各主要大国和国家集团的防务战略和政策及国际安全动态进行全面研究，推动对英国及世界其他主要大国防务政策的学术讨论，以及为政府、企业、媒体、学术部门提供咨询服务。

该研究中心位于兰卡斯特大学卡特梅尔学院校园内，为政治与国际关系系下属的一个半独立的跨学科研究机构。中心拥有近 50 名专业研究人员和辅助工作人员。他们研究各种有关军事防务和安全方面的问题，包括空军及空间力量研究、导弹威胁与防御、军事与民政关系、海上通道安全、欧洲安全、军事史、军事技术、东南亚问题、俄罗斯及其他相关问题。

中心的 49 名成员大多为兰卡斯特大学的教职员工，部分为大学的名誉研究员。防务与国际安全研究中心研究协会的高级会员通常为兰卡斯特大学之外的专家学者，而普通的研究会员则主要从政治与国际关系系或外系的研究生中挑选。

中心拥有一个庞大的专业资料库，收藏有大量书籍和相关研究资料。兰卡斯特大学图书馆也收藏了许多相关书籍和材料。资料库收集的资料中包括有：各种政府出版物、各军兵种专业杂志和简报、学术研究机构的定期出版物和专题文章、有关军事技术和军工发展的工商期刊。所有资料都分类编入中心的“防务与国际安全文献”档案。另外，该中心的电子资料库亦收集了大量有关军事和国际安全事务的材料，包括从 300 多种公开期刊和专题文集中收集和摘编的约 14 万篇文献资料。在该中心图书馆内可以找到所有这些文献的索引。如果需要，研究人员也可根据相关索引从电子资料库中提取库藏资料的“研究版”或原文。

中心每年发表不少有关国际安全和军事方面的专题文章、书籍和学术报告。刊物《防务分析》在西方国家中颇有影响，每年出版三期，同时在防务与国际安全研究中心、兰卡斯特大学弗兰克林—马歇尔学院以及美国宾夕法尼亚编辑发行，是当前世界防务领域的权威刊物之一。中心还出版贝利格系列（The Bailrigg series）论文、备忘录和专题文章。另外，中心在公开发行这些刊物、文章和报告的同时，还将这些学术刊物与全世界 40 多个国家的防务及安全机构的出版物进行交流。

该中心经费主要来自兰卡斯特大学预算，部分来自合同研究以及企业和社会各界的捐助。

二、中心主要研究人员简介

防务与国际安全研究中心的工作目前由中心主任马丁·埃德蒙兹博士（Dr. Martin Edmonds）主持。副主任大卫·盖茨博士（Dr. David Gates）负责中心的研究和教学工作。兰卡斯特大学任命的一个管理委员会负责中心的管理工作。

马丁·埃德蒙兹博士（Dr. Martin Edmonds），中心主任。马丁·埃德蒙兹博士是兰卡斯特大学政治与国际关系系的防务与政治学高级讲师。他也是《防务研究》杂志的创始人之一，目前为该刊物的总编辑。在担任现职之前，他曾先后担任兰卡斯特大学防务研究高级讲师、马里兰大学麦克阿瑟学会高级研究员、南加利福尼亚大学教授以及组约哥伦比亚大学研究协会会员。主要研究范围包括：重要防务技术的发展、英国防务政策、军事与民政关系、军事工业转化。主要著作有：《国际军事武器采购》、《武装部队与社会》、《防务均衡》、《防务核心组织》等书。

大卫·盖茨博士（Dr. David Gates），中心副主任。是中心的高级研究员和空中力量研究项目负责人。此前阿伯丁大学国防部委托的防务研究课程的讲师。毕业于牛津大学。大学期间，专修军事史及现代战略，获得历史学博士学位。目前是英国皇家历史学会会员。还先后在德国弗赖堡阿尔伯特·路德维希大学和剑桥大学冈维尔—凯厄斯学院及国际研究中心做过访问学者。学识渊博，先后发表过大量有关战略学和世界军事动态的专著和文章。主要代表作有：《西班牙溃疡：半岛战争史》（Allen & Unwin 出版社，伦敦、纽约、《非进攻性防务：北约的另一种战略选择?》（伦敦麦克米伦出版公司及纽约圣马丁出版社，1991 年）和《空军：未来发展走向》贝利格备忘录，（防务与国际安全研究中心出版，1995 年）。

伊恩·贝拉尼博士（Ian Bellany），中心教授。是中心研究军备控制的专家，目前还兼任英国外交与英联邦事务部裁军顾问小组的顾问。1992—1994 年期间，是北约研究委员会的英国代表。1978—1989 年期间，担任“军备控制和国际关系研究所”（CSACIS）所长。研究领域主要包括：军备控制、安全与环境、进攻性与防务性防务等。新近的代表作是：《英国防务评论》（1994 年）和《军备控制》（1992 年）。

大卫·道森（David Dawson），中心执行委员会成员和皇家机械工程师。毕业于曼彻斯特大学理工学院，曾先后任职于英罗尔斯—罗伊斯公司和帝国化学工业公司（10年）。1975年起在剑桥和兰卡斯特大学任教。最先在剑桥大学工程系教授“制造设计与管理高级课程”，随后在兰卡斯特大学担任机械工程学讲师和高级讲师。他目前还担任罗尔渡轮保险公司运输部顾问。主要研究范围是：军事工业发展及与防务相关的科技问题。

乔治·海赫斯特博士（George Hayhurst），中心的防务技术研究员。曾在英国电气公司任职。大学期间攻读航空学，获得航空工程学士学位。大学毕业后曾从事航空工程方面的研究工作，后加入兰卡斯特大学会计与财政系。在该系任教期间，他成功地将数学模型应用于财金系统的计算工作。80年代中期，他在美国加利福尼亚州立大学主持该校信息系统的建立与管理工作。研究范围主要包括：模拟技术、数学模型与最佳选择、工程管理、计算机系统安全以及精确统计与估算等。

安德鲁·詹姆森（Andrew Jameson），中心的俄语专家。担任职员发展和语言学的教师和项目负责人。他曾在柏林担任俄语专家，并曾赴莫斯科国立大学进修。已发表数部俄国语言学方面的专著，并是英国“开放大学”俄语教科书的作者。

莫里斯·科比博士（Maurice Kirby），中心的经济学高级研究员，同时还担兰卡斯特大学彭德尔学院院长和经济管理学院经济系的经济史高级讲师。他目前还从事“经济活动研究学会”的工作，主要研究英国经济活动的发展情况。

约翰·利奇博士（Dr. John Leach），中心人力资源问题专家。曾先后在本校心理学系和计算机系任教。主要研究范围是：人力资源的利用，尤其是处于压力下的人力资源的使用效率。曾与英国和加拿大政府合作，对各种条件下精英人力的工作效率进行评估和测算。目前还主持该校一个技术分析委员会的工作。

格尔德·农尼曼博士（Dr. Gerd Nonneman），中心危机管理及中东安全问题专家。来自比利时，所有初级学位都是在比利时获得的。作为母语为阿拉伯语的专家，他对中东和海湾地区安全情况非常熟悉。在此之前，他曾在埃克塞特大学政治学系任教。主要研究范围包括：危机模拟研究、中东安全、伊斯兰教在世界政治中的作用以及“阿—以冲突”。

迈克尔·佩林斯博士（Michael Perrins），中心东欧问题专家。是兰卡斯特大学政治与国际关系系的高级讲师，主讲前苏联和东欧问题。曾在兰卡斯特大学俄罗斯研究室工作，并曾担任北大西洋议会的欧洲安全问题顾问。近来正在为英国下院外交事务委员会撰写一份关于对东欧地区政策的备忘录。对俄罗斯哥萨克问题进行过广泛研究，并与匈牙利国际问题研究所有紧密的工作联系。主要研究范围是：东欧军事问题与地区安全。

罗伯特·罗思希尔德（Robert Rothschild），中心德国问题专家。同时还兼任经济系的高级讲师。早期的研究主要集中在商业公司内部的经济效率问题。母语为德语，曾在德国工作。目前主要从事防务问题、战略及策略理论研究。

大卫·特拉弗斯（David Travers），联合国及美国问题专家。1965 年以来，一直在兰卡斯特大学担任国际关系学讲师。曾是伦敦经济政治学院的研究生。目前是英国有关联合国及维和问题的重要学术权威。1992 年以来，一直担任下院外交事务考察委员会、联合国学会以及联合国世界安全与维和协会的特别顾问。曾代表英国文化协会到美国和印度巡回讲学，讲解有关联合国的问题。主要研究范围有：联合国维和、美国外交政策与情报以及外交豁免问题。

艾伦·沃伯顿博士（Dr. Alan Warburton），中心军事问题专家。毕业于兰卡斯特大学，博士论文的主题是前苏联的空间政策。目前是中心的讲师，主讲东亚、东南亚及欧洲冲突问题。同时还担任系里的国际关系讲师，讲授美国外交政策与安全政策。主要研究范围有：科学技术，尤其是有关军事技术、导弹及空间技术的发展问题。

三、主要研究与学术活动

中心的研究工作被分为 8 大领域，每个领域设一个研究项目组。
8 大研究领域分别是：

（一）军事—民政关系

项目组负责人：马丁·埃德蒙兹博士。
主要研究：武装部队与国家、宪法与军事法、公共舆论与媒体、预备役部队与征兵、军队中的女性、少数民族与权利、军事工业转化与多样化、军事部门与民间的合同化关系。

（二）防务技术发展

项目组负责人：蒂姆·里普利（Tim Ripley）。

隐型战斗机、巡航导弹、间谍卫星、核潜艇、激光制导炸弹、神经毒气以及航空母舰等高技术武器的概念已进入了普通大众的思想意识中，这主要应归功于电视等大众媒体对1991年海湾战争的实况转播。防务与国际安全研究中心的宗旨是：解释这些耗资数十亿美元的高科技武器系统如何发挥作用，以及未来发展的前景。军事技术的进步是否将使现存武器系统过时而给国防预算造成巨大损失？第三世界国家是否可以神经毒气等非常规武器来抵消西方国家的巨大技术优势？那些财政紧张国家的政府应如何使用它们稀缺的研究与开发预算？是投向已被证明的武器系统，还是用于开发革命性的、但仍未被证实的新技术？

“防务与国际安全研究中心”的军事技术研究项目是一个正在进行中的、针对21世纪发展的研究项目，其具体研究专题包括：

1. 搜寻和确定哪些最新技术被用于军事领域；

2. 新技术在实际军事行动中的应用，尤其是在两次海湾战争和巴尔干的应用；

3. 军事技术进步对财政预算的意义；

4. 下一代高技术武器发展所需的工业支持。

（三）联合国与军备控制

项目组负责人：理查德·康瑙顿（Richard Conaughton）

成员：鲍勃·格雷（美国马里兰）、奥鲁·阿德尼基（尼日利亚拉各斯）、和汉弗莱·克拉姆·尤因（英国伦敦）。

主要研究以下几方面问题：

1. 如何更有效地实施联合国授权的军事干预；

2. 国际控制规则与制裁；

3. 第一世界的中立；

4. 联合国及其机构的财政。

（四）地区安全

项目组负责人：格尔德·农尼曼博士

成员：理查德·沃夫、迈克·佩林斯、德米特里·维特金、托德·克拉克

中心历来重视对前苏联地区国家安全问题的研究，不仅设立了专门研究小组，而且建立了收藏丰富的专题资料库。中心与俄罗斯、乌克兰、哈萨克斯坦等国的一些国际问题研究机构亦保持着紧密的工作关系。

目前，中亚地区的安全吸引了广泛的国际注意，不仅由于该地区冷战后出现的力量空间，而且还因为里海周围地区新近发现的大量石油、天然气储量。研究项目成员德米特里·维特金是一名俄罗斯血统的哈萨克斯坦公民。他的博士论文就是针对哈萨克斯坦的安全问题。他对中亚国家与俄罗斯联邦的联系、新中亚联盟的发展、中亚与中国的关系以及中亚国家军事工业的转化等均进行了深入研究。托德·克拉克目前正在撰写一篇论述俄罗斯核战略的博士论文。许多国际关系学者对这一特别领域没有给予足够的注意，然而它在冷战后时代仍具有极大的重要性。在新时期的战略调整中，俄罗斯军方提出了维持和改进其战略核武库的方针。在可预见的未来，核力量将继续发挥重要的防务和威慑作用。克拉克的研究范围还包括俄罗斯军事—民政关系及俄罗斯海军等。

（五）导弹威胁与对策反应

项目组负责人：罗宾·兰杰博士（Dr. Robin Ranger）

弹道导弹、巡航导弹和大规模杀伤性武器扩散是当今世界面临的一个主要威胁来源，也是国际安全研究的一个重大课题。防务与国际安全中心对这一问题亦特别关注。项目组主要对以下 5 方面的情况进行研究：

1. 研究和总结二战期间德国 V—1 巡航导弹和 V—2 弹道导弹对英国攻击及英国防御的历史情况。主要对已解密的 V—1 和 V—2 导弹攻击情况进行分析，以便对这些攻击所造成伤亡及战略效果做出更精确的估计。同时对英国有效防御 V—1 巡航导弹和缺乏防御 V—2 弹道导弹的情况进行比较，

从而为今日部署反弹道和巡航导弹系统提供参考经验。

2. 弹道导弹扩散的威胁。建立有关弹道导弹技术的数据库，搜寻和确定哪些国家制造、供应或寻求获得弹道导弹。该项目对弹道导弹扩散的发展趋势以及对英国、欧洲、美国及其他盟国的影响，包括弹道导弹落入敌对组织或国家手中带来的威胁及其政治含义，弹道导弹与大规模杀伤性武器结合所带来的潜在威胁进行分析。

3. 巡航导弹扩散的威胁。对这类威胁的动态进行综合分析，并建立有关巡航导弹技术数据及巡航导弹生产、供应和消费者的资料库。

4. 大规模杀伤性武器——即核生化及辐射武器（NBCR）——扩散的威胁。对这些威胁进行全面分析，搜寻和确定哪些国家在秘密制造、供应或寻求获得这类武器。并对敌对国家将大规模杀伤性武器与弹道导弹结合使用的潜在威胁及其政治含义进行研究和分析。

5. 对这些威胁的对策反应。项目组对各种手段措施——从建立国际武器控制规则到实施各种防务措施（如建立导弹防御系统）等——进行对比分析，并提出相应观点和建议，以便尽可能限制这些扩散和减少威胁。

附件：有关导弹威胁及对策反应的“贝利格系列备忘录”：

罗宾·兰杰：《及时防御导弹：英国防空和导弹防御的经验教训》（1994年第7期）、罗宾·兰杰、汉弗莱·克拉姆·尤因：《弹道导弹：日益逼近的威胁》（1994年第9期）、罗宾·兰杰、汉弗莱·克拉姆·尤因：《巡航导弹：准确性与反措施》（1995年第11期）、罗宾·兰杰、大卫·威恩塞克：《魔鬼的图谋：大规模杀伤性武器与国际安全》（1996年第17期）。

（六）空中力量

“空中力量”研究课题寻求对21世纪初15—20年世界各国空军的发展及其影响进行分析和预测，具体专题包括：（1）对各力量平台——导弹、航空器（固定翼和可变翼飞机）及无人驾驶飞机和卫星——的使命和作用进行分析；（2）未来空军突破能力及防空系统的效率研究；（3）指挥与控制结构的变化；（4）弹道导弹防御的战略、战术问题，包括指挥与控制程序，各不同系统的设计与混合配置以及发展与采购政策等。

该研究项目组目前正在进行中的研究还包括皇家空军委托中心所做的课题：如何使用空军力量作为英国对外政策强制手段。中心最近出版的大卫·

盖茨所著《空军：未来发展》一书在西方学术界产生了很大影响。该书研究和总结了20世纪空军发展对战争性质及各国战略带来的冲击，并对未来发展趋向进行预测。

（七）欧洲安全与防务生产

项目组负责人：汉弗莱·克拉姆·尤因（Humphry Crum Ewing）

自冷战结束以来，人们对未来欧洲安全结构的改造和安排进行了许多讨论。前南斯拉夫地区的激烈冲突和解体突出反映了欧洲组织——如欧盟、欧洲安全与合作组织、西欧联盟——和联合国均缺乏解决国际安全问题的有效手段和能力。最终，北约出面干预使它成为惟一一个既有政治意志，又具备必要军事能力来结束该地区战争和混乱的军事政治组织。

但欧洲似乎还没有找到长久的解决方式。此外，欧洲还面临着许多其他实际或潜在的安全问题，包括导弹技术和大规模杀伤性武器扩散、"激进"的大规模移民、环境污染以及部分地区安全形势的恶化和不稳定等。前南斯拉夫和车臣地区的情况表明，这类安全隐患很容易导致大规模武装冲突。欧洲安全研究项目集中研究以下几方面问题：

1. 国际组织在欧洲防务与安全中的作用；
2. 欧盟的共同防务与安全政策：问题与前景；
3. 军事力量结构与设计，包括多国部队与司令部的构成；
4. 共同防务与安全政策的发展对欧洲防务工业及政府采购政策的影响；
5. 欧洲主要军事大国的作用，尤其是英法和德法防务合作的作用和影响。

项目负责人大卫·盖茨博士在各种载体上发表了不少相关著作和文章，包括《联合国与欧洲安全机构：破灭的希望?》（战略与战争研究所，参谋学院，堪伯利，1995年）、《错误的选择：欧洲安全的困境》（欧洲防务与战略研究所，伦敦，1998年）等。

（八）恐怖主义

项目组负责人：蒂姆·里普利

世界上许多国家都面临着恐怖主义暴力威胁。自"9·11"事件以来，对付国内和国际恐怖主义已成为多数西方国家政府议程中的重要问题。恐怖主义问题项目组寻求研究和确定国际政治暴力的发展趋向。近年来，世界各地区不断出现新的恐怖主义组织，其活动方式和手段亦不断发展。项目组努力跟踪这些新发展，解释当前恐怖主义组织活动的背景、目标、战术及其使用的武器，并对未来的发展趋向做出预测和评估。

项目组对世界各地恐怖主义组织的国际联系，尤其与一些国家政府的联系也保持密切关注。项目组对国际反恐怖主义的战略战术、程序及武器装备等也进行评论。

此外，项目组还设立了一个世界恐怖主义活动资料库。该数据库收集了1945年以来世界各地发生的主要恐怖主义袭击事件和背景资料，读者可在中心网址上进行查询。

四、中国问题研究

（一）对中国防务建设和军事力量的研究

防务与国际安全研究中心侧重于对各国军事防务问题的研究，对中国的国防建设、军事部署、军工生产、以及高新武器系统的发展等亦一直进行跟踪研究。

中心新近发表的题为《中国的导弹威胁》特别报告收集了大量有关中国洲际弹道导弹的图片和资料，对包括射程8000公里的DF－31型和射程12000公里的DF－41型远程洲际导弹的发展进行了深入分析和评估。该报告分析认为中国正在发展一种新型水下潜艇发射的弹道导弹JL－2，其射程与DF－31型洲际弹道导弹类似。认为中国的核潜艇一旦装配这种新型洲际弹道导弹，对美国等西方目标将构成极大的潜在威胁，对未来遏制美国军事干预台海战争可发挥很大威慑作用。

中心对中国改进导弹力量的努力非常关注，包括改进DF－31型导弹机动性的新型导弹运载车辆及改进中国导弹命中精度的制导技术的发展。指出中国正在努力发展全球定位系统（GPS）技术，并将这种技术引进其洲际弹道导弹的制导系统。近年来，中国中程导弹的发展引起西方国家的特别关注。中心的研究报告指出，中国的DF－21型中程弹道导弹（MRBM）正在装配一种新型雷达制导系统与美国高精度的潘兴 II 型中程导弹的制导技术非常相近。而根据 1987 年“苏美中程导弹条约”的规定，美俄已销毁了包括潘兴 II 型导弹在内的全部中程导弹力量，中国将成为惟一一个拥有这种威力巨大的中程导弹的国家。如果中国能成功应用美国潘兴 II 型导弹的关键技术，中国 DF－21 型导弹的命中精度误差将不会超过 50 米，这将大大增加中国战略导弹力量的潜在效力。

（二）中国军事问题专家简介

蒂姆·里普利（Tim Ripley），军事技术研究项目组负责人。曾先后在兰卡斯特大学、皇家军事学院、桑德赫斯特军事学院以及坎伯利参谋学院学习。他也是一名兼职记者和军事分析家，经常为《简氏国际防务评论》、《简氏情报评论》及《国际飞行》等国际军事与航空杂志撰写评论文章，并发表了一些论述中国军事防务发展的文章。

理查德·D·费希尔（Richard D. Fisher），中心研究协会会员，美国传统基金会亚洲研究中心高级研究员。对中国的弹道导弹、中程导弹及核战略等有较深入的研究。其代表性论文为：《中国的导弹威胁》（防务与国际安全研究中心出版，1998 年）。

五、外界联系与影响

（一）国内国际联系

中心与英国国防部、皇家三军、外交部门、英国及国际媒体、军事工业部门及部分外国军方保持着紧密合作关系。中心与国内外许多著名国际关系研究机构和高校也进行广泛的合作。中心研究协会的许多成员是世界各国军事和研究学术部门的著名学者。

目前与中心有合作协议的海外及英国内的国际问题研究中心包括：法国图卢兹大学军事研究中心、印度新德里战略研究论坛、马来西亚国际事务论坛（马来西亚吉隆坡）、智利全国战略与政治研究学会（圣地亚哥、智利国防部）、南非国际问题研究所（南非约翰内斯堡）、美国全国公共政策研究所（美国弗吉尼亚州费尔法克斯）、太平洋—塞拉研究有限公司（美国华盛顿特区）、日本防务研究中心（日本东京）、皇家三军防务研究所（伦敦）、英国军备控制委员会（伦敦）、国际战略研究所（伦敦）以及挪威欧洲研究规划中心（挪威奥斯陆）等。

1995 年，中心被联合国核不扩散延长条约大会批准为具有联合国观察员地位的非政府组织。

（二）对外活动与影响

中心定期主持和组织有关防务和安全问题的研讨会和国际会议。如近几年中心与皇家海军、英国陆军、军备控制委员会、皇家三军防务研究所联合主办的国家安全及防务问题研讨会在英国内学术界和相关领域产生了较大影响。皇家三军和军事工业部门的要人经常到该中心访问或发表演讲，如近几年，英国三军参谋长、陆军元帅彼特·英奇爵士、英国空军及空间防御顾问、空军元帅帕特里克·海因爵士、海军总参谋长乔克·斯拉特海军上将以及皇家国际事务研究所前所长、空军元帅蒂莫西·加登爵士等均应邀到该中心发表演说。

由于中心在英国和国际防务研究领域拥有很大影响，它承担的合同研究项目也不断增多，其研究主题包括：当前和未来防务市场的发展趋势分析、国内和国际政治与战略发展研究、重大政治、经济变化对工业、政府部门、武装部队、政党组织及压力集团的影响和冲击以及防务政策规划研究等。最近几年委托该中心进行这类研究的较大部门包括有皇家空军、洛克希德·马丁公司、英国航空航天公司、海军军官协会、萨伯公司以及维克斯船舶工程公司等。

Centre of International Studies

剑桥大学国际问题研究中心

地址：Centre of International Studies，First Floor，17 Mill Lane，Cambridge CB1 1RX，UK
电话：44（0）1223 767235 and 767236
电传：44（0）1223 767237
电子邮件：intstudies@lists. cam. ac. uk
网址：http：//www. intstudies. cam. ac. uk/

一、基本情况

剑桥大学国际问题研究中心是英国的一所著名国际关系研究机构。中心成立于 1967 年。创始人是前剑桥大学的两名副校长赫伯特·巴特菲尔德（Herbert Butterfield）和哈里·欣斯利（Harry Hinsley）教授。他们最早提出剑桥应设立和发展国际关系学科，认为国际问题研究应建立在将历史考察与现实政治及法律思想相结合的基础之上。自成立 30 多年来，该中心始终坚持理论研究与寻求解决现实国际问题相结合的传统，对现存重大国际问题和政策进行深入研究。其研究范围包括：国际和平与冲突、国际对话与谈判、联合国作用、大国外交与战略、地区安全等领域。中心鼓励理论探索和创新，扩展与校内外的学术联系，并鼓励中心的学者和研究生开展跨学科研究。中心每年都举行许多国际问题学术研讨会，与各政府部门、非政府组织和学术专家展开学术交流，以促进研究和教学水平。

中心设在剑桥大学校园区内，现有研究人员 40 余人，均为大学在职教工和研究学者。中心主任詹姆斯·梅奥尔教授为著名国际问题专家，也是英国学会会员。中心许多成员曾在英国外交部等部门担任要职，熟悉外交政策程序和国际事务。由于该中心集中了一批国内外学识丰富的专家、学者，它在国际关系学研究方面成绩突出，中心成员每年在校内外出版和发表大量国际问题学术报告、论文和专著。中心主要刊物是《剑桥国际事务评论》和《业务通讯》。此外，中心每年还不定期发表国际政策研究报告和专题小册子。

中心的研究生教育水平亦非常突出，每年从国内外招收约 150 名国际关系和现代欧洲研究专业的硕士和博士研究生。中心对国内外学生具有很大吸引力，每年申请入学与招生人数比例几达 10 比 1。自成立至今，中心已毕业学生 2000 余人，他（她）们大多成为各国政府部门、企业或学术界的领头人或骨干。

中心设有一个专业图书馆和电子资料库，收藏了大量专业书籍和文献，包括各种官方出版物、学术研究机构的专业杂志、简报和专题文章。另外，该中心的电子资料库亦收集了大量有关各国内外政策、军事、地区安全、联合国和其他国际组织的材料。

中心主要经费来源为剑桥大学预算，部分为中心承担的合同研究和培训收入以及企业和社会各界的捐助。

二、主要研究人员简介

剑桥国际问题研究中心现有研究人员约 40 名，另有行政管理等辅助人员 15 人。主任詹姆斯·梅奥尔（Prof. James Mayall）主持中心工作，副主任朱莉·史密斯博士（Dr. Julie Smith）负责中心的学术研究工作，办公室行政主管为安·肯普女士（Mrs. Ann Kemp）。

詹姆斯·梅奥尔（James Mayall），中心主任、国际关系学教授。20 世纪 60 年代初在英国外交部和英国文化委员会工作，曾先后在西非和印度新德里任职。1966—1998年，在伦敦经济政治学院任教，讲授国际关系课程。1991—1994年任国际关系系主任，并担任剑桥大学出版社LSE系列文集编辑委员会主任。1997年任剑桥大学国际关系教授。自1999年1月以来担任剑桥大学国际问题研究中心主任。2001年当选英国学会会员（Fellow of British Academy）。在其学术生涯中，詹姆斯·梅奥尔发表了大量有关非洲国家、南北关系、国际理论以及国际主义对国际关系的冲击等方面的文章和论著。他所著的《国际主义与国际社会》（剑桥大学出版社，1990年）获得当年国际研究学会最佳图书奖。过去10年中，他的研究主要集中于冷战后民族、宗教冲突及国际社会的反应这一领域。最近的主要著作包括：《新干预主义1991—1994：联合国在柬埔寨、前南斯拉夫和索马里的经验》（剑桥大学出版社，1996）、《世界政治：进步与局限》（政治形态出版社，2000）等。

电子信箱：jblm2@cam. ac. uk

朱莉·史密斯博士（Dr. Julie Smith），中心副主任。她还兼任鲁宾逊—纽纳姆（Robinson－Newnham）学院社会与政治学研究室主任。2002年1月至2003年12月，担任皇家国际事务研究所副所长并兼任该所欧洲研究项目组负责人。大学期间，她最初在牛津大学布拉斯诺斯（Brasenose）学院攻读哲学、政治学和经济学，后转入牛津大学圣安东尼学院攻读研究生课程，并于1996年获得哲学博士学位。主要研究领域：欧盟历史与政策、英国与欧盟关系及欧洲议会的作用等。最近的主要著作：《透过纸廉：扩大后的欧洲内部成员与外部国家》（与查尔斯·詹金斯合编，皇家国际事务研究所/布莱克威尔出版社出版，伦敦，2002年）、《新双边主义：英国在欧盟内的关系》与玛丽安·查查（Marian Tsatsas）合著，皇家国际事务研究所，伦敦，2002年）、《欧洲当选的议会》（谢菲尔德学术出版社，谢菲尔德，1999年）、《新欧洲的民主》（格雷科特出版社，伦敦，1999年）。

电子信箱：jes42@cam. ac. uk

彼特·卡瓦纳（Peter Cavanagh），中心研究员，剑桥安全研究项目执行主任，兼任国际问题研究中心顾问委员会秘书。毕业于剑桥大学科普斯·克里斯蒂（Corpus Christi）学院“建筑与城镇规划”专业，研究生专业为“计划与结构系统的计算机应用”。他曾赴科索沃担任欧洲在科索沃重建部门的欧盟顾问，负责研究当地工商管理与发展及对普里什蒂纳新管理学院的规划工作。在此之前，他担任总部设在布鲁塞尔的“管理与发展欧洲基金会国际行动部主任，主要负责指导欧盟资助的欧洲教育与管理发展项目，并曾为世界许多国家政府提供咨询。1969—1976年，与他人合伙建立了伦敦“卡瓦纳建筑设计公司”。他还是“CAS咨询有限公司”的创始人之一。曾先后发表不少有关管理和设计的专业论文，并在一些英国大学任教，是英国皇家艺术学会会员。

电子信箱：ptdc2@cam. ac. uk

杰弗里·爱德华兹博士（Geoffrey Edwards），中心欧洲问题专家。他还是剑桥彭布罗克（Pembroke）学院研究员，并在英外交部、联邦信托公司、皇家国际事务研究所等机构兼任研究职务。主要研究范围有：欧盟机构、机制及其对外政策。最近的主要著作有：《欧洲条约改革进程中的政治》（与阿尔弗雷德·皮吉佩斯合编，Cassell出版社，1997年）、《欧盟委员会》（大卫·斯彭斯合编，卡特米尔出版社，1997年）、《欧盟国际战略文化的发展》（与保罗·科尼什合著，2001年）等。自1998年以来一直担任《共同市场研究杂志》“欧洲活动年度回顾”栏目的编辑。电子信箱：gre1000@cam. ac. uk

斯蒂芬·哈尔珀博士（Dr. Stefan Halper），中心高级研究员。负责指导大西洋关系方面的研究，并在中心开设英美关系、美国国家安全政策以及现代国际安全课程。哈尔珀博士毕业于牛津大学，曾长期在美国白宫和国务院任职，先后为四位美国总统工作，是一名经验丰富的美国外交政策、国家安全政策、联合国及英美关系问题专家。1996—2000年，他是一家全国电视台和电台任执行编辑，并主持有关外交和国家安全事务的“世界广角”专栏节目。近几年来，他多次在慕尼黑安全战略研讨会上发表演说或提交论文。他的研究主要集中于英美关系、美国国家安全和国际安全问题。近年来，他对左、右翼政治理论、极端主义观点、欧洲精英阶层中反美主义的兴起及对未来美国对外政策的影响等也进行了研究探讨。他最新的代表作是《单独的美国：新保守主义与全球秩序》（剑桥大学出版社，2004年7月）。电子信箱：Sh355@cam. ac. uk

乔纳森·哈斯拉姆（Jonathan Haslam），中心教授，冷战和政治、经济思想史专家。哈斯拉姆于1991年进入国际问题研究中心工作，任国际关系史高级讲师。他还兼任剑桥科普斯—克里斯蒂学院研究主任和研究员。大学期间，他先后在伦敦经济学院和剑桥大学“三一”（Trinity）学院攻读。毕业后曾在伯明翰大学和约翰·霍普金斯大学高级国际研究学院任教。他先后在美国斯坦福大学、耶鲁大学、普林斯顿大学和哈佛大学担任访问教授或研究员。在哈佛和斯坦福做访问学者期间，先后发表了两篇很有影响的论文："苏联在东欧地位的崩溃"和"大国力量平衡的历史概念"。他在2002年还担任上院欧盟共同安全和外交政策问题顾问。他最近的主要著作：《正直的错误：E·H卡尔传1892—1982》（维索出版社，1999年）和《没有任何道德是必需的：马基雅维里时代以来国际关系中的现实主义思想》（耶鲁大学出版社，2002年）。

电子信箱：jgh1001@cam. ac. uk

耶齐德·塞伊格博士（Dr. Yezid Sayigh），中心巴—以和平研究项目主任、剑桥安全研究项目顾问，世界著名中东问题专家。塞伊格博士在中心主讲有关中东国际政治和战略、中东地区民族主义及社会和政治发展等课程。1996—20001年担任国际问题研究中心国际关系硕士学位考试委员会主任，曾多次带领20多名研究生到中东实习，同巴以双方参与和平谈判的外交官员、安全官员、反对派及极端派人士进行实际接触。在承担教学任务的同时，塞伊格还研究和发表大量有关中东问题的文章和论著。他还兼任麦克阿瑟基金会研究与写作资助项目部及斯德哥尔摩国际和平研究所等部门的顾问，并担任《国家与民族主义》、《剑桥国际事务评论》、《第三世界季刊》等刊物编委。其近年来主要著作如下：

PLO，*Armed Struggle and the Search for State*：*The Palestinian National Movement*，1949—1993（*Oxford*，1997）.

"The Palestinian Strategic Impasse"，Survival，Vol. 44，No. 4，7—21，Winter 2002—03.

"The Middle East in Comparative Perspective"，in Christian—Peter Hanelt，Felix Neugart and Matthias Peitz (eds)，*Europe' s Emerging Foreign Policy and the Middle Eastern Challenge*，Bertlesmann Foundation，Munich/Guetersloh，2002.

"Arafat and the Anatomy of a Revolt，" Survival，Vol. 43，No. 3，47—58，Autumn 2001.

"War as Leveller，War as Midwife：Palestinian Political Institutions，Nationalism，and Society since 1948，" in Steve Heydeman (ed.)，*War*，*Institutions*，*and Social Change in the Middle East*，2000 (*Berkeley*).

The Third World Beyond the Cold War：*Continuity and Change*，1999

(*Oxford*. *Co－edited with Louise Fawcett*).

Report of the Independent Task Force on Strengthening Palestinian Public Institutions, 1999 (*New York*).

The Middle East and the Cold War, 1997 (Oxford. Co－edited with Avi Shlaim).

电子信箱：yjs20@cam. ac. uk

菲利普·托尔博士 (Dr. Philip Towle)，中心资深研究员、国际关系学高级讲师。1980 年进入中心工作，1982—1993 年任中心副主任，1993—1998 年任中心主任。在进入剑桥之前，曾长期在路透社和外交部任职。目前在中心为国际关系专业硕士研究生讲授国际安全问题。另外，每年为剑桥继续教育委员会开设 6 门课程。主要研究范围：东亚安全、军备控制及战后国际和平会议等问题。在公共媒体上发表了许多有关日—俄战争、马岛、海湾及波黑战争的分析文章。最近的著作包括：《从拿破仑时代到海湾战争的强制裁军》(Clarendon 出版社，牛津，1997 年)、《日本战犯》(Hambledon 出版社，伦敦，2000 年)、《民主与制造和平：谈判与讨论 1815—1973》(Routledge 出版社，伦敦，2000)。

电子信箱：pat1001@cam. ac. uk

马克·韦勒 (Marc Weller)，中心主任助理、高级讲师。他在中心主要讲授国际宪法等国际法课程。除了从国际法角度分析和介绍国际系统结构外，他的课程还牵涉到以法律手段解决现代冲突和地区紧张等现实问题，包括自治引发的冲突、种族政治紧张的管理、联合国集体安全管理、国家的人道主义干预及对恐怖主义的强力反应等。他的著作也集中论述这类问题。最近刚完成一部论述科索沃问题的三卷本的巨著。韦勒还担任“剑桥—卡内基分权解决民族自决冲突研究项目”主任。这个由中心主持、纽约卡内基公司资助的多国研究项目集中了各类研究分权问题的一流专家。韦勒还经常应邀担任一些外国政府的法律顾问，并积极参与促进欧洲及其他地区和平进程的活动。

电子信箱：mw148@cam. ac. uk

三、主要研究活动

该中心的研究工作始终面向实际，集中研究当代国际现存的重大问题，寻求解决国际冲突和矛盾的可行方案和途径。同时，研究工作也与中心的研究生教学活动相结合，以便为学生提供高水平和切合国际现实的专业课程。

目前，该中心正在进行中的几个主要研究项目是：

（一）“通过分权安排解决民族自决的分歧”研究项目

该中心认为：自决是现代国际法和国际关系中最重要的原则之一，没有它，人权和人的基本自由将会受到践踏；同样重要的是应尊重国家的领土完整和政治统一，没有它，国际秩序的基石将被摧毁，而许多国家也将分裂。因而必须在这二者之间达成某种平衡。在 21 世纪初的今天，民族自决运动仍然是对国际秩序的主要威胁之一。随着一些国家民族自决运动的持续和扩散，国际社会继续面临着许多实际困难，难以做出适当的反应。应而对近年来这方面的实际个案进行研究很有必要。该研究项目的核心宗旨是：通过对最近一些联合国或大国参与安排的“分权”个案的研究分析，帮助人们更好地理解应如何通过合理的分权安排来解决民族自决中的冲突和分歧，并寻求和探索未来可行的潜在解决方案。该项目的计划包括召开一次专题研讨会、建立专题网址，并将出版两本专题文集和一份研究报告。第一本专题文集将集中对一些实际个案进行研究分析，包括如何达成分权协议及实施情况的分析。第二本论文集将对分权过程中出现的结构性问题进行对比和综合研究。项目的研究进程和部分文章将在专题网站上定期公布，以便为外部学者获得相关材料和参与评论提供机会。该项目得到纽约卡内基公司的资助。专题网址：http：//www. fpif. org/selfdetermination/index. html

（二）剑桥安全研究项目

该研究计划始于 2002 年，是全校范围内的一个大型跨学科研究项目。其研究方式与普通学术部门和思想库的明显不同：它将安全视为一种广泛和跨文化的战略性问题而不是某个国家的策略问题。2003 年，该项目组与国防部及其他政府部门联合召开了为期两天的安全问题研讨会，集中探讨如何认识、预防安全威胁及做出适当反应等问题。目前，项目组对威胁网络、威胁根源，威胁手段的大规模效应及政策选择等与安全相关的四大问题分别进行研究。2004 年 7 月，该项目组的第一本研究专著《新安全模式》问世。

剑桥国际问题研究中心承担了剑桥安全项目的主体研究部分。中心成员彼特·卡瓦纳出任剑桥安全项目执行主任，负责项目的可行性研究和发展规划，并指导建立相关的国际联系网络。由耶齐德·塞伊格博士主持的巴—以和平研究课题即是该项目的一部分。中心还为该项目召开了一系列的专题讨论会，对恐怖主义、失败国家、海盗与海上安全等问题进行探讨，并成立相关课题小组。

（三）“信息战监测”研究项目

它是中心新成立的一个高级研究项目，目标是对这一 21 世纪出现的新型战争模式进行跟踪研究、建档和评估。“信息战监测”项目组将对所有国家或非国家“主角”利用信息和信息系统追求政治目标的情况进行考察和研究分析。目前，该项目组仍在组建中。

四、中国问题研究

剑桥大学历来重视对中国问题的研究，取得了世人瞩目的成就。除了李约瑟对中国科技史的大量著述之外，《剑桥中国丛书》在学术界也颇有影响。近年来，剑桥国际问题研究中心一直努力加强对亚洲，特别是对当前中国发展及内外政策的研究。目前，中心专门设有一个中国问题项目组。

（一）中国研究项目

这是中心与伦敦皇家国际事务研究所合作进行的中国研究项目，其宗旨是促进对当前中国经济、政治和社会发展及其对世界影响的认识。中心高级研究员杰纳德·单博士负责协调该项目的研究和联络工作。英国石油公司为该研究项目的启动提供了慷慨资助。项目组初步拟定的研究课题包括国营企业的私有化与中国新兴市场、银行与资本市场的发展、加入WTO对中国法律体系的冲击、中国认同国际事务规则的行为、中国的全球和地区安全政策及对台政策等问题。项目组计划与国内外对中国研究感兴趣的学术研究机构建立联系，并建立中国研究专题网站。

（二）主要中国问题专家简介

大卫·G·沃尔（David G. Wall），中心教授。主要从事东亚和中国问题研究，并为中心的研究生开设有关东亚和中国经济问题的课程。他也是伦敦大学东方与非洲学院和皇家国际事务研究所研究协会会员，于2002年1月前往平壤为朝鲜高级官员开办讲座，曾先后4次访问中国。在中国期间曾为复旦大学的90名博士生开课一个月，讲授国际贸易理论和政策，并被聘为该校的经济学名誉教授。目前，他正集中研究中国西部省份的开发，尤其是私营部门在开发中的作用问题。最近，上海财经大学出版了他评论中国经济的论文集《中国的开放经济》。他还计划与北京、汉城和东京的学术界人士合作组建一个研究东北亚贸易关系的新研究项目。

电子信箱：dgw25@cam. ac. uk

杰纳德·（Dr. Gerald Chan），中心高级研究员。2002年10月进入中心工作，负责协调中心与伦敦皇家国际事务研究所合作中国研究项目，并协同剑桥大学其他院系进行当代中国的研究。在进中心工作之前，他在新西兰威林顿的维多利亚大学授课十余年，讲授有关冲突分析、国际组织和亚洲国际关系的课程。他还曾在北京大学世界政治系、日本神户大学法律系、新加坡国立大学东亚系做过访问学者。2003年1月至5月在中国香港大学担任访问教授。目前兼任《剑桥国际事务评论》、《全球社会》、《新泽西日报亚洲研究》等杂志的编辑和顾问。

单博士对中国问题有广泛和深入的研究，他所做博士论文题目为“全球化规则与中国的依从”。他先后发表了许多有关中国政治方面的论述，分别见于《亚洲评论》、《剑桥国际事务评论》、《中国日报》、《中国季刊》、《问题与研究》、《日本研究》、《当代中国》、《太平洋事务》、《太平洋评论》以及《和平评论》等书刊杂志中。他近期的著述包括：《21世纪中国国际关系》（合编）、《中国国际关系透视》、《中国国际研究文献》及《中国与国际组织》

等。

电子信箱：gcwc2@cam. ac. uk

五、与外界联系与影响

剑桥国际问题研究中心强调应着重研究和分析国际社会面临的实际问题，以确保教学和研究能适应迅速变化的国际环境。中心一直坚持国际研究与实践相结合，中心的许多成员在国际问题研究及国际事务某些领域均具有一定影响力。杰弗里·爱德华兹、詹姆斯·梅奥尔和菲利普·托尔过去均曾在外交部任职，至今一直为政府部门和独立机构提供专业咨询。中心的部分成员还直接参与联合国和大国主持的国际谈判活动。如耶齐德·塞伊格最近一直参与巴一以之间的谈判。马克·韦勒曾作为科索沃代表团顾问参加朗布依埃和巴黎的谈判。这些国际接触和活动不仅促进了有关方面的国际决策，而且使学术部门的研究更加贴近实际，有助于发现和研究新问题。例如，在马克·韦勒参与科索沃和平谈判活动后，中心即建立起新的专题研究项目组，研究解决民族自决分歧相关的政治、法律及人权问题。因此，中心一直提倡其研究人员与政府部门、企业和国内外学术界同行保持密切联系。

值得一提的是，中心非常重视发展与中国学术部门的合作关系。近年来，中心先后与中国人民大学、复旦大学、北京大学等大学的研究机构达成国际学术交流与合作协议。尤其2004年，中心将与中国人民大学联合向欧洲联盟申请“亚洲联系网络项目”、筹办“人大一剑桥非传统安全论坛”、共同就亚太和欧洲问题研究开展合作。

第二部分

法国

概　论

近年来，国内有关西方大国特别是美国思想库的研究文章越来越多，意在通过有关研究加深对各国外交和战略政策的了解。法国一贯强调独树一帜的国际关系和战略理论，有众多研究机构从事这一领域的研究。然而，国际上有关法国思想库的研究著作和文章却踪迹难寻，这种现象与法国思想库的独特发展历程有关。本部分就这一现象作点初步解释或说明，并选择了七个较为重要的研究机构，其中不但有比较典型的独立或大学“思想库”，也有官方研究中心，以期能够揭开法国“思想库”神秘面纱的一角。

一、法国“思想库”发展历程

在法国，“Think Tank”（思想库）一词是外来语，法语译为“Réservoirs de Pensée”或“Laboratoires d'idées”。作为世界重要的文化、思想和外交大国之一，法国独立的外交政策以及独特的外交和战略理论体系也在国际上占据不可忽视的地位。然而，在法各大网站上键入上述两个词汇，搜索到的材料往往都是美国和欧洲其他国家思想库的研究分析，很少论及法国有关机构的情况。这一现象或许说明了法国“思想库”建设远远落后于美、英等国的事实，但笔者认为，较为中肯的解释应该是，法国的美式“思想库”起步较晚，但其国际关系和战略理论研究机构的发展和水平并不落后，且有突出特点。追溯法国“思想库”的发展轨迹，基本可以总结出这样一条线索，即，从分散的个体研究走向有组织的集体研究，从政府背景下的公共研究机构扩展到美式“思想库”，两者相辅相承、平行发展。

1. 萌芽期

法国国际关系和战略研究曾在18、19世纪经历过一个黄金时期，其特点是，涌现出一批世界著名的战略问题专家，如福拉尔（Folard）、吉贝尔（Guibert）等，但没有较为成熟的研究机构。其时，国际关系和战略研究受到政府制约，任何人无权置喙官方的理论与政策，所以虽然出版了许多有影响的著作，但是鲜有理论上的突破。一战时期开始开放言路，然而基本的封闭情况未见改变。二战前，法国开始出现有关方面的研究机构，最为著名的是座落在巴黎Varenne街的“外交政策研究中心”。该中心成立于1936年，集中了一批各领域的专家，小范围的讨论和研究气氛开始活跃。1944—1978年，雅克·韦尔南（Jacques Vernant）担任中心秘书长，推动中心加强了与外交部的联系，了解并参与政府外交政策的制定，因此中心刊物《外交政策杂志》的文章经常能够反映官方未来的外交走向和立场，成为研究法国政府政策的不可或缺的出版物。但是，中心的研究手段仍受到限制，研究力量严重不足，一定程度上制约了中心的发展。1958年，美国福特基金会计划提供资金帮助，希望在法国“克隆”一个类似伦敦国际战略研究所的研究机构，并邀请加卢瓦（Gallois）将军出面负责筹备建所事宜。加卢瓦将军在北约各成员国中招聘专家，寻找其他赞助机构和企业。然而，他发现福特基金会的本意是希望通过新成立的研究所“传播美国的思想和理论”[①]，故半途宣布退出，导致建所计划流产。需要指出的是，二战结束后的十余年间，法国军方各级军官对战略问题的研究十分活跃，组织了各式各样的俱乐部讨论法国的核战略和戴高乐的防务政策，并经常参与和举办研讨会，公开在报刊上发表文章，希望影响政府政策，但未能如愿。

2. 成长期

上世纪60年代初，美国思想库引起法国国防部的注意。1963年，经国防部认可，在著名军事专家博弗尔（Beaufre）领导下建立了“法国战略研究所”。该所表面上拥有独立地位，实际上没有法人资格，财政不能独立，因此只能依附于“外交政策研究中心”。虽然如此，研究所存在的10余年间，聚集了一批著名战略问题专家，并创办了《战略》杂志。与此同时，

① Les structures de la recherche straégique en France, par Hervé Coutau—Bégarie, http://frstrategie.org.

1964年2月，国防部比照美国兰德公司模式成立了“前景与评估中心”。该中心的宗旨是全面深入研究和阐述法国的威慑理论，设置4个研究课题：未来军事力量的使命和任务、未来海军的使命、未来空军的使命和未来陆军的使命。中心研究成果经总统认可，作为1972年《国防白皮书》的基础资料。70年代中期，外交部也感觉到思想库的重要性，在部内成立了“分析与预测中心”，对国际格局变化提出中、长期的分析和预测。70年代末期，外交部在德斯坦总统支持和巴尔总理亲自过问下，决定引进美国“思想库”模式，责成分析与预测中心首任主任蒂埃里·德蒙布里亚尔（Thierry de Montbrial）筹备建所事宜。1979年，德蒙布里亚尔在“外交政策研究中心”的基础上创办了“法国国际关系研究所”，并按照1901年法律规定将其注册为具有法人资格的独立协会。法国与美、英有着明显的不同，政府对外政策的决策主要依靠政治领导人和中央部门的高级公务员，“思想库”和“独立研究所”的观念在法国文化中较为淡漠。因此，法国国际关系研究所的建立，在有着长期中央集权传统的法国实为一个大胆的创举。

3. 成熟期

20世纪末，“思想库”的观念逐渐为法国政府、企业和社会所接受，而且成为“时髦的观念”①。故此，许多类似的研究所纷纷效仿法国国际关系研究所的模式发展，并不断有所建树，如国际问题研究中心、战略研究基金会、国际和战略关系研究所等。但总体来讲，在法国人的思想观念中，“思想库”的定义较之美国更具弹性，大体上只要是从事政策性研究、为政府提供参考的研究机构都可被称为“思想库”。

二、法国“思想库”或研究所的类型及影响力

法国有许多研究机构进行国际关系和战略问题研究，从机构性质上讲，有政府研究中心、独立研究机构、俱乐部以及大学研究中心等；从研究分类上讲，有综合类，也有专业类，有对外政策研究，也有国内政策研究。虽然

① “Message du dircteur général”，par Thierry de Montbrial，《Ifri，Rapport d’activité 2002》，http：//www. ifri. org.

机构规模有大小不同，人员有多寡之别，地位有高低之分，但各研究机构都希望通过时事鉴定和未来预测为政府或国际组织提供服务，以展现自身存在的价值。

1. 政府研究机构

法国政府主要部门都成立了研究中心，进行各领域中、长期形势研究，其中从事战略和国际问题研究的代表性机构有：（1）战略事务委员会(DAS)，隶属国防部，根据1992年6月16日政令建立，主要负责“国防部感兴趣的战略问题的研究、分析和展望”，参与制定国防部长期计划和纲领，协助部长研究和确定法在国际防务和安全谈判中的立场和行动。（2）装备总委员会（DGA），隶属于国防部，负责起草法国“30年展望计划”，研究安全技术理论，确定防务问题研究方针。（3）分析和预测中心（CPE），隶属于外交部，负责向外交部长和总统提供国际形势的中、长期预测，协助制定法国中、长期外交行动计划。（4）法国现代中国研究中心，隶属于法国外交部国际和发展合作总局，主要任务是研究中国大陆、台湾、香港、澳门的政治、经济和社会变化，研究领域涉及司法、法律、政治学、经济、国际关系、汉学和人类学。（5）前景研究与国际信息中心（CEPII），是法国政府研究国际经济问题的专门机构，隶属于法国计划总署，但业务上直接为总理服务。

中央研究机构是法国政府主要的智囊团，其研究成果是总统、总理、国防部长、外交部长以及其他政府阁员制定政策的重要依据之一。但是，中央研究机构人力有限，因此与一些较为著名的独立研究所或大学研究中心建立了伙伴关系，定期与后者签署项目合同，提供项目资金。比如，国防部战略事务委员会与法国国际关系研究所（IFRI）、国际问题研究中心（CERI）、国际和战略关系研究所（IRIS）、信息和自然科学思考小组（GRISP）、战略研究基金会（FRS）、欧洲地缘政治观察研究所（OEG）有固定的合作关系，定期签订国防部设置的研究项目合同，并委托这些机构组办双边战略研讨会等活动。

2. 独立研究机构

法国独立研究所基本都是政府研究中心的合作伙伴，一方面通过参与政府研究项目提高对国家决策的影响力，另一方面通过政府研究资金保证研究所的生存和发展。其主要代表有：（1）法国国际关系研究所（IFRI），成立于1979年，除大工业企业和国际基金会提供的资金外，每年还从总理府和国防部中获预算拨款，研究所经常参与政府重大项目的研究；(2) 国际和战略关系研究所（IRIS），创建于 1990 年，其成员大多有政府工作经验；(3) 战略研究基金会（FRS），成立于 1998 年，主要承担国防部的项目研究，大多研究成果不公开发表，1997 年开始出版电子刊物《战略前景》；(4) 比较战略研究所（ISC），创建于 1994 年，该所虽设在索邦大学，实际为独立机构，主要从事战略基础理论和军事史研究，并设有网站；(5) 舒瓦瑟尔研究所（Institut Choiseul），创建于 1999 年，主要研究国际关系和经济问题，与国防部战略事务委员会关系密切。上述研究所中，前三个是法国最活跃和具实力地位的“思想库”，第四个在战略军事问题上有突出贡献，最后一个是法国“思想库”的后起之秀。

法国独立研究所的一个特点是，强调政治上的独立，不为任何政党服务。最为突出的例子是，法国国际和战略关系研究所董事会中除政府要员外，还有法国左、右翼主要政党负责人。虽然他们相互政见不同，但在政策研究中经常能够坐在一起进行讨论。独立研究所发挥影响力的途径主要有 5 种：一是承包或参与政府和国际组织的重大研究课题；二是为大企业集团作国际环境和战略发展方向等内容的研究，帮助其更好地参与全球竞争；三是与政府官员、国际组织负责人、企业家以及国际各领域学者专家共同举办演讲会、研讨会、座谈会和早、中餐工作会议，帮助政、经领域决策人建立联系；四是出版刊物、撰写专著或在报刊上发表评论，影响舆论；五是参与大学教育，培养青年专家。

3. 大学研究中心

法国许多大学建立了研究中心，一面从事教学活动，一面进行研究。在巴黎最著名和活跃的有：国际问题研究中心（CERI），成立于 1952 年，隶属于法国政治科学基金会，是法国最重要的国际问题综合研究中心之一；跨学科和平与战略研究中心（CIRPES），创建于 1982 年，既是一个大学研究中心，又是一个独立的研究所，与国防部关系密切；巴黎十大“国际和欧洲政策研究所”从 1978 年起出版了 60 卷有关防务问题的文集，这项工程曾得到国防部的资助。外省大学研究中心也十分活跃，有些也直接为政府提供服务，如，里昂三大的“国际安全与防务研究中心”（CLESID），创建于 1975 年，现任主任让—保罗·儒贝尔教授经常根据国防部的需要进行课题研究。

4. 俱乐部

法国参、众两院议员和前内阁成员热衷于组建各类俱乐部，评估国内外形势的发展，讨论法国对内对外政策，如：欧洲安全分析中心（CASE），由前部长弗朗索瓦·费荣等主持，成员人数受到严格限制，行动较为秘密；国际问题讨论俱乐部（CRESPI），由参议员德维尔潘和弗朗索瓦·蒂阿尔主持，定期在参议院举行讨论会；参与和进步俱乐部（CPP），前议员皮埃尔·帕斯卡隆创建，是右翼议员经常活动的场所。这些俱乐部与独立或大学研究所最大的不同是，政党背景十分明显，成员大多为政、经界要人，或为前政府官员，也有一些可能将会成为内阁成员，因此，其对政府的现行或未来政策的潜在影响力不可忽视。但是，也有一些俱乐部只是政客清谈的场所。

三、中国问题研究状况和特点

法国拥有汉学或中国问题研究传统，一是因为法一贯重视文化研究，迷恋于中国三千年独特的文化魅力；二是因为其自认为是一个具有革命传统的国家，对中国等同样具有革命传统的国家尤为关注，因此，法国人、特别是法国的政治家不仅重视与中国的经济和贸易关系，而且也十分看重中国的政治作用。这为法国的中国问题研究提供了坚实的活动舞台。当前，法国的中国问题专家大体分为三个学派：

1. 地缘政治学派

以军方研究人员为主。法国军队曾经横行四海，而且每到一地，都喜欢对该地区进行一番研究和比较，并逐渐成为传统行为。可以说，法国军方对中国的研究最早始于八国联军侵略中国时期。目前，军方研究机构强调从地缘政治角度研究国际问题，为此特别重视大国研究。鉴于中国的国际地位不断提高，军方研究人员把中国作为其研究的重中之重。这一学派认为，没有中国就没有亚洲，21 世纪是中国和美国的世纪。他们还强调从中国的战略利益看其政策走向，具体地说，中国在地理位置上与俄罗斯、印度和日本是近邻，但它们之间却存在无法调和的矛盾，相反，中、欧相距遥远，没有直接的矛盾和冲突，有利于相互间的合作，因此主张中国应奉行“远邻近敌”政策。

2. “红卫兵”派（或称“文革”派）

该派崇尚阶级斗争哲学，认为中国文化大革命开辟了一条新的革命道路。对“四人帮”的倒台和中国现行政策持批判态度，与民运分子往来密切，1989年春夏之交发生的“政治风波”以来，多次组织反华示威活动。

3. 主流学派

该派力量雄厚，强调要从纵向（历史）和横向（各个领域）两个角度看待中国问题，即把中国的近况与鸦片战争以来的发展相结合，把中国的经济和政治与社会等因素相结合。主流学派强调，中国研究应从两个问题着手，一是看中国的独立情况，二是看中国的经济发展。他们认为，中国的发展虽然取得成功，但是代价过大，况且，中国目前还没有取得独立的经济地位，与其他经济强国仍有较大差距。其结论是：（1）中国政治和经济状况比过去好，但问题仍然不少，如不及时解决，将会殃及世界。（2）中国对世界经济与和平做出了重大贡献，然而，西方国家不能忘记其肩负着宣传西方民主制度的责任。主流派中最著名的研究所是“近代现代中国研究中心”（CECMC）。该中心隶属于法国科学研究中心和法国高等社会科学研究学院，1996年由两个机构合并而成：一个成立于1958年，主要进行20世纪中国的研究，其图书馆藏有丰富的现当代中国问题研究的资料；另一个成立于1985年，主旨是推动法国当代中国历史和文明的研究，并出版《汉学文献杂志》。中心创办者和领导人都是在法国近、现代中国学研究中作出过重要学术贡献的专家。其他重要的中国问题研究机构还有“法国现代中国研究中心”（CEFC）、“法国远东学校”（EFEO）和“法国汉学协会”（AFEC）等。

法国国际关系研究所（IFRI）

Institut français des Relations internationales

地址：27，rue de la procession，75740 Paris Cedex 15
电话：33（01）40 61 60 00
传真：33（01）40 61 60 60
网址：www. ifri. org
电子信箱：ifri@ifri. org.

法国国际关系研究所是法国最大的、独立的、最具影响力的综合性研究机构。其成立25年来，吸引了大量法国国际关系学界和政界精英，在国际上建立起庞大的研究所网络，密切跟踪、分析和展望国际局势的发展，被称为“法国唯一独立的思想库”和“欧洲一流思想库之一”，“在法国知识外交中发挥举足轻重的作用”[①]。进入21世纪，法国国际关系研究所开始进行全面机构改革，调整研究重点，以保持和巩固其在法国和欧洲国际关系研究领域的领先地位。

① “Ifri，Rapport d’activité 2002”，http：//www. ifri. org.

一、发展历程

20世纪70年代末，法国总统府根据国际形势发展和法国外交战略的需要，计划建立一个“真正独立的思想库”，一方面从事国际关系研究，为政府决策提供有关方面的信息；另一方面服务企业，为其适应全球化发展和提高国际竞争力提供咨询。1979年，时任外交部分析和预测中心（CEP）主任的蒂埃里·德蒙布里亚尔牵头，改组“外交政策研究中心”（成立于1936年），在此基础上创建了“法国国际关系研究所”，并按照1901年法律规定将其注册为具有法人资格的独立协会，这在有着长期中央集权传统的法国实为一个大胆的创举。

法国国际关系研究所的宗旨主要包括两个方面：一是建立一个多学科的研究中心，包括世界经济、安全、战略、地区政治和经济等学科，侧重点是欧洲、美国、东亚、中东和马格里布、俄罗斯问题，突出动向性和分析性研究；二是建立一个辩论和讨论中心，强调要为法国和外国政府以及私营机构的决策者、公民社会代表、国际问题观察员和专家等提供一个非官方的讨论平台，以利于相互间的交流和沟通，并根据研究所伙伴企业（研究所资金提供者）的要求，制定有针对性的专项研究计划，为其发展提供可资参考的分析和建议。经过近四分之一个世纪的发展，法国国际关系研究所的研究队伍和对外联系网络不断扩大，逐渐奠定其“法国一流思想库”的地位。

进入21世纪，法国国际关系研究所面临着两方面的挑战：第一，研究工作的挑战。研究所认为，冷战结束后，世界各种力量和关系越来越呈现复杂化发展趋势，特别是2001年“9·11”恐怖事件，虽然没有改变世界，但改变了美国“超级大国”对历史和未来的思考方式，加之世界经济形势的不确定性，一些新的全球性问题不断出现，如恐怖主义、反全球化运动、全球治理等，使国际形势的发展更加扑朔迷离、变幻莫测①，这为研究所的研究工作，特别是动向鉴定和展望分析工作带来极大的挑战。第二，伙伴研究所的挑战。法国与美、英不同，政府外交政策的决策主要依靠政治领导人和中央部门高级公务员，因此，“思想库”和“独立研究所”的观念在法国文化

① “Ifri，Rapport d' activité 2001” et “Ifri，Rapport d' activité 2002”，http：//www.ifri.org.

中较为淡漠，导致研究所长期以来在政治、司法和财政上困难重重。近几年，“思想库”的观念不但为法国政府、企业所接受，而且成为“时髦的观念”，因此，许多类似的研究所纷纷效仿法国际关系研究所的发展模式，并不断有所建树，对该所龙头老大地位带来冲击和压力。研究所所长德蒙布里埃尔在2002年度工作报告中说，“当‘思想库’观念在法国成为时髦观念的时候，是否有必要提醒我们注意，四分之一世纪以来，我们研究所之所以成为法国唯一真正独立的思想库，成为欧洲一流思想库之一，这是因为本所受惠于独立的司法地位、多样性的资金来源和独特的文化。我们的野心是，要在未来年代里不断努力巩固我们的这个地位。”[①] 为此，他提出坚持以往办所方针和发展方向的同时，突出三个重点：

第一，确保独立性。法国国际关系研究所坚持其独立于政府机构、不附属于任何政党的办所方针，所董事会成员均选择法国政治、学术、企业等各个领域的代表人物担任。目前，研究所约有150个伙伴公司，400多个个体成员。这种组织形式为研究所工作提供了一半资金来源，为独立自主办所的原则方针提供了有效保证。为稳固独立地位和正常运转，研究所信守开放政策，以吸引更多的企业和个体参与研究所的建设和研究。

第二，坚持研究和交流平衡发展。法国国际关系研究所鼓励本所研究员全面发展，在深入研究的同时扩大对外交流，以提高研究水平，增加研究成果，保证研究质量。当前，全所有60多位高水平研究员，其中32个具研究所法人身份，通过他们的努力，使研究所在国内和国际的专家网络成倍扩大，每年保持150场各种形式的国际报告会、座谈会、讨论会和早、晚餐工作会议。此外，研究所还鼓励研究人员参与大学教学工作。

第三，强调战略问题研究。法国国际关系研究所主要为法国政府和私营企业中、长期的决策出谋划策，因此，阐述战略问题、研究国际体系的发展和变化是其科研的重头戏。所内研究工作主要分为两个部分：一是国际性问题研究，包括广义上的安全问题和国际经济；二是地区和国家问题研究，即欧洲（包括俄罗斯）、亚洲、中东、地中海、欧洲一体化和跨大西洋关系研究等。每年的研究课题根据国际形势变化以及法政府和企业的要求进行调整，但研究重点是动向和展望。

---

① “Ifri，Rapport d’ activité 2002”，http：//www. ifri. org.

二、政策影响力

法国国际关系研究所的宗旨之一就是参与政府、企业中、长期决策，扩大对政策的影响力。研究所凭借其灵活的活动方式、广泛的合作网络、高水平和有预见力的人力资源以及与政府密切的关系，不断开拓和发展各种形式的影响力。

（一）储备和培养人才的平台

法国国际关系研究所作为法国最具影响力的思想库，与政府往来密切，其领导班子和研究人员中有相当一部分曾供职于政府、国际组织和大企业。董事会许多董事在内阁、大企业或国际组织中担任过要职，如董事康德苏曾担任过十余年国际货币基金组织总裁（1987—2000），现仍担任法国总统希拉克的 Nepad（8 国峰会“非洲发展新伙伴关系计划”）私人代表。所领导和许多研究人员也来自于政府和国际组织，如所长德蒙布里亚尔是法国外交部分析和预测中心的创始人和第一任主任、法国防务研究基金会第一任主席；研究所执行所长皮埃尔·勒佩蒂先后担任过总理府副秘书长、外交部长特别顾问和法国驻休斯敦总领事，曾作为法国政府代表团成员参加过欧盟“马斯特里赫特条约”草案、关贸总协定乌拉圭回合等重要国际谈判；《外交政策》杂志总编多米尼克·达维自 1998 年起担任全国科研中心防务科学委员会委员；负责欧洲问题研究的马克西姆·勒费弗尔从 1994 年起在外交部战略事务司任职，1997—2000 年任外交部长技术顾问，2000—2002 年任法国驻柏林使馆参赞；研究美国问题的让—玛丽·波冈曾任欧盟贸易政策委员会法国发言人、法国经济部长国际问题顾问；欧洲问题专家克莱尔·德梅斯梅进入研究所前一直在欧洲委员会总秘书处任职。此外，研究所还接受一些法国和外国政府要员担任合作研究员，如合作研究员丁合复在担任法国外交部亚太司副司长前，曾带着外交部的研究课题在研究所亚洲中心任过一年客座研究员，撰写过多篇中国和亚洲问题的文章。合作研究员安妮·理查德曾担任美国国务卿奥尔布莱特的顾问。特邀研究员山田文彦曾任日本外务省西欧一课课长。此外，研究所还与一些大学共同开设“深入研究文凭”

(DEA，相当于中国的硕士学位）教学课程，以培养青年研究人才。

（二）积极发挥政治影响力

主要通过三个途径：

1. 承担和参与政府研究课题。研究所一半的经费由总理府提供，因此，相当一部分研究工作直接服务于政府，主要是与外交部、国防部等定期签订研究合同，根据各部的需要设置科研项目。如，上世纪90年代初，冷战结束，两极格局解体，来自苏联军事威胁消失，对法国本土的直接军事威胁不复存在，但是，世界却进入了一个更加不确定的新时期，法国安全与稳定面临更多潜在的危险。在此背景下，1972年《国防白皮书》等法律文本确定的防务政策已不能适应新形势发展的需要，因而，法国防部决定制定新的防务政策文件。1993年，研究所所长德蒙布里亚尔应召进入《国防白皮书》委员会，参加1994年《国防白皮书》的起草工作。再如，2000年，国防部装备总委员会准备修改《30年展望计划》(PP30)，需要对未来30年地缘政治及其变化情况进行系统分析。研究所根据国防部要求组成以达维为领导的课题研究小组，举办了一系列的研讨会，于2002年12月完成有关研究报告，题目是“论2000—2030年地缘政治发展诸因素中的政治—军事特点”，系统分析了这段时间可能会影响地缘战略变化的各种因素，包括结构性因素（地理、能源、技术进步等）以及主要活动者（美国、欧洲、中国等）及其相互之间的影响等，并对未来国际体系的几种发展形态进行预测。这篇报告被编入《30年展望计划》。2002年2月，研究所还为国防部战略事务委员会完成了题为“重大战略平衡变化的几种可能性”的报告。外交部分析和预测中心也经常参加或委托研究所组办各种研讨会。2001年，“9·11”恐怖事件发生3个月后，研究所在其支持下召开了一个大型研讨会，就“9·11”后北约的发展前景进行深入研究，美国和欧洲许多知名学者与会。同年，研究所主持召开“四方会议”（美国兰德公司、英国皇家国际事务研究所、德国科学与政治基金会和法国国际关系研究所），讨论“9·11”对美国战略的影响、俄罗斯对事件的态度和跨大西洋关系等问题，分析和预测中心派代表参加了会议。此次会议是“9·11”后召开的第一个高层次的跨大西洋研讨会。此外，研究所还经常邀请国际政治领导人作报告，如2000年，俄罗斯总统普京访法期间应邀到研究所作报告，成为首位参与此类活动的俄罗斯国家元首，影响甚大。2001 年，中国国家副主席胡锦涛在访法期间也到该所作了有关多极化战略的报告，引起重大反响。

2. 参与和主持政府间研究中心活动

研究所有 4 个研究中心，其中“法—奥中心”和“法—德关系委员会”是根据法国政府分别与奥地利和德国政府建立的政府间研究机构，前者创立于 1954 年，后者建立于 1978 年。1979 年，法国国际关系研究所建立后，即成为这两个机构的法方代表，参与机构的行政管理与科研工作。两个政府间研究机构的资金由各国政府分摊，课题项目根据政府需要设定，活动的参与者均为欧盟国家政治、经济和社会各界负责人。特别是“法—奥中心”，由于主要研究欧盟经济合作和东扩问题，吸引了即将入盟的中、东欧国家领导人的注意，并踊跃参加中心活动。研究所也通过组办“法—奥中心”的活动，不仅扩大了在欧盟 15 个成员国中的影响力，也扩大了在中、东欧国家的政治影响力。

3. 承担国际组织的研究课题

研究所为一些重要的国际组织完成过不少研究课题，如，2002 年 10 月，研究所受欧洲委员会委托撰写有关世界贸易前景的展望分析报告，题目是“21 世纪的世界贸易”。报告从三个方面审议了从现在起直至 2050 年的世界经济和贸易形势，对 21 世纪的世界贸易特点进行了深入而广泛的研究。报告的第一部分运用数学模型对长期以来的经济发展进行分析，指出，世界贸易和经济增长至 2050 年会出现 5 种可能性；第二部分分析劳动、服务、能源和农业部门的发展前景；第三部分从国际贸易活动者及其力量对比的角度看贸易政策问题。报告指出，如果欧洲在人口、科研和政治建设上再不做出建树的话，世界经济的中心到 2050 年将向亚—太地区转移，届时，大中国区的 GDP 将占世界的 1/4，亚洲将达到 1/2，而欧洲地位不可避免出现后退，甚至“退出历史舞台”。这份报告发表后，引起国际重视，西方国家许多重要报刊加以报道。再如，2002 年 5—7 月，研究所应联合国武器核查委员会的要求，对欧洲新闻媒体中有关伊拉克大规模杀伤性武器问题的报道进行研究，2002 年 9 月完成研究报告。

（三）服务企业

研究所从成立之日起就得到法国一些大企业资助，因此，研究所把企业服务作为该所的任务之一，根据企业关心的问题设置研究课题，帮助分析国际政治和经济发展趋势，为法国企业寻找发展契机和出路，以加强企业的国际竞争力。此外，研究所还利用国际研讨会、工作早餐和晚餐会等，为法国企业领导人提供与研究所伙伴、公共部门代表、外国政治、经济部门或国际组织决策者联络的机会。

（四）影响舆论

每当发生重大国际事件，该所研究人员均会在《费加罗报》、《世界报》、《解放报》和《新观察家》等法国影响力最大的报刊、杂志上发表评论文章。一些资深研究员还担任法国和欧洲一些主要报刊的社论作者，如所长德蒙布里亚尔担任法国最大的日报《世界报》的合作社论作者；所长特别顾问莫伊西是英国《金融时报》、德国《世界报》、法国《西部法兰西报》等报刊的社论作者。

三、基本情况

（一）领导和行政机构

24 人组成的董事会是法国国际关系研究所领导核心，成员包括前部长、宪法委员会委员、参、众两院议员、公司和银行董事长或总经理等。现任董事会名誉主席是前部长莫里斯·富尔（Maurice Faure），主席是拉法热集团董事长兼总经理贝特朗·科隆（Bertrand Collomb），副主席秘书是国民议会议员勒内·加利—德让（René Galy-Dejean），副主席司库是巴黎国家银行副总裁米歇尔·弗朗索瓦—蓬塞（Michel François－Poncet）。董事会成员包括法兰西银行名誉总裁、前国际货币基金组织总裁米歇尔·康德苏(Michel Camdessus)，前部长、宪法委员会委员皮埃尔·若克斯（Pierre Joxe)，雷诺集团董事长兼总经理路易·斯韦泽（Louis Schweltzer)，前外交部长于贝尔·韦德里纳（Hubert Védrine)，苏伊士集团总经理伊夫—蒂博·德西尔居（Yves-Thibault de Silguy）等。

研究所领导班子由 5 人组成，所长蒂埃里·德蒙布里亚尔（Thierry de

Montbrial），执行所长皮埃尔·勒佩蒂（Pierre Lepetit），特派员玛丽—克洛德·德圣伊莱尔（Marie-Claude de Saint-Hilaire），负责发展问题的所长多米尼克·勒图尔纳（Dominique Letourneur），秘书长弗洛朗·巴朗（Florent Baran）。此外，还有23人组成的总秘书处负责新闻、出版、资料和后勤工作。

1. 蒂埃里·德蒙布里亚尔，所长。生于1943年，毕业于巴黎综合工科学校，获加利福尼亚伯克利大学经济学博士和矿体总工程师学位。1974年起任巴黎综合工科学校教授，曾于1974—1992年主持经济系教学工作。1973—1979，外交部长米歇尔·若贝尔任命其为外交部分析和预测中心第一任主任。任职期间，他了解到总统府有意建立一个真正独立的思想库从事国际关系研究，一方面为政府服务，一方面帮助法国企业提高国际竞争力。为此，他于1979年离开外交部，创建法国国际关系研究所并担任所长迄今。主要研究国际体系、世界经济、政治和战略、跨大西洋关系、全球化、欧洲和法国问题，负责研究所年度报告《RAMSES》和《外交政策》的出版。1985年起负责主持法国和奥地利政府间研究中心——法—奥（奥地利）中心工作。1992年当选为伦理与政治科学研究院院士，2001年任主席。在此期间曾主持法兰西研究院工作，并创建了技术研究院。1993—1994年，担任《国防白皮书》委员会委员。1993—2001年，任防务研究基金会第一任主席。1995年起受聘担任国立工艺美术学院应用经济学教授。他先后当选欧洲和平研究院（1993）、比利时皇家研究院（1996）、瑞典工程学研究院（1999）和罗马尼亚研究院（1999）院士，以及罗马尼亚经济研究院（1996）和阿塞拜疆研究院（2002）荣誉博士。2002年3月起任法国《世界报》合作社论作者。此外，他还在美国斯坦福大学国际研究院咨询委员会、芝加哥大西洋会议领导委员会等多个国际机构担任委员之职。曾获荣誉勋位四级勋章及法国和外国多种勋章。主要著作：《战斗回忆录：1947—2000》（2000）、《国际关系研究和理论》（2001）、《新世纪的法国》（2002）、《行动和世界体系》（2002）、《法国、德国、欧洲》（2003）等。

2. 皮埃尔·勒佩蒂，执行所长。毕业于法国阿眠大学经济系和里尔大学公共管理系。1987年进入国家财政稽核总局，现为财政部财政总稽核。20世纪80年代末，作为“马斯特里赫特条约”协商小组法国代表团成员，参加过6年的谈判工作。1992—1995年任总理府负责欧洲事务的副秘书长，曾代表法政府参加关贸总协定乌拉圭回合谈判，瑞典、奥地利和芬兰入盟谈判以及欧盟共同农业政策谈判。1995—1997 年任外交部长特别顾问，主要负责欧洲机构改革即“阿姆斯特丹条约”的谈判工作。1997—2001 年，先后任法国驻美国休斯顿总领事、驻美国大使馆能源和环境事务参赞。2001 年 9 月加入法国国际关系研究所，担任“美国中心”气候和能源变化项目负责人，2002 年任执行所长。主要著作：《欧洲的能源政策》（2001）、《美国和气候变化：从里约热内卢到约翰内斯堡》（2002）等。

（二）资金来源

研究所强调其资金来源多样化，认为这是坚持独立地位的最大保证。其资金 50%由总理府拨款，50%自筹，其中包括企业资助、个人捐赠以及国际基金会和国际组织的研究项目资金。如 2001 年 465.4 万欧元预算中，51.1%为政府拨款，27.9%为研究所伙伴和企业捐赠款，16.9%为国际基金会和国际组织提供的项目资金，其他资金来源占 4.1%。所办公大楼租金全部来自于个体赠款。1995 年，研究所接待大厅的墙上刻下研究所 25 家主要投资基金会和企业的名单，如美国福特基金会、法国发展署、阿尔卡泰尔公司、AXA 保险公司、巴黎国家银行、农业信贷银行、法国电力公司、里昂信贷银行、圣戈班集团、雷诺公司、达能集团等。2002 年，有 150 家公司向研究所提供资金。

（三）出版刊物

(1)《RAMSES》，即《世界经济和战略体系年度报告》，1981 年开始发行，1999 年改版，主要内容分两大部分：一是国际格局发展趋势和重大事件分析；二是年度政治、战略和经济发展状况回顾，并提出思考问题。每年提前成立写作领导班子，拟定课题，选择作者，因此，该书是集体研究的产物。负责人为蒂贝里・德蒙布里亚尔和皮埃尔・雅凯。(2)《外交政策》(Politique étrangère)，季刊，原为法国外交政策研究中心刊物，首期出版于 1936 年，是法国最早论述国际关系问题的研究刊物，1979 年随中心一起并入法国国际关系研究所。其宗旨是阐述国际领域的各类问题，提出对当前国际局势的深入分析，向专家、决策者和公民社会提供有关方面的参考资料。社长：蒂贝里・德蒙布里埃尔，总编多米尼克・达维。(3)《法国国际关系研究所手册》（Notes de l’Ifri)，首期发行于1996年，介绍有关国际重大问题的短篇论文和政治报告，迄今已用法、英文出版60余册。(4)《法国国际关系研究所科研选集》（Travaux et recherches de l’Ifri)，介绍重大国际问题的深入研究著作和研究成果。第一集发行于1981年，迄今出版约50余集，用法、英两种文字出版。公开出版的刊物还有亚洲中心编辑的《亚洲手册》、美国中心的《政治报告》、法—德关系研究委员会的《在线刊物》等。

（四）合作伙伴

研究所与国际许多著名研究机构建立了伙伴关系，定期召开座谈会，共同承担研究课题，主要有：（1）三边会谈，由英国皇家国际事务研究所（RIIA)、德国外交政策研究所（DGAP）和法国国际关系研究所组成。(2)四方会谈，由上述3个研究所和美国兰德公司组成。(3）东京俱乐部。创建于1987年，旨在加强各国就世界经济管理问题进行交流和研究。该俱乐部由两组研究所组成：一组是5个西方国家研究所，即美国的布鲁金斯研究所、德国的伊福经济研究所、英国的皇家国际事务研究所、日本的野村综合研究所和法国的国际关系研究所；另一组是10个亚洲国家和地区（中国、朝鲜、香港、印尼、日本、马来西亚、菲律宾、新加坡、泰国、台湾）的研究所。俱乐部网址：www.tcf.or.jp。此外，研究所还与华盛顿布鲁金斯研究所、莫斯科国家国际关系研究所、中国改革者论坛、汉城论坛、朝鲜（南韩）基金会、新加坡东亚研究所、新加坡战略和防务研究所、印度尼西亚战略和国际问题研究所以及台湾国立政治研究所等众多研究所建立了合作伙伴关系，定期举办双边研讨会。

四、研究中心、小组及其科研活动

法国国际关系研究所有60多位研究人员，其中30余人为研究所常驻研究员。科研工作基本分为两大块，一是专题研究，即国际安全和经济，特别是欧盟及各地区一体化进程，政治、经济、贸易和安全领域的跨大西洋关系等。二是地区研究，即欧洲、俄罗斯、东亚和中东、马格里布和地中海、非洲。研究工作主要由4个研究中心和课题组负责。

(一) 研究中心及其科研活动

1. 法—德关系研究委员会(CERFA)。该委员会是根据法国和德国1954年签订的一个政府条约建立的,系两国最早的共建机构之一,经费由两国外交部分摊,宗旨是加强双方政府和各界相互间的了解,促进双边关系的发展和合作。目前,法国国关系研究所和德国外交政策协会分别代表本国政府负责委员会的行政管理工作。委员会决策机构"领导委员会"由22人组成,包括两国外交部、议会、大学和企业重要领导人,每年召开一次会议,确定重大活动方针和计划,并审核秘书处递交的财务账目。秘书长汉斯·斯塔克(Hans Stark),巴黎一大政治学博士,1989年进入法国国际关系研究所,主要研究德国、东南欧和欧洲一体化问题。委员会定期组办两国高级官员、专家讨论会,就共同关心的问题,如两国的内、外政策、欧盟政策、社会和安全政策等问题进行交流和探讨。近两年重点研究课题涉及三个方面:一是现代德国,主要研究现代德国在社会和政治等7个领域的发展和变化;二是法—德关系,包括双边关系和两国对欧洲建设的贡献;三是欧洲一体化建设,主要研究欧盟共同外交和防务建设、制宪和东扩等问题。主要刊物:《在线刊物》;《法—德关系研究委员会手册》月刊,每月选择一个研究人员作为主持人,就一个主题进行评述;《法国、德国和欧洲展望》,与德国外交政策协会联合出版,法国文献中心发行。

2. 法—奥中心(CFA),全称法国—奥地利保护欧盟经济合作中心

该中心是1978年根据当时的法国总理希拉克和奥地利总理克莱斯蒂签订的一项计划建立的政府间组织,目的在于向经济和金融界领导人提供一个讨论问题的平台,以加强东、西欧间的经济关系。冷战后,中心把工作重心转向欧盟东扩,接受匈牙利、波兰、捷克和斯洛伐克共和国、斯洛文尼亚、罗马尼亚、保加利亚和波罗的海国家加入中心活动。中心预算由法、奥政府分摊,欧盟以及一些公共和私营机构提供会议津贴。中心总部设在维也纳。中心活动和研究工作方针由指导委员会负责,主席和秘书长由委员会选举产生。现任主席为法国国际关系研究所所长德蒙布里亚尔(1985年当选),秘书长为奥地利前外交部长、前大使彼得·扬克夫维奇。法国国际关系研究所参加中心指导委员会和项目磋商委员会工作,多米尼克·勒图尔纳和埃利阿

内·莫塞代表法方与维也纳同行磋商和起草研究计划和会议日程表。中心每年定期并轮流在各国首都召开若干次研讨会，法国国际关系研究所负责与本国外交部和大使馆的联络工作，拟定参加会议的法方专家名单，并承担会议的组织和后勤工作。研讨会会议报告在中心网站上公布，网址：http://www.oefz.at.

近几年，中心讨论的主题均涉及中、东欧国家加入欧盟前、后面临的各种挑战，如，2000年主要研究有组织犯罪，2001年是共同农业政策，2002年是公众舆论对东扩的反应、移民政策、中小企业在欧盟东扩中的作用以及欧盟未来机构的运转等问题，2003年重点题目为“扩大的欧洲城市发展”、“扩大的欧盟的卫生体系改革”等。与此同时，中心还对欧盟候选国进行个案研究和分析。

3. 法国美国中心（CFE）

1999年9月1日，法国国际关系研究所建立“法国美国中心”，同一时刻，华盛顿布鲁金斯研究所也在本所建立了“美国法国中心”（CUFF）。双方一致认为，两国政治、经济和行政部门决策者之间由于缺乏非正式对话机制，出现沟通和交流短路现象，应通过互设研究中心和加强学术交流，帮助两国决策者和公民社会更好地了解和理解对方。法国美国中心经费主要来自于环境和能源管制署、阿丽亚娜空间集团等法国大公司和联合国日耳曼·马歇尔基金会。中心虽然没有政府直接拨款，但能源、环境部和外交部分析和预测中心作为合作伙伴经常提供项目研究经费。此外，还有一些匿名者向中心提供资金。研究成果在中心的《政治报告》发表，网址www.cfe ifri.org。法国美国中心有6个常驻研究员，主任吉尧姆·帕芒蒂埃（Guillaume Parmentier），巴黎二大合作教授，1990—1994年任北约新闻处副处长，1995—1997年任法国国防部长顾问。近两年，中心的科研活动主要围绕四个主题：（1）美国的国内政策和公共决议，此项目主要是为了帮助法国公民更好地了解美国的联邦制度、国会和重大社会事件；（2）美国外交和安全政策，主要研究“9·11”和伊拉克危机对跨大西洋关系的冲击，以及美国的外交和防务；（3）美国空间计划，这是长期的研究课题。中心认为，在欧洲日益重视其空间政策结构的时刻，应更多地向欧洲领导人提供美国的空间政策及军事规模的研究材料，为其决策提供参考；（4）能源和气候转变，此项目于2001年9月起动，主持人勒佩蒂，2002年6月起由皮埃尔·诺埃尔主持，主要分析美国能源领域的决策体系，提高国际上对能源政策和气候转变问题的认识。美国“9·11”恐怖袭击事件以及伊拉克战争之后，中心发表了许多有关跨大西洋关系的著作和评论文章，认为，冷战后，欧美的安全利益和世界观出现差异，双方陷入信任危机。强调，欧洲并不是要抗衡美国，而是要重塑双边关系，旨在保持大西洋联盟的有效性和平衡性。主张欧洲对美应奉行一种批评性的支持政策，在国际关系中起调节作用。

4. 法国国际关系研究所亚洲中心（Centre asie ifri）

2001 年 9 月，研究所在亚洲研究课题组的基础上成立了亚洲中心，旨在加强对亚洲特别是东亚的研究，扩大与亚洲国家有关研究所的交流和对话，其研究成果在《亚洲手册》或其他所办刊物上发表。中心有 7 个研究员和 6 个合作研究员，后者均为法国和其他国家政府官员，如法国外交部亚太司副司长丁合复、日本外交部官员山田文彦等。中心主任为弗朗索瓦·戈德曼（François Godement），协调人为弗洛朗斯·比奥（Florence Biot）和雷吉娜·塞拉（Regine Serra）。中心科研工作分两个部分进行：一是研究。国别研究侧重中国、东盟国家、日本、朝鲜和韩国等国。近年来，朝鲜半岛课题组多次组织法、英、德、美和韩国专家讨论朝鲜和朝鲜半岛形势问题，主要题目包括“北朝鲜国内形势”、“英国与北朝鲜的外交关系和经验”、“美国作为战略仲裁者的作用”和“中国战略形势”等。专题研究涉及领域广泛，如“战略赌注和冲突调解”（主要涉及朝鲜危机、中国大陆和台湾关系、东亚反恐斗争、亚太合作模式和能源战略等）、“亚洲内部的活力”（东南亚的紧张局势和政治变化、中国政权接替和机构改革、日本政治和政府改革等）、“亚洲社会和经济的活力”以及“中亚局势”等。二是双边和多边对话。研究所与日本国际事务研究（JIIA）、中国改革者论坛（CRF）、朝鲜（南韩）基金会、汉城论坛、新加坡战略和防务研究所、印度尼西亚战略与国际问题研究所（CSIS）等伙伴定期举办双边研讨会。同时，研究所还组织和参加多边对话。作为亚太合作和安全理事会欧洲委员会（CSCAP）秘书处所在地，亚洲中心承担了一年一次的欧洲委员会大会组办工作，负责各个工作小组的接待。从这个角度讲，中心现已成为欧洲范围内亚洲研究的核心机构之一。如今，亚太安全理事会欧洲委员会已有 90 个成员，中心主任戈德曼、瑞典斯德哥尔摩亚洲研究学院的哈特、德国特里尔大学的毛尔和英国伦敦经济学院的亚胡达教授共同担任主席，亚洲中心协调人塞拉负责秘书部门工作。CSCAP 网址：www.cscapeurope.org。此外，中心是亚太安全论坛（APSF）的成员，其成员还包括台湾国立政治研究所、马尼拉安全和发展研究所和美国檀香山和平论坛。近几年主要讨论海峡两岸亚太政策的变化、美国新的政治思潮、21 世纪的中—俄关系及其对台湾的牵制、中—印关系以及印度和海峡两岸战略发展等议题。

(二) 研究小组及其科研活动

1. 世界经济

主要涉及 6 个议题，即国际经济、发展、全球化、各国经济、经济改革和管理。近两年，在全球化问题上，经济课题组的 5 个研究人员分别就“国家应对全球化的冲击”、“劳动市场”、“公民社会和政党面临全球化挑战”和“文化与全球化”等专题进行研究。在国际贸易问题上，完成了“国际贸易和资源地缘政治”、“21 世纪的世界贸易”以及“贸易和可持续发展”等课题的研究，后一个研究项目由法国蒙比利埃最高国立农业学校主持，法国综合工科学校、法国国际问题研究中心、法国国际关系研究所、德国生态研究所、荷兰环境研究所、英国苏塞克斯欧洲研究所、比利时卢万天主教大学法律哲学中心、西班牙巴仑西亚政治大学等机构共同合作，2004 年完成课题研究。能源问题上，在外交部分析和预测中心、道达尔公司的资助下，完成了“里海地区的地缘政治和能源问题”等项目的研究。2002 年第一次召开“21 世纪水问题”圆桌会议，主题是“水和冲突”。在东京俱乐部的框架内，主要讨论了因特网管理、发展中国家的知识产权法、电子贸易、资本市场的发展及其管理等问题。

2. 安全和防务

安全问题研究小组有 8 个研究员，多米尼克·达维和埃蒂埃·德杜朗为负责人，从 5 个方面对冷战后世界各国复杂的安全观进行分析：(1) 30 年战略展望，主要分析未来 30 年地缘战略的发展状况，研究成果纳入国防部“30 年展望计划”。参加此项目研究的有达维、德杜朗和亚洲中心部分研究员。(2) 非传统冲突，从 2002 年起，冲突和恐怖主义的“不对称”冲突形式成为重点研究课题。(3) 不扩散问题，与法国原子能署合作召开一系列有关核不扩散问题研讨会，并在伊战前与联合国武器核查委员会合作，对西方报刊中有关伊拉克的报道进行分析。(4) 苏联解体后的世界安全问题。(5) 军事战略和武器的发展，主要研究 15 年来以美国为首的西方大国军事技术和武器的发展、不稳定地区和西方干预等问题。

3. 全球治理

上世纪 80 年代、特别是冷战结束后，全球化进程加快，全球机制化和治理问题日益突出，因此，研究所设置全球化治理研究组，主要就政治和司法领域全球化现象、对全球化的反应和争论等问题进行深入研究，有 4 个重点课题：全球化、全球治理、全球化和文化、全球化和政治。

4. 亚洲问题

“亚洲中心”成立后，主要承担中国、日本、朝鲜半岛和东南亚等问题的研究，原亚洲课题组的活动减少，偶尔作一些专题研究，如阿富汗和国际伊斯兰网络、塔利班后的阿富汗、伊朗社会和政治、印巴关系等。

5. 中东、马格里布问题

研究工作分三个部分进行：(1) 在中东问题上，主要从地区和战略的观点分析紧张局势策源地的影响效果，研究中东各国的特殊性以及政治体制过渡状况，探讨造成中东尖锐的内、外紧张局势的各种因素间的相互作用。(2) 在马格里布问题上，通过独立运动以来的政治变化分析该地区的制度和正统王位继承权的危机，研究马格里布和美国关系的新发展、阿尔及利亚公民社会在建立独立政治空间中的作用等问题。(3) 在移民问题上，侧重于研究马格里布国家移民在法国和欧洲定居的情况、欧洲公民社会的新疆界、欧洲的难民和无证者以及法国和德国的伊斯兰教等问题。此外，1996 年，研究所与其他签署欧洲—地中海伙伴宣言的欧洲国家独立研究所共同创建了欧洲地中海研究委员会，在欧洲委员会资助下，就政治和安全问题进行经常性对话。1999 年，研究所和米兰 ISPI 研究所在摩纳哥大公国的支持下，共同创办了地中海政治研究所（IEPM），其宗旨是促进地中海问题的研究，建构政治、经济、大学和媒体对话论坛。

6. 欧洲问题

欧洲问题是全所研究工作的重中之重，包括 5 个课题：欧盟机构改革，涉及正在进行的机构改革磋商和讨论，欧盟管理和财政赤字等；欧元和欧洲统一市场，欧盟的竞争、货币、贸易政策；欧洲地缘政治状况，包括欧盟扩大、欧盟与地中海、非洲和拉美的关系；与美国关系；欧盟大国关系，主要是法德和法英双边关系以及法德英三角关系。此外，研究欧洲问题的还有法—德关系研究委员会和法—奥中心。

7. 跨大西洋关系

主要涉及两个课题：一是大西洋联盟，即北约发展、欧盟共同安全和防务政策，以及两者之间的关系；二是美国和欧盟，侧重研究“9·11”后大西洋两岸在安全观上的分歧、在“价值观”和“文化”方面的差异及其后果。

8. 俄罗斯问题

一方面对俄罗斯进行全方位研究，包括俄罗斯政治、经济和对外政策，俄罗斯与世界各国关系、特别是与美国和欧盟的关系。另一方面研究俄罗斯在欧洲安全建设中的地位和俄罗斯军民关系的特点等。

五、中国问题研究

1998 年起，研究所加强了对中国问题的研究，每年重点研究一个课题，以点带面，逐渐扩展和深化。几年来，先后就中国参与亚太多边对话、中美关系、中国政治和中国西部开发等问题进行了追踪研究。2000 年，成立“中国政治讨论”项目小组，在弗朗索瓦·戈德曼主持下，深入分析了中国的经济改革和台湾问题，以及中国领导人之间的关系问题。2001 年 9 月成立亚洲中心后，定期与中国的科研机构交流。同时还成立了中国战略观察所，旨在深入分析中国的战略思想和社会发展、中国的党政军关系、中国人民解放军的现代化和中美关系等问题。2002 年 1 月，确定新的研究项目，重点研究中国地区和国际一体化政策的变化。2002 年 2 月，启动有关西方各国对华政策的研究项目，重点对欧、美对华政策进行比较研究，此项目得到联合国日耳曼·马歇尔基金会的支持。亚洲中心还成立了“思考小组”，定期跟踪中国时事，召开专家研讨会，2004 年 1 至 6 月共召开 5 次会议，会议内容分别为“中国人民解放军”、“胡锦涛和改革”、“中国对日本和东南亚的战略观”、“台湾‘总统’选举后台湾海峡的平衡”和“中国东南亚的地区战略”。思考小组在“法国现代中国研究中心”协助下，出版电子月刊《中国新闻》，主要编译和整理中国官方报刊、杂志的文章，报道中国在政治、经济和战略等领域的发展现状，为研究人员和公众提供参考资料。

（一）研究方法

主要包括三种形式：（1）专题研究。根据每年的形势变化，就一个特定问题进行深入研究。(2) 双边对话。2001 年起加强了与中国研究所、专家和有关部门领导人的对话，特别是与中国改革者论坛建立了伙伴关系，每年举办一次讨论会，轮流在巴黎和北京召开，讨论法中关系以及中国政治和战略变化等问题，至 2003 年已举办过 6 届研讨会。此外，与中国社会科学院专家的交流不断增多，2001 年 4 月 19 日，研究所第一次接待由该院院长李铁映率领的代表团，就欧洲和中国现状、特别是主权和一体化问题进行了深入的探讨，会议由戈德曼和塞拉组织。亚洲中心还加强了与其他西方国家研究所的交流，如 2003 年 5 月 22 日，与英国敦提大学合作研究“9・11”后的中国能源政策，这个项目得到法国原子能署的资助；6 月 25 日，与美国兰德公司第一次合作组织研讨会，就中国问题展开对话。(3) 多边对话。2002 年，在法国国际关系研究所召集下，召开了第一次法—欧—美有关中国问题的非正式对话，法国、美国和其他一些欧洲国家的外交政策负责人和专家以个人名义参加会议，会议主题是“西方对中国前途的政治贡献”，主要讨论了美国和欧洲对中国大陆和台湾的政策、中国与邻国的关系、中国和多边主义、中国军事现代化、中国政治继承情况和西方与中国关系的教训等问题。此外，研究所还与台湾国家政治研究所 (INPR)，菲律宾安全和发展研究所 (ISDS)、美国夏威夷国际战略研究中心的和平论坛共同建立了亚太安全论坛 (APSF)，轮流在各国或地区召开年度研讨会。几年来，先后就中国大陆和台湾亚太政策的变化、美国政治新思想、中苏 21 世纪关系及其对台湾的牵制、中印关系，以及印度和海峡两岸的战略发展和亚太安全环境等问题进行交流和辩论。

(二) 研究项目

(1) 中国战略观察，此项目从 2001 年 9 月开始启动，主要研究和分析中国战略思想、中美关系、中国政党、军队和国家之间的关系、人民解放军的现代化等问题。(2) 西方对华政策，2002 年启动，旨在对欧洲和美国的中国政策进行比较，主要寻找双方的共同点。这个项目得到联合国日尔曼・马歇尔基会的资助。(3) 中国政治变化，包括中国新的政治精英的政策选择，中国共产主义的未来、中国大陆对台湾政策以及中国法制建设等题目。(4) 地区和国际融入，研究所认为，中国自 1990 年以来开始加快融入多边机制（各对话论坛、世贸组织）的步伐，最近更进一步加强了与邻国（中亚、东南亚国家）的联系，因此，必须重视有关中国地区和国际融入政策的意义及其对国际社会产生的效果等问题的研究。

（三）中国问题专家

1. 弗朗索瓦·戈德曼（François Godement），合作研究员，亚洲中心主任、东方语言学院教授、法国外交部分析和预测中心常任顾问、亚太安全和合作理事会欧洲委员会合作主席。主要研究中国改革和变革、亚洲国际关系和地区一体化进程。毕业于法国高等师范学校和美国哈佛大学。中国现代经济和社会史博士。1975—1978年任经济合作及发展组织社会、技术和工业部顾问。1976—1979年为全国科学研究中心研究员。1987年为加利福尼亚大学客座教授。主要著作：《中国新政策》（2003）、《中国及其西部》（2002）、《中国和美国》（2001）、《中国、日本、东盟：战略竞争还是合作?》（2001）、《金融危机后的欧亚合作》（为欧—亚合作理事会撰写的报告，2000）、《火龙、纸龙：亚洲是否还有未来?》（1999）等。电子信箱：godement. centreasie@ifri. org

2. 埃尔维·德让·德拉巴蒂（Hervé Dejean de la Batie，中国名为丁合复），外交部亚太司副司长，2001—2002年为研究所客座研究员，现为合作研究员。生于1958年8月11日。先后毕业于格勒布尔社会学大学、巴黎政治学院和国立行政学校。1983年在法国驻河内大使馆和驻胡志明市总领事馆实习。1985年进入外交部。1985—1987年先后担任驻金沙萨大使馆二秘、一秘。1987—1989年为外交部分析和预测中心特派员。1992—1996年任驻华盛顿大使馆负责亚太事务的参赞。1996—1999年任驻北京大使馆政务参赞。1999—2000年任外交部总秘书处特派员。2001—2002年在法国国际关系研究所任客座研究员。2002年11月起担任外交部亚太司副司长，兼任法国国际关系研究所合作研究员。2002年发表题为《欧洲的中国政策：进步，但仍需努力》[①] 的重要著作，系统分析了欧盟和中国双边关系现状及存在的问题。他认为，欧盟发展对华战略不仅因为中国作为全球大国“已经成为欧盟主要的战略伙伴”，而且还因为该战略符合欧盟各成员国的共同利益，有

① “La politique chinoise de l’Union européenne：en progrès mais peut mieux faire”，http：//www. ifri. org/F/Centre% 20asie/articles/hdb—uecnine02. pdf

利于促进中国政治、经济改革，使其尽快融入国际社会。但是，欧盟对华政策存在五大障碍，包括人权问题、战略问题、台湾问题、各成员国间的竞争问题和香港、澳门问题。中国对欧盟政策基于第三世界理论和多极化战略的思考，有着较为坚实的基础。但其一直把欧盟作为平衡美国的筹码，且忽视欧盟，优先发展与欧盟成员国的双边关系，甚至采取"分而制之"的手段，利用欧盟各成员国之间的利益分歧挑起事端，如在贸易问题上，中国外经贸部和外交部将欧盟委员会置于一边，游说其成员国抵制欧盟的反倾销措施和贸易限制。他说，自 1998 年以来，欧盟与中国间关系逐渐从单纯的经贸领域向其他领域扩展，建立起以经贸、政治和合作为主线的基本关系框架，取得不菲成绩。但是，这种关系的"脆弱性"和"症结"更应引起重视：经济上，存在着欧洲贸易赤字过大、欧盟贸易政策"进攻性不足"和"中国投资环境尚需改善"等"结构性"缺陷。政治上，政治对话出现"表面化"趋势，实质性成果不明显，售武问题仍是"死结"。此外，援助合作缺乏协调，项目重复，导致资源浪费。为此，他提出几点建议：经贸关系上，寻找促进双边贸易的突破口，加强在世贸组织中的合作和市场调节作用，实现贸易关系的"非政治化"。政治对话上，统一欧盟内部各国与中国的对话口径，加强欧中首脑会谈的政治地位，适当运用"压力"手段，促进中国人权状况的改善。在援助合作上，认真核查援助和合作项目，防止力量过于分散，注意加强欧洲委员会和各成员国之间的协调，特别是与各国驻华使馆之间的协调。2003 年 12 月，他在研究所网站发表题为"中国眼中的欧洲：一个重要的伙伴?"① 的文章，指出中国对欧盟政策出现了可喜的变化，主要表现在，中国改变了"忽视欧盟、重视其成员国"的做法、制定了对欧盟政策文件、加强了与欧盟战略合作。但是，欧中合作仍需注意两大问题：一是双方摩擦和不理解是无法回避的事实，应予正视，如双方在某些政治议题和贸易摩擦方面仍存在需要改善之处。二是中国仍在利用欧洲作为抗衡美国的工具，玩弄"施压"和"抗压"游戏。中国出于军事安全方面的考虑，一直把对美关系作为外交的核心，欧洲只是"二等"伙伴，并根据自已的需要轮流打"美国牌"或"欧洲牌"。他提出，中国今后应真正重视欧洲，将其作为"全方位合作"的"主要力量"，在具体行动中体现欧中关系的战略意义。

---

① "L' Union européenne vue de Chine：un partenaire majeur? "，par Hervé Dejean de la Batie，Policy paper，Paris，Centre asie ifri，décembre 2003.

3. 雷吉娜·塞拉（Régine Serra），研究员，日本和东北亚问题专家，负责亚洲中心科研协调工作，并在里尔一大任教。毕业于巴黎七大和东方语言学院，中国和日本问题硕士。1992 年为欧洲委员会特别工作组成员。1997 年进入法国国际关系研究所，2001 年 9 月在亚洲中心培训。1999 年在东京国际经济研究所作访问学者。电子信箱：serra. centreasie@ifri. org。

4. 弗洛朗斯·比奥（Florence Biot），2004 年以来负责亚洲中心科研协调工作。电子信箱：biot. centreasie@ifi. org。

5. 克里斯蒂勒·德律勒（Christile Drulhe），合作研究员，亚洲中心《中国新闻》负责人、外交部《中国》杂志编辑。毕业于巴黎四大、东方语言学院，中国语言硕士，现为巴黎政治学院博士生。曾在英国邱吉尔公学、北京语言和文化大学以及台北 SOOCHOW 等大学学习或进修，并在北京和香港一些新闻机构担任过翻译。1999 年起，先后在外交部亚洲司、驻北京大使馆、台北 RICCI 研究所、法新社和法国《世界报》社实习。2003 年为法国国际关系研究所亚洲中心助理研究员，《中国新闻》编辑部负责人。2004 年 1 月 1 日起担任外交部亚洲司《中国》杂志编辑。电子信箱：drulhe. centreasie@ifri. org。

附录 1：法国国际关系研究所近几年有关涉华问题研究成果

著作和文章

1. Les Etats-Unis face au défi spatial chinois，Une publication du CFE-IFRI par Laurence Nardon et Pierre Messerlin. 14/06/2004

2. L’ Union européenne vue de Chine ：un partenaire majeur ？Hervé Dejean de la Batie，Policy Paper，Paris，Centre asie ifri，décembre 2003.

3. China’ s New Politics，François Godement（dir.），*les cahiers d’ asie n° 3，Paris，Ifri*，2003，164 *p.*，12 . 01/09/2003

4. La Chine sur la voie des réformes：métamorphose économique ou suicide politique? Jonathan Story，*Politique étrangère*，2/2003（printemps 2003）.

5. La Chine et son Occident，François Godement（dir.），Les cahiers d’

asie 1，2002，188 p.. Depuis le 11 septembre 2001，la Chine a relancé sa politique de développement dans ses territoires frontaliers avc les Etats d' Asie centrale. Cet essai analyse les dimensions historiques，politiques et économiques de ce *Go West à* la chinoise. 01/08/2002

6. La Politique chinoise de l' Union européenne：en progrés mais pent mieux faire，Hervé Dejean de la Batie，*Policy Paper*，Paris，Centre asie ifri，avril 2002. 30/04/2002

7. La République populaire de Chine：défense antimissile et sécurité nationale，Dingli Shen，*Politique étrangère*，4/2001 — 66e année. 30/11/2001

8. Les enjeux de l' adhésion de la Chine *à* l' OMC，Nicolas Occis，*Politique étrangère*，4/2001 — 66e année. 30/11/2001

9. Chine Etats-Unis，*Chine Etats-Unis. Entre méfiance et pragmatisme*，François Godement，les études de La documentation Française，2001. 01/06/2001

10. L' Asie nucléaire，Isabelle Cordonnier et Bruno Tertrais. Travaux et recherches de l' Ifri，2001，188 p.. Dix ans après la fin de la guerre froide，le risque nucléaire s' est déplacé d' Europe en Asie. Cet ouvrage — le premier en France sur ce sujet — fait le point sur cette nouvelle donne stratégique et tente d' évaluer les conséquences de ces évolutions sur le débat nucléaire international et la stabilité nucléaire mondiale. 01/05/2001

11. Les Défenses antimissiles et la sécurité internationale au XXIe siècle，Thérèse Delpech. Série transatlantique. *Notes de l' Ifri* 32，*Paris*，2001，64 *p*.

12. Chine 1998—2000：la dernière vague de réformes en panne，David Zweig，*Politique étrangère*，1/2001 (printemps 2001)

13. L' armée et le pouvoir：vers une nouvelle donne，You Ji，*Politique étrangère*，1/2001 (printemps 2001) .

14. Une paix asiatique est-elle possible sans architecture régionale?，François Godement，*Politique étrangère*，1/2001 (printemps 2001) .

15. Chine-Taiwan：le poids des échanges économiques，Philippe Chevalérias，*Politique étrangère*，1/2001 (printemps 2001) .

16. Politique et rhétorique dans les relations Chine-Taiwan, Szu-yin Ho, *Politique étrangère*, 1/2001 (printemps 2001).

17. 100 ans de Chine : de la révolte des Boxers au grand pas en avant vers l' intégration globale, François Godement, *Politique étrangère*, 3—4/2000 (automne/hiver 2000).

18. Energie, développement et sécurité, Dominique Finon et Pierre Jacquet (dir.), *Cahiers de l' Ifri* 28, *Paris*, 1999, 194 *p.*. Cet ouvrage analyse l' évolution des marchés de l' énergie *à* l' horizon 2030, le rôle du Moyen-Orient, les enjeux du développement de la Chine, et les modalités des politiques énergétiques européennes et françaises. 01/01/1999

19. Taiwan-Chine populaire: l' impossible réunification, Jean-Pierre Cabestan, *Collection Ramses*, *Paris*, *Ifri/Dunod*, 1995, 201 *p.* 30/04/1995

《中国新闻》

1. Sécurité, énergie et environnement régional, n°16, mai 2004

2. Disparités et reprise en main dans l' espace chinois, n°15, avril 2004:

3. Réformes et réalités socio-économiques, n°14 mars 2004

4. Elections et conflits en Chine populaire et *à* Taiwan, n°13, février 2004

5. Chine de 2004 : bilan de début d' année. n°12, janvier 2004

6. La Chine monte sur la scène internationale, n°10 et 11, novembre—décembre 2003

7. La marque discrète de nouvelles méthodes et d' objectifs internationaux ambitieux, n°9, octobre. 2003

8. Un an après le 18ème Congrès du PCC : beaucoup de choix restent ouverts, n°8, août—sepembre 2003

9. La politique intérieure est en mouvement, n°7, juin—juillet. 2003

10. Succession de crises : le pouvoir factionnel chinois mieux *à* même de gérer les problèmes extérieurs, n°6, mai 03

11. Le réformisme chinois, entre immobilisme et avancées, n°5, avril.

2003

12. Une Chine plus sûre d' elle-même, mais pas assez pour être une puissance bénigne ? n°4, mars 2003

附录 2：法国现代国际关系研究所近两年组办的中国问题讲座和研讨会

1. L' Armée Populaire de Libération chinoise : développements doctrinaux, modernisation et ses rapports avec le pouvoir politique, Réunion annuelle du Groupe de travail de l' Observatoire stratégique sur la Chine, piloté par le Centre -asie ifri. 18/06/2004

2. La Chine et la problématique des défenses anti-missiles (1960—2003), Séminaire autour de Brad Roberts, chercheur *à* l' Institute for Defense Analysis (IDA), Virginie, Etats-Unis. Séminaire restreint, 19/03/2004

3. La politique pétrolière internationale des Etats-Unis: Implications pour l' Océan Indien, Pierre Noël. Intervention au colloque "Energy Security in the Indian Ocean", IPIS/Indian Ocean Research Group, Téhéran, 16/02/2004

4. Le marché pétrolier d' ici 2030 : enjeux politiques, Pierre Noël. Intervention au colloque Panorama de l' Institut Français du Pétrole (Lyon). 05/02/2004

5. Prospective du marché pétrolier mondial *à* 2030 : Quelques enseignements du modèle POLES, 17/12/2003

6. La vision chinoise de la société internationale, Ce colloque public, inscrit dans le cadre de l' année de la Chine en France, réunira quatre experts chinois des questions internationales ou stratégiques. Pierre Noël et Patrick Criqui. Intervention *à* la conférence "Sensing the Future of Energy Systems", Le Caire (Egypte), 13/11/2003

7. 6ème dialogue franco-chinois, Séminaire restreint co-organisé par le Forum des Réformateurs de Chine et le Centre asie ifri. 13/11/2003

8. La sécurité en Asie-Pacifique, Séminaire fermé co-organisé par le Centre asie ifri et le Bureau of Policy Planning du Ministère des affaires étrangères de Taiwan. 27/10/2003

9. Repères sur l' innovation en Chine, Séminaire d' une demi-journée en partenariat avec l' Association Nationale de la Recherche Technique (ANRT). L' innovation en Chine et les possibilités de partenariats technologiques pour les entreprises françaises. 25/09/2003

10. Deuxième séminaire euro-américain sur la Chine, Séminaire co-organisé par le Centre asie ifri avec le China Policy Program de la Elliott School of International Affairs (George Washington University, Etats-Unis) et qui reçoit le soutien du German Marshall Fund of the United States. 26/06/2003

11. La stratégie chinoise, Premier séminaire co-organisé par le Centre asie ifri et la RAND Corporation (Etats-Unis). Rencontre qui s' inscrit dans le cadre d' un programme d' échange lancé par l' Ifri et la RAND Corporation sur des thèmes *à* la fois stratégiques et régionaux. Le Centre asie ifri a ainsi mis en place un dialogue sur la Chine avec le Center for Asia-Pacific Policy de la RAND. Ce programme est soutenu par le Commissariat *à* l' énergie atomique (CEA). Séminaire restreint, 25/06/2003

12. Chinese IR Think Tanks and China' s Energy Security in Post-9 • 11 Era, Réunion de travail autour d' une étude préparée par Mme Janet Liao PhD, chercheur au Center for Energy, Petroleum and Mineral Law and Policy de l' Université de Dundee (écosse, Royaume Uni). Cette étude s' inscrit dans le cadre des travaux de recherche sur la Chine contemporaine menés par le Centre asie ifri. 22/05/2003

13. Energie et relations internationales : Les Etats-Unis et la Chine, Intervention de Pierre Noël lors du colloque "Géopolitique de l' Energie" au Collège Interarmé de Défense. 27/03/2003

14. La modernisation des forces armées chinoises, Conférence de David Shambaugh, Professeur *à* la George Washington University. 18/02/2003

15. Chine, les conséquences d' une dynamique, Déjeuner-débat *à* l' invitation de Grégoire Olivier, président directeur général de Sagem, qui ac-

cueillait des présidents d'entreprises membres de l'Ifri. 22/01/2003

16. L'école du Parti Communiste Chinois，Conférence de YU Yunyao，membre du Comité permanent de l'Assemblée populaire nationale (APN) de Chine ; vice-doyen permanent de l'école du Parti Communiste Chinois. 23/10/2002

国际和战略关系研究所

(IRIS)

Institut de Relations Internationales et Stratégiques

地址：2 bis，Mercoeur，75011 Paris
电话：33（01）53 27 60 87
传真：33（01）53 27 60 70
网址：http：//www. iris-france. org
电子信箱：iris@iris-france. org

国际和战略关系研究所是一个独立的研究机构，虽然只有 14 年的历史，但由于其与政府和国际组织关系密切，是法国国防部 6 个最重要的研究合作伙伴之一，因此在法国国际问题研究领域占有不可忽视的地位。

一、基本情况和影响力

法国国际和战略关系研究所创建于 1990 年，创始人帕斯卡·博尼法斯

(Pascal Boniface)。研究所在其简介中开宗明义地写道，该所的宗旨主要包括：深入研究战略问题，特别是要厘清法国在战略领域中的薄弱环节以及未来发展等问题；建立真正独立的、以时事研究为主的研究中心；为战略部门领导人和各领域专家——政治领导人、高级官员、工业家、军事指挥官、专家和大学教师等——建立一个对话和思考平台。因此，研究所向公众开放，吸收所有愿意从事国际关系研究或对此感兴趣的集体和个人参与研究所活动，帮助公众更好地了解国际时事。同时，研究所还从事高级人才的培养。当前，研究所除巴黎总部外，还在里尔政治学院建立了一个分支机构。里尔市地处巴黎、布鲁塞尔和伦敦的三角交汇地带，与欧盟各国和国际组织交流便利，研究所在此建址，意在表明其未来工作方向更加侧重欧盟，更加强调对外交流。

法国国际和战略关系研究所发展较快，全所 41 人，其中研究人员 28 人，在法国属规模较大的研究机构。每年预算不多，约 140 万欧元，没有政府直接拨款，主要靠政府和国际组织的项目和会议资金、合作伙伴捐赠款和教学活动维持运转。研究所虽然按照 1901 年法律规定注册为独立的、非营利性质的民间协会，但其与政府和媒体关系十分密切，加之从事教学活动，因此在国家决策和舆论中都有较大的影响力：

（一）在政治上，通过四个途径直接或间接为政府提供服务

首先，承包政府研究项目，如，2000 年，为国防部战略事务委员会完成 4 个研究报告，2001 年 6 个，2002 年 3 个，2003 年 2 个，题目包括“中国面对导弹防御体系的挑战”、“美国国会在北约和欧洲共同安全与防务问题上的争论”、“北朝鲜的威胁：现实与虚构”、“巴尔干国家的民主化”、“根据欧洲国家的预算，欧洲战略能力在未来 10 年会有多大提高?”等。其次，组办研讨会，每年组织约 100 场各类型研讨会，主要邀请各国政府和国际组织的领导人以及人数受到严格限制的国内外专家、大学教师、重要新闻机构领导和记者、企业领导人参加。第三，召开战略年会，这是研究所的重头戏，每年召开一次，迄今已经组办过 8 届，法国国防部长到会并作重要发言，外交、内政、文化部长和议会议长以及北约秘书长和副秘书长、联合国副秘书长、一些重要国家大使等也都出席过会议。会议主题密切联系当年的国际形势，如 2000 年主要讨论“国际关系和伦理”，2001 年为“知识和国际关

系”，2002 年为“国际安全的新挑战”，2003 年是“跨大西洋关系”，2004 年 5 月会议的主题为“阿拉伯世界的挑战”。最后，在国民议会和其他重要机构中举办报告会和研讨会，最近的一个例子是，2004 年 1 月 19 日，研究所在国民议会召开了主题为“巴尔干：稳定和未来欧洲的一体化”的研讨会，外交部分析和预测中心主任安德烈亚尼、外交部经济和金融事务司长勒鲁瓦、全国防务总秘书处国际危机管理副局长舍瓦利埃以及前马其顿外交部长、联合国秘书长副特别代表、欧盟共同外交和防务最高代表巴尔干问题顾问等均出席了会议。总的来说，研究所组办的各种研讨会规格较高，特别是政治、经济和新闻界决策者和政策执行者踊跃参与，使研讨会更加引人注目，政治影响随之也不断扩大。

（二）舆论上，就重大国际事件发表评论，引领舆论导向

研究所许多研究人员都有政府和重要国际组织机构的工作经验，国际关系知识丰富，因而，每当国际上有大事发生，都应邀在《费加罗报》、《世界报》、《新观察家》和国家电视二台等重要报刊和传媒机构发表评论，在法公共舆论中有着重要的号召力。此外，法传媒机构也非常重视研究所举办的研讨会或座谈会，除提供赞助费外，还派主编、社长或资深记者参加会议。可见，该所在法国舆论界的地位非一般研究所可比。

二、组织机构和主要领导人

（一）机构设置

法国国际和战略关系研究所的领导机构是董事会，主要由前政府部长、政党领导人、议员和航空航天企业领导人组成。现任董事会由 23 人组成，名誉董事长为欧盟委员会贸易委员帕斯卡·拉米（Pascal Lamy），董事长为前国民议会副议长阿尔蒂尔·帕克特（Arthur Paecht），前部长雅克·布瓦永（Jacques Boyon）任秘书长，卡塔尔国民银行巴黎分行总经理吕克·德比厄弗尔（Luc Debieuvre）任司库，其他董事还有欧洲航空、防务和航天公司战略协调执行副总裁让—路易·热尔戈兰（Jean-Louis Gergorin），绿

党发言人、欧洲议会议员玛丽—埃莱娜·奥贝尔（Marie-Héléne Aubert），社会党第一书记弗朗索瓦·奥朗德（François Hollande），国民议会法国民主联盟议会党团主席埃尔韦·莫兰（Hervé Morin），前部长、审计院审核官菲利普·塞甘（Philippe Sèguin），前总理、国民议会员、人民运动联盟成员阿兰·马尔索（AIain Marsaud ）和文化与通讯部长雷诺·多内迪厄·德瓦布雷（Renaud Donnedieu de Vabres）等。

所领导班子主要有：所长帕斯卡尔·博尼法斯（Pascal Boniface），副所长让—皮埃尔·莫尔尼（Jean-Pierre Maulny）和迪迪埃·比荣（Didier Billion），总代表尼里·费雷·埃尔芒代（Nuria Ferres Hernandez）。全所有主任研究员 4 人、研究员 7 人、合作研究员 13 人，其他均为管理和行政人员。

（二）重要人物

1. 阿尔蒂尔·帕克特（Arthur Paecht），董事长，防务和武器工业问题专家。毕业于巴黎医学院，医学博士、马赛医学院内科主任和教务长。1973 年当选为瓦尔省议会议员，1985 年起任副议长。1983—1995 年任班多尔市长。2001 年起任海滨拉塞恩市长。1978 年第一次当选国民议会议员，先后任国民议会国防委员会秘书、军事纲领法报告人和财政委员会防务预算特别报告人，1997—2000 年任国民议会国防和三军委员会副主席，1998—1999 年任副议长。1999 年起任北约议员大会民事委员会主席。2002 年 6 月进入法国国际和战略关系研究所，为裁军和武器工业问题课题带头人，2003 年 2 月 12 日当选董事长。曾获国家荣誉骑士勋章、荣誉勋位骑士勋章。

2. 帕斯卡尔·博尼法斯（Pascal Boniface），创始人、所长，法国著名战略问题专家。毕业于巴黎政治学院，获公共法和政治学深入教育文凭（相当于我国硕士学位）、国际公共法国家博士学位。1979—1982 年为裁军研究中心研究人员。1980—1985 年在巴黎—诺尔大学任教。1982—1986 年任全国防务研究所研究员、副所长。1982—1985 年在著名的圣西尔军事学校任教。1985—1986 年任军事和战略研究小组秘书长。1986—1988 年任国民议会社会党团防务问题专家。1985 年起先后任《战略年鉴》、《军事平衡》等出版物发行人。1988—1989 年任国防部长舍韦内芒办公室特派员，巴黎—诺尔大学战略学第三阶段学位教学教育部主任、《国际和战略》杂志社社长。

1989—1990年在巴黎政治学院任教。1990—1992年先后担任内政和国防部长办公室技术顾问。1990年创建法国国际和战略关系研究所，1991年创办《国际和战略杂志》。1998年起任国防高等研究所董事。1999—2002年任最高国际合作委员会委员。2001年起任联合国裁军问题磋商委员会委员。曾撰写并主编了30余部著作，主要有：《强国的意愿》、《法国还是大国吗?》、《国际关系学教程》、《军队，30万无名战士的调查》和《生态学家和防务》等。近年来，经常发表有关中、美和跨大西洋关系问题的文章。在欧美关系问题上，他认为，法、美和欧、美在攻打伊拉克问题上的分歧是冷战后跨大西洋第一次重大危机。由于双方世界观存在差别，因此，欧美矛盾将是长期的。只要美国不改变单边主义行径，跨大西洋关系就不会有明显改善。他强调，建立欧洲支柱和欧洲承担世界责任，这是平衡欧美关系至关重要的两大因素。曾获国家荣誉骑士勋章和荣誉勋位骑士勋章。

电子信箱：boniface@iris－france. org.

3. 让—皮埃尔·莫尔尼（Jean-Pierre Maulny），副所长，武器工业和军售问题专家。1986—1988年任参议院社会党议会党团主席的防务问题顾问和防务研究基金会助理研究员。1988—1997年任国民议会社会党议会党团主席防务问题顾问。1997—2002年任国民议会防务和三军委员会主席特派员。经常在所出版的刊物上发表文章，如"全球化时代，国家和防务企业关系的变化"、"欧洲武器工业的基础建设模式"等。

电子信箱：jpmaulny@iris－france. org。

4. 迪迪埃·比荣（Didier Billion），副所长，中东问题专家，政治学博士。1991年作为中东特别是现代土耳其问题专家加入法国国际和战略关系研究所，2002年起任副所长。他还是东地中海和土耳其—伊朗法国协会领导小组成员。曾出版过《土耳其对外政策》、《欧洲扩大后的新面孔》（2003）等著作。

电子信箱：dbillion@iris－france. org。

三、活动方式

法国国际和战略关系研究所活动主要分4个部分，即研究、研讨会、出版和教学培训。

（一）研究

该所是法国主要的国际和战略问题研究中心之一，有 30 位左右常驻或兼职合作研究员，均为国别、战略、经济问题专家。研究人员每年完成大量科研工作，包括专题、地区或国别研究课题、综合性研究资料等内容，成果定期在报刊发表，或出版专著。研究所发表的专著和论文一般质量较高，反映了该所人力资源丰富，素质较高，因此，政府部长、议员、大企业家以及国内外媒体经常前往求教和咨询。此外，研究所与国内外重要国际问题研究所和著名专家保持经常性联系，建立了广泛的交流网络。

（二）研讨会

1. 大型座谈会

研究所每年组织数场较为大型的座谈会，就某一专题进行公开讨论或辩论，政界或工业界领导人、公共部门高级干部、外交人员和专家可以在此以个名义自由发表意见。此类会议主要有三种形式：一是“法国国际战略研究所战略年会”，创办于 1996 年，每年上半年召开，就一个主题进行讨论，参加者主要是政治、经济和军事决策者，包括政府部长、国际组织领导人、大企业特别是军工企业负责人等，西方重要传媒也派记者参加。二是“里尔—诺尔—加莱海峡欧洲日”，1999 年创办，与里尔政治学院共同主持，得到外交部负责欧洲事务的部长级代表、里尔市和诺尔—加莱海峡大区的支持和资助，目的是将其办成法国最重要的欧洲问题年会，使其成为欧洲著名专家、政治领导、高级公务员、大学教师、经济界人士和记者的思考论坛。三是“战略会晤”，或称“双边会晤”，宗旨是邀请与法国有共同战略利益的国家的高级官员到访，就双边关系问题进行深入讨论，已先后建立了法—西、法—土（土耳其）、法—印、法—中、法—俄等“战略会晤”。

2. 讨论会和工作餐会

研究所定期邀请专家、政府部门负责人和经济决策者参加研讨会、辩论会和工作餐会，还建立了名目繁多的思考俱乐部，围绕各个时期的重大国际和战略问题进行讨论，迄今已先后建立了“法—德战略俱乐部”、“法—俄战略论坛”、“土耳其及其地缘政治环境思考俱乐部”、“东亚思考俱乐部”、“俄罗斯俱乐部”、“欧洲俱乐部”、“巴尔干俱乐部”、“非洲俱乐部”、“经济实力俱乐部”和“国际俱乐部”。俱乐部会员身份较高，会议活动人数受到严格限制，只有俱乐部成员及所内研究员可以参加，以保证与会者更自由、坦率地发表个人见解。活动最为活跃的俱乐部有：

法德战略俱乐部（Cercle Stratégique Franco-Allemand)。1998 年与德国弗里德里希·艾伯特基金会共同创建，共有 60 名会员。每年召开两次会议，在两国轮流举办，就双方领导人在战略问题上的分歧点进行辩论。两国国防部长均参加过俱乐部的活动。迄今召开过 10 次讨论会，第一届会议于 1999 年 2 月召开，第十届于 2003 年 10 月召开，先后讨论过“北约的未来”、“法国—北约、德国—北约的关系”、“科索沃冲突的教训”、“防务和武器政策、裁军”、“反核扩散和战略平衡”、“欧洲的武器出口政策”等问题。

东亚思考俱乐部（略）。

经济实力新特征思考俱乐部（Cercle de réflexion sur les nouvelles formes de la puissance économique）。约 20 个成员，召集人为菲利普·巴尔贝，所合作研究员、巴黎十三大和国立最高通信学校经济学教授，曾发表过许多有关国际贸易以及新信息和通讯技术经济等方面的著作和文章，承担过一些国家和国际组织研究项目。俱乐部的讨论议题包括：“国家实力、企业实力和公民社会的兴起”、“经济实力和数字实力：数字因素的危险”、“信息网络犹如实力资源：经济战之中的信息”、“自然资源和经济实力：国际关系中的能源和原材料”等。

国际俱乐部（Club international)。1996 年与布里协会共同创办，参议院外交、防务和三军委员会主席格札维埃·德韦尔潘和国民议会外交委员会主席弗朗索瓦·隆盖任主席。俱乐部每年召集 6 次早餐或午餐讨论会，与会者为各国经济决策者、外交官和政治领导人，法两院议会各党派议员经常参加活动，俄罗斯、印度、日本等国驻巴黎大使也曾担任过俱乐部活动主持人。

（三）出版物

研究所除出版专著、在各重要报刊发表文章外，还发行两份颇具影响力的刊物：

1.《战略年鉴》(L’ Année stratégique)，1985 年创刊，系研究所的年度报告，主要对各地区当年发生的重大政治、外交、经济和军事事件进行分析，使读者能够更全面、系统地了解国际形势及事件发生的根源及前景。1998 年前，《战略年鉴》曾承担翻译伦敦战略研究所军事白皮书的任务。

2.《国际和战略杂志》（La Revue internationale et Stratégique），1991 年创刊，原名《国际和战略关系》。该杂志为季刊，分 5 个栏目："采访"，不仅仅采访国际问题专家，而且还采访哲学家、历史学家和作家，旨在让各界人士从不同的角度评论国际问题；"对话"，特邀两个专家就一特定专题进行面对面的辩论；"资料"，主要是选择某个地区问题或某个专题进行系列报道或综合分析；"观点"，专门为国际事务的参与者或独立思考的研究员而设立的自由发表言论的平台；"图书馆"，介绍新出版的国际关系专著。社长为帕斯卡尔·博尼法斯（Pascal Boniface），总编纳代热·拉加吕（Nadege Ragaru）。

（四）培训和教学

培养高级研究人才是研究所的一项重要任务，主要分两部分进行：

1. 高等职业培训。面向专业人士、外交官、企业领导、记者和公共部门负责人，帮助他们提高对国际问题的分析能力，更好地适应工作需要。培训内容包括：分析地区形势（亚洲、欧洲、非洲等地区的战略问题）、了解决策程序（国家、非政府组织、国际司法体系等）、进行专题研究（知识经济、国际贸易、核扩散等问题）。

2. 大学教育。研究所部分研究员不但来自于大学，而且继续从事教学活动，如在里尔政治学院、里尔一大经济和社会学院、东方语言和文化学院、巴黎十三大、里尔大学法律和卫生学院以及比利时卢万天主教大学等地任教。他们定期参加各国大学组织的座谈会和讨论会。此外，研究所还在一些大学设立培训班，教授 DESS（相当于大学职业教育硕士学位）课程，如欧洲战略和战略研究等。为扩大教学，研究所几年前创办了私立国际和战略关系学院（IPRIS），专门教授 DEA（"深入研究文凭"，相当于我国硕士学位）课程。

四、亚洲和中国研究情况

国际和战略关系研究所为加强亚洲特别是中国问题的研究，成立了东亚思考俱乐部（Cercle de réflexion sur l' Asie orientale），主任为国际关系、亚洲特别是中国、日本和南亚战略问题专家瓦莱里·尼凯。俱乐部强调“从地缘政治和未来视角研究和探讨亚洲未来走向”。俱乐部有20来个成员，主要是政府和国际组织领导人、国际事务顾问和律师、国际关系和战略问题研究员和专家。俱乐部经常召开主题会议，会议报告限量发行。近几年，俱乐部先后讨论了“台湾的导弹和战略防御”、“中国水务管理：政治和经济赌注?”、“‘9·11’后印、中、巴三角关系”、“亚洲不稳定的平衡”、“中国在伊拉克和朝鲜问题上的立场”和“中国：什么样的经济和战略伙伴?”等。

主要亚洲和中国问题专家：

1. 瓦莱里·尼凯（Valérie Niquet），俱乐部主任，主任研究员，亚洲、中国防务以及亚洲国际关系和战略问题专家。获日本语言学士、中国语言DEA（深入研究文凭，相当于中国硕士学位）和政治学博士学位。2001年10月，创建中国和亚洲战略观察站，旨在组建亚洲战略问题思考小组。先后主讲过“亚洲的伊斯兰教”、“印度尼西亚：安全的‘灰色’地带”、“中国及其矛盾”、“两个朝鲜之间的历史性首脑会晤”、“欧洲对于中国人来说并不存在”和“台湾选举”等问题的专题讲座。翻译过两本重要的中国战略著作《孙子兵法》和《孙膑兵法》，主持出版《多极世界的“伐交”思想》和《新世纪的中国兵法》等著作。最近特别关注台湾问题，在《国际和战略杂志》2003年冬季刊上发表论文“台湾对欧洲的‘影响战略’”，认为，欧盟在台湾实用主义迂回战略的影响下，对台立场出现微妙变化，开始重视发展双方实质性的关系。

2. 让—樊尚·布里塞（Jean－Vincent Brisset），主任研究员，亚洲、中国、防务、国际关系问题专家。空军准将，毕业于最高空军战争学校，获歼击机驾驶员证书，空军学校工程师。曾在法国东方语言学院和台北师范大学学习中文，后在北京工作过3年。此后，进入现代非洲和亚洲最高研究中心工作，完成过大量有关亚洲特别是中国问题研究任务。2001年8月起主要承担国际和战略关系研究工作。主持出版著作《中国，一个被包围的强国?》(2002)。

附：国际和战略关系研究所近几年公开出版或在所网站上发表的涉华文章

1. La Chine et ses contradictions，Par Valérie Niquet ，Le Figaro ，24/09/2001

2. France-Chine ：d’ étranges illusions... La visite d’Etat du président Hu Jintao，Par Valérie Niquet ，Le Figaro ，27/01/2004

3. La Chine，une puissance encerclée，IRIS/PUF，Collection Enjeux stratégiques，septembre 2002，Paris，

4. Chine et Russie font des affaires，par Pascal Boniface，11/09/2001

5. Pour la Chine，l’ Europe n’ existe pas，Par Valérie Niquet ，Le Figaro，24/05/2000

6. La défense chinoise ：quels concepts stratégique ? par Jean-Vincent Brisset，15/05/2000

7. L’ enjeu des élections taiwanaises，Par Valérie Niquet ，13/03/2000

8. Inde-Chine ：le choc annoncé，par Pascal Boniface，09/06/1998

9. Le concept “d’ attaque des alliances” dans un contexte multipolaire，par Jean-Vincent Brisset

10. L’ art militaire de la Chine pour le nouveau siècle，par Jean-Vincent Brisset。

CERI

国际问题研究中心（CERI）

Centre d'Etudes et de Recherches Internationales

地址：56 rue Jacob 75006 Paris
电话：33 (01) 58 71 70 00
传真：33 (01) 58 71 70 90
网站：http：//www. ceri-sciencespo. com.
电子信箱：info@ceri. sciences-po. fr.

国际问题研究中心成立已半个世纪，是法国重要思想库之一，在法国和欧洲国际关系研究领域占有举足轻重的地位。其成立之初只是法国全国政治科学基金会的一个研究中心，由于研究水平较高，成绩显著，1967 年成为法国全国科学研究中心首批签约的合作试验室之一。随着欧洲一体化建设的发展，中心相继与欧洲委员会和欧洲许多基金组织建立合同关系，使其在法国乃至欧洲地区的影响力不断扩大。

一、基本情况

（一）发展历程

法国的自然和社会科学研究工作主要由两大公共机构承担，一个是“全国政治科学基金会”，创建于1872年，主要承担四大使命，即大学教育、科学研究、资料收集和出版发行；另一个是“法国全国科学研究中心”，1939年根据阿贝尔·勒布伦总统签署的政令创建，附属研究部，研究领域涉及自然科学和社会科学各个领域，1966年调整内部结构，通过签定合作合同建立合作研究试验室，由其提供人力和资金支持，促进国内重要的大学和独立科研试验室的研究工作。

1952年，全国政治科学基金会为加强科研工作，先后创建了8个研究中心，其中包括国际问题研究中心。1967年，国际问题研究中心凭借其研究实力，成为全国科学研究中心首批签约研究试验室。从此，在科研领域的两大公共研究机构领导和资助下，中心不断拓宽研究领域，加强国际联系，逐渐奠定了法国国际关系研究领域领头羊的地位。

国际问题研究中心主要进行两方面的研究，一是就国外政治社会和世界体系的发展进程作基础性研究；二是对当前发生的重大国际问题进行分析和展望。同时，中心还承担法国政治学院的教学任务，培养博士生。近十余年来，随着欧洲一体化建设的发展，国际问题研究中心也加速了其“欧洲化”的转变，主要表现在：(1) 吸纳欧洲其他国家科研人员参与中心领导机构。领导委员会规定，各研究部门委员会必须有一个其他欧洲国家的专家加入，中心刊物《国际评论》科研委员会也必须设置数名外籍研究人员。(2) 承担欧盟科研项目。中心经常向欧洲委员会及其他欧洲组织提交合同申请，参与欧盟各机构的科研项目，(3) 向美、英式“思想库”方向发展。借鉴美、英“思想库”的发展模式，与私营企业、银行、非政府组织等建立特殊伙伴关系，使其科研成果不但为学术界服务，也更好地为政府和企业界服务。中心的这些措施不但极大地提高了科研水平，而且使其资金来源更加多样化。

（二）领导机构设置

国际问题研究中心的领导机构全国政治科学基金会负责制定科研、资料和出版工作的总方针，审议并批准科研工作和科研人员的预算。基金会由董事会管理，大学教授、法兰西科学院院士勒内·雷蒙（René Rémond）任主席，行政法院的吉夏尔·德库安（Richard Descoings）任董事长兼政治学院院长，大学教授让·保罗·菲图西（Jean Paul Fitoussi）任科研委员会主席。国际问题研究中心领导班子由 4 人组成，包括主任、副主任、秘书长和主任助理。中心现有研究员、教授 71 人，行政人员 15 人，负责行政管理、资料、发行和联络工作。

1. 克里斯托夫·雅夫雷洛（Christophe Jaffrelot），中心主任、《国际评论》总编，南亚问题专家。毕业于巴黎政治学院、巴黎一大和东方语言学院。巴黎政治学院政治学博士。在巴黎政治学院、巴黎一人和东方语言学院教授南亚政治课程。主要著作：《静悄悄的印度革命》（2003）、《贡品和下层社会——印度社会的抵抗和自主权》（合作，2003）、《巴基斯坦》（2000）、《世界其他地方的民主社会：西方以外的民主社会和民主化》（2000）、《巴基斯坦，处于地区紧张局势的十字口路》（1999）、《印度的民主化——宗教、社会等级和政治》（1998）、《现代印度，1950 年至今》（1996）等。

电子信箱：jaffrelot@ceri-sciences-po. org.

2. 克里斯蒂昂·勒凯斯内（Christian Lequesne），中心副主任，《国际评论》、《欧洲国际关系日》、《欧洲一体化日》编辑部委员，欧洲问题专家。主要研究欧洲一体化理论、欧盟机构改革、欧盟东扩、欧盟渔业政策等问题。毕业于斯特拉斯堡政治学院和布鲁日欧洲学院。巴黎政治学院政治学博士。1986—1988 年，任欧洲学院行政部助理。1989 年起在巴黎政治学院教授欧洲问题课程。1995 年起在欧洲学院教授欧洲问题课程。主要著作：《欧洲的渔业政策：迈向可持续发展?》（2003）、《蓝色欧洲》（合作，2001）、《欧洲应该选择什么样的欧盟?》（合作，1998）、《欧洲的地区问题悖论》（合作，1997）和《欧洲联盟：向东部开放?》（1993）等。

电子信箱：lequesne@ceri-sciences-po. org.

（三）合作伙伴

国际问题研究中心为推动中心科研工作全面发展，在保持其独立文化特性的同时，重视发展伙伴关系。这不但提高了中心的研究水平和知名度，也丰富了中心的资金来源。目前，中心的合作伙伴包括国内外大学、政府部门、协会和企业等。(1) 大学和“思想库”。中心与国内外许多大学和“思想库”签署了合作伙伴合同，共同组织讨论会、座谈会和夏季学校，合作撰写和出版国际关系专著。主要伙伴包括，伦敦经济和社会政治学校、都灵大学、耶鲁全球化大学、阿姆斯特丹社会科学研究学校、纽约国际和平科学学院等。(2) 政府、基金会和国际组织。政府方面的主要伙伴包括法国外交部分析和预测中心、国防部战略事务委员会、国防部装备总委员会等，这些部门定期邀请中心研究人员参与国家重大问题的研究，并提供科研经费。此外，联合国日尔曼·马歇尔基金会、罗贝尔·苏曼基金会、阿尔贝尔·迈耶保护人类进步基金会以及北约和欧洲委员会也经常与中心签署项目合作合同。(3)“特殊伙伴”。主要是法国企业、公共机构、工会、非政府组织和地方行政部门，通过预付资金与中心建立联系，参与中心的座谈会和研讨会。

二、研究与出版

（一）研究重点

国际问题研究中心的宗旨是，对世界体系和各国政治社会的变化进行基础性研究，对当前重大国际问题提供系统性分析、鉴定和预测，换句话说，中心主要从事国际关系以及文化、政治理论的研究。为此，中心的 71 名研究员中不但有政治学专家，也有社会学、经济学、历史学和人类学专家，其涉及的研究领域包括国际关系理论、重大国际问题以及大国和地区问题等。研究方法强调基础理论与时事跟踪相结合，纵向研究与横向比较相结合。主要研究领域包括：(1) 理论研究。中心基础理论研究力量非常雄厚，涉及人类学、伦理社会学以及政治和伦理哲学、比较政治社会学和比较经济政策，政治经济和政治理论、国际关系社会学和国际关系理论、民族主义、语言政策等。(2) 国际体系发展和重大国际问题研究。根据法政府和欧盟的需要，中心尤其重视研究国际形势的发展规律和趋势，特别是当代国际关系中的新问题。在政治问题上，重点分析国际体系、国际组织、南北关系、国家权力、世界公民社会和共同体的新形式等问题；在经济问题上，主要研究世界经济调整中的农业政策、国际贸易和金融关系以及政治和全球化关系等问题；在安全问题上，主要研究新形式的战争与冲突、核政策、极端暴力进程和非暴力战略、不同行为者（国际组织和非政府组织等）在调和世界矛盾中的作用以及东、西方人口大迁移等课题。近几年，中心还加强了对宗教、少数民族和民族主义等课题的研究。(3) 美国问题。对美国的研究是全方位的，从历史到现代，从政治、经济到法律、哲学，包罗万象，主要课题包括“美国少数民族和政治反抗”、“西方国家文化史”、“集体认同、欧洲和美国移民共同体”、“美国的政治生活、多元文化和外交政策”、“美国的根和种族”、“美国的法制建设和政治哲学”等。(4) 俄罗斯问题。侧重俄罗斯的经济和金融犯罪、刑法政策、内政和外交政策、宗教运动、社会运动等问题。(5) 欧盟和欧洲国家研究。欧洲一体化进程，欧洲国家内外政策、政治经济等问题，主要分三个部分，一是欧盟一体化进程和欧洲跨国现象（移民或宗教等问题）的障碍，二是西欧和南欧国家内外政策和经济状况，三是中、东欧国家民主化进程、经济转轨、经济和外交政策以及安全等问题。(6) 亚洲地区及国家研究。(7) 中东和非洲问题。主要课题包括“西非和南非”、“以色列、犹太教的政治起源”、“民族主义和认同”、“阿拉伯世界”、“中东、移民和多元文化”、“种族主义”、“马格里布国家”和“中东国家与全球化”等。(8) 拉丁美洲。重点研究拉丁美洲的民主化发展状况、地区一体化等问题。

（二）研究方法

中心以个体研究为主，集体研究为辅，强调对外开放和交流。其工作方式主要包括以下五种：第一，承担法政府和国际组织科研项目，扩大中心在决策中的影响力。例如，2001 年，中心为国防部战略事务委员会完成 5 份研究报告，2002 年 8 份，2004 年初 1 份，题目包括“俄罗斯：体制改革和官僚主义”、“2002 年的北朝鲜 ：新的开放还是重新开放 ？”、“美、法关系中的美国主导地位和伙伴关系问题”、“‘9·11’后的美国与亚洲关系”、“巴尔干国家：赌注和战略前景"、"国际淡水资源问题"、"跨国伊斯兰教：巴基斯坦、阿富汗、中亚"和"普京的第二次选举"等。与此同时，所研究人员经常参加世界重大会议的讨论，并接待外国学者作为客座研究员合作进行课题研究。第二，组办学术会议。每年举办百余场各种类型的学术会议，邀请"特殊伙伴"参加中心组办的战略研讨会，或者邀请一名研究员或国际政治、经济事务决策者作专题发言，或者介绍中心和科学界正在进行的研究课题，与会者可参与评论，会议内容一般会形成文字在中心刊物上发表。第三，接受咨询。研究员以个人名义接待政府、企业、议员和国际机构负责人的咨询，就其提出的问题进行分析和鉴定。第四，为媒体和出版机构撰写评论。中心与一些报刊出版社签有合作协议，负责这些刊物的国际问题专栏编辑工作，一些研究人员也以个人名义定期为法国和外国媒体撰写国际时事评论。第五，参与大学教育。中心接待和培养博士生，大部分研究人员在巴黎政治学院或其他国内外高等教育机构任教。

（三）主要刊物

1.《国际问题研究中心调研》(Les Etudes du Ceri)，创刊于 1995 年，每年出版 10 期，由中心负责刊物的资金、出版和发行。主要把那些应公共和私营部门决策者、研究员和大学生要求做的研究成果编辑成册，公开发表。该刊文章经常被法国最重要的报刊转载。文章作者除中心研究人员外，也有国外思想库专家提供的稿件。

2.《国际评论》(Critique internationale)，季刊，创刊于 1998 年。《国际评论》即不是学院式的纯学术理论刊物，也不是普及性刊物，而是一份有关国际关系问题的专业性刊物。刊物主要真实记录世界上发生的事件，系统分析当前政治和经济、机构和社会之间的相互关系，并就国际重大问题展开公开辩论。每期还刊登评论家和专家对国际时事的展望分析。

3.《问题研究》(Questions de recherche)，原名《国际问题研究中心手册》，2001 年改为《问题研究》，每年出版 4 期，英、法两种文字。内容包括情况研究、理论思考、观点讨论和方法论等。

4.《比较政治与国际问题研究》(Comparative Politics and International Studies)，由伦敦 hurst 出版社出版，系中心用英文发表的科研刊物之一。主要阐述国际政治体系和社会的转变，包括种族和宗教、移民潮、后冷战时期或全球化冲击中力量对比的变化等问题。出版社地址：Africa Centre，38 King Street-Covent Garden-London WC2E 8JZ；网址：：www. hurstpub. co. uk；电子信箱：hurst@atlas. co. uk.

5.《国际关系和政治经济》（International Relations and Political Economy），创刊于 2002 年，在纽约 Palgrave 出版社出版。首先是从国际关系和政治经济的视角分析各国在当今世界的发展和变化，并研究经济一体化过程中出现的地区化现象、金融和贸易、文化全球化以及跨国移民潮等问题。出版社地址：Houndmills，Basingstoke，Hampshire，RG21 6XS，England；网址：www. palgrave. com。

6.《国际问题研究》（Recherches Internationales），法国 karthala 出版社出版。内容主要涉及人类学和政治学方面的问题，特别是有关全球化时代国际体系和政治领域的变化、国际关系与各国政府决策之间的关系等问题。出版社地址：22 — 24，boulevard Arago — 75013 Paris；网站：www. karthala. com；电子信箱：karthala@wanadoo. fr.

7.《国际问题研究中心另一种思考》（Ceri Autrement ）。主要用比较的方法，分析和评论冷战后出现的热点问题和各种思潮。地址：76 rue du Faubourg St Antoine — 75011 Paris；网址：www. autrement. com.

8.《东地中海和土耳其—伊朗世界研究手册 》（CEMOTI），创刊于 1985 年，由法国东地中海和土耳其—伊朗世界研究协会出版和发行，得到全国政治科学基金会国际问题研究中心、全国科学研究中心、全国图书中心以及一体化和与犯罪作斗争社会行动和支持基金会的资助。该杂志涉及的地理区域从巴尔干和东地中海到中亚和新疆，其中包括克什米尔地区，还涉及有特殊文化和语言的地理区域，简言之，杂志主要涉及今日世界重要战略地区的问题。

三、亚洲和中国研究

（一）“亚洲空间”网站

为加强亚洲问题研究，中心开设了“亚洲空间”网站，发表中心亚洲问题专家和课题组的成果。亚洲问题研究主要分四部分：（1）综合研究。中心认为，应该改变欧洲人过去对亚洲空间的认识，现在的亚洲空间应包括整个亚洲和太平洋地区，只有界定了亚洲边界才能对该地区问题有全面的了解和认识。此外，应理论上重视“亚洲价值观”和亚洲经济奇迹的研究。(2) 地区组织和国家研究。重点是中国、日本、印度以及东盟问题。(3) 比较研究。如，“亚洲空间”2004年的研究课题为“拉美和亚洲：全球化中两个相类似的地区”，在已制定的计划中，除对拉美和亚洲的主要地区组织和国家进行个案研究外，还对两个地区在全球化中的特性和共性进行比较，最终目的是研究发展中国家的全球化问题。(4) 冲突和安全问题研究。重点研究南亚安全问题。

国际问题研究中心共有14名亚洲问题专家，其中研究中国问题的有5人；印度问题4人（让·库西、克里斯蒂昂·于尔蒂、克里斯蒂夫·雅弗雷洛和马克斯—让·赞斯）；日本和东亚问题2人（让—玛丽·布伊苏和卡罗琳娜·波斯泰尔—维内）；东南亚问题2人（罗曼·贝特朗和索菲·布瓦索·杜罗歇）；澳大利亚和新西兰问题1人（达维·康鲁）。

（二）中国问题专家

1. 让—菲利普·贝雅（Jean-Philippe Béja），主任研究员。主要研究课题包括中国政治、中国政府体系的转变、中国社会阶层分析、中国知识分子和政治、香港政治和历史以及欧洲的温州社团等。毕业于巴黎政治学院、巴黎七大、记者培训中心、中国辽宁大学，获巴黎七大亚洲问题博士学位。1993—1997年任法国现代中国研究中心科研主任和《中国展望》编辑部主任，现任编辑委员会委员。是巴黎政治学院和法国高等社会科学研究学院科研项目带头人。主要著作《中国的民主运动（1919—2004）》（2004）。整理翻译资料文集《天安门资料》（2004）、《中国25年的改革：经济革命和政治保守主义》（合作，2004）、《中国在“9·11”后的立场》（2003）和《天安门事件后中国的外交政策或如何挑战美国》（2001）。电子信箱：beja@ceri-sciences-po. org。

2. 让—吕克·多米纳克（Jean-Luc Domenach），国际问题研究中心科研通讯员。研究领域包括中国的内外政策，东亚国际关系。专修历史、政治学和中文专业，获国家博士学位。1970—1972年在东京工作。1976—1978年作为文化专员常驻香港。1973年起为全国政治学基金会研究员。1979—

1981年任外交部分析和预测中心特派员。1985—1994年任国际问题研究中心主任。1995年10月起任全国政治科学基金会科研主任，并负责制定基金会DEA（硕士学位）现代亚洲课程教学计划。2001年起，重返国际问题研究中心主任研究员岗位，继续其中国政治和现代亚洲问题的研究工作。他是《十字架报》和《西部法兰西》专栏作家，《法国政治科学杂志》、《20世纪》、《国际评论》、《外交政策和国际政策》以及《经济增长》等杂志编辑委员会和科学研究会委员。他还担任前总理利奥内尔·若斯潘创建的最高国际合作委员会委员、欧洲基金会亚洲委员会副主席、联合国教科文组织法国委员会社会学委员会副主席、法国远东学校董事会董事、巴黎政治学院、法国现代中国研究中心和国际和战略关系研究所科学委员会委员等职务。多米纳克非常关注中国现状和法中关系的研究，在中国内政问题上，他认为，中国政局总体上能够保持短期稳定，主要因为，大量外资为中国经济保持快速发展作出了重要贡献；生活改善使民众更关心政治的稳定；中国不存在政治反对派，政治改革始终在中国共产党内部进行，这种执政方式能够有效控制政治"危机"的爆发。但是，中国还存在许多较为严重的威胁和挑战：首先，一些教会不择手段积累财富，腐化地方政权，宣传国外宗教思想；"卖国性的"政治与经济犯罪倾向已经出现，通过出卖国家秘密文献，大量私吞国家资产并转移到国外；西方用"金钱"促使中国全盘"西化"；部分华侨投资带有"腐蚀"作用，利用现有制度漏洞剥削和赚钱；经济市场化促生"钱权结合"的中产阶级，形成一种"新型领导阶层"。他说，当中国百姓的愿望与执政党要维持的体制不相容时，中国将会爆发社会危机[①]。在法中关系问题上，他强调，发展两国关系有利于法国与欧洲的全球战略，法、欧、中联合起来就能抗衡美国，使国际关系更加平衡。但是，他也多次对两国关系现状提出批评，认为，法、中对双边关系以及在国际上的作用期望值过高，而实际上存在许多客观限制：一是两国历史传统存在差别，1964年前，历代政府关系并不融洽；二是双方考虑问题出发点存在差异，中国重眼前轻未来，讲究少说多做，法国人相反，喜欢夸夸其谈，目空一切；三是与美国关系不同，中国在美国问题上态度暧昧，要求多，并有较强的反抗情绪，而法国把美看成是跑到海外发展的表兄弟，由于成长快，比欧洲高出10—20公分，所以有时喜欢乱来一气，但总的来说还是听话的，是可以提出批评的家

① Nouvel Observateur，le 21 décembre 2000

里人。因此，法、中虽然在许多重大国际问题上观点一致，领导人互访热情居高不下，但也存在一些不正常的现象，如：政治上，在人权等问题上仍存在分歧；贸易上，中方对法要求高、条件多，经常用德国产品和美国的特殊贸易关系挤压法国；外交关系上，中国虽然对美有很高的警惕性，但自己退居一边，利用法自大的毛病，让其到前台讲话得罪美国。他建议，法、中今后应该避免过分夸大两国特殊关系，少说空话，注重实质内容，帮助促进对方发展与其他国家的关系，共同抑制美国的单边主义倾向，把法、中双边关系作为国际关系中的多边性工具，在国际上发挥真正作用。主要著作：《中国之谜》(2002)、《亚洲和我们》(2001)、《危机中的亚洲》(1998)、《中华世界的动荡》(2001)、《中国共产主义面对全球化的危险》(2001) 等。电子信箱：domenach@167. net. cn.

3. 斯特凡妮・巴尔姆（Stéphanie Balme，中国名鲍佳佳），研究员。研究领域包括中国法制建设、中国政府人事变动和亚洲的社会主义等问题。毕业于巴黎政治学院、东方语言学院和中国复旦大学，获政治学博士学位。2003年在巴黎一大教授比较政治课程。同年进入国际问题研究中心担任研究员。她认为，自改革开放以来，中国在法制现代化建设方面取得了巨大变化，但与西方国家相比仍存在差距，未来主要解决的问题是：建立宪法审查制度；建立广泛的法学家国际关系网络；立法体制的改革不仅要注重法律秩序，也要注重法律基本内容和哲学的改革。主要著作：《在准则和关系之间：当代中国权力机构的精英》(2004)、《中美关系的规律和规则》，(2004)，《江泽民统治下的中国（1997—2002）》(2003) 和《毛以来的中国》(2002) 等。电子信箱：s. balme@cuhk. edu. hk。

4. 弗朗索瓦・芒让（Françoise Mengin），1997年起任国际问题研究中心研究员，并在巴黎政治学院教学。主要研究“大中国”问题，包括全球化和跨国公司、台湾政治改革、中国外交政策和台湾海峡安全问题等。毕业于巴黎一大、巴黎政治学院和台湾国立师范大学（1986—1988）。政治学博士，并获巴黎政治学院科研指导资格。主要著作：《中国的政治：动荡的国家环境》(合作，2002)、《中国发展轨迹，台湾、香港和北京》(1998)。主要文章：“法国的对华政策：从特殊关系的奇迹到正常化综合症”、“台湾：国家问题和民主化”等。

电子信箱：mengin@ceri-sciences-po. org。

5. 让—路易・罗卡（Jean-Louis Rocca）。主要研究中国内政，包括中国城市企业改革、中国官僚主义政治行为的变化、社会保险等。毕业于里昂大学和巴黎高等社会科学研究学院，获博士学位。1987—1995 年，任里昂天主教大学历史和经济学教授。他是欧洲委员会“中国网络科学院”成员。主要著作《中国政治：动荡的边境》（合作，2002）。重要文章有：“中国城市就业危机的变化”（2000）、“中国政治风尚中的帮派”（2000）、“中国：向平凡国家发展?”（1999）、“中国国营企业的改革及其社会管理，沈阳和辽宁情况”（1998）等。

电子信箱：rocca@ceri-sciences-po. org.

附：国际问题研究中心近几年有关涉华问题研究成果

著作：

1. A la recherche d' une ombre chinoise. Le mouvement pour la démocratie en Chine (1919－2004), Jean-Philippe Béja , Paris, Le Seuil, 2004, p. 262

2. Présentation et traduction (en collaboration) de Zhang Liang, Les archives de Tiananmen, Jean-Philippe Béja , Paris, Le Félin, 2004.

3. Entre soi, l' élite du pouvoir dans la Chine contemporaine ("Between norms and guanxi: the power elite in contemporary China"), par Stéphanie Balme, Paris, Fayard, 2004.

4. Idées reçues sur la Chine, Paris, Editions Le cavalier Bleu, preparing.

5. Enigmes chinoises, par Jean-Luc Domenach. Paris, Fayard, 2002.

6. Politics in China: Moving Frontiers, (Françoise Mengin, dir.), New York, Palgrave, 2002.

7. Politics in China: Moving Frontiers, dirction par Jean-Louis Rocca, New York, Palgrave, 2002.

8. Le communisme chinois au risque de la mondialisation, par Jean-Luc Domenach, in Yves Michaud (dir.), Qu' est-ce que la culture ?, Paris, Ed. Odile Jacob, 2001, pp. 50-57.

9. Vers l' émergence d' un national-confucianisme ?, direction par Marie-Claire Bergère , Aux origines de la Chine contemporaine, Paris, L' Harmattan, 2002.

10. Freezing or Stalling the Status Quo in the Taiwan Strait ? by Françoise Mengin, China Information, Volume XIV, N° 1, 2000, pp. 69—91.

11. L' Asie et nous, par Jean-Luc Domenach et Aimé Savard, Paris, Desclée de Brower, 2001.

12. L' Asie en danger, Paris, Fayard, 1998.

13. Trajectoires chinoises Taiwan, Hong Kong et Pékin, Françoise Mengin, Paris, Karthala, coll. Recherches internationales, 1998.

文章：

1. The critical intellectuals' waning role in the 21st Century, par Jean-Philippe Béja, Shanghai, Shanghai Shehui kexueyuan chubanshe, *à* paraître, automne 2004.

2. Dossier " Vingt-cinq ans de réforme en Chine : révolution économique, conservatisme politique " par Jean-Philippe Béja et Jean-François Huchet , Esprit, février 2004.

3. Gonggong zhishifenzi de shehui jiaose (Le rôle social des intellectuels publics), par Jean-Philippe Béja, Twenty first Century bimonthly, 81, Hong Kong, en chinois. février 2004,

4. Juridicisation du politique et politisation du juridique dans la Chine post-Mao ("Judicialisation of politics and politisation of law in post-Mao China"), par Stéphanie Balme, in Prof. M. Demas-Marty and Prof. P.-E Will, Democracy and the question of legality in China, forthcoming in 2004.

5. Law and the rule of law in sino-US relations: how to promote common interests ?, par Stéphanie Balme , Pacific Review, forthcoming in 2004.

6. The Responses of Intellectuals to the Challenges of the Twenty-first Century in China, dirction par Jean-Pierre Cabestan. Contemporary Chinese Thought, numéro spécial, 1ère partie / été 2003, 2ème partie / automne

2003.

7. China under Jiang Zemin (1997—2002): Institutional change as (or without ?) political reform, par Stéphanie Balme, Cahiers d' Asie, 6, Pa ris, IFRI, October 2003.

8. The Fly in the Ointment ? Chinese Dissent and US-China Relations, par Jean-Philippe Béja . The Pacific Review, 16 (3), septembre 2003.

9. Forbidden Memory, Unwritten History-The Difficulty to Structure an Opposition Movement in China, par Jean-Philippe Béja. New Century Net (Monterey, California), 4 aout 2003.

10. La position de la Chine après le 11 septembre, in "L' évolution des relations internationales depuis le 11 septembre 2001", par Jean-Philippe Béja, Les annales de la coopération franco-ukrainienne, 3, 2003 (en français et en ukrainien) .

11. La Chine au seuil du XXIème siècle, direction par Isabelle Attané , Les cahiers de l' INED, Paris, 2002.

12. La Chine depuis Mao : le refus de la démocratie par (et pour) le droi ("China since Mao : the refusal of democracy by or for law ?"), par Stéphanie Balme, in Javier Santiso (ed.), A la recherche de la démocratie. Mélanges offerts *à* Guy Hermet, Paris, Karthala, 2002.

13. Taiwanese Politics and the Chinese Market: Bussiness' s Part in the Formation of a State, or the Border as a Stake of Negotiations, in F. Mengin et J. -L. Rocca (dir.), Politics in China: Moving Frontiers, New York, Palgrave, 2002.

14. L' espace et la construction de l' état en Chine, by Stéphanie Balme , Isabelle Sourbès-Verger, Hermès, special issue, October 2002.

15. A Functional Relationship: Political Extension to Europe-Taiwan Economic Ties, by Francoise Mengin The China Quartely, N°169, March 2002, pp. 136—153.

16. La politique étrangère de la Chine depuis Tian' anmen ou comment rivaliser avec les Etats-Unis, par Jean-Philippe Béja . Esprit, décembre 2001.

17. Chine : Le difficile combat de la société pour la démocratie, par

Jean-Philippe Béja , Prologues (Casablanca), 22—23, été-automne 2001.

18. Les mutations du monde chinois, par Jean-Luc Domenach, Géoéconomie, N°18, été 2001, pp. 37—47.

19. La transition post-totalitaire en Chine, par Jean-Luc Domenach, Commentaire, N°24 (93), printemps 2001, pp. 35—46.

20. La politique chinoise de la France. Du mythe de la relation privilégiée au syndrome de la normalisation, par Françoise Mengin , Critique internationale, No2, juillet 2001, pp. 89-110.

21. D' une société de liens *à* une société de règles? Loi, légalité et cons truction du politique dans la Chine post-réformiste ("From a guanxi society to a society of norms ? Law, legality and political building process in reforming China"), par Stéphanie Balme , Raisons Politiques, 3, March 2000.

22. Taiwan: la question nationale et la démocratisation, in Christophe Jaffrelot (dir.), Démocraties d' ailleurs, Paris, Karthala, coll. "Recherches internationales", 2000, pp. 587—616.

23. L' évolution de la crise du travail dans la Chine urbaine, par Jean-Louis Rocca, Les Etudes du CERI, N°65, avril 2000.

24. L' indépendantisme dans la démocratie taiwanaise, par Françoise Mengin, Critique internationale, N° 7, avril 2000, pp. 38—46.

战略研究基金会

(FRS)

Fondation pour la Recherche Stratégique

地址：27，rue Danesme，75031 Paris.

电话：33（01） 43 13 77 77

传真：33（01） 43 13 77 78

网址：http：//frstrategie. org.

电子信箱：webmaster@frstrategie. org.

战略研究基金会在法国战略研究领域占据重要位置，从某种意义上说，其研究成果代表了法国当前战略问题研究的水平。基金会与政府关系密切，其董事会成员不但有大企业的代表，也有国防、外交、内政、教育和研究部的法人代表。主要承担政府各部特别是国防部的研究课题，研究成果严禁对外公开发表。基金会也公开出版一些有关战略问题专著，数量不多，但影响较大，许多观点甚至能反映出法国官方特别是国防部的一些政策走向。

一、发展历程

战略研究基金会是 1998 年由防务研究基金会以及战略和技术研究中心

合并而成，主要研究战略问题。基金会历史虽然不长，但其成立背景却与法国战略研究的发展息息相关。

法国一直认为，世界战略研究无论从概念、方法、运用程序等都被美国所控制，存在美国文化的垄断现象，因此，法国一直试图寻找自己的战略理论体系①。上世纪60年代，在博弗尔（BEAUFRE）、加卢瓦（GALLOIS）和普瓦里埃（POIRIER）等战略理论家的努力下，建立了法国独特的战略理论体系。这些理论家中，最具代表性的为博弗尔将军，其著名三部曲《战略入门》（1963）、《威慑与战略》（1964）和《行动战略》（1966）堪与美国战略理论大家们的著作媲美。三部曲先后被翻译成英文和西班牙文，部分被翻译成意大利、瑞典和希腊文，影响甚广。

同一时期，法国国防部迫切需要加强对战略形势的分析和前景预测，希望能够按照美国兰德公司的模式建立一个战略研究所，为政府服务。为此，博弗尔将军于1963年创办了法国战略研究所（IFDES），吸纳了许多法国著名军事理论家。翌年，研究所创办《战略》杂志，是当时法国唯一研究战略问题的杂志。1976年，博弗尔将军去世，研究所随之无疾而终，《战略》杂志在出版76期后停刊。其后几年，法国战略研究所遗留下的工作由马克·热内斯特（MARC GENESTE）上校领导的整体战略研究俱乐部（CESTE）承担。这一期间，法国国防部三军总监向国防部递交一份报告，提出恢复战略研究所或建立新的战略研究机构的迫切需要。几经波折，在国防部长米歇尔·德勃雷的推动下，1972年成立了国防研究基金会（FEDN），其宗旨是：加强军事理论、战略和防务问题的研究；出版法国自己的研究理论著作和文章，推动法国军事理论思想和防务研究的传播；组办研讨会和座谈会，邀请政府官员和独立身份研究员共同研究和探讨法国独立的国防理论和政策。1979年，基金会创办《七剑》杂志，恢复了停刊13年的《战略》杂志。1983年，在基金会新任主席弗里科—夏纽（Fricaud-Chagnaud）将军领导下，先后成立苏联战略、中国战略研究组，使基金会的研究工作得到长足发展。1988年，在国防部装备总委员会倡议下，法国又建立了战略和技术研究中心（CREST），研究核与空间问题，通过签定合同为国防部工作。

1992年，新任国防部长皮埃尔·若克斯不满意国防研究基金会的工作，

① "Les structures de la recherché stratégique en France", par Hervé Coutau－Bégarie, http://www.trstrategie.org.

决定创建新的基金会。同年10月8日，他邀请20家工业公司参加新基金会的筹资会议。12月17日，基金会董事会以9比7票和1张空白票通过了解散基金会的决定。表决结果虽然没有达到解散一个基金会所必须的3/4的有效多数，但若克斯部长仍让审计院通过了这一决定。12月24日，政府公报宣布国防研究基金会解散令。1993年，防务研究基金会（FED）正式成立，并筹集到2400万法郎资金，第一任主席是法国国际关系研究所所长蒂埃里·德蒙布里亚尔。1996年，经审计认为，防务研究基金会既没有杂志，也没有出版过有分量的刊物，其工作成果与预算支出不成正比。1998年，法政府决定由军备总工程师保罗—伊旺·德圣日尔曼（Paul-Ivan de Saint-Germain）领导，科研部长弗朗索瓦·热雷（François Géré）协助，将防务研究基金会和战略与技术关系研究中心合并为战略研究基金会（FRS），最初预算1500万法郎，现在仍保持这个水平。

战略研究基金会有近40人，其中研究人员24人，包括3名博士生。基金会根据政府各部、特别是国防部的合同项目设置研究课题，不对外公开发表，但每年公开出版约6部著作。如，2000年，基金会为国防部战略事务委员会完成3个研究报告，2001年6个，2002年5个，2003年2个。题目包括"中东欧公共舆论在核问题上的态度"、"'零死亡'观念的神话和现实：法美观点的比较"、"欧盟与俄罗斯的政治、安全关系：维持现状或建立真正的伙伴关系"、"实战通讯和多边军事行动：美、英、法理论和实战的比较"等。基金会没有独立的刊物，而是与比较战略研究所（ISC）联合出版《战略》杂志。1995年创办电子杂志《战略展望》（Perspectives stratégiques），只在因特网上发表，不付诸印刷。该杂志原为月刊，1999年11月改为季刊。

二、机构设置

（一）领导机构

17人组成的董事会负责基金会的领导工作，其成员由基金捐助机构指定的人选、政府一些相关部委的法人代表和经选举产生的代表组成。董事长布律诺·拉西纳（Bruno Racine），副董事长亨利·马特尔（Henri Martre），司库多米尼克·维奥莱（Dominique Viollet）。成员中基金捐助机构代表6人；政府部委法人代表5人，包括吉尔·安德烈安尼（Gilles Andreani，外交部）、马克·德里尚博（Marc de Brichambaut，国防部）、让—克洛德·加萨诺瓦（Jean-Claude Casanova，国民教育部）、吉尔·巴萨克（Gilles Barsacq，内政部）和奥利维埃·福尔卡德（Olivier Forcade，研究部）；选举产生的代表6人。

基金会行政领导由3人组成，会长弗朗索瓦·埃斯堡，副会长伊夫·博瓦耶，秘书长吕西安·米尔。负责行政和后勤工作的还有，秘书和会计处6人，发行和资料部3人，网络部3人。除正副会长外，其他研究人员22人，其中主任研究员3人，研究员7人，副研究员9人，博士生3人。

（二）主要领导和主任研究员

1. 弗朗索瓦·埃斯堡（François Heisbourg），会长。生于1949年6月24日。1978—1979年在外交部分析与预测中心工作，负责核不扩散问题。1979—1981年任法国驻联合国常驻代表处一秘，负责裁军问题。1981—1984年任国防部长办公室负责国际问题的技术顾问，期间于1982—1984年兼任法—德安全和防务委员会委员。1984—1987年任汤姆逊国际公司副总经理，负责汤姆逊－CSF公司的欧洲合作问题。1987—1992年任伦敦国际战略研究所（IISS）所长。1992—1998年任玛特拉防务和空间公司战略发展部经理。1999—2000年任巴黎政治学院教授。2001年5月17日起任战略研究基金会会长。此外，他还担任日内瓦安全政策中心基金会理事会主席（自1998年12月起）、伦敦战略研究所理事会主席（自2001年9月起）和法国外交部分析和预测中心顾问等职。经常在报刊杂志上发表文章，其观点与现政府基本一致。他认为，当今世界国际关系结构已经发生变化，出现了两个西方。主要原因在于，大西洋联盟已不能适应新形势的发展，将逐步被“志愿者联盟”所取代，且美国有分裂欧洲的企图，而欧洲并不具备制衡美国的力量。目前，欧洲需要努力修补法、美和欧、美关系的裂痕，同时建立一个抗衡力量。主编和撰写的主要著作有：《跳蚤，人和炸弹》（1986，与帕斯卡·博尼法斯合著）、《2000年的自愿者们》（1995）、《欧洲防务》（2000）、《超级恐怖主义：新的战争》（2001）和《2003年军事和防务年鉴》等。

2. 伊夫·布瓦耶（Yves Boyer），副会长，防务和国际政治问题专家。

毕业于巴黎政治学院和巴黎二大，获政治学博士学位。曾先后担任过伦敦战略研究所和法国国际关系研究所研究员。上世纪80年代末，与让—弗朗索瓦·德莱佩克共同创建战略和技术关系研究中心（CREST）。他是圣西尔军事学校、巴黎综合工科学校、巴黎政治学院和国立行政学校教授，并担任华盛顿伍德罗·威尔逊研究所研究员。主要研究美国、跨大西洋关系和欧洲安全等问题。经常在法国、英国、德国、美国、丹麦、挪威和日本等国杂志上发表文章。最近撰写的《法国防务政策》一书刚由PLON出版社出版。

电子信箱：y. boyer@frstrategie. org.

3. 让—弗朗索瓦·达居赞（Jean-François Daguzan），政治、军事问题学科带头人。法学和政治学双博士。其主要研究领域包括两个方面：一是欧洲技术、工业和研究政策和地中海问题；二是扩散问题，包括大规模武器、常规武器扩散和恐怖主义问题。他在基金会工作的同时，还担任地中海战略研究基金会（FMES）研究部主任，并在三军防务学院和巴黎二大任教。曾发表过多部有关西班牙和马格里布国家军事问题的著作。电子信箱：if. daguzan@frstrategie. org.

4. 格扎维埃·帕斯科（Xavier Pasco），空间技术和安全问题学科带头人。毕业于巴黎一大，政治学博士。美国空间政策问题专家。电子信箱：x. pasco@frstrategie. org.

5. 布律诺·泰尔特莱（Bruno Tertrais），防务和战略问题学科带头人。主要研究美国战略、扩散和核问题、防务政策和军事理论、亚洲安全以及国际展望。生于1962年。毕业于巴黎政治学院，政治学博士。1989—1993年在北约大会任职，先后担任研究助理和公民事务委员会主任。1993年进入国防部战略事务委员会工作，期间于1995—1996年在美国兰德公司任客座研究员。1996—2001年任国防部战略事务委员会主任特派员。2001年9月加入战略研究基金会，任防务和战略问题学科带头人。他还在巴黎政治学院教授世界政治课程。主要著作：《欧洲的核政策》（1999）、《美国的导弹防御政策》（2001）和《核亚洲》（2001）。

电子信箱：b. tertrais@frstragegie. org.

三、主要活动

（一）研究工作

基金会的研究工作主要分 8 个部分：（1）“防务欧洲”，近几年先后对欧洲的防务能力、预算和任务进行研究；（2）防务工业和欧洲的武器问题；（3）俄罗斯安全政策，侧重研究欧盟和俄罗斯的政治和安全关系、俄罗斯军队改革、车臣战争以及俄罗斯在国际反恐斗争中的作用等问题；（4）高加索、中亚问题，重点是中亚各国情况、战略变化和石油战略等问题；（5）空间问题；（6）恐怖主义，近几年发表许多有关问题的研究文章，如法国的反恐体系、跨国圣战者组织、恐怖主义的行动特点等；（7）美国战略，虽然许多研究都涉及到美国，但基金会仍把美国问题作为单独的研究项目，主要研究美国各时期的战略政策，当前着重研究美国的新战略；（8）法国的防务，2003 年 9 月 11 日曾组织研讨会，题目是“法国有可能发生‘9·11’吗?”。

（二）资料收集和管理

1998 年 5 月，基金会的资料中心把国防研究基金会以及战略和技术研究中心的资料部合二为一，并建立了图书馆。资料中心除了负责收集、处理和发行基金会内部的政治、战略和经济资料和信息外，还向外部提供借阅。图书馆每年定购 100 多份国内、外杂志，并有 5000 多部著作。

（三）出版发行

（1）《战略展望》，电子杂志，1995 年创办，1999 年 11 月从月刊改版为季刊，主要对战略问题作前瞻性分析。（2）著作。基金会公开出版的著作虽然不多，但都比较有分量，最近出版的著作有：《知识经济，前景如何?》、《恐怖主义：通讯战略》、《欧洲防务工业展望》和《2003 年军事和防务年鉴》等，最后一部著作由战略研究基金会会长埃斯堡主持撰写，是第一部用法文撰写的有关现代地缘政治变化的综合性分析专著。

附：战略研究基金会近几年发表的有关中国问题研究成果

1. Un très mauvais remake ：la Guerre froide，version sino-américaine，par François Géré ，FRS—Les perspectives stratégiques No52

2. Le virage de la Chine，par Michel TATU，FRS－Les perspectives stratégique No39

3. L' incident sino-américain à moitié réglé ，par Michel TATU ，La page d' actualité du 12 avril 2001

4. La stratégie nucléaire de la République Populaire de Chine ，par Valérie NIQUET ；Stratégies nucléaires ；under the direction of Hervé Coutau-Bégarie

5. Les missiles chinois ：longue marche et bras de fer，par François Géré，août 1999

法国现代中国研究中心
(CEFC)

French Centre for Research on Contemporary China
Centre d'Etudes Français sur la Chine contemporaine

香港总部：

地址：CEFC，Room 304，Yu Yuet Lai Buiding，43－55 Wyndham Street，Central Hong Kong

电话：(852) 2815 1728

传真：(852) 2815 3211

网址：http：//www. cefc. com. hk.

电子信箱：cefc@cefc. com. hk

台湾分部：

地址：Room 315，Sun Yat-sen Institute for Social Sciences and Philosophy Academia Sinica，P. O. Box 1－71，Nankang，Taipei，Taiwan 115，ROC

电话 ：(886) 2 27 89 08 73

传真 ：(886) 2 27 89 08 74

电子信箱：cefc@gate. sinica. edu. tw。

法国现代中国研究中心（CEFC）是法国外交部下属的研究中心之一，专门研究中国当前的内政、外交、社会、经济等问题。其研究项目根据外交部需要设置，并为其培养博士生。该中心与台北孙逸仙汉学研究科学院建立伙伴关系，特别关注中国大陆的民主发展进程。

一、中心简介

法国现代中国研究中心创建于 1991 年，隶属于法国外交部国际和发展合作总局，主要任务是研究中国大陆、台湾、香港、澳门的政治、经济和社会变化，研究领域涉及司法、法律、政治学、经济、国际关系、汉学和人类学。中心总部设在香港。1994 年，与台北孙逸仙汉学研究科学院签订伙伴关系条约，并在该院社会学和哲学研究所内设立台湾分部。2000 年 9 月，在法国驻中国大使馆的帮助下设立北京通讯员岗位，挂靠在人民大学欧洲研究室。全国科学研究中心从 1994 年起向法国现代中国研究中心的香港总部和台北分部各派遣 1 名研究员，以加强研究力量。中心现有 10 人，4 名研究员常驻香港，1 名研究员驻台北，5 名奖学金研究生均在香港总部。中心拥有一个由大学教授和研究员组成的科研委员会，每年在巴黎召开一次会议。

法国现代中国研究中心一般能够较客观地介绍中国的现实问题，但也有相当部分文章宣扬台湾“民主”，对中国政府颇多指责。如在海峡两岸三通问题上，前中心主任卡贝斯唐指责说，北京政府在陈水扁上台后，把重点放在身份认同上，忽略并影响了两岸三通问题的解决。在中法政治关系问题上，他认为法国对华政策“不利于西方在东亚地区的利益”，因为“中国的战略目标不是推动亚洲的多极化发展，而是建立中—美两极，最终摧毁美国在亚洲的影响”。他还表示，“只要中国不是民主国家，只要它不制定实现民主的目标，不努力运用可接受的方法实现民主目标，西方就不应该给中国提供支持。”在中欧、中法关系问题上，现任主任吉厄认为，“中国的主要伙伴是美国，而欧洲与中国的关系只是中方向美方施压的工具。”表示，“法国希望通过与中国的友好政治关系换取经济利益的做法是一个错误。”在胡锦涛主席2004年初访法期间，他对采访的记者说，“法国政府想通过政治关系取得经济好处的如意算盘难以打响，因为法国只是一个很小的国家，对北京当局来说，大合同才是其政治本钱，价钱也是考虑问题之一，中国不会因为友好关系而把大宗合同让给法国，这就是法对中国出口贸易数字一直不稳定的主要原因。”在“法轮功”问题上，他说，“法轮功在法国是合法的团体，相信事件很明显是受到北京的压力”。

二、主要活动

（一）组办研究会和座谈会

中心每年都与合作伙伴举办大型国际研讨会，如2001年6月，中心在香港举办了题目为“法国和德国在欧中关系中的作用”的研讨会；2002年7月，与德国杜伊斯堡大学、香港中文大学和德国阿登纳基金会上海办事处合作在香港举办了题为“中国国家改革和社会稳定”的研讨会；2003年10月，与上海科学院在上海联合召开题为“经济发展和人力资本的转移”的研讨会。此外，中心还经常邀请途经香港的法国和外国访问学者、大学教授举办主题学术讲座或座谈会。2003年先后就“上海党校的改革”、“中国机构改革”等题目举办座谈会。

（二）博士班讲座

中心定期组织博士生研讨会，会议讨论的议题大多为中心的研究课题和准备在中心杂志上发表的文章内容。香港博士生研讨会由弗朗索瓦·吉普卢（François Gipouloux）负责，台湾由菲奥雷拉·阿利奥（Fiorella Allio）负责。

（三）著作和刊物

中心除出版研究员的专著外，还发行和合作编写刊物：（1）《中国展望》，法、英两种文本，是法国惟一用法文出版的现代中国研究刊物，1992年创刊，1998年改版，双月刊，至2003年底已出版80期。杂志创始人为米歇尔·博尼（Michel Bonnin，1992—1998年任社长）、让—菲利普·贝雅（Jean-Philippe Béja）和拉法埃尔·雅凯（ Raphael Jacquet）。现任社长吉尔·吉厄（Gilles Guiheux），副社长帕特里西亚·巴托（Patricia Batto），总编伊丽莎白·阿莱斯（Elisabeth Allès）、马丹·富尔尼埃（Martin Fournier）和让—路易·罗卡（Jean-Louis Rocca）。（2）《中国新闻》电子杂志，2003年11月与法国国际关系研究所亚洲中心建立合作伙伴关系后，协助其出版《中国新闻》电子杂志，翻译或摘录中国新闻和研究界有关中国政治、经济、社会和战略等领域问题的新闻和研究成果。（3）《CEFC通讯》，2003年12月开始出版《CEFC通讯》电子版月报，主要内容包括：中心新闻、上周小结、研究员新闻、中国新闻、北京人文和社会学新闻、科学新闻和最新一期《中国展望》目录等7个栏目。（4）工作报告，中心撰写过两份工作报告，第一份题目为“中华人民共和国全国人民代表大会和国务院之间的领导关系”，第二份题目为“在官僚主义和市场之间：中国工业集团探求新的企业管理”，两份报告均在中心网站上公开发表。

（四）资料工作

中心设有图书馆，在香港总部有上千本有关中国大陆、台湾、香港和澳门地区的社会学著作，分别用法文、英文和中文撰写，40余种期刊和日报，大部分是英文和中文。台湾分部的资料只涉及台湾问题，多数摘录于台湾和西方国家出版的社会科学杂志。

三、研究项目

中心采取集体研究与个人研究相结合的方法，当前的研究重点是中国国家改革以及政治和社会稳定问题，围绕六个中心课题进行：

1. 通过东亚经济走廊的离心效果看中国经济空间的重组。中心认为，中国沿海地区得益于亚洲国家之间的贸易和投资的作用，成为中国较为发达的地区。在这条东亚经济走廊的作用下，中国的经济空间向东南沿海地区汇集，并“粗暴地”把开放的沿海和自给自足的内地分隔开来。中心拟对由此引起的中国经济空间的重组问题进行深入研究。

2. 中国政治和体制改革。政治改革方面，分析某些农村进行的普选和地方与中央人民代表大会的选举制度；在体制改革方面，研究中国法律的执行情况，以及引进世界贸易组织的规则等问题。

3. 中国的就业危机和国家现代化。中心认为，就业问题成为中国政府近几年来的重大挑战之一。中国传统的单位体制曾保证绝大多数城镇人口的终生就业，而目前的“就业危机”与其形成强烈的对照。这个激进的变化与启动国营企业现代化政策和 1997 年 9 月中国共产党第十五次代表大会有着直接的关系。这项政策的目标是“保住大型国有企业，放弃小型国有企业”（抓大放小），即摆脱中、小实体的同时，促进重要实体的现代化，对大的集团进行重组，使其有能力与中国或其他地方的外国跨国企业进行竞争。中心认为，从逻辑上说，这个战略的后果是完全改变了中国的工资关系和结构。

4. 私营经济活动者和企业家的产生。中心通过对领导人的实地调查和人物传记分析，看中国私营企业产生的各种因素，如经济改革中的社会能动性、企业管理人员的变化、国家或地方鼓励建立企业的政策等。此外，中心还希望了解私营经济部门对中国社会规则和价值体系转变和发展的贡献。

5. 中国因特网的发展。中心认为，今天，国际网络通讯，特别是因特网已成为中国政府最为关心的问题之一，原因在于，因特网虽然有益于经济发展，但对国家主权带来潜在的挑战。为此，中国政府可能会针对因特网制定新的政策，在合法使用的同时进行有效监督，以防危害国家安全。

6. 台湾政治和社会变化及其对两岸关系的影响。主要研究台湾 1986 年“民主化进程”以来的政治和社会变动，以及该进程对台湾政治生活、宗教活动、台湾身份和本土化的冲击。此外，中心继续对两岸关系的变化进行研究，包括两岸经贸和人员往来以及军事、地方与地区平衡等问题的磋商进程。

四、中心研究员简介

上届班子的研究人员是法国较为知名的中国问题专家，关注中国改革开放以来各个领域的发展进程，推崇台湾的所谓民主化进程。2003 年 9 月，中心正式研究人员大部换新，新班子中有2名外交部研究员。

（一）现任主任和研究员

1. 吉尔·吉厄（Gilles Guiheux），主任，外交部研究员，现代中国史和社会经济学专家。1988年毕业于南特大学国际经济和社会学院。1990年获巴黎中国现代史DEA（相当于中国大学硕士学位）文凭。1990—1991年获台湾教育部奖学金，到台湾师范大学学习中文。1996年获巴黎高等社会科学研究学院博士学位。1996—2001年任法国阿图瓦大学教师，教授中国现代史，兼任东亚研究所助理研究员。2001年为现代中国研究中心研究员，2003年9月起任主任。他还是东方语言学院和巴黎七大讲师，里昂东亚研究所研究员。目前的研究课题是“现代中国的商业史和经济社会”。主要著作：《台湾最大的私营企业家》（2002）。合作撰写《2001至2003年的中国》（2003）、《台湾企业、企业家和社会网络》（2002）。

电子信箱：gguiheux@cefc. com. hk.

2. 帕特里西亚·巴托（Patricia Batto），研究员。1981年毕业于斯特拉斯堡大学新闻教育中心新闻和信息技术专业。1981—1983年在Bayard新闻社任记者。1983—1989年在法国《解放报》社任记者。1994年获法国东方语言学院DEA（相当于中国硕士学位）文凭。主要研究台湾在中国大陆的经济利益问题。1996—2001年为《世界报》记者，任“经济世界”社论组负责人。2002年获东方语言学院博士学位，主要研究1945—2000年台湾新闻报刊发展史。2003年9月起为中心研究员，主要研究现代中国的媒体和通信新技术，在完成2002年在台湾开始的有关联合报集团的论文后，现正在作有关中国大陆和香港媒体的研究。翻译过多部中文小说，如王朔的《火与冰》。

电子信箱：pbatto@cefc. com. hk.

3. 马丹·富尔尼埃（Martin Fournier），研究员。1993年毕业于法国高等社会科学研究学院，获DEA（相当于中国硕士学位）文凭。1993年获全国经济统计和经济管理学校经济统计师文凭。1999年获高等社会科学研究学院博士学位。1998年起任国际发展和研究中心研究员。2000年起任克雷蒙—费朗奥夫涅大学讲师。2003年9月起为中心研究员。主要研究课题为中国经济、劳动市场和收入分配、自然资源经济等。

电子信箱：mfournier@cefc. com. hk.

4. 达维·帕尔梅（David Palmer），合作研究员。主要研究现代中国的宗教发展。

电子信箱：davidpalmer@wanadoo. fr.

5. 弗朗克·米雅尔（Franc Muyard），台北分部研究员。主要研究中国大陆和台湾政治学和现代史，西方和中国的现代化和后现代化、国际关系和现代哲学。正在研究的课题题目为“台湾和中国的民族和国家建设”、“台北—华盛顿—北京战略三角”。1991 年毕业于东方语言学院。1993—1995 年为加拿大蒙特利尔大学社会学学院博士研究生。1994 年获加拿大人文科学研究委员会博士研究生奖学金。1996—1997 年为北京大学研究生。1998 年为台北师范大学中文系研究生。1999—2000 年为纽约哥伦比亚大学东亚研究院访问学者。2001 年获加拿大蒙特利尔大学博士学位。2001—2003 年任台湾大学法语中心教授。2003 年 9 月任台湾国立中央大学法国中心法语教授。主要文章“‘现代化’国家和中国社会模式”（2003）、“关于后现代的部分论述”（1998）等。

地址：5 F.，n. 12，Lane 340，Fu－hsing South Road，Section2，Taipei 106，Taiwan；

电话：886－2－2736 4390；

传真：886－920 296 399

电子信箱：muyard@cc. ncu. edu. tw.

（二）前任主任和研究员

1. 让—皮埃尔·卡贝斯唐（Jean-Pierre Cabestan），前中心主任，现为法国全国科研中心主任研究员、巴黎一大教授。主要研究中国政治体制改革问题，中国大陆和台湾之间的关系等。主要著作有：《中国和人权》（合作，1991）、《毛后的中国行政体制，邓小平的改革及其限制》（1992）、《人民中国的政治体制》（1994）、《台湾政治体制》（1999）等。

2. 弗朗索瓦·吉普卢（François Gipouloux），前中心科研主任，法国全国科研中心主任研究员。主要研究中国沿海城市在东亚港口城市网络中的作用。主要著作有：《19 和 20 世纪的东亚》（1999）、《迈向市场经济的中国：毛后的长征》（1993）等。

3. 恩里克·索特德（Eric Sautedé），前中心研究员，主要研究台湾和韩国的民族特点、选举和公民问题。离开法国现代中国研究中心后，赴澳门，进入 RICCI 研究所，任《Chinese Cross Currents》杂志主编。主要著作有：《台湾的公民社会和民主化》(2000)、《中国的因特网》(2000)、《澳门》等。

4. 让—弗朗索瓦·于歇（Jean-François Huchet），前中心研究员、经济学家，主要研究国营企业的改革和工业集团的建设。主要著作有：《中国圈和中国电子业的技术发展》(1997)、《中国的未来更困难》(1998)、《中国开始市场经济的长征》(1999) 等。

5. 斯特凡·科尔居弗（Stéphanc Corcuff），前中心台湾分部研究员。生于 1971 年。2000 年获法国巴黎政治学院博士学位。现就职于法国拉罗歇大学，教授政治哲学与宪法以及台湾政策课程。曾任《亚洲变革》期刊总编、法国现代中国研究中心台湾分部研究员以及法国在台协会新闻组长。曾发表过多部有关台湾问题专著，最近出版一本名为《风和日丽——台湾外省人与国家认同的转变》的著作，鼓吹“台湾的外省人应审时度势，看清台湾‘公投’是必然的发展趋势”。

附：法国现代中国研究中心近几年发表的中国问题著作和文章

工作报告

1. The Relationship between the National People’s Congress and the State Council in the People’s Republic of China : A Few Checks but No Balances. Le premier Working Paper du CEFC, par Jean-Pierre Cabestan, *July* 2000

2. Entre bureaucratie et marché : les groupes industriels chinois *à* la recherche d’un nouveau gouvernement d’entreprise, par Jean-François Huchet et Xavier Richet. Le second Working Paper du CEFC , Octobre 2000

著作和文章

1. Naissance d’une nation *à* Taiwan ? par Frank Muyard, Perspectives

Chinoises n°82, mars-avril 2004.

2. Les partisans de l' unification face *à* la taiwanisation, par Stéphane Corcuff, Perspectives Chinoises n°82, mars-avril 2004.

3. Un régime totalitaire en transition , par Gilles Guiheux, *Questions Internationales*, 6, mars-avril 2004, Paris, La Documentation française, pp. 8—22.

4. Maîtres déchus et enfants terribles, comment crise sociale et migrations ont changé la face de la Chine, par Chloé Froissart, *Esprit*, *n°* 302, *février* 2004.

5. Le coût de l' école, par Chloé Froissart, La Chronique, numéro spécial Chine, n°206, janvier 2004.

6. L' épidémie de Sras : quelles séquelles en Asie ? par Gilles Guiheux, in Rapport Ramsès 2004, Paris, IFRI-Dunod, pp. 333—334.

7. Chine de 2001 *à* 2003 : la fin d' un cycle ? par Gilles Guiheux, in R. Serra et F. Godement éd. , Asie Orientale-Edition 2003, Paris, Documentation Française, pp. 51—74.

8. Chine : la fin d' un cycle ? par Gilles Guiheux, chapitre dans un ouvrage *à* paraître *à* la Documentation française, Paris, 2003.

9. Les conséquences de la démocratisation sur la presse quotidienne, par Patrica Batto, Perspectives Chinoises n°80, novembre-décembre 2003.

10. Wage Differentials and Ownership Structure in Chinese Enterprises, par Gilles Guiheux et Yi Chen et Sylvie Démurger, octobre 2003.

11. Etat " moderne " et mode sociétal chinois. Réflexions autour de l' intégration de la Chine dans les sciences sociales et le monde moderne , par Franc Muyard, Société, n° 23, Automne 2003, pp. 171—212.

12. D' une entreprise d' Etat *à* un marché spécialisé. La reconversion d' un espace économique urbain dans la province du Hunan , Par Gilles Guiheux, Perspectives Chinoises, 77, juillet-août 2003, pp. 4—17.

13. The Transformation of an Urban Economic Area in Hunan Province, China Perspectives, 49, sept-october 2003, pp. 4—16.

14. Forest Protection and Rural Economic Welfare: The case of Labagoumen Nature Reserve (China) , par Gilles Guiheux et Sylvie Démurger,

août 2003.

15. Sociologie des acteurs économiques dans une Chine en transition, par Gilles Guiheux, La revue *internationale et stratégique*, 50, été 2003, pp. 35—42.

16. Du cadre dirigeant au haut fonctionnaire ? Enquête sur l' Ecole du Parti de Shanghai , par Emilie Tran, Perspectives chinoises, n° 75, janvier-février 2003.

17. La main visible de la prospérité. Grandes entreprises et grands entrepreneurs privés *à* Taiwan, par Gilles Guiheux, Paris, CNRS éditions, 2002.

18. Selection Bias Correction Based on the Multinomial Logit Model, par G. Guiheux 、F. Bourguignon et M. Gurgand, Document de travail du CREST, n°2002—04, 2002, Paris.

19. Enterprises, entrepreneurs and social networks in Taiwan , par Gilles Guiheux, *Politics in China: the Moving Frontiers*, sous la direction de Françoise Mengin et Jean-Louis Rocca, New York, Palgrave, 2002.

20. Les grands entrepreneurs privés *à* Taiwan, la main invisible de la prospérité , par Gilles Guiheux Paris, CNRS éditions, 2002

21. Taiwan : l' histoire du peuplement, par Gilles Guiheux, *Asie Nouvelles*, *Atlas politique*, sous la direction de Michel Foucher, Paris, Belin, 2002.

22. Taiwan : le territoire sous l' autorité du gouvernement, par Gilles Guiheux, *Asie Nouvelles*, *Atlas politique*, sous la direction de Michel Foucher, Paris, Belin, 2002.

23. Les étapes du développement , par Gilles Guiheux, Asie Nouvelles, Atlas politique, sous la direction de Michel Foucher, Paris, Belin, 2002.

24. Taiwan : Les richesses d' une nation , par Gilles Guiheux, *XXè siècle*, 71, juillet—août 2001.

25. Genèse de la grande entreprise dans la Chine nationaliste contemporaine, par Gilles Guiheux, *Créateurs et créations d' entreprises, de la révolution industrielle à nos jours*, sous la direction de Jacques Marseille, Paris, Association pour le développement de l' histoire économique, 2000,

pp. 388—400.

26. Consommation et société : l'enrichissement matériel comme fin en soi ? par Gilles Guiheux, *Taiwan, enquête sur une identité*, Chantal Zheng ed., Paris, Karthala, 2000, pp. 237—248.

27. Japanese car manufacturers and parts makers in the ASEAN region : A case of expatriation under duress — or a strategy of regionally integrated production? par Gilles Guiheux et Yveline Lecler, *Global Strategies and Local Realities : the Automobile Industry in Emerging Markets*, édité par J. Humphrey, Y. Lecler and M. Salerno, Londres, MacMillan, 2000, pp. 207—233.

前景研究与国际信息中心(CEPII)

CEPII

Centre d'Etudes Prospectives et d'
Inforations Internationales

地址：9 rue Georges Pitard — 75740 Paris Cedex 15
电话：33 (01) 53 68 55 00
传真：33 (01) 53 68 55 01
网址：http：//www. cepii. fr.
电子信箱：vebmaster@cepii. fr.

前景研究与国际信息中心是法国国际经济和贸易问题公共研究机构，隶属于法国计划总署，直接为总理府服务。该中心拥有一批法国最著名的经济学家，其研究成果大部分在政府内部发行，少部分公开发表。

一、基本情况和影响力

前景研究与国际信息中心创建于 1978 年，是法国政府研究国际经济问题的专门机构。该中心行政上隶属于法国计划总署，业务上直接为总理服务，预算纳入政府年度预算草案。几年来，法国政府为减少财政支出，大幅度压缩政府各部门的预算经费，但前景研究与国际信息中心的活动经费一直保持平衡，甚至略有增加，如，中心2000年预算为333.9万欧元，2001年334.06万，2002年340.7万，2003年增加到341.1万，这充分显示了该中心在法国政府决策和国际经济研究领域中的重要地位。

前景研究和国际信息中心的研究领域主要包括世界经济、国际贸易和国家经济三个部分，每年研究课题根据经济形势的发展进行设置。1998年，中心调整研究工作重点，在坚持长期宏观经济研究的同时，强调设计和建立新的数学模型，加强对国外直接投资以及经济高速发展国家（特别是中国）和转轨国家的经济研究，但重点强调各国经济的依附关系及其对法国和欧洲的影响。2000年，中心为多个国家、特别是经济高速发展和转轨国家的宏观经济建立了新的数学模型。近几年，中心在继续关注这些国家的体制和经济发展趋势的同时，加强了欧盟东扩和中、东欧国家经济的研究。

前景研究与国际信息中心约50人，其中有30名法国经济学家，其研究成果和观点经常在重要的国际经济政策研讨会中被讨论或引用，并在新闻媒体上广泛传播，可以说，前景与信息研究中心代表了法国在这一领域的最高研究水平。大体来说，中心主要通过以下几个途径发挥影响力：(1) 服务政府，主要是为政府、特别是国库司、计划总署等做经济前景研究，参与政府的各项经济计划的起草工作；(2) 参加法国参、众两院的调研工作，协助两院议员起草有关方面的调查报告。与此同时，中心还参与一些重要国际组织（如欧洲委员会、经合组织、联合国经济和发展大会等）的研究项目，就经济形势发展趋势和一些专门问题作研究和鉴别；(3) 与国内外其他一些重要思想库或研究所合作，开发重大研究课题，其经常性的合作伙伴有华盛顿国际经济研究所、东京发展经济研究所、伦敦经济政策研究中心、伦敦全国经济和社会研究所、柏林世界经济研究所、莫斯科最高经济学院等；(4) 为法国公共部门或私营机构决策者以及社会伙伴提供帮助，定期与法国或欧洲其他国家的经济机构以及企业举办研讨会，充当研究部门、企业和政府之间的中介人。

前景研究与国际信息中心为加强与企业的联系，成立了CEPII俱乐部，约有40多个企业参加，其中有跨国企业、中小企业、金融机构和公共部门。俱乐部成员每年须向中心交纳会费，中心则根据其需求进行有关课题研究，并负责邀请这些企业参加俱乐部和中心组办的各种讲座、研讨会和早餐会，寄发中心出版的各种刊物，使企业及时了解中心的研究成果。俱乐部成立

20年多来，已成为经济学专家和企业领导就国际经济时事和发展趋势等问题进行交流的特殊场所。

二、组织机构、重要人物和合作伙伴

（一）组织机构

中心坚持研究的独立性，理事会负责制定研究工作战略、方针和计划，科学委员会负责研究工作方法、成果发行手段和国内外合作等事宜。中心理事会有法定理事和资格理事，前者为政府有关部门负责人，后者为大学教授以及企业、工会负责人。本届理事会理事长由前国际货币基金组织总裁米歇尔·康德苏（Michel Camdessus）担任，成员包括：

法定理事：

阿兰·埃切戈里（Alain Etchegoyen），计划总署专员；

让—克洛德·马莱（Jean-Claude Mallet），国防总秘书处秘书长；

阿兰·勒鲁瓦（Alain Le Roy），外交部经济和财政事务司司长；

吉尔·安德烈亚尼（Gilles Andreani），外交部分析和预测中心主任；

让—皮埃尔·法尔凯—皮埃罗坦（Jean-Pierre Falque-Pierrotin），工业和对外贸易部工业、信息技术和邮政总局局长；

埃尔韦·阿努（Hervé Hannoun），法兰西银行第一副总裁；

让—皮埃尔·儒耶（Jean-Pierre Jouyet），经济、财政和工业部国库司司长；

让—米歇尔·夏尔潘（Jean-Michel Charpin），法国统计和经济研究所（INSEE）所长；

让—吕克·塔韦尼埃（Jean-Luc Tavernier），经济、财政和工业部预测司司长；

皮埃尔·莫拉永（Pierre Moraillon），工业和对外贸易部对外贸易关系司司长；

让—皮埃尔·特罗蒂尼翁（Jean-Pierre Trotignon），法国对外贸易中心总经理；

布律诺·奥特（Bruno Hot），农业部经济和国际政策司司长；

帕特里克·博内维尔（Patrick Bonneville），外交部国际合作和发展总局地理协调处处长；

蒂埃里·德蒙布里亚尔（Thierry de Montbrial），法国国际关系研究所所长。

资格理事：

米歇尔·阿尔贝（Michel Albert），法国保险总公司名誉董事长；

弗朗索瓦·达维（François David），法国对外贸易保险公司董事长兼总经理；

雅克· 弗雷西内（Jacques Freyssinet），就业研究中心科研委员会主席；

埃里克·伊斯拉埃维兹（Eric Israelewicz），《回声报》总编；

雅克·勒苏尔纳（Jacques Lesourne），国立工艺美术学院教授；

迪迪埃·马亚尔（Didier Maillard），国立工艺美学院教授；

亨利·马特尔（Henri Martre），前景研究与国际信息中心名誉主席、法国标准化协会主席、l' Aérospatiale 集团董事长。

阿尔贝·梅兰（Albert Merlin），经济学家；

雅克·米斯特拉（Jacques Mistral），财政顾问，法兰西驻美国大使。

本届科研委员会有 10 名成员，主席由马萨诸塞技术研究所教授奥利维埃·布朗夏尔（Olivier Blanchard）担任。

（二）重要人物

1. 米歇尔·康德苏（Michel Camdessus），理事长、前国际货币基金组织总裁。1933 年 5 月 1 日生于法国巴荣纳省。上世纪 50 年代初在巴黎大学法学院学习法律和西班牙语。受著名经济学家、法国应用经济数学科学研究所所长弗朗索瓦·佩鲁的影响，他对经济学和政治产生了浓厚兴趣，先后考上巴黎政治学院和国立行政学校。1960 年毕业后，进入教育部，被派驻阿尔及利亚教育总局任职。1961 年回国，进入精英荟萃的法国财政部国库司，先后担任该司工业企业投资办公室主任、储蓄和借贷处副处长、副司长等职，1982 年晋升司长。国库司司长是法国财政的技术总监，负责调节法国在兑换市场上的立场，对政府的经济政策有相当大的影响力，因此，这一岗位历来由财政总监掌管。康德苏以高级公务员身份上任，引起轰动。任内，他严格执行经济部长制定的经济紧缩计划，加强外汇和信贷控制，逐步重建法国财政平衡，恢复法郎在国际汇兑市场上的地位，其政绩得到普遍赞扬，荣获国家荣誉勋位骑士勋章。与此同时，他还于1978—1984年担任巴黎俱乐部主席，1982—1984年担任欧洲经济共同体货币委员会主席职务。1984年8月，他被任命为法兰西银行副总裁，11月提升为总裁，任职期间积极实行并推广金融渠道的现代化，加强了法兰西银行的调控和监督作用。1986年12月18日，康德苏以全票当选为国际货币基金组织（IMF）第七任总裁。1992年和1996年连选连任，2000年2月14日离职。在担任IMF总裁的十余年间，尊崇IMF的宗旨，坚持促进国际经济的协调与合作，致力发展中国家的经济援助和结构改革，促进转轨国家进入市场经济体制，积极应对金融危机，改善世界经济环境，并使IMF从他任职之初的150个成员国扩大到离任时的182个，被誉为“世界金融大管家”。回国后，康德苏继续承担一些重要使命，在法国一些著名“思想库”任要职，并担任希拉克总统的Nepad（8国峰会“非洲发展新伙伴关系计划”）私人代表，经常出访非洲，帮助希拉克考查该项计划落实情况及存在的问题。

2. 利奥内尔·丰塔内（Lionel Fontagné），中心主任。巴黎一大经济学教授、日内瓦国际贸易中心顾问以及经济分析委员会委员。2000年3月起担任中心主席。主要研究方向包括直接投资、国际贸易、欧洲一体化和一般平衡模式等问题，曾参加新兴国家和北欧非工业化、贸易保护和优惠、国际人口流动和综合发展等研究项目。近几年完成的内部研究报告有：《税收竞争和国外直接投资》(2003)、《世界贸易组织：谈判的基础》(2003)、《幸运的美元》(2003)、《全世界随着（欧盟）扩大都会成为赢家吗?》(2003)、《市场准入：多哈谈判后的目标是什么?》(2002)、《环境，农业和食品产品贸易中的新障碍》(2001)、《保护（主义)：世界贸易组织的环境》(2001)等。公开发表的重要文章：“市场进入和国内援助措施”（CESifo论坛，2003)、“重建国际金融体系结构”(《经济杂志》，2001)、“欧盟成员国的税收改革”(为欧洲议会撰写的报告，2001)、“对外直接投资和对外贸易：对美国的冲击大于法国”(《经济和统计》，1999）等。

电子信箱：postec@cepii. fr；

电话：(33) 1 53 68 55 43；

个人网页： http：//www. fontagne. fr. st. http：//team. univ — parisl. fr/trombi/fontagne/lionel. htm.

3. 米歇尔·富坎（Michel Fouquin），中心副主任、CEPII 俱乐部常务董事。他还担任巴黎一大合作教授、法—日之家科学委员会委员。主要研究领域包括国际贸易、新兴市场、贸易政策、生产和经济增长因素、新经济和东亚问题等，曾参加国际和地区技术传播、中国长期经济增长前景、亚洲自由贸易区对欧盟的冲击等研究项目，是国际一体化研究项目负责人。近几年完成的内部研究报告有：《纺织和服装贸易：以多边主义对抗地区主义》(2003)、《全球化和地区化：纺织和服装工业》(2002)、《开放、竞争和多边主义》(1999)、《国家竞争》(1998)、《中国经济》(1998) 等。对外发表的重要文章包括："扩大时期欧盟与地中海国家的关系"（《经济和统计》，2003)、"东亚经济发展"（《探索》，2001)、"发展中国家面对多边谈判"(《Accomex》，2002)、"金融危机，真正的危机"(《CDC》，1998)、"国际货币基金组织在危机中的作用"（《地缘政治》杂志，1998）等。

电话：(33) 1 53 68 55 67；

电子信箱：martin@cepii. fr；

个人网页：http：//www. cepii. fr/francgraph/pageperso/fouquin. htm.

4. 阿涅斯·贝纳西—凯雷（Agnès Bénassy-Quéré），中心副主任，曾任科研顾问。巴黎九大经济学博士，获教师资格。在巴黎十大教授宏观经济学。她也是全国科学研究中心经济理论、模型化和应用研究部研究员(UMR 7536)、全国经济委员会和经济学家俱乐部成员。她在中心主要负责经济政策和国际货币体系的研究，是国际货币和金融学以及经济政策项目负责人，曾参加过新兴经济的制度和金融结构、G20 的平衡兑换率和欧元—美元兑换率、扩大和税收—社会竞争、欧元区内预算政策的外向性、国际人口流动和一体化发展等研究计划。近几年完成的内部研究报告有：《东欧，更少的税收》(2004)、《贸易联系和兑换率：中国的规则》(2003)、《税收竞争和对外直接投资》(2003)、《人民币应该升值吗?》(2003)、《幸运的美元》(2003)、《稳定纲领：两个目标，两项规则》(2003)、《欧洲在国际货币基金组织的声音》(2002)、《欧元区的扩大》(2001)、《好税收制造好朋友》(2001) 等。公开发表的重要文章有："地中海兑换战略和直接投资的吸引力"(《发展经济杂志》，2001)、"欧盟成员国的税制改革"（为欧洲议会撰写的报告，2001）等。

电话：(33) 1 53 68 55 47；

电子信箱：a. benassy@cepii. fr .

（三）合作网络

前景研究与国际信息中心与国外（特别是华盛顿、伦敦、柏林和莫斯科）许多政府或独立思想库建立了密切的合作关系，经常组织研讨会、座谈会和讲座，并与经合组织、应用数理计划经济预测研究中心和法国经济形势研究所合作建立新的模型设计。此外，中心还参加了 6 个国际经济研究的合作网络：

1. 协调欧洲贸易政策分析联盟（ECTA）。该联盟主要是对贸易政策及其后果进行应用分析。

2. 欧洲经济政策研究所网络（ENEPRI）。2000 年在欧洲政策研究中心倡议下建立，成员包括欧洲 23 个影响力较大的经济政策研究所。同年 12 月创办《ENEPRI 通讯》，在法国前景研究与国际信息中心网站和 ENEPRI 网站上发表。该网络的宗旨是鼓励对现有的研究成果进行交流和传播，协调各个研究所的研究计划，指导共同的研究项目，并增加公众对欧洲范围内的经济政策的认识和了解。ENEPRI 甫一成立，就在欧洲委员会资助下投入了欧盟“第五个研究框架计划”的研究，历时 3 年时间。目前，其活动方式主要包括组织专题学术讨论会和讲座，发表研究报告、政策报告以及共同研究项目的进展情况报告，这些业务活动主要由欧洲政策研究中心来协调。前景研究与国际信息中心通过 ENEPRI 网络的活动，不断扩大自身在国际经济政策研究领域的影响力。

3. 欧—拉—体化和贸易研究网络。在美国国际发展银行（IDB）的倡议下建立，其成员还包括西班牙巴塞罗纳国际经济研究中心（CREI）、德国基尔世界经济研究所（IFW）、意大利佛罗伦萨欧洲大学罗贝尔·舒曼高级研究中心（PSCAS）和法国前景研究与国际信息中心。

4. 欧洲预测网络（EFN）。意大利博科尼大学（IGIER）、法国国际前景和信息研究中心（CEPII）、德国哈勒经济研究所（IWH）、意大利欧洲大学研究所（EUI）经济学院、荷兰鹿特丹伊拉兹马斯大学（EUR）经济研究所、英国剑桥大学经济和政治学院应用经济系（DAE）、西班牙巴塞罗纳大学企业经济学系定量分析小组（AQA）和马德里卡洛斯三世大学统计和经济学部 IFL 研究所组成，就欧元区和经济货币联盟问题进行合作研究。

5. 科学利益集团（GIS）。由前景研究与国际信息中心、巴黎—格里农国立农艺学研究所以及经济部的预测司和对外经济关系司组成，主要作“贸易政策的定量分析”。

6. 世界贸易分析项目小组（GTAP）。该小组有20个成员，包括一些政府机构、国际组织、独立研究所和银行，如海牙农业经济研究所、澳大利亚坎培拉农业和资源经济署、哥本哈根粮食经济研究所、东京经济和社会研究所、美国农业部经济研究处、德国不伦瑞克联邦农业研究中心、联合国粮农组织、美洲国际发展银行、美国国际建设和发展银行、华盛顿国际粮食政策研究所等。该协会设有专门的指导委员会，各成员机构派代表参加。协会在资料分享、传播新信息和开发软件、基础研究等方面相互协调，并推动各国经济分析成果的实际应用。

（四）出版物

(1)《前景研究与国际信息中心通讯》(La Lettre du CEPII)，月刊，主要进行国际经济现状分析。总编阿涅斯·谢瓦利埃（Agnès Chevallier）。(2)《国际经济》（Economie international)，季刊，主要刊登国际应用经济方面的文章，公开出版，主编塞巴斯蒂安·让（Sébastien Jean）和多米尼克·普利翁（Dominique Plihon)。3.《世界经济》（Economie mondiale)，年度报告，由La Découverte出版社出版，主要对每年的世界经济形势、发展趋势和重大经济问题作总结性分析，协调人伊莎贝尔·邦西登（Isabelle Bensidoun）和阿涅斯·谢瓦利埃（Agnès Chevallier)。(4)《前景研究与国际信息中心时事通讯》(The CEPII Newsletter)，英文版，每年两期，主要面对中心的国外通讯员，旨在让他们定期了解中心正在研究的课题、研究工作进展、出版状况和中心组办的各项活动，编辑洛朗·内曼（Laurence Nayman）和尼古拉·索韦尔（Nicholas Sowels)。(5）书籍，中心定期出版各种类型的著作，并从1983年开始，在经济出版社出版了中心撰写的有关世界经济中期发展的综合报告论文集。中心的经济学家还在其他出版社发表研究成果。

三、2004 年研究课题设置

前景研究与国际信息中心的研究项目和课题由董事会决定，通常在年底制定次年的研究计划，根据课题的情况规定完成期限，时间大约 15 至 45 个月。2004 年的研究项目分 4 大部分，45 个课题，具体设置如下：

（一）国际一体化

项目负责人米歇尔·富坎（Michel Fouquin），主要研究国际开放对经济增长和发展的冲击、各层次（多边、地区和国家）开放和各种贸易（物质、服务、直接投资）的形式。中心认为，过去一年有两件大事值得重视，一是世贸组织坎昆会议失败，二是中国实力增长，因此应该加强对经济高速增长国家、农业和工业税率等问题的研究。2004 年的研究重点放在 3 个问题上：亚洲的兴起、非洲农业专业化、不平等的各种形式。在兑换率问题上，主要是对经济高速发展大国、特别是中国的平衡兑换率进行评估。

1. 经济高速增长国家

（1）中国长期经济增长的前景。项目负责人弗朗索瓦·勒穆瓦纳（Françoise Lemoine）。为了研究中国长期发展和世界经济对“这个新巨人的‘消化’能力”，此项研究首先对国际组织和各国（包括中国）研究中心关于中国前景问题的研究成果进行分析，并把有关中国和印度的前景研究成果进行比较。其次，在此基础上建立不同类型的中国经济增长程序模型。此类研究主要是在新的传统经济增长模式的理论基础上进行的，通过研究各国不同的人力资本情况，分析从过渡期向长期平衡发展过程中不同的经济增长形式。中心认为，经济增长依赖于原始生产力、人口发展、投资率、教育投资和技术进步的水平等因素，因此，最落后的经济比最发达的有更大的经济增长潜力，如果结构因素有利，最落后的经济就会赶上最先进的经济。

（2）中国：对世界金融平衡的冲击。课题主持人让·夏托（Jean Chateau）。21 世纪世界经济发展总态势将会由于“中国”的几种发展可能性而改变，中心主要研究如何看待这种现象。中心认为，由于国际市场总平衡下的经济相互依赖性加强，因此，20 世纪末中国在世界贸易中所占的份额以及这一地区社会和经济结构发展的几种可能性，都将对世界各地区造成重大冲击。这些现象主要涉及以下几个问题：轮番出现的人口预测、中国对北美地区技术的赶超速度、退休制度在结构规则上是否趋同以及地区生产结构的变化等。

（3）印度：结构变化和长期经济增长的前景。课题主持人弗朗索瓦·勒穆瓦纳（Françoise Lemoine）。课题组计划，通过总结印度20年来经济结构的变化，分析其2020年的经济前景。第一部分主要分析20世纪80年代以来农业、工业、服务业和制造业就业和生产情况的变化，其中重点关注1990年以来经济改革的影响，如：印度有关领域发展的活力是否会向附加值更高的部门扩展？最终将对印度在国际贸易中的发展产生什么影响？对中国产生什么样的潜在冲击？第二部分将分析印度经济长期发展前景，并与中国进行比较。

（4）经济高速发展国家利用外资和平衡兑换率。课题主持人阿纳·拉莱舍—雷维尔（Amina Lahrèche-Revil）。在经济高速发展国家、特别是中国，外资是出口的主要发动机，对经济增长作出重大贡献。在此落户的跨国公司的生产力水平接近工业化国家企业，远远高于本地企业。而低廉的劳动力降低了生产成本，兑换率则带来价格上的好处，这些都成为提高国际竞争力的重要因素。这个课题主要对中国地区平衡汇率进行评估，并针对中国政府根据国内经济发展需要，制定保持汇率水平的做法进行深入分析。

（5）新兴国家和北方的非工业化。课题主持人利奥内尔·丰塔内（Lionel Fontagné）。主要分析国际专业化和非工业化之间的关系：一是欧洲国家专业化的长期前景，特别是各个重要经济活动部门之间的突变。系统分析欧洲经济摆脱了哪些大工业，三、四十年来有哪些大工业实现专业化？美国和日本的变化是否相类似？二是经济高速发展国家的专业化是如何发展的。中心在2003年完成了第一个问题有关市场份额及其变化和竞争力结果的分析研究。2004年重点分析经济高速发展国家，并对发达国家进行更精辟的分析。

2. 全球化问题

（1）贸易往来地区化。课题负责人吉尧姆·戈利埃（Guillaume Gaulier）。中心认为，由于多边谈判困难重重，世界各国把注意力开始转向签订地区条约，并把此作为向国际贸易开放的替代性战略。为此，中心建议课题小组围绕4个问题对地区化的进程进行分析。第一，分析地区发展状况，详细描述各地区地区化的阶段性措施，制定地区化“相对密度一览表”来展示贸易地区化的概貌；第二，对通过万有引力模型观察的地区化情况进行解释。通过邻近因素——有形的距离、专业化或收入差距以及地区条约——确定地区化的相对密度；第三，对30年来地区化的蓬勃发展及其局限性进行分析和解释；第四，分析各地区性条约对欧盟贸易造成的后果。

（2）中国崛起对亚洲生产网络和国际贸易的影响。课题负责人德尼兹·于纳尔—凯桑西（Deniz Ünal-Kesenci）。主要分析最近一个时期（1995—2001）亚洲国家贸易的发展，阐述区域内生产程序的国际分工对日本、中国和印度等10个国家的贸易专业化产生的效果，对10国及其与世界其他国家之间贸易关系产生的影响。

（3）不平衡、贫穷、全球化。课题负责人伊莎贝尔·邦西登（Isabelle Bensidoun）。中心认为，不平等问题已成为全球化问题讨论中最为重要的问题之一，支持者和反对者都在解释，为什么对不平等扩大问题会产生截然不同的看法，主要原因在于，各方看问题的角度不同，而且有太多人研究和涉足此问题。中心认为，概括地讲，国际上有三种类型的不平等，即国家间的不平等、国际的不平等和世界的不平等。课题小组将确定一个较为明确的角度来分析不平等的发展状况，制定一个全面的“不平等状况曲线图”，以期能够一目了然地了解各种观点及其局限性。

（4）非洲农业专业化和经济增长。课题负责人纪尧姆·戈利埃（Guillaume Gaulier）。中心的研究表明，农业贸易自由化的后果之一将可能使发展中国家、特别是非洲出现混乱。一些因素还有可能会限制农业自由化的效果（如基础农业产品扩大的专业化，贸易期望值削弱），阻碍农业部门现代化，影响经济增长。该课题试图评估农业专业化发展到什么程度上才能与可持续发展相协调。

3. 欧洲

（1）欧盟扩大和地缘经济。课题负责人蒂埃里·梅耶（Thierry Mayer）。从理论上说，中东欧国家入盟意味着这些国家可以进入统一市场，欧洲东部也将开始享受物质、服务和人员的自由流通。这将影响中东欧国家之间和中东欧与15国欧盟之间经济活动的分布。然而，对于欧盟来说，经济活动分布问题涉及地区政策的作用（特别是结构性资源政策），对欧盟成员国来说，则涉及领土整治政策。中心建议通过德国统一的经验来看中东欧入盟后的问题。首先，课题组将完成统一后的德国“国内市场作用”的分析，旨在了解统一是否会导致生产活动的再地方化。其次，评估德国统一之初高估东德马克汇率对德国东部州经济活动分布的冲击，旨在通过这项研究，看中东欧国家入盟初期高估汇率情况下出现非工业化危险的可能性。最后，分析欧盟经济活动地方化的各种不同框架。

（2）亚洲自由贸易区对欧盟的冲击。课题负责人米歇尔·富坎（Michel Fouquin)。中心认为，亚洲国家之间的贸易往来不断加强、日本和中国由于竞争加剧竞相与东盟国家签定各种条约、亚洲的观点在多边组织内难以占据优势，这些现象都增加了建立东亚自由贸易区的可能性和有效性。欧盟与东盟的关系属于欧亚关系的一个部分，但迄今缺少具体成果，因此应该加强两个地区间的贸易、文化、人权对话。欧盟与亚洲两个经济区的关系发展不尽人意，研究延误原因，评估两个地区贸易发展中的障碍，可以更好地评价扩大亚洲地区一体化对欧盟带来的冲突和后果，推动欧亚关系的发展。

（3）俄罗斯。课题负责人吉拉尔·维尔德（Gérard Wild)。中心认为，俄罗斯以往是由国家负责资源补贴、消费和投资、经济发展和对外经济关系，现在似乎已经进行了深刻的改革。问题在于，俄罗斯的改革已经发展到了什么程度？从某种角度讲，改革似乎并未彻底，因为人们很难鉴别俄中长期的结构性政策，这就是证明。迄今为止，国家对这一领域的干预似乎是被动和反作用的。一方面，俄经济重振，外国资本大量涌进，俄罗斯从发展战略考虑，不得不推行保护政策。另一方面，国家及其官员日常生活中不断插手企业和地方机构。为此，课题组将研究俄罗斯的国家定位清晰化和稳定化的问题。

（二）国际贸易模式和数据库

项目负责人塞巴斯蒂安·让（Sébastien Jean)。中心决定，在近几年研究的基础上，将在2004年对贸易政策进行深入研究。世贸组织坎昆会议的破裂加深了贸易前景的不确定性，因此，中心重新调整贸易政策研究的方向：首先，对多边谈判的参与者以及谈判的目的进行深入思考；其次，深入研究地区主义及其造成的后果；最后，研究最近出现的服务贸易和人员流动等问题。

1. 贸易流通的测定与特性

（1）CHELEM库（世界贸易和经济协调账目数据库）。课题负责人科莱特·埃尔佐（Colette Herzog）。如往年一样，小组的主要目标是在最佳期限内丰富三个资料库，即CHELEM国际贸易库（CIN）、CHELEM国内生产总值库（PIB）和CHELEM国际收支库（BAL）。

（2）国际贸易分析库。课题负责人吉尧姆·戈利埃（Guillaume Gaulier）。

2. 市场准入、贸易保护和优惠

（1）市场准入的困难及其决定性因素。课题负责人蒂埃里·梅耶（Thierry Mayer）。主要对边界作用的决定性因素进行深入分析。中心过去的研究认为，海关税的统计对减少边界作用有着深远的影响，下一步研究将评估非税率障碍的冲击，并统计拉美南方市场各部门和各国对外直接投资的数据，根据其重要性来解释边界作用。另一方面，课题组将从边界作用研究入手，重新评估地区主义的效果。这种方法与传统分析法研究出的结果大相径庭。为此，课题组将分析各重要地区条约成员国之间和此类“集团”与其伙伴之间一体化的程度。最后，课题组还将研究欧盟和南方共同市场自由贸易条约的效果，探讨美洲大陆南北之间自由贸易的效果。

（2）贸易保护和优惠。课题负责人安托万·布埃（Antoine Bouët）。中心与“国际贸易中心”[①] 合作，应用计算法、集合法和税率定额统计等方法，对双边保护措施的市场准入数据库进行完善。

（3）贸易自由主义的后果。课题负责人塞巴斯蒂安·让（Sébastien Jean）。前几年在MIRAGE模型基础上完成了对贸易自由化冲击的评估，2004年的研究将发展和完善MIRAGE模型，重点完成三项研究任务：改善对外直接投资数据库；根据收益评估可能产生的问题；收集5000种产品的税率数据。

3. 服务和人员流动性

（1）国际人口流动和一体化的发展。课题负责人利奥内尔·丰塔内（Lionel Fontagné）。中心认为，国际组织和政府过去一直批评和指责全球化，今天则意识到，这涉及到开放和经济发展之间存在的矛盾，因此提出通过可持续发展来解决这一问题，但迄今为止，任何一方都没有提出具体的解决方法。中心强调，通过北方向南方提供直接投资来解决的做法完全是个幻想。这种做法虽然有些作用，可以根据愿望对世界资本进行有效的再分配，

① 该中心由联合国贸易和发展大会与世界贸易组织联合组建，编者注。

但这种分配过于集中，大部分发展中国家仍然被排除在该进程之外。经济分析提供了对应的解决方法，即，鉴于北方在资金、技术和有效的就业方面存在优势，应鼓励南方人口向北方流动，因为，人口移动在理论上讲可以取代资金流动。课题小组研究的问题包括：修改发展政策的障碍是什么？像法国这样一个有全球责任感的国家，应该如何重新制定其 2010 年的移民政策？

（2）经合组织国家服务国际化。课题负责人伊莎贝尔·拉博（Isabelle Rabaud）。在发达国家中，服务部门能解决 70%的就业岗位和提高产品附加值，在经济和社会基础建设的质量上发挥最重要的作用，因此，它已成为多边贸易谈判的重要问题之一。然而，国际贸易分析研究工作很少涉及这一领域的问题。课题组将对 30 个经合组织成员国的服务贸易进行分析，以加深对这一领域问题的认识。

（三）国际货币和金融

项目主持人阿涅斯·贝纳西—凯雷（Agnès Bénassy-Quéré）。此项目研究包括：人口变化、欧洲一体化和体制等对国际货币和金融形势以及汇率体系的影响和冲击；根据 INGENUE 模型分析人口状况和养老金体制改革对各国真实利率以及欧洲储蓄和投资行为造成的影响；深入研究中东欧国家金融和货币在欧洲兑换机制中的前景；继续思考现行国际金融结构的变化；中央银行积累外汇储备金的做法等问题。此外，中心还与国际问题研究中心合作主持法国计划总署的一个多学科计划小组的工作，其研究课题是“全球化进程中的法律和冲突仲裁”。

1. 储蓄、投资、经济和金融全球化

（1）人口老龄化、技术进步的传播和资金流动。课题负责人米歇尔·阿格利埃塔（Michel Aglietta）。INGENUE 模型是中心与应用数理计划经济预测研究中心（CEPREMAP）、法国经济形势研究所（OFCE）合作建立和使用的一种模型。其目的在于对世界许多地区可能由于老龄化导致的国际资金流动作量化分析。2003 年，中心建立和起草了一个新的模型，即 INGENUE II。该模型的地理区域从 6 个扩大到 10 个，建立了独立的人口统计预测系数，加入了自愿或非自愿的遗产模型设计等新的内容。2004 年，课题组将会应用新的模型进行经济预测，特别是对中国和印度经济前景作数字化的预测。

（2）在金融全球化背景下，欧洲储蓄和投资行为的中介作用的后果。课题负责人保罗·赞吉耶里（Paolo Zanghieri）

2. 中东欧国家货币和金融的前景：

（1）对外赤字的有理性。课题负责人，保罗·赞吉耶里（Paolo Zanghieri）。

（2）中东欧国家的平衡兑换率。课题负责人阿米纳·拉莱什—雷维尔（Amina Lahrèche-Revil）。

3. 欧洲金融一体化

（1）欧洲货币联盟内的资金流动。课题负责人，保罗·赞吉耶里。一方面研究金融自由化的效果，另一方面研究其对宏观经济的冲击。

（2）欧洲金融调节。课题负责人米歇尔·阿格利塔（Michel Aglietta）。

（3）会计准则和银行稳定性。课题负责人米歇尔·阿格利塔。

4. 经济高速增长国家的体制结构和经济实践结果

（1）企业财政结构、私有制管理和司法机构。课题负责人吉罗姆·斯加尔（Jérôme Sgard）。

（2）经济高速增长国家的体制结构和经济拨款。课题负责人阿涅斯·贝纳西—凯雷（Agnès Bénassy-Quéré）。

5. 现行的国际金融结构改革

（1）金融全球化向经济高速增长中国家扩展的新阶段。课题负责人米歇尔·阿格利塔（Michel Aglietta），研究危机管理最新或可能的发展。

（2）金融危机追踪和国际金融结构。课题负责人热罗姆·斯加尔（Jérôme Sgard）。对三个案例进行跟踪分析，一是国际货币基金组织干预模式的发展；二是阿根廷摆脱危机的经验；三是国际市场、传统的宏观经济政策和巴西社会改革之间的尴尬关系。

6. 兑换率和兑换体制

（1）G20 的平衡汇率和欧元/美元兑换率。课题负责人阿涅斯·贝纳西—凯雷（Agnès Bénassy-Quéré ）。

（2）中央银行在外汇储备方面的表现。课题负责人布罗卡·泽普科维斯基（Bronka Rzepkowski）。2002 年，亚洲国家中央银行（除日本外）大量增加美元储备，从而拥有世界 40%的美元储备。中心认为这是一项危险的政策，建议解决以下几个问题：第一，这些中央银行把此作为政策的基础理论的目标是什么？各国中央银行如何利用干预和货币政策来应对收支平衡的冲击？第二，干预是否有效，在什么条件下才能奏效？第三，各中央银行面对美元贬值是否遭受了资金上的损失？对中央银行来说，有价证券管理的后果是什么？第四，这种储备能否继续下去？什么样的货币政策是可取的？

（3）非洲英语区和法语区之间经济政策结构的比较。课题负责人皮埃尔·维拉（Pierre Villa）。

7. 全球化中的法律和冲突仲裁。课题负责人热罗姆·斯加尔（Jérôme Sgard）。

（四）经济政策

项目主持人阿涅斯·贝纳西—凯雷（Agnès Bénassy－Quéré）。此项目主要研究经济政策各方面的问题，包括：欧洲税收制度；预算政策，特别是欧洲卫生制度改革的宏观经济效果；货币政策和各种冲突对欧美关系、特别是兑换率的冲击和影响。2004 年重点研究欧洲的税收制度（扩大后的欧洲税收和社会竞争的危险：税收政策的冲击）、信息和通讯技术传播与经济增长、人口持续下降背景下欧洲经济增长的条件等问题。在人口经济问题上，将对欧、日、美的劳动市场展开系列研究。此外，还对法国第二次世界大战以来、特别是第一次石油冲击以来经济破裂原因进行研究。在欧洲医疗卫生开支问题上，主要研究医疗卫生开支及相关的税收问题，第一阶段整理欧洲各国在卫生开支方面的做法，第二阶段分析减少医疗卫生开支对宏观经济造成的影响。中心还参与 ALEPH 计划，该计划主要涉及国家宏观经济调控战略、日本在经济决策方面的经验等。最后，将研究欧美经济政策冲突和措施对双方关系的冲击。

1. 欧洲的税收制度

（1）欧盟扩大和税收—社会竞争。课题负责人阿涅斯·贝纳西—凯雷。此课题主要是分析欧盟成员国之间单位工资成本和税率的差距对新成员国直接投资的影响，评估欧盟扩大后的税收和社会竞争问题。

（2）欧元区预算政策的外向性问题。课题负责人阿涅斯·贝纳西—凯雷。欧元区国家在税收政策上处于两难境地：一方面，各国必须减轻税收压力，以减少失业和提高经济增长；另一方面，这些政策与稳定公约相矛盾。这个课题主要是评估欧元区内预算政策外向性的信号和幅度。研究的第一阶段，根据欧元区两个国家的情况建立两个理论模式，阐述外向性的不同类型

(通过需求和通过价格)，详细分析税收制度。这个模式将可以在理论上确定外向性的方向。第二阶段，评估欧洲国家各种税收政策的效果等。

2. 信息和通讯工艺技术与经济增长

(1) 国际和行业的工艺技术传播。课题负责人洛朗·内芒 (Laurence Nayman)。将通过两个问题解释生产力要素：首先，研究信息和通讯技术的进口是否有利于国家间的技术传播。其次，研究生产和使用部门间工艺外溢的效果。之后，课题组将分析信息和通讯工艺对经合组织国家生产力要素的冲击。最后研究法国、美国的生产和使用部门之间工艺外溢的效果。

(2) 信息和通讯工艺技术。企业战略和工艺传播，课题负责人若阿纳·梅尔卡 (Johanna Melka)。对法、德、美企业生产力进行比较，以回答两个问题：企业生产力的差距是否可以通过不同的投资战略来解释；企业在国外的经济活动是否会影响企业的生产力?

3. 出生率和经济增长。

(1) 欧洲退休金的差异：经济和财政后果。课题负责人让·夏多 (Jean Chateau)。课题组将完成有关维持公共部门退休制度的研究，评估各种改革(如法德的参数改革，世界银行关注的结构改革等) 的冲击。

(2) 在不同代人之间进行分配和分享风险的退休制度运作规则。课题负责人让·夏多。

(3) 美、欧、日劳动市场和体制要素的比较。课题负责人斯蒂芬尼·卡佩 (Stéphane Capet)。

4. 法国经济 30 年“辉煌”时期结束后的经济增长和动荡：国际环境的作用。课题负责人皮埃尔·维拉 (Pierre Villa)。这项研究主要回答三个问题：一是法经济增长在第一次石油冲击期间是否受到破坏，这种破坏源自于外因还是内因? 二是经济增长的规律是否已经改变，生产因素、分配的冲突以及与结构改革相联系的合理代价的作用是什么? 三是通过上世纪 90 年代经济分析看未来的发展前景。

5. 欧洲医疗卫生支出研究：现行改革最新倾向和宏观经济效果。课题负责人卡特琳·巴克 (Catherine Bac)。

6. 日本发展经验。课题负责人埃夫兰·杜里尔—费尔 (Evelyne Dourille-Feer)，这项研究纳入计划总署的 ALEPH 计划框架。

7. 美国和欧元区冲突的转移。课题负责人布罗卡·泽普科维斯基 (Bronka Rzepkowski)。

附：前景研究与国际信息中心 1995 年以来有关涉华经济问题研究成果

1. Trade Linkages and Exchange Rates in Asia：The Role of China，par Agnès Bénassy-Quéré、Amina Lahrèche-Révil，Working Paper 2003—21，December 2003

2. Commerce et transfert de technologies ：les cas comparés de la Turquie，de l' Inde et de la Chine，par Françoise Lemoine 、Deniz Unal-Kesenci，Working Paper 2003—16，novembre 2003

3. Le yuan doit-il être réévalué ? par Agnès Bénassy-Quéré、Amina Lahrèche-Révil et Françoise Lemoine，La Lettre du CEPII 227，octobre 2003

4. Croissance de la productivité dans l' industrie manufacturière chinoise ：le rôle de l' investissement direct étranger，par Sylvie Démurger et Yu Chen Economie internationale 92，4èT 2002

5. Compétitivité-prix et hétérogénéité des échanges extérieurs chinois ，par Stéphane Dées，Economie internationale 92，4èT 2002

6. Chine ：spécialisation internationale et rattrapage technologique，par Françoise Lemoine et Deniz Unal-Kesenci，Economie internationale 92，4èT 2002

7. La Chine dans l' économie mondiale，par Françoise Lemoine ，Eco nomie internationale 92，4èT. 2002

8. Mondialisation et régionalisation ：le cas des industries du textile et de l' habillement，par Michel Fouquin 、Pascal Morand、Richard Avisse、Gildas Minvielle et Philippe Dumont，Working Paper 2002—08，septembre 2002

9. Les industries extraverties en Chine ：sources de dépendance ou de rattrapage technologique ? par Françoise Lemoine et Deniz Unal-Kesenci ，La Lettre du CEPII 213，juin 2002

10. China in the International Segmentation of Production Processes，Françoise Lemoine et Deniz Unal-Kesenci ，Working Paper 2002 — 02，

March 2002

11. Chine ：le bol de riz en fer est cassé，Françoise Lemoine ，La Lettre du CEPII 202，juin 2001

12. FDI and the Opening Up of China' s Economy，par Françoise Le moine ，Working Paper 2000—11，June 2000

13. Pourquoi la Chine veut-elle adhérer *à* l' OMC ? par Françoise Lemoine ，La Lettre du CEPII 189，avril 2000

14. The Role of External Variables in the Chinese Economy，par Stéphane Dées ，Working Paper 1999—09，June 1999

15. Dévaluation du yuan ："une petite impatience peut ruiner un grand projet" (Confucius)，par Stéphane Dées et Françoise Lemoine，La Lettre du CEPII 178，avril 1999

16. Le passé d' une région ：les relations monétaires entre Hong Kong et la Chine dans les années quarante，par Catherine Schenk ，Economie internationale 78，2èT 1999

17. La politique de change de la Chine dans les années quatre-vingt-dix，paréric Girardin ，Economie internationale 76，4èT 1998

18. Chine-Hong kong ：un pays，pas de système ? par Françoise Lemoine et Jérôme Sgard ，La Lettre du CEPII 158，juin 1997

19. L' investissement direct japonais en Chine，"un même lit pour deux rêves"，par Michel Delapierre et Christian Milelli，Economie internationale 70，2èT 1997

20. Quand le marché chinois s' ouvrira...，par Françoise Lemoine，La Lettre du CEPII 153，janvier 1997

21. Trade Policy and Trade Patterns During Transition：a Comparison Between China and the CEECs，par Françoise Lemoine，Working Paper 1996—02，February 1996

22. L' internationalisation de l' économie chinoise，par Françoise Le moine，La Lettre du CEPII 135，mai 1995

近代现代中國研究中心

近代现代中国研究中心 (CECMC)

Centre d'études sur la Chine moderne et contemporaine

地址：54 bd Raspail — 75006 Paris
电话：33 (01) 49 54 20 90
传真：33 (01) 49 54 20 78
网址：http：//www. ehess. fr/centres/cecmc/
电子信箱：centre. chine@ehess. fr。

近代现代中国研究中心隶属于法国高等社会科学研究学院（EHESS），简称“中国中心”，是法国最著名的中国问题研究机构。其宗旨是培养高等中国问题研究人才，进行20世纪以来中国历史和文明的研究，推动有关中国的社会科学项目的研究和教学。中心拥有丰富的中国近现代史文献资料，聚集了法国众多从事汉学和中国学研究的高级学者，在近、现代中国研究中做出过重要学术贡献。

一、基本情况

（一）发展历程和现状

近代现代中国研究中心创建于1996年，由法国高等社会科学研究学院下属两个中心合并而成，即现代中国文献和研究中心（Le Centre de documentation et de Recherche sur la Chine Contemporaine）与中国比较研究中心（Le Centre d'études Comparatives du Monde Chinois）。前者创建于1958年，创始人雅克·吉耶尔马（Jacques Guillermaz，1911—1998年，从1958—1975年担任中心主任）。该中心主要进行20世纪中国的研究，拥有一个资料图书馆，收藏了大量有关现代中国问题的资料及文献。法国著名中国问题专家吕西安·比昂科（Lucien Bianco）、玛丽·克莱尔·贝尔热（Marie Cpaire Bergère，中国名白吉尔）、皮埃尔—埃蒂安·维尔（Pierre-Etienne Will，中国名魏丕信）等学者曾担任该机构领导人。后者创建于1985年，米歇尔·卡蒂埃教授（Michel Cartier）为创始人兼主任，主要研究中国历史和中华文明，负责出版《汉学文献杂志》(RBS)。

近代现代中国研究中心成立后，成为全国科学研究中心的合作单位，其运转资金主要来源于全国科学研究中心和法国高等社会科学研究学院。中心接管了前中国研究和资料中心的图书馆，收藏约4万本有关中国的研究文献著作，220种西方语言和1400种中文期刊，近6000份信息参考资料，大多为中国近代现代史（1895年迄今）、社会学和经济等方面的内容。近几年，图书馆重点加强了对中国地方志和统计年鉴的收集。图书馆从周一至周五开放，对法国研究中国问题的学者来说是极为重要的史料基地。中心研究工作主要分三个部分，即中国近代现代史、经济以及社会和政治结构。与此同时，中心还研究与社会生活有关的建筑、城市规划和生活环境等问题。中心强调，应从当代世界的广度和历史的深度两个方面对中国进行跨学科的研究，两方面的研究相辅相承，互为补充。中心研究人员定期举办专家学术讨论会，并邀请国外知名学者举办演讲会和研讨会，会议内容通过因特网发表，或刊载在中心的网站上。中心研究人员大多为法国的中国近代、现代史研究的权威，在中国经济和社会史、中国共产党政治史方面的研究成果经常被各国中国问题专家所引用，使中心的研究具有无可争议的权威性。近些年，中心强调学术研究的现实意义，更倾向于中国现状和前景的研究，如中国经济、农村和政治体制改革等问题。但与美国相比，中心的中国研究相对独立于法中双边关系的变化。这种倾向的积极面是学者们独立性较强，消极面是对中国社会发展过程中的消极现象更为关注。

（二）机构设置

近代现代中国研究中心领导机构实行双主任制，1 个主任助理，研究工作由研究员负责，教学工作由研究教师负责，但有些研究员也承担教学工作。此外，中心还有一个图书馆、因特网站和一个杂志编辑部。

近代现代中国研究中心机构图

主任：伊夫·谢夫里埃（Yves Chevrier）
伊莎贝尔·蒂罗（Isabelle Thireau）
主任助理：伊莎贝尔·朗德里—德龙（Isabelle Landry-Deron）
54 bd Raspail，75006 Paris

↓

- 研究员
  研究教师
- 图书馆
  22 revenue Président Wilson，75116Paris
  ↓
  莫尼克·阿比（Monique Abud）
  贝内迪克特·埃罗（Bénédicte Héraud）
  居阿特—库尔·佩克（Cuat—Kool Pech）
  王菊（译音）（Wang Ju）
- 汉学文献杂志
  22 revenue Président Wilson，75116 Paris
  ↓
  编　辑：
  米歇尔·卡蒂埃（Michel Cartier）
  达尼埃尔·埃利斯夫（Danielle Elisseeff）
  编辑部助理：
  玛丽—帕斯卡尔·莫尼埃（Marie—Pascale Monnier）
- 因特网
  22 revenue Président Wilson，75116 Paris
  ↓
  编辑部负责人：
  雅克琳·尼瓦尔（Jacqueline Nivard）

（三）合作单位

近代现代中国研究中心在法国的合作单位包括国际展望和信息研究中心、国际问题研究中心、法国国际关系研究所、法国远东学校、法国中国研究中心等。此外，中心参与法国高等社会科学研究学院与北京社会科学院、上海社会科学院以及台北“中国科学院”签署的交流协议。

二、业务活动

（一）活动方式

近代现代中国研究中心工作分为三个部分：

1. 教学

中心设有博士点，纳入法国高等社会科学研究学院的教学体系。博士研究生班的教学内容每年都有些微变化，涉及到近代和现代中国研究中心内部研究工作的各个学科，但近代和现代中国的政治、社会和经济史、现代中国技术、文化和人类学、现代中国经济、语言、社会和政治等问题是近几年的重点学科。中心现有 21 名教师，主要为高等社会科学研究院的教员，也有部分其他大学和研究机构组织的教授和研究员。2003—2004 年度研究班教学课程主要内容包括：“中华人民共和国的政权和社会：专制政体的变化”、“东亚国家的人口和发展：中国、日本、朝鲜（1700—1900 年）”、“中国的动物伦理法”、“20 世纪哲学家的现代性和历史性”、“古代中国的烹调和食疗”、“儒教和现代哲学”、“公务员自传：帝国时代的终结”以及“宋、清行政技术的起源和变化”等。

2. 研究

中心研究队伍由两方面人员组成，一是中心本部研究员，约 20 多人，主要进行政治、经济、外交、文化、历史等方面的研究；二是兼职研究员，主要来自巴黎东方语言学院以及巴黎二大、三大、五大、六大和七大。中心一方面强调以中心研究项目作为科研的核心项目，集中最优秀的研究人员，投入大量研究力量；另一方面鼓励集体科研项目与个人专题项目相结合，相互补充和促进。此外，中心还经常通过“CECMC 报告会”、“CECMC 辩论和小组讨论会”、“中国新闻”、“研究日和讨论会”、“特邀教授报告会”等形式促进交流，提高科研水平。

CECMC 报告会。近两年，随着中国学研究的日益发展，中心报告会举办次数不断增加，如中心在 2001 和 2002 年每年只举办 7 场报告会，2003 年则增加到 21 场。

CECMC 辩论和小组讨论会。邀请 2 名发言人（1 个是所外学者，1 个是中心的研究人员）就某一作者出版的有关中国问题研究的著作进行辩论。这种形式的活动虽然不多，如 2003 年只举办过两场，但效果不容忽视。

“中国新闻”研讨会。1995 年创立，主要以“中国中心早餐会”形式进行学术交流和讨论。1998 年后，讨论会的议题集中在中国经济、国企改革、中国的统计和企业会计等问题上，故称“经济星期二”。近年来，讨论的内容扩大到中国改革开放的各个领域，因而更名为“中国新闻”。

研究日和讨论会。一般来说，这类活动是根据企业的要求组办的，主要讨论中国的经济问题。每年组办 1 至 2 次活动。

主题报告会。主要由中心特邀教授就某一主题作系列讲座，如 2003 年 5 月，中心邀请哥本哈根亚洲研究所的塞西莉亚·米尔韦兹（Cecilia Milwertz）就中国妇女地位和男女平等问题举办了 3 场报告会；6 月，邀请台北清华大学教授傅大为（Fu Daiwie）就医学、卫生和社会科学问题作了 3 场报告。北京大学和上海复旦大学都有教授前往展开这一形式的讲学活动。

3. 出版

《汉学文献杂志》（RBS）。为了帮助法国的中国学专家了解其研究领域以外的研究倾向，并为大学生撰写论文提供帮助，洛恩（Piet van der Loon）教授于 1956 年创办了《汉学文献杂志》，用英、法两种文字介绍海外新出版的汉学和中国学研究成果，即中国、日本、欧洲国家和地区出版的有关著作和论文。1982 年，根据研究实践的需要，杂志进行第一次改版，在保持杂志初创原则的同时，加大对中华人民共和国出版物的介绍。1998 年以来，该杂志又进一步丰富了综合性研究文章的收集和介绍。如今，杂志收录的论文涉及中国近、现代史、人类学、音乐、语言学、文学、哲学、宗教和科学技术史等各个学科，文献性文章占据了重要位置。1983 年至 2002 年共出版了 16 册，成为西方中国问题研究不可或缺的专用工具书。该杂志本届编辑是米歇尔·卡尔蒂埃（Michel Cartier）和达尼埃尔·埃利斯夫

(Danielle Elisseeff)，编辑部助理玛丽—巴斯卡尔·莫尼埃（Marie-Pascale Monnier)。

杂志社地址：22，avenue du Président Wilson，75116 PARIS，France

电话：33 (01) 53 70 18 74

传真：33 (01) 57 70 18 29

电子信箱：RBS@ehess. fr.

《中国中心手册》(Cahiers du Centre Chine)。迄今共出版过5期，第一期《清代末期中国社会的变化：1873—1911》；第二期《国家资本主义和帝国主义：1923年中国毛纺厂的危机》；第三期《大跃进的根源：中国一个省的情况（1956—1958)》；第四期《1935—1946年延安妇女的生活条件和中国女共产党人》；第五期《红军和毛的晋升》。

资料集。出版过三个系列资料：《1920—1940年的中国留法学生》、《1978—1980年民主运动资料集》、《北京的政治诉讼：魏京生、付月华》。

（二）研究课题项目设置

21世纪初，中心设置了6个研究项目，包括“中国的技术和物质文化”、“中国水利问题”、“20世纪中国农业社会问题探讨”、“中国社会和历史”、“中国近现代社会和政治结构”和“当代中国文化和思想观念”。这些项目强调从历史和现实两个角度对当代中国进行深入研究，取得了不菲的成果，如在中国水利研究项目中，中心邀请法兰西远东学校和一些北京专家共同对中国明清史、古代灾荒问题以及近代中国衣食生计、江河管制以及中央政权和地方官府之间的关系等问题进行了全面的研究探讨。近年来，中心的研究课题更为丰富，主要包括：

1. 中国空间和边界研究

项目负责人克里斯蒂昂·拉穆鲁（Christian Lamouroux)，主要研究中国宋代以来的历史、地理、经济和人类学，重点关注中国边境线的变化。

2. 今日中国社会结构和隶属关系研究

项目负责人马里亚娜·巴斯蒂—布律吉埃尔（Marianne Bastid-Bruguière）和伊莎贝尔·蒂罗（Isabelle Thireau）教授，主要研究现代中国的标准化（包括规则的产生、制度化的形式、社会关系的重组等)、地方身份和种族关系，以及教育、文化和科学培训等问题。

3. 中国近代社会和政治结构研究

项目负责人是中心主任伊夫·谢弗利埃（Yves Chevrier）教授，主要研究清朝迄今的中国国家培训和政治运作程序，特别是政治和经济精英的社会作用。中心非常重视中国现代化的取向，认为弄清楚中国封建社会几千年的历史对正确把握这一问题有至关重要的意义。谢夫里埃则强调，这一课题属于对中国的政情和国情研究。

4. 现代中国的政治和社会研究

项目负责人阿兰·鲁（Alain Roux）教授，主要研究从封建王朝末期到共产党制度建立阶段（1912—1949 年）的社会政治化问题。

5. 普通技术和自然科学研究

项目负责人弗朗索瓦兹·萨班（Françoise Sabban）教授，研究方向涉及与技术和技术思想有关联的一些问题。

6. 经济和社会结构研究

项目负责人蒂埃里·佩罗（Thierry Pairault）教授，主要研究中国经济，包括中国的企业活动（企业管理、经营方式和用人制度）、企业改革、贷款结构和经济结构，还研究地区经济空间的重组问题。

7. 中国文化和思想观念研究

项目负责人让·勒韦（Jean Lévi）教授，主要研究中国的语言和文字、意识形态、文学和现代化以及中国的政权、宗教和社会实践。

三、著名专家和项目负责人

1. 伊夫·谢弗里埃（Yves Chevrier），中心主任，历史学家，高等社会科学研究学院主任研究员，全国科学研究中心研究员，东方语言学院教授。主要研究 20 世纪中国政治文化和社会史，对中国近代政治和经济方面的问题也有涉猎，曾和比昂科教授合作编撰《中国工人运动词典》。谢弗里埃是一位出色的学术研究的组织者和管理者，在中国学研究中“占据着一种特殊的地位”，是一位“在讲座和讨论会上传播思想且不知疲倦的鼓动者”①。他

① 参见“法国近代现代中国研究中心及其科研成果——法国、瑞典中国学研究机构学术访问记”，作者：华东师范大学历史系教授朱政惠．《史学理论研究》2000 年 4 月。

发表过大量文章，在近、当代中国思想论战等方面的研究最为引人关注。近几年，谢弗里埃侧重研究中国的现代化取向，认为，只有搞清楚中国封建专制几千年的历史，才能正确把握中国现代化问题及其发展方向。此外，谢夫里埃还在法国高等社会科学研究学院教授"20世纪中国社会、政权和政治程序"、"20世纪中国社会史研究：城市社会问题"等课程。在第一个课程中，谢夫里埃认为，中国20世纪的历史展现了两种发展方向，一个是西方化、革命化和现代化的发展方向，另一个是中国长期的发展方向。研究这段历史不但要研究中国的社会、经济和文化的沿革和变革，还要研究中国的政治结构。他的课程主要介绍中国政治结构的各种形式和转折，研究20世纪中国政治的活动者、事件、概念和意识形态。第二个课程中，谢夫里埃主要分三个时期（1912—1949年、1949—1978年和1979年迄今）介绍城市和城市社会在中国近现代史中的地位。近几年发表的重要文章有："膨胀的帝国：中国从清朝至邓小平时期的政治素描"（《政治路线图第三卷》，P262—395，1996年）、"共产主义，从革命到国家"（《论战》杂志第117期，P92—113，2001年）。主要著作：《现代中国》、《毛泽东和中国革命》、《20世纪的中国（第二卷）》等。电子信箱：chevrier@ehess. fr。

2. 伊沙贝尔·蒂罗（Isabelle Thireau）中心主任，全国科学研究中心主任研究员。主要从事社会学研究，侧重广东、安徽农村和北京、西安和深圳城市调研。在研究上强调实地调查，并从人类学角度展开对中国问题的探讨，曾进行过20世纪中国家族史的研究。她丈夫是中国广东省人，为其了解中国国情和展开实地调查提供了方便。2000年前后曾主持中国农业社会问题的课题研究，到中国农村做过系列社会调查。她认为，中国农村问题的特殊性在于，血缘关系、礼仪道德等问题相互交织在一起，错综复杂，鸡毛蒜皮小事都要经过村长、村委会、乃至妇女委员会的讨论，在相互扯皮中得出一个大家都能接受的意见，这在西方社会是不可思议的。她说，现在当务之急是在中国社会建立真正的行事"规范"。说到底，中国社会的转型就是要解决好这个问题。她特别关注今日中国社会规范的形成，目前主要研究中国的规则和司法、农村社群形式和协调、国内人口迁移和社会联系、劳动和新的工资关系形式等。此外，蒂罗还在高等社会科学研究学院讲授"现代中国的规则和司法"课程。蒂罗根据上个世纪70年代末改革后中国社会联系的规则和结构，研究20世纪诉讼领域的变革。近几年出版的主要著作有：《中国社会调查（1911—1949）》（合作，1996）、《中国农村里的争吵：规则领域的地方司法形式和地方重组》（合作，2001）。发表的重要文章有："新社会阶层的萌芽"（《中国展望》1994 年 11 期）、"中国解决冲突的方法和'公平价值'观"（《社会学研究》2001 年第二期，合作）和"新的农民运动"（《现代中国的起源》，第 229—279 页，2002）等。工作地址：Centre d'études sur la Chine Moderne et Contemporaine，54 bd Raspail，75 006 Paris；电子信箱：thireau@ehess. fr.

3. 吕西安·比昂科（Lucien Bianco），全国科学研究中心名誉主任研究员，高等社会科学研究学院主任研究员（退休），曾担任现代中国文献和研究中心主任。主要研究中国和中亚问题，研究课题"中国 19 世纪景观"。比昂科教授在法国近现代中国学研究中做出过重要学术贡献，现在虽然已经退休，但仍参与科研活动。他对于中国的农民问题有精深的研究，强调理论研究与史学研究相结合，其严谨的治学态度和深厚的学术成果享誉法国学术界。曾撰写《中国革命的起源》（1967）、《1936 年 12 月西安事变》（1968）、《冷眼看中国》（1968）和《印度与现代远东》（1972，被译成多种文字）、《中国》（1994）和《无党派的农民：20 世纪中国草根阶级的运动》（2001）等著作。此外，他还为《剑桥中华民国史》第 6 章撰写"农民运动"，与白吉尔和多姆教授合作撰写《20 世纪的中国》（1989 年第一卷，1990 年第二卷），与谢夫里埃合作编撰《中国工人运动传记词典》。电子信箱：Centre. Chine@ehess. fr。

4. 玛丽·克莱尔·贝尔热（Marie－Claire Bergère，中文名白吉尔），东方语言学院荣誉教授、前高等社会科学研究学院研究主任、香港中国大学客座教授（2001 年 9 月）、哈佛大学客座教授（2003 年夏季）。曾任现代中国文献和研究中心主任，任内强调对中华民国史和当代中国的研究，出版杂志《中国研究丛刊》。她主要研究中国资产阶级和 20 世纪中国城市史（特别上海城市史），近些年加强了对中国改革开放和海峡两岸关系问题的研究。她经常应邀到世界各地讲学，如 2002 年 10 月在北京中国之家作题为"上海社会：现代化和传统"的讲座，同年 12 月在上海谈"1930 年代的汉文化"，2003 年 1 和 5 月，先后在巴黎和美国作"中国资本主义的苦难"和"30 年代的中国资本主义"等课题的演讲。主要著作：《旧制度末年上海的一次金融危机》（1962）、《中国的资产阶级和辛亥革命》（1968）、《民族资产阶级与帝国主义：1923 年的中国纱厂危机》（1980）、《中国资产阶级的黄金时代，1911－1937 年》（1986）、《孙逸仙传》（1998）、《官员和买办：东亚危机问题》(1998)、《剑桥中华民国史》第12章、《中国历史：1949年至今》(2000)和《上海历史》(2002)等。地址：Tour Béryl，40 avenue d' Italie，75013 Paris。

5. 皮埃尔—埃蒂安·维尔(Pierre-Etienne Will，中文名魏丕信)，法兰西学院汉学教授、高等社会科学研究学院主任研究员，著名中国学专家。曾任现代中国文献和研究中心秘书长和主任，现任法兰西学院汉学研究所和远东研究所所长、全国科学研究中心 UMS 2409 所负责人。主要研究中国明清史和中国古代人口和灾荒问题，包括人口、衣食生计、江河管制以及中央政权和地方官府之间的关系等问题。分别在法兰西学院和社会科学高等研究学院主持中国近现代史讲座。撰有《18世纪中国的官署作风和饥谨灾荒》、《中国的一项水力循环设施：湖北省16至18世纪的情况》、《中国18世纪的荒政史》(合作)、《中国1650—1850年间的义仓制度》(合作，1991)和《今昔之间》(1999)等学术专著。近几年还发表过多篇重要学术文章，如"18世纪广东的市场地位和市场规则"(《中国海洋发展史论文集》第七卷，台北孙逸仙社会科学和哲学研究所出版，1999年)、"明清时期的官箴书与中国行政文化"(《清史研究》1999年第一期，李伯重翻译)、"创立、冲突和常规化：1594—1700年的掣签授官制"(《中国学术》2001年第三期，顾杭翻译)等。工作地址：Chaire d' Histoire de la Chine moderne，Collège de France，52 rue du Cardinal－Lemoine，75005 Paris。

6. 米歇尔·卡蒂埃(Michel Cartier)，高等社会科学研究学院研究室主任，1969年以来担任《汉学文献杂志》编辑，中国明史专家。曾创办中国比较研究中心。主要研究中国人口、家庭结构、人与动物的关系等课题。注重从历史人类学角度研究中国社会问题，曾依靠中国第一档案馆和南京第二档案馆开放的有关县志的史料，以计量研究法开展对农村问题的研究，有许多独到见解。他认为，中国史研究必须注重国家和父系家庭的凝聚力问题，注重农业活动的经济观问题，以及由此引起的"文化选择"和对物质生活的制约①。主要著作：《中国文化中的动物》(合作，1993)、《快意恩仇之中国》(1998)等。工作地址：22 avenue du Président Wilson 75116 Paris；电子信箱：cartier@ehess. fr；电话：33 1 53 70 18 73。

① 参见"法国近代现代中国研究中心及其科研走向——法国、瑞典中国学研究机构学术访问记"，作者：华东师范大学历史系教授朱政惠：《史学理论研究》2004年4月。

7. 马里亚娜·巴斯蒂—布律吉埃尔（Marianne Bastid－Bruguière），全国科学研究中心主任研究员，伦理和政治学科学院委员、拉罗什大学文学院专家委员会委员、东方语言学院科研委员会委员、巴黎七大和高等社会科学研究学院论文指导委员会委员、中国社会科学院近代史研究所名誉研究员、北京大学历史系合作教授。2003—2004 年在社会科学高等研究学院教授“19、20 世纪中国教育实践史”课程。其研究领域主要涉及 19、20 世纪中国政治和文化史，学术成果在西方国家汉学界始终占居领先地位。主要学术著作有:《20 世纪：初期的中国教育改革概况》（1968）、《清代末期（1873 年至 1911 年）中国社会的变迁》（1979）、《清代国家的税制结构》、《晚清官场中的皇权观念》等。近几年参与撰写的著作包括：“由法国外交档案看 1942—1945 年间的中日合作”（《从和平共处到对抗》第 427－259 页，2000）、“日本对时代观的影响：中国过去、现在和未来对现代化的思考”（《西方近代文化和中国界》第 41－50 页，2001）、“梁启超与宗教问题”（《梁启超、明治时期的日本、西方》第 400－457 页，2001）、“中国天主教会与新文化运动”（《“五四”运动和 20 世纪的中国》第 623－648 页，2001）、“辛亥革命与 20 世纪中国民族国家”（《1911 年革命和 20 世纪的中国》第 951－975 页。2002）、“第二次世界大战时期印度支那和汪精卫政府之间的关系”（《20 世纪法中关系及其经历》第 217－247 页，2003）以及“社会潮流的变化”（《剑桥中国晚清史》第 10 章，费正清主编）等。近两年来，她在中国历史学界最高级别刊物《历史研究》上发表了多篇学术论文，如，在 1997 年第 4 期上发表了题为“中国近代国家观念溯源——关于伯伦知理《国家论》的翻译”的学术论文，对梁启超翻译《国家论》的问题提出了质疑，认为“这对研究当今中国政治思想包括马克思主义的传播都有十分重要的意义”①；在 1998 年第 5 期上发表了“京师大学堂的科学教育”，认为京师大学堂的成功，在于坚持了科学不分民族的原则，坚持了科学知识不分基础科学和应用科学的原则，而这些原则在辛亥革命后竟被遗忘了②；在 2001 年第 1 期上发表了“义和团运动期间直隶省的天主教教民”。与此同时，她在法国、英国、日本、台湾、香港等很多国家和地区的杂志上发表过

① 参见“法国近代现代中国研究中心及其科研走向——法国、瑞典中国学研究机构学术访问记”，作者：华东师范大学历史系教授朱政惠：《史学理论研究》2004 年 4 月。

② 同上。

多篇关于中国近代史、科学技术史方面的学术论文。工作地址：92 boulevard de Port Royal，75005 Paris。

8. 阿兰·鲁（Alain Roux，中文名鲁林），前任汉学研究会会长。曾是巴黎八大和法国东方语言学院教授，现为名誉教授。主要研究 20 世纪的中国工人运动，中国上海和城市社会史、中华人民共和国政治精英等课题。法国有关中国工人运动研究的先驱是让·谢诺（Jean Chesneaux）教授，阿兰·鲁在其研究的基础上进一步探究，其学术研究注重史料基础。主要学术专著有：《30 年代的上海工人：苦力、强盗和工联主义者》和《上海的罢工与政治》等。正在撰写的著作有：《瞿秋白传记》（合作，2004 年出版）、《毛泽东，一个中国人的命运》（计划 2006 年出版）和《蒋介石》（计划 2007 年出版）。

9. 蒂埃里·佩罗（Thierry Pairault），全国科学研究中心主任研究员，高等社会科学研究学院、东方语言学院和国立行政学校教师。主要研究中国人类学经济，即人在物质面前的行为、货币、夫妻间遗产关系、劳动冲突等问题，旨在通过对中国微观经济的研究来认识中国的经济史和发展前景。他还做过法国华侨经营企业问题的研究。近年发表的主要文章有："中国台北为小企业提供资金：从小型金融机构到银行机构"（2004）、"中国妇女，私人财产和首饰盒"(2003) 等。个人网站：http://www.geocities.com/thp-doc/index.htm；电子信箱：pairault@ehess.fr。

附：近代现代中国研究中心 2002 年以来出版和发表的著作和文章

1. Funding Small Businesses in Chinese Taipei：From Informal Microfinance Institutions to Formal Banking Institutions. par Thierry Pairault, OECD, Rural Finance and Credit Infrastructure in China. Paris：OECD, 2004, p. 302—319

2. Portraits croisés Kangxi et Louis XIV . In Kangxi, Empereur de Chine 1622—1722, La Cité Interdite à Versailles Catalogue de l' exposition du Chateau de Versailles. par Isabelle Landry-Deron, Paris ：Réunion des Musées nationaux, 2004, p. 59—61.

3. Le capitalisme au secours du Parti communiste chinois : 25 ans de développement économique schizophrène . Par Jean-François Huchet et Jean-Philippe Béjà, Esprit , Février 2004. pp. 100—104.

4. La terre crue dans la construction publique des deux dernières dynasties chinoises (XIVe—XXe siècles) . Par Caroline Bodolec, Techniques et culture, n°41, 2003, pp. 29—46;

5. Fiscalité, comptes publics et politiques financières dans la Chine des Song le chapitre 179 du Songshi. Par Christian Lamouroux, Paris : Collège de France, Institut des Hautes études chinoises, 2003. p. 314

6. Nouveaux principes de politique. Par Jean Levi , (trad.), Lu Jia, Paris : Zulma, 2003. p. 128

7. Education et instruction en Chine, I. Par Christine Nguyen, Co-éditrice avec Catherine Despeux, Paris/Louvain : Peeters, 2003. [Collection Bibliothèque de l' INALCO]

8. Education et instruction en Chine. II . Les formations spécialisées. Par Christine Nguyen Tri, Co-éditrice avec Catherine Despeux, Paris/Louvain : éditions Peeters, 2003. 258 p. (Centre d' études chinoises)。

9. Ecriture chinoises, permanence et fragilités. Par Viviane Alleton, Faits De langue 22, 2003. pp. 193—204.

10. Les métamorphoses du lecteur des Classiques dans la Chine impériale . Par Anne Cheng-Wang, In Christian Jacob, éd. , Des Alexandries II. Les métamorphoses du lecteur. Bibliothèque nationale de France, 2003, pp. 207—220.

11. Frontières de France, vues de Chine . Par Christian Lamouroux, Annales-Histoire, Sciences Sociales, 2003, 5, pp. 1029—1039.

12. Discours sur l' apprentissage de l' écriture chinoise (fin du XIXe siècle), fin du XXe siècle . Par Christine Nguyen Tri, Faits De langue 22, 2003. pp. 193—204.

13. Culture lettrée et pédagogie occidentale : les manuels scolaires des Presses commerciales de Shanghai au début du siècle . par Christine Nguyen Tri, Daruma, revue internationale d' études japonaises (2003), pp. 171—196.

14. Femmes chinoises, patrimoine et cassette personnelle. par Thierry Pairault, Outre-Terre, 2003, n° 6, pp. 289—298. [Voir aussi églantine Jastrabsky, "Une Chine, des Chines". Outre-Terre, 2003, n° 6, p. 45—52, en thèse sous la direction de T. Pairault]

15. Women, Property and Social Practice in China. par Thierry Pairault, In Jean-Michel Servet et Isabelle Guérin (éd.), Microfinance: From Daily Survival to Social Change. Pondicherry : French Institute of Pondicherry, 2003, pp. 75—98.

16. Chine : le temps des villes? In "L' explosion urbaine". par Thierry Sanjuan, Géopolitique, n° 81, 2003, pp. 110—118.

17. Faire appel auprès du pouvoir public. Une nouvelle épreuve de justice en Chine et ses transformations. Par Isabelle Thireau, Hua Linshan, In CURAPP, Les sens du public. Publics politiques, publics médiatiques. Paris : Presses Universitaires de France, 2003. pp. 137—155.

18. Les arts de l' Extrême-Orient, par Danielle Elisseeff, Paris: éditions des Presses Universitaires de France, 2003. 1e éd. : 1994. p. 126. (Que sais-je ?, n° 77)

19. Confucius. Des mots en action. Par Danielle Elisseeff, Paris : Gallimard, 2003. p. 127.

20. Hong Kong, CD-Rom. Par Pierre Gentelle, Paris : éditions Belin, 2003. (Collection "Terre des Villes")

21. Gouxu yiwen zalu 沟洫佚闻杂录 / Gestion locale et modernisation hydraulique : Jingyang et Sanyuan. Christian Lamouroux, Pierre-Etienne Will en collaboration avec Bai Erheng 白尔恒, (documents recueillis et présentés par), Beijing : Zhonghua shuju / Paris : école française d' Extrême—Orient, 2003. p. 217.

22. Guo Zhengzhong, Shuxue dianji suoyin — Shehui jingji shiliao (Qin-Han zhi Song) 社会经济史料(秦汉至宋) / Index des livres mathématiques : Matériaux pour l' histoire socio-économique (des Qin-Han aux Song). Par Christian Lamouroux, Shenyang : Liaoning jiaoyu chubanshe, 2003. p. 568.

23. Le communisme chinois contre l' environnement. Par Jean-François Huchet, Revue des Deux Mondes, octobre novembre 2003, pp.

104—111.

24. The Ebbs and Flows of Illiteracy in Present Day China. par Marianne Bastid-Bruguière, Berliner China-Hefte, n°125, Octobre 2003, pp. 1—12.

25. The Moral Universe of Aggrieved Chinese Workers : Workers' Appeals to Arbitration Committees and Letters and Visits Offices. Par Isabelle Thireau, Hua Linshan, The China Journal, 50, Juillet 2003, pp. 83—103.

26. Marché, capital et pouvoir entrepreneurial en Chine— Fan Xudong et l' édification de l' industrie sel-soude-acide (1914—1945) . par Xiaohong Xiao-Planes, études chinoises XXII, 1—2, 2003. pp. 47—92.

27. La réglementation administrative et le code pénal mis en tableaux. par Pierre-Etienne Will, études chinoises XXII, 1—2, 2003. pp. 93—157.

28. L' invention moderne de la culture chinoise traditionnelle . (en russe) . Par Marianne Bastid-Bruguière, Problemi dal' nego vostoka, 1/2003, pp. 143—15

29. L' histoire régionale ou le retour du Japon en Asie . Par Michel Cartier, 2002, pp. 189—196.

30. Chine et Internet. Outils d' aujourd' hui, outils de demain . Par Danielle Elisseeff, Revue Bibliographique de Sinologie 2002, pp. 1—20.

31. Chine et Internet. Comment constituer une bibliographie ? . Par Jacqueline Nivard, Revue Bibliographique de Sinologie 2002, pp. 21—42.

32. Psychologie de Mao Tsé-toung. Par Jacques Andrieu, Paris : éditions Complexe, 2002. 94 p. [Préface de Lucien Bianco] Compte-rendu de l' ouvrage par Jacques Seurre en français (English)

33. Histoire de Shanghai. par Marie-Claire Bergère, Paris : éditions Fayard, 2002. p. 528.

34. Aux origines de la Chine contemporaine. En hommage *à* Lucien Bianco. Par Marie-Claire Bergère (Sous la direction de), Paris : éditions de L' Harmattan, 2002, 396 p. [Préface de Jacques Derrida]

35. Histoire de la pensée chinoise. Par Anne Cheng, Paris : éditions du Seuil, 1997. 650 p. [Réédition révisée et mise *à* jour dans la collection "Points-Essais", 2002]

36. Chine：crises et mutations. Par Guilhem Fabre, Paris：éditions de L' Harmattan, 2002. p. 244

37. La Preuve par la Chine, La "Description" de J.-B. Du Halde, jésuite, 1735. par Isabelle Landry-Deron, Paris：éditions de l' EHESS, 2002. p. 428. (Civilisations et sociétés)

38. The Story of a Universal Food. Par Françoise Sabban, Silvano Serventi, Pasta. Columbia：Columbia University Press, 2002. 439 p. [Traduit par Anthony Shugaar]; Traduction de Les pates. Une histoire d' une culture universelle. Arles：Actes Sud, 2000. p. 496. [Réédition en 2001, p. 400 .]

39. Le retour du marchand dans la Chine. par Isabelle Thireau (ed.), études rurales N° 161—162 Janvier-Juin 2002, p. 270.

40. Shiba shiji Zhongguo de guanliao zhidu yu huangzheng, 十八世纪中国的官僚制度与政治, par Pierre-Etienne Will, Nankin, Jiangsu renmin chubanshe, 2002. 364 pp. (Traduit par Xu Jianqing 徐建青) Traduction de Bureaucratie et famine en Chine au XVIIIe siècle. Paris/La Haye：éditions de l' EHESS/Mouton, 1980. p. 312. (Civilisations et Sociétés, 66).

41. Delida zhongguo jiangyanlu, 德里达中国讲演录 [Conférences de Jacques Derrida en Chine]. par Zhang Ning 张宁, Beijing：Zhongyang bianyi chubanshe, 2002. p. 235.

42. Revue Bibliographique de Sinologie/ Review of Bibliography in Sinology, par Michel Cartier, Danielle Elisseeff, Jacqueline Nivard, 2002.

第三部分

德国

概　论

近来，思想库的概念被越来越多的人所认知，中国学者加强了对国外思想库的研究。德国作为世界上的重要国家，思想库在政府决策中的作用不断增大，中国研究越来越成为其研究的重点。了解德国思想库，对于我们研究德国内外政策特别是其对华政策走向十分必要。基于这一考虑，本部分除简要介绍德国思想库的概念、形成和发展及其对德国外交、安全决策发挥的特殊作用外，着重对德国十大重要思想库的基本情况，特别对其涉华研究方面进行介绍、分析和评价。由于除各思想库网站信息外，其他可依据的材料寥寥无几，所以文章本身存在很大的局限性，笔者只期望通过本文为探索德国思想库打开一扇小窗，由此引出更深入和系统的研究。

一、概念与定义

在德国，人们将“思想库”（Think Tanks）译成德文为“思想工厂”(Denkfabrik)。但也有人认为这不确切，“这一概念涉及的不是生产思想产品的工厂，而是从事科学研究的组织机构”。[①]“思想库这一术语产生于第二次世界大战期间的美国。它的含义是民间和军事专家在一个防窃听的地方制定入侵计划和研究军事策略。20 世纪 50 年代末，这一概念在德国被扩展为解决复杂的政治问题提建议的研究所或类似机构的集合概念。思想库不属于

① http：//www. sueddeutsche. de/jobkarriere/berufstudium/artikel/150/7143

政府的一部分，一般为公益性质，不以营利为目的的研究机构，工作仅限于研究和政治咨询”。[①] 德国专家普遍认为，如果目的是通过咨询服务，推动舆论导向和政治酝酿，那么不管是在哪个政治领域的研究机构，都可被称为政治思想库。思想库的主要任务是研究和处理涉及政治的或对政治至关重要的问题，并向政府和相关单位提出辅助决策的研究成果，甚至出谋划策。20世纪70年代末，几乎所有德国思想库在组织机构、工作方法和表现形式上都参照了学术研究的标准，但原则上要比高等院校更重视大学领域之外的服务对象。在德国，这类学术性思想库在资金和人员上实力都很强。而今天的思想库已经不再是经典式的研究所。在德国产生了越来越多的研究所，它们的工作不仅局限于客观的科学分析，还为从政治上解决日常政务提供方案以及把为它们推崇的世界观进行辩护看作自己的任务。德国思想库的经费主要来自各级政府的拨款，基金会的资助或私人和社会的赞助。

二、历史与发展

德国是世界上最早建立思想库的国家之一。不仅拥有世界上历史最长、享有盛名的思想库，如1914年成立的基尔世界经济研究所和1925年成立的德国经济研究所，而且还拥有欧洲规模最大、实力最强的外交和安全政策思想库，如德国国际政治与安全研究所（SWP）。20世纪初期，为了应对当时新形势，德国开始建立思想库，主要是在经济和安全领域。战后，德国思想库不断壮大，研究涉及政治、外交、经济、军事安全、能源、环保等各个领域。之后，德国思想库经历两大调整期。20世纪60—70年代，由于冷战形势、福利国家发展和能源危机爆发，德国成立了一些新的思想库，其工作任务开始广泛涉及安全政策以外的领域。20世纪90年代中期以来，德国思想库一直处于一个突变阶段。东西方冲突结束后，外交、和平和安全政策的研究所不得不重新确定其研究内容和进行组织结构的调整。老牌政治基金会面临着缩减经费的问题。与此同时，德国政党格局发生了很大变化。由于力量的壮大，绿党和民社党都成立了自己的基金会，使原有的政党思想库由4个增加到6个。在德国，政治基金会是一种特殊的思想库，它们被人们“理解

① http：//www.magazin－deutschland.de/content/archiv/archiv－ger/00－03/art3.html

为政党外交政策的间接代表。不管是因为其亲近政党，还是由于其肩负的使命，对德国外交政策关系重大”。[①] 此外，不同规模的和平研究所也站稳了脚跟，以新的联邦和平研究基金会形式加强资助力度。几大经济政策研究所在新领导上任后出现了新气象。很多研究所因国家基本经费的缩减努力争取私人或国家的第三者资金。同时还产生了几个主要由私人负担的思想库，如贝特斯曼基金会。

三、类型与特点

如果将大学的实用型研究所统计在内，目前德国有思想库 80 到 130 个（全世界共有 3000 个左右，其中 50％在北美，600 家在欧洲），其中一半是在最近的 30 年中成立的。德国思想库主要分为研究所和政党基金会两大类。研究所的主要任务是进行课题研究，以其研究成果辅助政府和相关单位的决策。政党基金会的任务是：对内通过政治教育，宣传和推销其政策思想；对外通过交往，宣传其价值观和社会发展模式，以进行政治渗透。重要思想库有：德国经济研究所（柏林）、世界经济研究所（基尔）、伊福研究所（IFO，慕尼黑）、莱茵一威斯特法伦经济研究所（埃森）、汉堡世界经济所（汉堡）、经济研究所（哈勒）和欧洲经济研究中心（曼海姆）等七大经济政策思想库；科学与政治基金会、外交政策协会研究所、德国海外研究所、黑森和平与冲突研究基金会、汉堡大学和平与安全政策研究所等五大外交和安全政策思想库；慕尼黑大学应用政治研究中心和波恩大学欧洲一体化研究中心两大欧洲政策思想库；属于律师式的、顾及特定利益和价值观类型的思想库有亲近政党的六大政治基金会（弗里德里希·艾伯特基金会、康拉德·阿登纳基金会、汉斯·赛德尔基金会、弗里德里希·瑙曼基金会、海因里希·伯尔基金会、罗莎·卢森堡基金会）或亲协会的机构，如亲雇主的德国经济研究所和亲工会的汉斯一伯克勒尔基金会的经济和社会科学研究所（WSI）；实用型的社会、环境和技术研究机构，如生态研究所、乌珀塔尔研究所、法兰克福研究所、波恩经济和社会研究所（IWG）和奥斯特瓦尔德·内尔·

① http：//www. weltpolitik. ne/sachgebiete/

布罗伊宁研究所等，在可持续发展、市场经济、社会平等等特定专题下从事研究，但在组织上同政党或协会没有关系；迄今为止，只有少数几个非国家资助的研究所和基金会能够算得上是大型思想库，值得一提的是贝特斯曼基金会。另外，还有德国邮政股份公司建立的波恩就业前景研究所。绝大多数德国的研究所表面上都不希望有明确的意识形态特征和与此相关的政治倾向性。它们的负责人都愿意把咨询工作中的研究风格和科学性作为它们研究所的特色。

德国思想库的主要特点是：

第一，政府资助的思想库所占比例非常高。德国联邦和各州政府一贯重视思想库的工作，在资金上给予很大的支持，与国际上相比，德国由政府资助的研究所占比例非常高。约有十几个由联邦和各州政府出资的非大学研究所，从经费和人员角度来看，都属于阵营最强的思想库，每年经费约为1000到2000万马克，有科研人员30—80人。

第二，思想库多且分散、几乎遍布全国。德国思想库不像美国和英国主要集中在首都，而只有少数几家设在首都。这可能与德国联邦制和新闻媒体分布结构有关，因为很多机构是联邦各州参与建立和资助的，如德国海外研究所是由汉堡州政府参与建立和资助的。另外，作为思想库最重要传声筒的德国著名研究所较集中的地点除柏林之外还有慕尼黑、北威州，特别是莱茵河沿线、莱茵—美茵—内卡地区和汉堡—基尔轴线。跨地区的新闻媒体，只有少数几家的总部设在首都。思想库地处分散有利于各联邦州的参与，广泛地为各级政府和社会服务，但不利于组织协调。德国有关思想库地点分布的讨论也还没有结果。未来柏林是否也会成为思想库的中心，更好地组织和调动思想库的力量，更充分地发挥思想库的作用，目前有关讨论仍在进行当中。不过，这样的分散化也有它的不利之处：在伦敦，90%的英国思想库集中在政府办公区，所有的重要媒体、协会和政党总部、金融和经济中心以及非营利性行业的大本营都在它的附近。另外，它们还与著名大学如伦敦经济学院保持密切联系。一个如此密集、活跃和高效的咨询世界，是德国思想库无法相比的。柏林远远称不上是伦敦或者华盛顿那样规模的思想库和政治对话的首都。柏林虽然争取到了重要的外交和安全政策研究所，但那些经济和金融领域的研究所，它们同法兰克福银行和交易所的信息交流至少也是和柏林的联系不相上下。未来波恩将成为发展政策研究的中心。慕尼黑、汉堡和莱茵—内卡地区也依然是很有魅力的所在地。

第三，通过媒体和网络影响政治决策。以前，德国思想库同媒体的关系比较疏远。现在，它们在向服务对象提供咨询和研究成果的同时，还非常注意利用媒体和网络传播自己的观点。思想库的专家同电视和广播电台专栏节目的联系日益增多。特别注重发挥印刷媒体的作用，德国的日报和周报的政治及经济编辑部是思想库最优先的服务对象。但外交和安全政策的研究所相对在媒体上“抛头露面”较少，当然危机时期例外，比如在科索沃战争期间，其代表几乎每天都在电视屏幕上露面。大多数思想库的负责人都很清楚，在百姓同政党以及传统大型协会之间的关系淡化时期，人们必须要比以往任何时候都更优先考虑把广大舆论界作为服务对象。此外，随着科技的进步，因特网为思想库提供了新的可能性，可以让感兴趣的公民通过网络直接了解它们的鉴定意见和理论依据。思想库通过媒体和网络推销其政治和经济观点，这样不仅对政府的决策酝酿起到辅助作用，而且还可以广泛地服务于社会。

四、作用与趋势

德国思想库的主要服务对象为议会、政府部门、政党、媒体的相关专栏及其他的和大学的研究机构。之后是公司的董事会和经济企业、劳工组织和非政府组织。思想库与联邦及各州的决策者之间保持着密切的信息交流。但同欧洲以及国际上各领导阶层的沟通，对绝大多数德国思想库来说还有待加强。德国思想库在与科学界和民间社会力量联系方面的国际活动能力遥遥领先。虽然人们公认思想库在长期的德国政治和经济生活中起着举足轻重的作用，但至于思想库在德国政治决策和措施的酝酿、出台及实施中，究竟作出了哪些有案可查的贡献，几乎难以得到精确验证。思想库的专家认为，政治家的实质性立场只有在很少情况下才能明确地追溯到某位科学家或某个研究所的作用。可以验证的往往只是研究所和研究人员在舆论界的知名度。思想库在决策酝酿过程中的作用应被看成是复杂的模式而不是单纯地向政治家提供咨询。有时候，思想库通过媒体对塑造政治行动纲领起作用；也有时候，思想库的科学家们是政治专题网络的组成部分。至于思想库在专题网络中的重要性如何，需要具体情况具体分析。所以，不能笼统地评估思想库的影响力，而只能通过民意测验来了解思想库在政府的方针政策和服务对象方面的情况，但数据表明，思想库之间的影响力差异也很大。

挑战和发展趋势：

德国思想库的数量在不断增加，其工作越来越重要，将来在政治和舆论舞台上大显身手的潜力很大。“政治预言家”和“风波大夫”将决定大众舆论和决策者的行动方向和积极性。但要真正发挥好这一重要作用，德国思想库还必须应对两大挑战：一是思想库在向政界和社会活动家提供“理论炮弹”时经常陷入一种困境：由于它们的生存仰仗政治家、政党和协会的支持，在研究和咨询中既要客观和正确，也要顾及服务对象的政治立场和观点。这对于一个思想库来说，要想长久得到舆论的信赖是很危险的。在德国，由于这类思想库对政治的依赖性强，所以它们大多喜欢证明自己的科学性，并把学术标准摆在通俗易懂之前。只有少数几个研究所能够很坦然地让公众、舆论界接受它们价值观和倾向性强的特点；二是在信息和咨询市场日益全球化的时代，知名研究所、更灵活和实用性更强的国内新手、国际上的研究所以及商业性咨询公司之间争取听众、资金和思想的竞争将会越来越激烈。面对国内外双重竞争压力，为了适应新形势的要求，德国思想库正在积极地进行调整，以便对德政府制定内、外政策起到更好的辅助作用。

走强强联合之路。为了加强在外交和安全领域的研究，科学与政治基金会 2000 年从巴伐利亚的埃本豪森迁往柏林，与科隆联邦东方学与国际问题研究所的一部分联合组成欧洲最大的外交、安全政策研究所，使其原本为欧洲规模和实力最强的思想库更具竞争力。这一举措引起不少德国媒体的关注。评论认为，合并后该所可以利用靠近政府和议会的有利条件，加强与外交部和国防部的合作与交流，更好地为政府服务，同时还可节省一定经费。

研究更注重实际。20 世纪 70 年代以前，几乎所有的德国研究所在组织机构、工作方法上都参照学术研究的标准，但今天的研究所已经不再是经典模式的研究所，越来越多的研究所从纯学术研究转向更注重实际。它们认识到，现在需要的不是纯学术的，而是政治顾问式的和为决策作准备的研究工作，而且这种意识还必须进一步加强。也就是说，在研究中不仅限于客观的科学分析，而要更注重提供前景预测和对策建议。一些比较年轻的智囊机构成了对象明确、精益求精地推销自己成果和观点的先锋。它们靠的不是连篇累牍的细节调查，而是短小精悍、通俗易懂的观点和前景预测以及明确的建议。其研究计划和不同政治对象的行动纲领挂钩，利用各种各样的研讨会推销其研究结果，并主动寻求同媒体的联系，既找新闻界，也找电视台，甚至找半舆论性的机构（例如教会圈子）。另外，这类思想库强调使用科学水平高、交际能力突出、写作能力强的人员。

加强跨专题、跨学科和跨国界的研究。德国虽然有规模大，并且具有一定实力和水平的研究所，但缺少跨领域的思想库。面对国际知名研究所和更灵活、实用性更强的国内新手的越来越激烈的竞争，如成立时间不长的应用政治研究中心更注重跨学科和跨国界的研究，就是一个很好的例证，传统的思想库深感到必须提高竞争力，不仅要有刻苦钻研的精神和扎实的基本功，也要有幻想的勇气。更重要的是要注重跨专题和跨学科的研究，加强国际交流。同时，也必须精简组织机构，提高组织灵活性和工作效率，以便对专题的变换作出迅速的反应。

五、中国研究

思想库在德国的中国研究和政府的对华政策方面起着重要作用，这一点毋庸置疑。但依笔者拙见，这只是近二、三十年的事情。由于资料匮乏，要对德国思想库的中国研究进行全景式介绍，十分困难。这里只想对德国的中国研究发展作一粗略勾画。相关资料显示，德国的中国研究始于 19 世纪，第一批汉学研究班设立于 1887 年。相比较而言，德国在中国研究方面基础薄弱，研究领域狭窄，限于汉学、历史和文化方面。研究中国的人员不多，四分之一的中国问题专家是在民主德国培养的。当代中国研究在德国更是一个非常年轻的领域。真正意义上的德国中国研究始于 20 世纪 50 年代。[①] 此时，德国虽没有专事中国研究的思想库，但在思想库和大学研究机构中有专门的中国研究小组和专家。

德国的中国研究大致可分为以下几个阶段：

50、60 年代为开创阶段。1956 年在德国外交部的建议下，成立汉堡亚洲研究所。中国研究是该所工作的一个重要组成部分。1965 年成立德国东亚学会，目的在于促进德国的当代东亚包括中国研究。这一时期的中国研究从汉学、文化、历史扩展至政治、经济、社会等全方位领域，为以后的研究奠定了一定基础。但由于受到当时国际政治气候的影响，研究具有很大的局

① http://idw－online.de/public/pmid－9947/zeige_pm.html

限性。

70、80 年代为确立阶段。1972 年中德两国建交，经贸关系不断扩大。德国社会特别是经济界对中国研究需求增大。也可以说，中国改革开放引发的经济腾飞和巨大的社会变化推进了德国的中国研究。这一阶段，中国研究在德国思想库的研究中已占有固定的一席。

90 年代为发展阶段。冷战后，国际格局发生重大变化。统一后的德国积极谋求政治大国地位。中国改革开放事业蓬勃发展，国际影响力日渐提高。源于这一大背景，中国已成为德国思想库研究的一个重点。思想库和大学研究机构纷纷建立中国研究部门和项目，德国的中国研究形成一定规模。新世纪伊始，德国的中国研究进入高潮。思想库的涉华研究和活动更显活跃。研究力量加强，新一代中国问题专家脱颖而出。有关中国问题的各种会议、研究著作、论文不断问世。研究领域拓宽，视野更开阔，研究水平明显提高。从一般性的研究发展为越来越注重对中国与世界关系的研究，尤其是从亚太战略格局角度分析中国的战略和角色演变。研究的重点领域包括中国的军事安全政策、台湾问题、德国和欧盟对华政策、中国国内问题。当前，在中德关系保持高水平运行，中欧战略伙伴关系不断深化的大前提下，回顾德国的中国研究历程，不难看出未来的发展趋势：一是加强人力和深化研究。德国政府和思想库将更加重视对中国的研究。为此，德国将培养和涌现更多的中国研究的新生力量，不断壮大研究阵容。同时，加强研究的计划性和资金投入，进行更深入的研究；二是突出研究重点。今后将集中力量加强德国和欧盟的对华政策、中国外交战略和军事安全政策、台湾、中国国内问题等方面的研究；三是加强各机构的研究协调，扩大国内外的交流与合作；四是更多地从欧盟角度分析和研究德国与中国的关系。多年来，德国大力推动中欧关系发展，努力将德国的对华政策纳入到欧盟框架内，在其中积极发挥主导作用。为适应中欧关系发展大形势的需要和更好地服务于德国这一外交战略，德国思想库将大力加强这方面的研究。

德国外交政策协会研究所(DGAP)

Forschungsinstitut der Deutschen Gesellschaft für Auswärtige Politik

地址：Rauchstrasse 17－18，10787 Berlin
电话：＋49 30 254 231－0
传真：＋49 30 254 231－16
网址：www. dgap. org
E－Mail：info@dgap. org

德国外交政策协会研究所是德国两大重要智库之一，与德国外交部有着特殊关系。在国内外具有很大影响，与美、俄及欧洲国家的很多重要智库保持密切联系。德国总理施罗德 1998 年上任以来，多次到该所就重要国际问题和德国外交政策方针发表讲话。2003 年 9 月施罗德接受该所《国际政治》月刊采访，发表题为“建立一个合作的世界秩序”重要讲话。2002 年 4 月江泽民主席访问德国期间曾到该所发表演讲。

一、机构背景

德国外交政策协会研究所是德国外交政策协会的研究机构。为了更全面地了解德国外交政策协会研究所，首先需要对德国外交政策协会作一简单介绍：

德国外交政策协会是一个独立、超党派和公益性质的协会。联邦德国第一任总理阿登纳在该协会成立大会上要求其独立于德国外交部、联邦政府及各政党，以免受到党派政治的影响。其组织结构和资助方式与纽约国际关系理事会和伦敦皇家国际事务研究所相似。德国外交政策协会成立的目的是加强对国际特别是欧洲政治、安全和经济问题的研究，促进国内外的交流与合作。德国外交政策协会的主要任务是对国际政治进行分析研究、发表和出版研究成果、搜集和制作文献资料汇编、举办各种会议和活动。协会的1600个会员来自政治、外交、经济和工会以及媒体和大学。协会会员每年需交纳会费，可以优惠价格得到协会出版的刊物。德国外交政策协会现任主席为汉斯—迪特里希·根舍（德国前外长）。德国外交政策协会分为德国外交政策协会研究所、图书馆与文献部、《国际政治》刊物三个部分。德国外交政策协会研究所是该协会的核心部分，负责研究和咨询工作。图书馆和文献部的主要工作是收集有关世界各地政治事件的期刊、书籍和资料，重点收集有关欧洲问题、德国外交政策、国际安全问题以及欧洲和国际组织，特别是欧盟、欧洲理事会、北约、经合组织、联合国等方面的资料。收集的资料为研究所的研究工作提供了广泛的多方面的基础。图书馆藏有约 6 万册文献和书籍，280 种国内外期刊和报纸。图书馆和文献部是德国国际关系和国别情况专业信息联盟的成员，同时还是欧盟的欧洲文献中心。图书馆和文献部定期获得欧盟出版的刊物，主要是欧盟委员会、欧洲议会、欧洲法院、欧洲统计局以及欧盟研究机构的出版物。

德国外交政策协会研究所正式成立于 1960 年，但其历史可追溯到二战结束时。1945 年西德占领区当局采纳威廉·科尔尼德斯建议，在法兰克福成立了《欧洲文献》杂志社，这是德国成立的第一家外交政策方面的杂志社。1946 年 7 月该杂志社出版了第一期《欧洲文献》（发行 1 万份）。1947 年初文献室和图书馆建立，并出版了德国首部《国际政治与经济文献汇编》。

1952 年在联邦德国政府的帮助以及经济界和美国研究机构的支持下，在法兰克福成立了欧洲政治经济研究所，该所与《欧洲文献》杂志社保持密切合作关系。1955 年 3 月 29 日德国外交政策协会在波恩大学成立。1960 年欧洲政治经济研究所、文献室和图书馆以及《欧洲文献》杂志社从法兰克福迁至波恩。在此基础上建立了德国外交政策协会研究所。

德国外交政策协会研究所自成立以来，不断调整研究重点和增加新的研究课题，以适应形势发展和德国外交政策的需要。同时，也反映了该所研究工作的大致发展过程。1961 年德国外交政策协会研究所与伦敦战略研究所和巴黎外交政策研究中心共同进行“欧洲战略”国际项目研究。1962 年该所成立“军备监督和国际安全”研究小组。1965 年成立东西方关系研究小组。1965—1969 年举行了多次大型国际安全问题学术讨论会。1971—1972 年在联邦德国政府的要求下成立了有关德国的联合国成员国问题工作小组，并为此出版了一本书。1971 年德国外交政策协会研究所开始定期与苏联科学院世界经济和国际关系研究所举行会议。1974 年成立了核不扩散项目小组。1976 年在联邦政府的要求下建立了德波论坛。1981 年与法国国际关系研究所和伦敦皇家国际问题研究所等共同发表了“西方安全、新领域和任务”研究报告。1982 年成立世界经济合作研究小组，即现在的全球化和世界经济合作研究小组。1989 年成立了法德关系对话小组和法国工作室。1995 年 1 月《欧洲文献》半月刊改名为《国际政治》月刊，任命维尔纳·魏登费尔德为该刊发行人。2000 年德国外交政策协会研究所随德国政府从波恩迁至柏林。其实，1995 年 9 月 1 日德国外交政策协会研究所的 5 位科研人员就已开始在柏林进行研究工作，为日后的迁所打前站。

二、基本情况

德国外交政策协会研究所设有科学理事会，由主席和副主席各 1 人、11 名理事和 3 名顾问组成。德国外交政策协会研究所现有工作人员 46 人，其中研究人员 18 人（一部分为研究人员，另一部分为《国际政治》刊物的编辑人员），其余为资料和行政人员。德国外交政策协会研究所的经费 33％来自德国政府，35％来自各基金会的捐赠，32％为协会会员费和自筹资金。

德国外交政策协会研究所以项目研究为主，开展对国际问题的研究。此外，举行各种研讨会，进行不同形式的政策对话和咨询，也是该所日常工作的内容。当前，德国外交政策协会研究所关注的重点是国际安全与反恐、俄罗斯、独联体和中东欧以及欧洲外交政策、美国在新世界中的作用和全球化等问题。主要研究项目有："德国的新外交政策"、"新世纪的世界政治"、"欧洲防务"、"国际政治年鉴"、"欧洲政策"、"德法关系研究室"、"中东欧研究室"、"跨大西洋关系"、"东亚/太平洋地区问题"、"柏林未来论坛"、"安全政策"、"世界经济问题和全球化"、"跨国问题和挑战"、"欧洲外交政策论坛"等。近年，德国外交政策协会研究所增加的新研究项目有：1999年8月开始实施的由德国经济界资助的"柏林未来论坛"项目取得了很大成果。这一研究项目不仅使该所增加了不少研究课题，如安全与防务政策、国际交通政策以及工业政策，而且也吸引了很多对该所工作感兴趣的有识之士，加入其研究行列。德国博施基金会赞助的"欧洲外交政策论坛"、欧盟委员会资助的俄罗斯/独联体工作室、德国大众汽车基金会资助的"网上世界政治"等项目，也取得了很好的成效。同时，德国外交政策协会研究所还举办了很多国际政治和世界经济方面的国际会议，如导弹防御、与俄罗斯关系、能源安全、美国世界领导作用的内政条件等问题。振兴德法关系、核不扩散、欧盟东扩、全球化及其后果以及新技术的政治影响等也是该所关注的问题。

三、政策影响

为德国政府和议会提供政策咨询服务，为外交部制定对外政策提供对策建议，是德国外交政策协会研究所的主要工作任务。德国外交政策协会研究所与德国总理府、外交部、国防部、联邦研究与教育部保持密切联系，但其从事的大量科学与政界间的对话和政策咨询工作外界很少有人知道。1998年施罗德总理领导的红绿联合政府上台执政以来，对该所的工作需求比前科尔政府明显增多。施罗德曾多次到该所造访。该所前任所长卡尔·凯泽教授说："新政府更多地走出来，询问一些问题。我们提供我们的看法，政府部门由此作出怎样决策，是他们自己的事情"。长期以来，德国外交政策协会研究所的工作得到德国政府的高度重视和大力支持，老所长凯泽教授卸任时，德国外长菲舍尔亲自与会发表讲话，给予凯泽教授和他领导的研究所很高评价。2000年德国外交政策协会研究所随政府迁至柏林后，与政、经界联系更加密切，举办的活动比以前增加了四倍。力求在德国外交政策和国际关系研究、科学与政界间对话和咨询方面发挥领导作用。德国外交政策协会研究所的研究成果和举办的活动，对不同历史阶段的德国外交政策的制定起到了重要的参考和咨询作用。如冷战结束后，世界上对国际格局存在着不同看法，有的人认为新的国际格局已经形成，有的人说新的世界格局的形成尚需时日。该所通过对冷战后国际局势的深入分析研究，发表了大量的研究成果。认为雅尔塔体系虽已崩溃，但国际格局仍处于一个长期的过渡期。又如德国统一后，德国在“德国的欧洲”，还是“欧洲的德国”问题上展开了一场激烈辩论。该所研究成果指出，德国的出路在欧洲，德国的利益在欧洲，统一的德国必须融入欧洲，继续推进欧洲联合，并在其中发挥核心作用。再如小布什上台后，德美矛盾增多，特别是在伊拉克问题上德美关系陷入危机。该所主流思想认为在当前形势下，应强调德美的共同利益，求同存异，共同面对当前的严峻挑战。这些对德国政府的外交决策起到了重要的参考作用。另外，近些年德国媒体对该所的需求增大，经常邀请该所研究人员对国际事件进行评论。该所通过对大众媒介的参与，宣传和解释政府的对外政策，对政府外交政策的顺利实施也起到了辅助作用。

四、涉华研究

冷战结束后，随着国际形势的变化，中国改革开放取得巨大成绩，国际地位不断提升，德国外交政策协会研究所越来越重视对中国的研究。研究所的多名中国问题专家对中国进行跟踪研究，时刻关注着中国的发展。近年其关于中国形势发展、内外政策，对外关系等问题的研究文章和报告不断。2002年2月和2003年2月该所分别发表题为“中国的力量因素”和“亚洲的焦点”的中国问题专刊。同时，该所还举办了不少关于中国问题的研讨会。通过交流和切磋，加强对中国的了解和研究。新任所长埃贝哈德·桑德施耐德多年潜心研究中国。他的任命预示着该所将进一步加强对中国问题的研究。

中国问题专家：

埃贝哈德·桑德施耐德（Eberhard Sandschneider）毕业于德国萨尔大

学英国语言文学、古典哲学和政治学专业。1986 年获博士学位，博士论文题目为“1969—1985 年中国的军事与政治”。1993 年获得大学执教资格，曾在波斯坦、美因兹等大学任政治学教授。1998 年 10 月任柏林自由大学中国政治和国际关系学教授。1999 年 10 月—2001 年 3 月任柏林自由大学东亚研究所常务所长。2001 年 3 月—2003 年 3 月任柏林自由大学政治和社会学系主任。2003 年 8 月 1 日起任德国外交政策协会研究所所长。同时执教柏林自由大学中国政治和国际关系课程，兼任该校中国和东亚政治研究室主任。主要研究方向：德国和欧洲的外交与安全政策、跨大西洋关系、亚太地区的政治、中国和台湾的政治体系等。他曾发表了 10 余部专著和很多篇关于中国和东南亚地区政治、亚太地区国际关系、体系转变和民主化以及国际政治对国内政治发展的影响的论文。最新发表的著作有：《现代中国研究》、《中国网络空间、科技变化和政治影响》等。2003 年 2 月桑德施耐德作为即将上任的德国外交政策协会研究所所长，在德国《国际政治》月刊发表题为“中国的未来，幻想和现实”的文章。提出，不要被数据所迷惑，要了解中国的实情。中国存在不稳定因素。但西方的观察家必须改变思想：不稳定本身并不是坏事——而是相反：它可以成为改革和政治进步的前提。中国加入世贸组织带来的组织上的不确定性对改革起了推动作用，中国在成为世贸组织成员国的一年里明显加快了适应的步伐，这就是很好的例证。中国发生了一系列令人印象深刻的迅速变化：仅在 2003 年新实施了 2300 个法律和规定，废除了 830 个旧的法律，以使国家适应世贸组织的规则。中国具有推行高度灵活外交政策的能力。长期坚持追求的外交政策目标是减少美国军队在亚太地区的存在。在灵活适应“9・11”后形势的情况下，至少暂时放弃了这一目标。中国在政治和外交上给予美国支持，对安理会反恐决议投了赞成票，容忍美国在其敏感的中亚西部边界增加军队。对美国失去了长期获得的外交政策领地。但中国政府在艰难的朝鲜半岛局势中发挥了明显的积极作用。这同样适用于其对巴基斯坦和印度的政策。从趋势上看，中国外交政策的活动空间将不断扩大。西方对中国要采取灵活反应的政策，这比不确定的预测更重要。因此，需要首先制定与中国交往的计划，能够对突然的政治变化作出灵活反应和考虑可能发生的想象不到的情况。这也包括政治体系出现突如其来的严重不稳定情况。这不仅对政治家和企业家，而且对中国问题的观察家都是一个严峻挑战，如果他们重视在科学和政治之间架设桥梁。未来，政治风险分析比数据分析更受欢迎。不能强迫中国。这不仅适用于中国向世界市场开放，而且也适用于实现其外交政策目标。独立、主权、民族自由和保护国家安全不受军事威胁都属于中国政府的外交政策范畴。现在的辩论表明，欧洲和美国之间的差异很富有启发性：在欧洲人们一致确定实行一种“建设性参与”的政策，并试图尽可能紧密地将中国融入国际多边合作网络。而美国的讨论情况完全不一样：出版的《即将到来的中美冲突》和《即将发生的中国崩溃》两本书表明，美国看问题的方法完全不同，恰恰是现在的共和党政府非常令人瞩目。强硬路线的代表在“9·11”后的有关国家安全政策基础的辩论中强调对华的战略竞争思想。欧洲应促进美国对华政策非论战化。欧洲的利益在于说服美国伙伴，在看到中国出现麻烦的经济和社会局势时要采取务实和灵活的反应，这符合所有人的利益。这不是一个容易的任务，因为从长期来看中国对西方国家来说将是一个不确定的内政不稳定、风险很大的伙伴，而且追求自己的外交政策利益的自我意识越来越强。“十六大”后这一点没有发生任何变化。

地址：Rauchstr. 18 D—10787 Berlin

Tel.：49（0）30—254—231—25

E—Mail：Sandschneider@dgap. org

卡尔·凯泽（Karl Kaiser）教授，长期担任德国外交政策协会研究所所长，是该所前任也是第一任所长，2003 年下半年卸任。他在任所长的几十年里，以其高水平的学术研究和领导能力，赢得同行的尊重，在国内外享有很高的名望。他曾多次来中国考察访问，严谨的学风和友好给人们留下了深刻的印象。由于年龄原因，他虽不再担任所长，但在德国政界和学术界仍具有很大影响。他的研究专长是战略问题和德国外交政策。目前的研究领域是欧亚关系、德国和欧洲的外交和防务政策、国际安全等。2002 年 2 月凯泽教授在德国《国际政治》月刊发表题为“战略伙伴——中国”一文，提出欧盟和德国必须与中国建立战略伙伴关系。认为，2001 年“9·11”恐怖事件使第二次世界大战后产生的以东西方冲突为特征的国际体系最终消失，这一体系的结构和主要活动者在新世纪都将发生变化——中国的国际角色也将发生变化。变化的特征是，布什领导的美国改变了政策，布什当选后给人的印象是他想把中国作为新的敌对的对手。在美国遭恐怖袭击后，在他立即成立的“反恐联盟”中给予中国重要位置，中国领导马上和以出人意料的坚定态度接受了。对于西方、欧盟和德国的政策来说，中国在解决全球问题上已成为一个必不可少的战略伙伴。这主要表现在三个方面：

1. 在今后几年国际政治面临的巨大任务是，在世界经济和社会共同发展必须开放和为了安全需要对跨边界的金融交易进行监控之间寻找适当的妥协解决办法。中国为此作出贡献是必不可少的。自在邓小平领导下进行改革以来，中国取得了令人注目的经济成果，如果中国不开放这是不可想象的。在中国成为世贸成员和扭转数百万人失业艰难阶段，这仍是中国继续发展和进行政治改革的前提。不仅亚洲的稳定取决于中国，而且中国作为上升的发展中国家、作为世贸组织的成员和联合国安理会常任理事国，在改进世界的规则方面将发挥决定性作用。在安全问题上同样也是这样，鉴于现代恐怖主义采取的破坏手段，包括使用大规模杀伤性武器，经济开放使社会和经济受到伤害已成全球的主要问题，解决这一问题符合中国的利益，也符合国际社会的利益。

2. 在恐怖主义问题的背后存在一个世界秩序的大问题。击溃塔利班和"基地"组织领导是反恐采取的必要步骤，但在这之后要开始做很多艰难工作：铲除极端主义和恐怖主义滋生的根源，这是一个世界范围的任务，完成这一任务需要数十年；制定一项新的广泛的发展政策；在"失败的国家"重建政治秩序；耐心和努力做工作使伊斯兰适应现代世界的要求；为了完成所提到的一些任务，要加强多边合作。中国人口最多，在现代化方面取得了巨大成果以及是安理会常任理事国，全球共同努力完成这些任务，需要中国作出实质性的贡献。

3. "9·11"恐怖事件重新唤醒人们的文明价值意识，文明价值受到了恐怖袭击的威胁。世界的各种社会和文化联合起来保护文明价值，也包括中国。

中国对人权和民主的理解经常受到西方的批评，往往正确，往往也不正确，因为一个有 13 亿人口的国家从一个饥饿的农业国向现代繁荣国家发展，不能完全照搬西方的民主规则，西方为此花费了一个世纪的时间。尽管对民主和人权有不同的解释，如果与恐怖主义作斗争，中国作为一个文化古国，现正走向现代化，与西方民主国家的共同点远远多于分歧点。出于这些原因必须在很多方面与中国建立战略伙伴关系：在推动国际社会和国际经济继续发展、反恐斗争、阻止大规模杀伤性武器扩散、贫困阶层持续发展方面。应在两方面落实合作：一个方面是在联合国，将德国、日本和其他国家扩大进去的安理会；另一方面是在将中国扩大进去的 8 国集团。9 国集团应将这里概述的题目置于其工作的中心，密切与多边组织，特别是与联合国合作，并且把自己理解为建立长期世界秩序的倡议者和管理人。

地址：Rauchstr. 18 D—10787 Berlin

Tel.：49 (0) 30—254—231—0

E—Mail：Kaiser@dgap. org

弗兰克·乌姆巴赫（Frank Umbach），1963 年出生，曾在德国马尔堡和波恩大学学习政治学、东欧历史、国家法和国际法。1996 年获博士学位。精通英、俄语。1996 年 4 月起在德国外交政策协会研究所做研究工作。乌姆巴赫是德国外交政策协会研究所“亚太地区安全合作”项目小组负责人。另外，他还是伦敦战略研究所和欧亚安全对话机构的成员。其研究领域是：亚太地区外交、安全、防务政策的发展；俄罗斯对欧洲、亚洲和独联体国家的外交、安全和防务政策；欧洲安全问题，特别是北约的作用和未来德国的外交和安全政策。现在研究的重点是：东亚的双边和多边安全合作问题；地区和全球能源政策的发展对一些地区和国家（中国、俄罗斯、中亚、海湾地区和欧洲）的外交安全政策的影响；俄罗斯对北约和中国的外交和安全政策等问题。当前的研究课题是“21 世纪初的地区冲突与国际能源安全”。近些年的主要研究成果有：“亚太地区安全合作前景”、“21 世纪中国安全和军备政策的地缘战略和地缘经济考虑”、“东亚政治冲突和战略转移”、“中国能成为军事大国吗？21 世纪中国在世界政治中的作用”等。乌姆巴赫现在担任德国外交政策协会研究所亚太部主任和“亚洲地区安全合作前景”、“亚洲外交、安全和防务政策”、“大规模杀伤性武器扩散和导弹防御”、“德国外交和安全政策”研究小组学术负责人。2003 年 11 月 27—28 日他来华参加中国社会科学院欧洲研究所与德国阿登纳基金会联合主办的“新欧洲与中欧关系的未来”国际研讨会，在题为“与中国建立广泛的合作伙伴关系：未来 21 世纪的中欧关系”主题报告中指出，虽然目前中欧关系发展顺利，但仍然存在很多问题：首先，中欧经贸合作发展迅猛，但双方在政治方面仍有很大差异，亟待加强政治对话，在反恐和防止大规模杀伤性武器扩散方面，双方也应进一步加强合作。其次，中欧之间在价值观念、文化传统和世界观方面的差异给双方合作的全面发展带来了问题。欧洲一体化的实质是以和平与理性的方式化解冲突，结束欧洲分裂与战争的历史，成员国之间相互信任、利益共享、风险分担的心态发挥了重要的作用。这种经验对于亚洲国家建立“集体安全机制”应该是有启发意义的。第三，在建设国际新秩序方面，欧盟坚持多边主义原则，倡导在联合国至少在北约框架内采取国际行动。但在反恐、武器扩散和“失败国家”等问题上，欧盟认为在外交努力无效的前提下可以采用非和平的方式。2004 年 3 月在《亚太地区是冲突还是合作》一书里，他称 90 年代任何地区都没有像亚太地区保持强劲的经济增长，但同时这一地区面临着很多新的难以对付的安全挑战。分析了在中国上升为地区大国的背景下，东北亚和东南亚地区新的多边安全合作、裁军和军备监督的前景以及将中国的外交和安全政策纳入地区新程序的可能性。指出这对未来国际体系的稳定起着决定性作用。此外，他还分析了亚洲的战略发展对欧洲的影响，加强跨大西洋亚洲政策的可能性。

地址：Rauchstr. 18 D－10787 Berlin

Tel.：49（0）30－254－231－36

Fax：49（0）30－254－231－16

E－Mail：Umbach@dgap. org

迈—布里特·施图穆鲍姆（May－Britt Stumbaum），曾在柏林自由大学学习政治学，2000 年毕业于伦敦经济学院，获欧洲研究方向硕士学位。之后攻读博士学位，博士论文的题目为“欧盟与亚洲关系”。她在来德国外交政策协会研究所工作前，曾任德国外交关系理事会的欧洲外交与安全论坛研究员、德国博施基金会资助的中东欧青年领导人研讨会负责人等。研究领域包括欧洲一体化、欧洲外交与安全政策（共同外交与安全政策、欧洲安全与防务政策、北约）、欧亚关系（特别是欧中关系）、德国外交政策等等。

地址：Rauchstr. 18 D－10787 Berlin

Tel：49（0）30－254－231－30

E－Mail：Stumbaum@dgap. org

六、出版物

德国外交政策协会研究所的主要出版物有《专著》、《国际政治》、《德国外交政策协会—分析》、《独联体—晴雨表》、《国际政治年鉴》、《出版目录》等。《国际政治》月刊是其最主要的出版物，1995 年前为《欧洲文献》半月刊。不久前该所开始出版《国际政治》英文海外版季刊。《国际政治》是德国在国际关系研究领域很有分量的一份刊物，在国际上也具有很大影响。该刊物根据国际时事动向，每期确定一个主题，围绕这一主题，从不同角度和侧面对问题进行分析和评论。此外，该所还出版其研究人员在亚洲、欧盟、德法关系、德国、移民、北美、中东欧、防止武器扩散和导弹防御、俄罗斯/欧亚、安全政策、世界经济等方面的研究成果。

附：德国外交政策协会研究所近年主要涉华研究成果

2004

1. “Transatlantic Dialogue on China”

http：//www. dgap. org/Publikationen/Veranstaltungen

2. “Militärstrategische Entwicklungen in China”

http：//www. dgap. org/Publikationen/Asien

3. “Besondere Wirtschaftsbeziehungen zur Volkswirtschaft China，zu Japan und Südkorea”

http：//www. dgap. org/Publikationen/Weltwirtschaft

4. “ASEAN and Major Powers：Japan and China － A Changing Balance of Power? ”

http：//www. dgap. org/Publikationen/Asien

5. “SARS － eine verpasste Chance für politische Reformen in China? ”

in：KAS－Auslandsinformationen 04/04 S. 4－29

6. “The EU－China Security Relations and the Arms Embargo Debate”

http：www. europeanaffairs. com

7. “Internationale Energiesicherheit und die strategischen Auswirkungen auf die europäische Aussen－ und Sicherheitspolitik”

in：Bundesakademie für Sicherheitspolitik（BAKS，Hrsg.），’Sicherheitspolitik in neuen Dimensionen’. Kompendium － Ergänzungsband I，Hamburg－Berlin－Bonn 2004，S. 345－270

8. “The Wounded Bear and the Rising Dragon － The Sino－Russian Relationship at the Beginning of the 21st Century：A View from Europe”

in：Asia－Europe Journal 2/2004，S. 43－62

9. “The Future of Multilateralism in Northeast Asia”

in：IRI－Review（Ilmin International Relations Institute/Korea University，Seoul），Vol. 9，No. 1，Winter 2003/Spring 2004，S. 179－226

2003

1. "Die sicherheitspolitische und militärstrategische Entwicklung Chinas vor und nach dem 11. September 2001"

in：Erich Reiter（Hrsg.），Jahrbuch für internationale Sicherheitspolitik 2003，Hamburg－Berlin－Bonn 2003，S. 529－549

2. "Bring China into the Game!"

in：Internationale Politik，4/2003，S. 77－81

3. "Zur Zukunft der EU－China－Beziehungen im 21. Jahrhundert"

in：Asien，Oktober 2003，S. 47－56.

4. "Globale Energiesicherheit. Strategische Herausforderungen für die europäische und deutsche Aussenpolitik"，München 2003（Oldenburg Verlag），S. 328

5. "Europa－Asien－USA：Veränderungen im Verhältnis der Machtfaktoren zueinander" in：Trend，1/2003，S. 40－44.

6. "Strategische Annäherung an die Vereinigten Staaten：Chinas Zustimmung zur UN－Resolution 1441"，in：Bernd W. Kubbig（Hrsg.），Brandherd Irak. US－Hegemonieanspruch，die UNO und die Rolle Europas，Frankfurt/M. 2003，S. 212－216.

2002

1. "Zukünftige Auswirkungen der energiepolitischen Abhängigkeiten Chinas und Asiens vom Mittleren Osten und von Zentralasien"，in：Erich Reiter u. a.（Hrsg.），Jahrbuch für Internationale Sicherheitspolitik 2002，Bd. 2，Hamburg－Berlin－Bonn 2002，S. 191－220

2. "Der Drache schärft die Klauen. China modernisiert seine Streitkräfte und ist zum weltgrössten Rüstungsimporteur aufgestiegen"，in：Der Überblick，2/2002，S. 76－82

3. "Kooperation oder Konflikt in Asien－Pazifik? Chinas Einbindung in regionale Sicherheitsstrukturen und die Auswirkungen für Europa"（Olden-

bourg Verlag), München 2002, S. 395.

2001

1. "China — unaufhaltsamer Machtfaktor?", in: Erich Reiter u. a. (Hrsg.), Jahrbuch für internationale Sicherheitspolitik 2001, Hamburg—Berlin—Bonn 2001, S. 749—776

2. "Geostrategische und geoökonomische Aspekte der chinesischen Sicherheits— und Rüstungspolitik im 21. Jahrhundert — Die Verknüpfung traditioneller Sicherheitspolitik mit Ressourcenfragen im geopolitischen Denken Chinas", in: Gunter Schubert (Hrsg.), China: Konturen einer übergangsgesellschaft auf dem Weg in das 21. Jahrhundert. Mitteilungen des Instituts für Asienkunde Nr. 344, Hamburg 2001, S. 341— 404

3. "Die Energiepolitik Chinas ", in: Internationale Politik, Januar 2001, S. 43—48

科学与政治基金会
(SWP)

Stiftung Wissenschaft und Politik

地址：Ludwigkirchplatz 3－4，10791 Berlin
电话：＋49 30 880 07－246
传真：＋49 30 880 07－100
网址：www. swp－berlin. org
E－Mail：webmaster@swp－berlin. org

科学与政治基金会也即德国国际政治与安全研究所（Deutsches Institut für Internationale Politik und Sicherheit），成立于1965年，对外自称是一个独立的研究机构。科学与政治基金会是德国政府的最重要智库之一。该机构原隐蔽于慕尼黑市西南方向的群山之中，对外不开放，个人不容易找到。1984年开始对外开放，逐渐增多了与国内、外相关研究机构的学术交流。科学与政治基金会以美国兰德学会（RAND）为例，在国际安全、外交政策、国际经济关系等重点领域开展注重实际的研究，是欧洲最大的实用型外交和安全政策研究机构。其主要服务对象是德国政府和议会。2000年12月迁址柏林，2001年1月，与科隆“联邦东方学和国际问题研究所（BIOST）”

以及慕尼黑“东南欧研究所（SOI）”的一部分合并后，实力更加雄厚。

一、概况

历史溯源：科学与政治基金会起源于“科学与政治注册工作协会”。1961年，一个由阿诺尔德·贝格施特莱瑟斯任主席的科学家和社会人士小组成立了该工作协会。“科学与政治注册工作协会”的工作任务是为德国建立一个国际政治方面的介于大学和中央政府机构之间的跨学科和实用型的研究所，提供见识和创造条件。1962年该协会成立了“科学与政治基金会”，以作为研究所的法律和组织框架。根据其法律形式，科学与政治基金会是一个公益性质的民法基金会。1965年1月德国第5届联邦议会一致决定建立和资助一个独立的研究所。主要负责研究国际体系框架内的安全与军备监督政策。科学与政治基金会的建立为此创造了条件。

人员与组织结构：科学与政治基金会下设委员会和董事会。委员会负责任命董事会成员。董事会主席兼任研究所所长。委员会负责行使管理委员会的职能。德国议会、总理府、外交、国防、经济、研究与技术和财政部在委员会里都有其代表。同时，还有相同数量的科学、经济和社会人士为该委员会成员。

委员会主席：乌利希·哈特曼（Ulrich Hartmann）

副主席2人：弗兰克—瓦尔特·施泰因迈尔（Frank－Walter Steinmeier）博士，联邦总理府国务秘书兼主管；汉斯—乌里希·克罗泽（Hans－Ulrich Klose），联邦议员（社民党），议会外交委员会副主席。

成员18人：

卡尔—恩斯特·布劳纳（Karl－Ernst Brauner）博士，联邦经济与劳动部司长

彼得—海因里希·卡斯滕斯（Peter－Heinrich Carstens），退役将军

格奥尔格·克莱门斯·迪克（Georg Clemens Dick），德国外交部计划司司长

彼得·埃肯伯姆（Peter Eickenboom）博士，联邦国防部国务秘书

迪特·格里姆（Dieter Grimm）博士教授，柏林理工学院院长

彼得·格鲁斯（Peter Gruss）博士教授，普朗克科学促进学会主席

汉斯·W·毛尔（Hanns W. Maull）博士教授，特里尔大学

马尔库斯·梅克尔（Markus Meckel），联邦议员（社民党），前联邦部长

于尔根·穆吕内克（Jürgen Mlynek）博士教授，柏林洪堡大学校长

贝恩德·米泽布尔格（Bernd Mützelburg），联邦总理府司长

温弗雷德·纳赫特卫（Winfried Nachtwei），联邦议员（联盟90/绿党）

米夏埃尔·奥托（Michael Otto）博士，奥托发送公司董事会主席

福尔克尔·吕厄（Volker Rühe），联邦议员（联盟党），前联邦部长，议会外交委员会主席

西格里德·泽尔茨（Sigrid Selz），联邦财政部司长

赫尔曼·奥托·索尔姆斯（Hermann Otto Solms）博士，联邦议员（自民党），联邦议院副议长

埃里希·施塔特尔（Erich Stather），联邦经济合作与发展部国务秘书

霍尔斯特·泰尔奇克（Horst Teltschik）名誉博士教授

克里斯蒂安·乌尔霍恩（Christian Uhlhorn）博士，联邦教育和研究部部务专员

董事会成员：

克里斯托夫·贝尔特拉姆（Christoph Bertram）博士，常务主席

克里斯蒂安·托姆沙特（Christian Tomuschat）博士教授，柏林

海因里希·福格尔（Heinrich Vogel）博士教授，科隆

科学与政治基金会下属的专业信息部门对其研究工作提供支持。它们还负责为德国政府机构提供文献和资料。科学与政治基金会的经费主要来自德国财政的非项目资金。2001年度预算约为1600万马克。另外，基金会还从其他渠道获得研究与设备方面的资助。

二、研究机构

德国国际政治与安全研究所原有工作人员130多名，其中科研人员54名。2001年三所合并后增至150名。所领导3人，科研人员61人，专业资料信息部门科研人员8人。研究所所长为克里斯托夫·贝尔特拉姆博士，副

所长为斯特凡·迈尔博士和阿尔布莱希特·丛克博士。

克里斯托夫·贝尔特拉姆，法学博士，自 1998 年 4 月 1 日起任德国国际政治与安全研究所所长。他曾于 1974—1982 年担任伦敦战略研究所（IISS）所长，1982—1998 年担任德国《时代》周刊对外政策版编辑。其研究重点是欧洲和跨大西洋的安全政策、国际秩序以及军控。主要著作有：《平衡中的欧洲——拯救冷战中赢得的和平》，《悬而未决的欧洲——还必须去赢得和平》。

德国国际政治与安全研究所工作分研究、专业资料信息和服务三大部分。研究部分由研究小组和项目小组构成。目前有研究小组 9 个：1. 欧洲一体化研究小组，致力于研究欧盟的内部发展及其对外关系。2. 欧盟的扩大前景研究小组，从各申请国的内外政策出发，分析其向欧盟靠近的进程。3. 西巴尔干研究小组，研究东南欧国家的政治、安全政策和经济问题。4. 安全政策研究小组，致力于研究欧洲的和跨大西洋的双边及多边安全关系。5. 美洲研究小组，研究美国的外交与对外经济政策、国内政治发展、欧美关系、美洲地区的政治经济关系。6. 俄罗斯联邦研究小组，研究俄罗斯的政治发展、国家结构、社会变革、经济及外交安全政策。7. 近、中东和非洲研究小组，研究中东/中亚、近东/北非、撒哈拉以南的非洲三个区域的问题。8. 亚洲研究小组，研究亚洲地区的内部变革、外交和安全政策间的相互作用以及在国际上产生的影响，重点研究和分析南亚、东南亚和东北亚地区在安全方面的合作与竞争以及克什米尔、阿富汗、印度尼西亚、台海和朝鲜半岛的危机源，其中还设有瓦尔德布鲁尔小组（Waldbröl－Gruppe）专门负责研究和协调欧洲对亚太地区的安全政策。9. 全球问题研究小组，负责研究国际政治领域的全球性问题。此外，还有一些项目研究小组，如冲突预防网络（CPN）和阿拉伯世界精英更迭（Arab Elites）等项目研究小组。

专业资料信息部分由专业资料信息部门、图书馆、技术管理部和协作部组成。专业资料信息部门包括国际政治与全球问题信息部、国际安全信息部、国际经济信息部、欧洲/欧盟信息部、俄罗斯与独联体信息部、欧洲以外地区信息部和文献资料汇编部 7 个部门。图书馆由咨询与借书、采购、期刊、数据处理部组成。图书馆有 92000 册藏书、440 种杂志、380 部年鉴以及 130 种报纸。

服务部分由机构管理处、科研秘书处、会议秘书处、行政处、人事处、信息技术处构成。科研秘书处负责对外联络、科研管理、公关以及研究所的研究论文。会议秘书处负责组织会议和学术研讨会以及参观访问。其他几个处主要负责内部事务。

德国国际政治与安全研究所负责进行国际政治方面的调研。工作重点每两年在一个由研究所制定、经基金会委员会决定的“方向框架”中确定。目前，研究重点有以下六个方面：1. 欧洲一体化以及欧盟对外关系；2. 欧洲及跨大西洋的安全与防务政策；3. 战略发展、军控和技术发展趋势；4. 大西洋和太平洋关系；5. 欧洲以外地区的冲突及其组织形式；6. 非军事危机、国际机构和经济关系。

德国国际政治与安全研究所主持及参与的项目：

1. 冲突预防网络（CPN）：始于 1997 年 1 月，由欧盟委员会资助。CPN 项目的目的在于推进冲突的预防，同时也致力于促进欧洲安全防御体系内的非军事危机的处理。该项目的任务是为欧盟建立一个专家网络，进行冲突预防方面的政策研究和提供相关的咨询服务。2000 年 9 月，经欧盟委员会提议，CPN 项目委托给德国国际政治与安全研究所承办。

2. 阿拉伯世界的精英更迭（Aab Elites）问题：阿拉伯国家的领导人在位时间长，更替困难，有能力的年轻人难以爬上高位，职位更替常常以暴力形式进行。许多阿拉伯国家已经陷入老人政治。本项目致力于研究新生政治精英的构成与背景、领导层与精英的内部关系、社会政治、经济进程、精英更替对阿拉伯国家地区关系及国际关系的影响。

3. 国际关系与国别情况（FIV）专业资料信息汇编：由德国国际政治与安全研究所主导，德国十家研究所共有的专业资料信息系统。该系统的文献和数据以及国际关系和国别情况的专门信息，可供政治实践、研究、教学、传媒、经济界以及公众所用。

4. 欧洲国际关系与地区研究信息网络（EINRAS）：一个面向未来的专业资料信息系统，由欧洲多个研究所的研究小组以项目形式完成。该系统的建立有助于扩大和深化欧洲国际关系与地区研究方面的专业资料信息的服务和使用，利于欧洲各研究机构的资料信息交流，提高欧洲专业信息在国际上的竞争力。

三、政策影响力

德国国际政治与安全研究所的主要任务是向德国政府和议会提供有关德国外交和安全政策方面的建议。除需要的基础研究外，研究成果对政治实践产生的效果是衡量该所计划和工作的重要标准。德国国际政治与安全研究所的研究报告、工作报告等研究成果由专人直送联邦议会及其各委员会、联邦各部，首先是联邦总理府、外交部、国防部、经济部和经济合作部。长期以来，德国国际政治与安全研究所的相当一部分研究项目直接来自联邦政府。所长贝尔特拉姆特别注重加强与外交部和国防部的人员和思想交流。德国国际政治与安全研究所经常举办研讨会、国际会议，通过交流获得更多信息和提高研究水平，以更好地完成政策建议和咨询工作任务。冷战结束后，根据政府的需要，德国国际政治与安全研究所加强了对俄罗斯、中东欧和独联体国家的研究。在推进欧洲联合进程以及德国扮演的角色方面提出了不少建议。“9·11”和小布什上台后，该所更加注重对国际安全、跨大西洋关系的研究，研究成果对政府的决策具有很高的参考价值。伊战后，施罗德政府主动修复对美关系，两次访美，强调欧美传统友谊和共同利益，以及当前国际安全威胁，不乏该所进言献策所起的作用。

四、涉华研究

德国国际政治与安全研究所是一个研究国际政治与安全问题的综合性研究机构，中国问题始终是它关注的一个方面。近些年，它更加重视对中国的研究。涉华研究项目和研究成果明显增多。德国国际政治与安全研究所专门设有亚洲研究小组，中国被列为其研究重点。亚洲小组有11名成员，其中多人从不同侧面对中国进行研究，组长为古德伦·瓦克（Gudrun Wacker）。

中国问题专家：

古德伦·瓦克（Gudrun Wacker），哲学博士，亚洲研究小组组长。1983—1992年任蒂宾根大学汉语和朝鲜语讲师，1992—2000年任科隆联邦东方学和国际问题研究所项目负责人。研究领域是：中国外交和安全政策、中国的少数民族政策。现在研究重点是：中国与俄罗斯和中亚关系、中国的通讯和因特网。主要研究成果有："中国与中亚"、"中国向全球网络进军"、"中国的领导更迭"、"中国与'9·11'反恐斗争"、"普京领导下的中俄关系"等。

E—Mail：gudrun. wacker@swp—berlin. org

格哈德·维尔（Gerhard Will），哲学博士，1955年出生，曾在汉堡、巴黎、波鸿和台北学习汉语和政治学。1976—1977年在汉堡亚洲研究所做研究工作，1977—1986年在柏林自由大学担任科研工作，1986—2000年在科隆联邦东方学和国际问题研究所担任项目负责人。研究领域是：亚洲社会主义国家的转变过程；东南亚的安全政策、经济发展和一体化进程；东南亚在国际政治中的作用。现在的研究重点是：中国对东南亚政策、亚洲危机后越南的社会和政治转变、缅甸的内政冲突及其外交政策内涵。主要研究成果有："中越关系"、"越南对东南亚的新立场"等文章。

E—Mail：gerhard will@swp—berlin. org

凯·默勒（Kay Moeller），哲学博士，曾在欧洲亚太安全合作委员会和欧洲对亚太安全政策协调小组工作。1982—1991年曾作为高级外交官派驻新加坡、文莱、东京等地。研究领域是西太平洋的安全。现在的研究重点是：中国（转变及对外影响）、朝鲜（统一问题）、太平洋的力量均衡。主要研究成果有："北京是安全伙伴吗？冷战结束以来中国参加信任和安全措施情况"、"台湾会宣布独立吗?"、"中国的外交政策——有选择的多边主义"、"中国的人权状况"等。2002年11月在德国国际政治与安全研究所《研究》刊物上发表题为"美国与中国：温和的遏制"一文，说布什在其国际反恐联盟的范围内，在几个月的时间里就做到了其前任克林顿几年做不到的事情：明显削弱了中国的灵活反应战略。在这期间，中国认为被美国的盟国和新军事伙伴包围了，而华盛顿既没有放弃建立地区和国家导弹防御体系，也没有放弃进行人道主义干预的选择。鉴于这种发展趋势，德国和欧洲的政策面临着抉择，或继续放弃在远东扮演重要角色，或选择美国的主要依靠军事实力的战略。选择后者必须特别探讨与独裁国家建立联盟和伙伴关系的问题。在中国和整个地区推进民主化比与以为强大的力量进行新形式合作能为持久和平创造更好的前提。2003年12月在《SWP时事》上发表"欧洲与中国是战略伙伴吗?"一文，称12月施罗德访华在德国内外引起一场新的关于欧中关系的实用主义和价值取向之间关系的辩论。认为欧洲与中国在多极化问题上"调情"是危险的，中国应推行多边主义原则，而注重人权的政权是这一原则的核心。全球化不同程度地限制了中国、欧盟及其成员国的行动自由，只有通过政治全球化减少经济全球化带来的负面影响。多极化战略妨碍了政治全球化和在国际组织框架内的合作，迄今这是德国外交政策的核心。该文反映的思想在德国外交部和学术界有一定的代表性，这种思想对德国近来在多极化问题上的变化起了一定影响。

E—Mail：kay. moeller@swp—berlin. org

马库斯·提滕（Markus Tidten），哲学博士，任阿登纳基金会日本问题顾问，1985—1992年被阿登纳基金会派驻东京。研究领域：东北亚的外交、安全问题和日本。现在的研究重点：日本的内政、外交、安全政策；日本与朝鲜关系；日本与中国关系；日本与俄罗斯关系。主要研究成果：日本与朝鲜关系等。

E—Mail：Markus. tidten@swp—berlin. org

五、出版物

德国国际政治与安全研究所的出版物主要有文件、专著、论文等。《SWP研究》是该所重要研究产品，通常在该所网页只公开内容节选。《SWP研究》以专题报告形式，及时对国际重大问题进行深入分析和研究。一般篇幅很大，材料翔实，观点明确，体现了该所研究人员的水平。《SWP时事》、《SWP期刊精选》、《SWP通信》、《国际政治与安全》、《时事资料》、《近东政治》、《研究丛书》也都是介绍和反映该所研究情况和成果的刊物。此外，还有《时事文献》、《焦点》、《专业信息》等刊物。

附：德国国际政治与安全研究所近年中国研究部分文章

1. Hanns Günther Hilpert /Gudrun Wacker
China und Japan：Kooperation und Rivalität
SWP—Studie 2004/S 16，Mai 2004，43 Seiten

2. Kay Möller
China Ends in Hong Kong
SWP—Comment 2004/06, Mai 2004, 4 Seiten
3. Gudrun Wacker
Should the EU Arms Embargo against China Be Lifted?
SWP—Comment 2004/04, April 2004, 7 Seiten
4. Gudrun Wacker
Ende des EU—Waffenembargos gegen China?
SWP—Aktuell 2004/13, Mørz 2004, 8 Seiten
5. Kay Möller
Europa und China: Strategische Partner?
SWP—Aktuell 2003/52, Dezember 2003, 4 Seiten
6. Kay Möller
Chinas Auβss enpolitik: Selektive Multilateralität
SWP—Studie 2003/S 44, November 2003, 20 Seiten
7. Klaus Schröder
Chinas Bankensystem auf langem Reformweg
SWP—Studie 2003/S 43, November 2003, 19 Seiten
8. Kay Möller
Zur Menschenrechtslage in China
Diskussionspapier, September 2003, 11 Seiten
9. Gudrun Wacker
China nach dem Parteitag — Zur politischen und wirtschaftlichen Situation Chinas
Diskussionspapier, November 2002, 6 Seiten
10. Kay Möller
Nordostasien 2002
SWP—Studie 2002/S 36, Oktober 2002, 38 Seiten
11. Kay Möller
Erklärt Taiwan die Unabhängigkeit?
SWP—Aktuell 2002/26, August 2002, 4 Seiten
12. Gudrun Wacker

Chinesisch—russische Beziehungen unter Putin
SWP—Studie 2002/S 19, Juni 2002, 40 Seiten

13. Gudrun Wacker
Gipfeltreffen der "Shanghaier Organisation für Zusammenarbeit"
SWP—Aktuell 2002/22, Juni 2002, 8 Seiten

14. Kay Möller
Die USA und China: Sanftes Containment
SWP—Studie 2002/S 11, April 2002, 21 Seiten

15. Kay Möller
Taiwan nach den Parlamentswahlen — Peking verliert
SWP—Aktuell 2001/27, Dezember 2001, 4 Seiten

16. Gudrun Wacker
China und die Terroranschläge des 11. 9.
SWP—Aktuell 2001/14, Oktober 2001, 4 Seiten

17. Kay Möller
Der Ferne Osten nach dem 11. September. Das Grundmuster bleibt
SWP—Aktuell 2001/15, Oktober 2001, 8 Seiten

18. Kay Möler
Nordostasien 2001: Transformation, Kräftevergleich und Kooperation
SWP—Studie 2001/S 30, September 2001, 47 Seiten

19. Peter Rudolf /Jens van Scherpenberg
China, Balkan, Weltwirtschaft
SWP—Zeitschriftenschau 2001/ZS 07, August 2001, 8 Seiten

20. Gudrun Wacker
Die "Shanghaier Organisation für Zusammenarbeit"
SWP—Studie 2001/S 22, August 2001, 41 Seiten

21. Kay Möller
Konfliktpotential und sicherheitspolitische Architektur in Ostasien
Diskussionspapier, Mai 2001, 4 Seiten

应用政治研究中心

Centrum für angewandte Politikforschung——C·A·P

地址：Maria－Theresia－Strasse 21 D－81675 München
电话：089－2180 1300
传真：089－2180 1329
网址：www. cap. uni－muenchen. de
E－Mail：cap. office@lrz . uni－muenchen. de

应用政治研究中心于 1995 年在慕尼黑大学政治学院建立，是德国大学中最大的国际问题和欧洲问题研究所。应用政治研究中心属德国思想库的后起之秀，是德国政府对欧政策的智囊团，在德国内外享有很高声誉。应用政治研究中心创始人、所长维尔纳·魏登费尔德教授被誉为德国最有影响的政治顾问，在国际上是知名度很高的学者和智囊人物，现为德国贝特斯曼基金会理事，曾任德国前总理科尔的外交政策顾问，1987—1999 年任德国政府德美关系协调员。魏登费尔德教授对思想库理解得非常到位。他认为思想库不是纯理论研究，是对策研究。不是去揣摸政府领导部门的意图，投其所好，更不是为政府部门已经决定的政策提供论证。研究必须走在决策之前，要在理论和实际结合的基础上提出各种方案和设想，供决策部门抉择。他创办应用政治研究中心的出发点是走出传统的研究模式，开辟实用政治研究的新思路。应用政治研究中心从成立起就引起德国社会各界的极大关注。媒体也给予很高的评价，称其“视角独特，思想敏锐”，是一个名副其实的“思想工厂”。

一、概况

人员与机构设置：应用政治研究中心现有80名高水平研究人员，并且通过与慕尼黑大学的连结，不断吸引科学后继人才。应用政治研究中心非常重视对人员的培养，为其提供各种学习和深造的机会。很多工作人员是在工作期间获得的博士学位，这大大加强了应用政治研究中心的科研力量。另外，应用政治研究中心还定期挑选政治和经济方面的专家加入其项目研究。目前，应用政治研究中心的研究重点是：21世纪战略、近东冲突、全球化和欧盟东扩是否对决策者提出了严重挑战。应用政治研究中心下分5个研究小组：1. 贝特斯曼政治研究小组—由应用政治研究中心与贝特斯曼基金会联合组成，两家长期密切合作。其工作重点是未来的欧洲、欧盟的结构改革和政治发展、欧洲的外交、为欧洲的安全和防务政策制定战略计划等。2. 欧洲问题研究小组—主要研究欧洲政治问题。其工作重点是跟踪和分析欧洲一体化发展。3. 未来问题研究小组—负责对未来的世界提出政治和社会计划。分析和研究21世纪前30年的重要社会问题是该组的中心任务，重点研究全球化、日趋密切的国际关系和新技术的使用对工业国家的社会、政治和经济产生的影响。4. 青年和欧洲问题研究小组—负责调查青年人对国际和政治问题的看法，并在此基础上研究提出政治教育计划和模式。作为联邦和欧洲的政治教育和青年工作的咨询中心，该小组的中心任务是研究欧洲的青年和教育问题。5. 德国问题研究小组—负责进行有关民主和对民主看法的研究，重点研究政治文化的基本发展趋势。此外，在对现政府行为进行广泛分析基础上，对内政和外交决策程序进行重新评估。这5个相互关联的课题是应用政治研究中心各小组项目研究工作的总框架。

研究课题和项目：应用政治研究中心每年根据形势的变化和需要制定工作计划，对当前的政治挑战进行调查研究和提出战略报告。其范围包括制定欧盟改革计划、进行安全政策分析，以及提出宽松的教育模式。应用政治研究中心的特点是集中研究未来问题，目的是对政治和公众不断施加影响。欧洲联合问题是其最大的研究课题，研究内容包括欧洲政府效益、欧盟改革、欧盟东扩战略、欧元实施的后果、欧洲的地位等问题。此外，分析东南欧国家的外交政策和安全问题以及欧盟作为美国和亚洲的伙伴在全球的作用也是该中心研究的课题。

拥有丰富的资源：应用政治研究中心在专业、技术和人员方面拥有优越的条件和完善的设施。中心建有四个文献资料馆。欧洲问题文献资料馆共有6000册时事科学文献。德国问题文献资料馆现约有7000册与其研究重点有关的图书。另外，还有青年和欧洲问题文献室和未来问题文献室。该中心拥有一个现代化的图书馆，图书馆包括欧洲文献中心和大型的现代化会议厅。欧洲文献中心自1980年以来收集所有欧洲共同体和欧盟出版物和文件，为调查研究提供欧盟所有官方文件的服务。图书馆图书信息在光盘、网上数据库和因特网上都可查寻。除此之外，应用政治研究中心的每个研究小组都收集有与自己工作课题相关的文献。1998年成立的未来问题研究小组，拥有一个全球未来问题研究图书馆。

资金来源：应用政治研究中心的成立得到了德国政府和社会的广泛支持。中心的工作得到35个单位的资助，贝特斯曼基金会是其最大的资助者。另外，魏登费尔德教授个人活动能力很强，利用他个人的影响和关系，为中心的成立和研究工作筹集了不少资金。

二、指导思想

魏登费尔德教授成立应用政治研究中心的思想很明确，就是要走出传统的纯学术研究，在理论与实践之间架起桥梁，与决策者保持经常的对话，为政治决策者进行科学分析，将研究成果带入现实的政治事务中，对政治决策程序施加影响。他认为，应用政治研究意味着提出符合政治实情的富有创意的解决办法，而且提出的建议必须引起社会的注意，使政治决策者、专家和公众感到满意。根据这一思想，该所工作既保持严谨的科学态度，又力求对现实的政治事务施加影响。仔细研究全球所有冲突问题，并寻找解决问题的办法。魏登费尔德教授说，“现在的情况变了，进行实用政治研究已得到人们的普遍认可。我们的报告必须具有政策影响力”。这一思想在德国得到很多同行的赞同，但也遭到一些人的批评，说他们不务正业，是对严肃科学的一种“叛变”。

三、工作特点

应用政治研究中心的研究重点是欧洲和德国问题，研究欧洲一体化是其专长。其工作具有五大特点：1. 讲求实用性。应用研究和提供政治咨询是该中心的主要工作任务。中心在规划研究项目和研究课题时，首先考虑的是成果的实用性，将对问题的分析研究与提出对策建议紧密结合。在政治咨询方面更多借鉴美国思想库的经验。2. 注重理论联系实际。该中心从一建立就决心走出传统的纯学术研究的套路，加强理论研究，但同时强调理论要联系实际。应用政治研究中心的各研究小组和研究项目不仅进行跨学科的分析研究，而且还走出国门，进行实地考察。3. 特别注重介绍和传播其研究成果。认为再好的研究成果，如果不为人知，就失去了它的真正价值。中心与媒体保持密切联系，研究人员经常在印刷媒体和专业杂志上发表文章，每年与“法兰克福汇报”和“柏林德国广播电台”共同举办活动。随着科技的进步，他们通过媒体、网络，现在更多的是多媒体，发表和对外宣传其研究成果，如定期在中心网站介绍研究成果和思想。很多媒体报道表明，公众对该中心的研究项目很感兴趣。4. 拥有密切的伙伴关系网络。自成立以来，应用政治研究中心的工作得到了政府、社会和经济界的支持。了解决策者、科学家和记者的特点是该中心的强项。中心将伙伴与其以成果为导向的研究项目工作紧密地联系在一起，建立了广泛的密切合作的伙伴关系网。中心的伙伴包括长期的资助伙伴、项目合作伙伴和科学交流项目伙伴。最重要的合作伙伴有德国贝特斯曼基金会、欧洲委员会、赫希斯特基金会和德国马歇尔基金会。多年来，贝特斯曼基金会是中心的密切合作伙伴，其他的伙伴和项目合作者有德国外交部、联邦新闻局、联邦政治教育中心、世界银行等。伙伴和项目的多样性不仅加强了应用政治研究中心的协同作用和扩大了关系网，而且也使其积累了更多的研究经验。此外，应用政治研究中心还与国内外研究机构和专家建立了广泛的合作关系网，这一网络包括 4000 个研究所和个人。中心除定期交流研究成果外，还根据工作任务需要，邀请其他研究机构的专家参加其研究项目。中心研究人员的定期工作报告为交流作出了重要贡献。5. 在策划高级活动方面具有丰富经验。应用政治研究中心经常组织和举办对话论坛，这不仅使其工作成果更具有内容，而且也有利于其传播。中心与贝特斯曼基金会密切合作，建立了贝特斯曼国际论坛，来自欧洲、美国和亚洲的国家首脑、政府成员、经济界领导人定期在该论坛讨论欧洲的对外关系和内部建设问题。多年来，中心举行的有关近东问题的克龙贝格会谈，为加强欧、近东和美国关系作出了贡献。在加强欧美响应力项目的圆桌会议上欧美专家密切交流。除专家和决策者外，中心还定期邀请记者参加会议。

四、工作三步骤

应用政治研究中心在多年潜心研究的基础上总结和形成了自己的工作套路：一是对问题进行严谨的科学分析。充分利用现有专业知识和跨学科经验，广泛听取各方专家意见，对问题进行分析和对迄今的解决办法进行准确评估；二是制定解决问题的目的和标准。在对问题分析的基础上，应用政治研究中心的研究人员通过提交意见报告和发挥媒体作用，引发政治辩论，以专家、专业记者对话形式深化辩论。目的是研究一个解决问题的框架；三是研究解决问题的办法。在经过分析、讨论后，拟定和提交鉴定报告，为政治咨询对象提出具体对策建议。

五、政策影响力

现在，应用政治研究中心这家位于慕尼黑的“思想工厂”为40个部门和单位提供咨询服务，包括政府、研究机构、基金会和大公司。施罗德总理和德国外交部都非常重视应用政治研究中心的分析研究结果。该中心与布鲁塞尔的欧洲委员会特别是普罗迪保持密切联系，很多政要都是中心最密切的服务客户。所长魏登费尔德教授还是美国白宫的常客，他认识从里根到布什直至克林顿所有美国总统，曾多次与他们进行个人会晤。副所长约瑟夫·雅宁曾与前欧盟委员会主席德洛尔共同商讨欧盟的改革问题。在很多情况下，应用政治研究中心的专家直接参与建议的实施，其工作富有成效。德国媒体评论说，“如果没有应用政治研究中心的咨询和建议，欧洲的磨盘不会转得比现在快。欧盟各国政府和各委员会的人员经常变动，但应用政治研究中心保持了欧盟工作的连续性”。所有欧盟国家政府在担任欧盟轮值主席国前都要到该中心“朝拜”。欧盟委员会主席德洛尔、桑特和现在的普罗迪也在该中心的咨询者之列，欧洲议会也不例外。应用政治研究中心从一建立就立即着手研究东欧国家的政治、经济结构问题，并提出建立一种预警系统，以应对未来发生的问题。在欧盟输出稳定和实施东扩方面可以说发挥了进言献策的作用。另外，欧盟移民法草案是该中心负责起草的。在 5 年前它就预言到，没有合法的移民，欧洲在经济上难以生存下去。后来德国等欧洲国家的绿卡政策表明了该中心政治咨询家的远见。

六、中国研究

亚洲和中国问题不是应用政治研究中心的研究重点，但它也很关注亚洲和中国问题。它主要从欧盟发展对华关系角度研究中国问题。欧盟对华关系被列为其欧洲问题研究小组的一个研究项目重点，分析和研究欧盟与中国战略伙伴关系的潜力。2001 年应用政治研究中心举行了欧中关系研讨会。自布什上台以来，中美关系在合作与对抗之间摇摆，中国加入世贸和“9·11”后，人们对中美关系提出了很多问题。在这一背景下，2002 年 7 月 11—12 日该中心召开题为“美国与中国——合作还是对抗”国际研讨会，与来自中国、美国和欧洲的专家共同研讨中美关系问题。专家们就中国在美国反恐战略中扮演什么角色、欧洲在中、美、欧三角关系中扮演什么角色等问题进行了热烈讨论。这两次活动是在应用政治研究中心的大西洋研究项目和欧中关系研究项目框架下进行的。2002 年应用政治研究中心与中国人民大学欧洲研究中心共同进行了“欧盟与中国—战略伙伴关系计划”研究项目。就欧中关系的组织框架、欧洲安全机构变化的结果、欧元的意义、欧盟扩大等问题进行了广泛讨论。对欧洲与中国的“战略伙伴”的概念作了界定，并提出了欧盟与中国未来关系发展计划。从对欧中关系的结构缺陷分析中提出行动的选择。指出欧中关系无论是在经济方面，还是在政治方面都达到了一个引人注目的水平。欧盟方面虽然政治和经济力量不平衡，但最近的发展使人们看到欧盟的安全和防务政策形象明显提升。欧洲的安全政策对国际政治产生了影响，也对欧中关系产生了影响。欧洲共同货币的实施和欧盟东扩，加强了欧盟的国际地位，这也会涉及欧盟与中国的关系。应加强欧中的政治对话。

应用政治研究中心专家弗兰科·阿尔吉里（Franco Algieri）负责研究

欧盟共同外交与安全政策和亚洲问题。2002 年 2 月他在研究中心《万象》时事刊物上发表题为“在合作与对抗之间的美国对华政策”文章，认为，鉴于密切的经济关系和反恐需要，布什领导下的美国对华政策在合作与对抗之间摇摆。文中提到，应用政治研究中心将加强欧洲对华关系研究和中、欧、美之间的对话。2002 年 2 月阿尔吉里在德国《国际政治》月刊发表题为“中国加入世贸，对中国与世界经济的挑战”一文，认为自 2001 年末中国加入世贸以来，这不仅对 13 亿中国人的生活、中国的经济和政治发展产生影响，而且中国的巨大市场潜力和经济地位会使全球体系发生结构变化。“9·11”后多边主义为解决全球冲突作出重要贡献。这有助于减少世界不安全因素，为国际政治作出了重大贡献。2003 年 10 月他发表题为“实用主义与利益—对欧洲对华政策的诠释”文章。认为欧盟决定将中国纳入伽利略计划，引起美国的疑虑。中欧关系达到了 30 年来最好水平，自 1975 年欧共体与中国建立正式关系以来，双方关系越来越密切，政治和安全政策对话已成为欧盟对华政策的一个固定组成部分。说中欧是无冲突的伙伴关系是不合适的，在贸易政策方面有市场准入问题，在政治对话方面存在民主和人权问题，将来这也是摩擦点。但由于中国政治、社会和经济的发展不会很快对双方关系产生不利影响。在欧盟对外关系中中国占有固定的位置，欧洲对华政策在欧盟对亚洲政策中起主导作用。美国不能无视欧中关系。欧洲不会发展为美国的对抗力量，欧盟与中国的战略伙伴关系也不是为了削弱美国。欧盟现在的对华政策是实用主义和利益的选择。不仅中国推行以利益为导向的对欧政策，分析表明，欧洲对华政策也是务实主义和各成员国的共同利益所决定的。2003 年 11 月 27—28 日阿尔吉里来京参加中国社会科学院欧洲研究所与德国阿登纳基金会共同主办的“新欧洲与中欧关系的未来”大型国际研讨会，作了关于“欧盟 25 个成员国对共同外交与安全政策的要求”的主题报告。指出，欧盟扩大后，实行共同的外交与安全政策是维护一体化发展的客观需要；同时，增强欧盟的行动能力也符合所有成员国的根本利益。欧盟的特性决定了这项政策将在一个“开放性的塑造过程”中，在成员国共同意愿基础上逐步推进。

E—Mail：franco. algieri@lrz. uni—muenchen. de

应用政治研究中心所长维尔纳·魏登费尔德 2003 年 4 月在德国《星期日世界报》发表题为“新秩序，新权力”的文章，指出世界上其他国家都有这样的感觉：惟一留下来的超级大国显然准备完全享受它的霸权地位。为此它将尝试暂时建立一个确保其霸权地位的联盟。只有这样才能解释，为什么法国、德国、俄罗斯和中国那么果断地组成一个独一无二的联盟。这是因为各国都有自己的特殊利益：德国感到，必须继续消除德国走上特殊道路的危险。由于历史的原因，它比其他国家更急需建立友好关系。在德国政府疏远了旧盟友，特别是疏远了美国后，有必要建立新的联盟。与法国、俄罗斯和中国结盟，能使德国把选民的多种心理思潮有效地结合起来：多边主义、和平主义和反美主义。中国是惟一一个在中期可以跟美国平起平坐的大国。然而，中国需要一项谨慎的政策，不能使周边国家因为美国的活动而成为滴答作响的定时炸弹。印度和巴基斯坦的危机不断升级就是一个潜在的危险。另外也包括对朝鲜的政策，因为朝鲜有可能逼迫日本发展核武器。如果人们把这四个国家放在一起，就会发现，它们是出于不同的原因而形成共同的利益：分解最后一个世界强权的磁性。通过建立对抗力量来抑制这个霸权。

七、出版物

应用政治研究中心的主要出版物有战略报告、研究报告、年鉴、杂志等。中心的出版发行工作主要在自己内部进行。应用政治研究中心拥有现代化的技术设施和与出版社长期合作的经验，在与科学家密切协调的情况下能及时使其研究成果面世。应用政治研究中心的《万象》时事通讯每年多次报道其研究工作。《战略报告》、《分析》、《年鉴》和《手册》等一系列刊物介绍和展示了该中心的研究成果和水平，为专业人士和公众提供了良好服务。

附录 1：应用政治研究中心领导成员名单

维尔纳·魏登费尔德（Werner Weidenfeld）
应用政治研究中心主任，名誉双博士教授，慕尼黑大学政治学院教授。
E－Mail：werner. weidenfeld@lrz. uni－muenchen. de
约瑟夫·雅宁（Josef Janning）
应用政治研究中心副主任、贝特斯曼政治研究小组组长。
E－Mail：josjanning@aol. com

奥拉夫·希伦布兰德（Olaf Hillenbrand）
贝特斯曼政治研究小组副组长。
E—Mail：olaf. hillenbrand@lrz. uni—muenchen. de
于尔根·图勒克（Jürgen Turek），
应用政治研究中心业务主管、未来问题研究小组组长。
E—Mail：juergen. turek@lrz. uni—muenchen. de
玛努埃拉·格拉布（Manuela Glaab）博士
德国问题研究小组组长
E—Mail：uf204bo@mail. lrz—muenchen. de
施特凡·拉彭格吕克（Stefan Rappenglück）
青年和欧洲问题研究小组组长
电话：089 / 2180 1342
E—Mail：rappenglueck@fgje. de

附录 2：应用政治研究中心 5 个研究小组

贝特斯曼政治研究小组
电话：089 — 2180 1300
电传：089 — 2180 1329
E—Mail：cap. office@lrz. uni—muenchen. de
欧洲问题研究小组
电话：089 — 2180 1300
电传：089 — 2180 1329
E—Mail：cap. office@lrz. uni—muenchen. de
未来问题研究小组
电话：089 — 2180 5950
电传：089 — 2180 5850
E—Mail：global. futures@lrz. uni—muenchen. de
青年和欧洲问题研究小组
地址：Prinzgregentenstrasse 7 D—80536 München
电话：089 — 2180 1340

电传：089 － 2180 1341
E—Mail：sekretariat@fgje. de

德国问题研究小组

地址：Oettingenstr. 67 D—80538 München
电话：089 － 2180 9080
电传：089 － 2180 9087
E—Mail：fgdeutschland@lrz. uni—muenchen. de

汉堡亚洲研究所 (IFA)

Institut für Asienkunde

地址：Rothenbaumchaussee 32，20148 Hamburg
电话：+49（0）40—428874—0
传真：+49（0）40—4107945
网址：www.duei.de/ifa
E—Mail：ifa@ifa.duei.de

汉堡亚洲研究所在德国联邦议会和外交部倡议下于1956年建立，是西欧最大的从事亚洲问题研究且研究成果显著的研究机构。汉堡亚洲研究所是德国外交部的智囊机构，在世界上拥有很高的知名度，其研究成果受到国内外的重视。创始人亦即第一任所长为德国前驻华大使佩尔·菲舍尔（中国名字斐培宜）的父亲马丁·菲舍尔。马丁·菲舍尔是一位学识渊博的中国通，解放前曾先后担任德驻华公使和总领事。汉堡亚洲研究所现任所长为维尔纳·德拉贡（Werner Draguhn）博士。汉堡地处港口，与海外特别是与亚洲联系密切，这是该所选址汉堡的主要原因。汉堡亚洲研究所现属于德国海外研究所（Deutsches Übersee—Institut［DÜI）。德国海外研究所成立于1964年，下设有亚洲、非洲、拉美、东方国家和海外一般情况5个研究所。

德国海外研究所的任务是调查和研究这四大地区国家的社会、经济和政治情况及其发展。德国海外研究所作为一个联合组织，共拥有 40 多位科学工作者。它属于莱布尼茨科学协会。其经费一半来自联邦，另一半由汉堡州承担。

一、机构概况

汉堡亚洲研究所对亚洲国家，特别是对中国进行研究，为德国政府和有关部门提供研究报告和重要信息。汉堡亚洲研究所有科研人员 14 人，另外，它还邀请了一些客座研究人员。主要研究任务是：对亚洲国家进行研究，包括内政、外交、经济、科技、文教和社会等方面。汉堡亚洲研究所研究的重点地区和国家有中国、东南亚、日本、朝鲜和印度。为了保证信息、思想和研究资料的经常交流和促进研究工作，汉堡亚洲研究所与国内外同行保持密切联系。与莱顿亚洲问题研究所、哥本哈根亚北欧亚洲研究所、布鲁塞尔亚洲问题研究所和巴黎亚洲问题欧洲研究中心结成了“战略联盟”。在这一战略联盟和欧洲学术网的框架下，该所每年至少召开一次有关亚洲国家政治、经济和社会问题的大型学术会议。

独立自主、针对当前、联系实际是汉堡亚洲研究所的工作特点。该所不仅制定有中长期的研究规划和研究课题，而且每年都有研究计划和重点。对科研人员的岗位责任有明确的划分。2004 年汉堡亚洲研究所重点对东亚和东南亚国家的社会、经济和政治发展进行调查与研究，侧重中长期的发展走势。他们认为，这对政治、经济、社会的决策者非常重要。

汉堡亚洲研究所图书馆 2000 年拥有 65000 册图书，每年增加约 2000 册，其中 30％为亚洲语言的图书。订有约 280 种期刊，其中 70 种为东亚语言。汉堡亚洲研究所图书馆有书店里买不到的“老掉牙的书籍”，是德国和欧洲惟一藏有如此之多亚洲资料的图书馆。有关中国藏书约占 40％。特别值得一提的是，该图书馆完整地收集了 1913 年以来的中国政府公报，人民日报的目录索引以及中国国家图书目录。图书馆还收集有 1949 年以来的人民日报、1929 年以来的大公报的缩微胶卷。另外，还有很多亚洲和欧洲语言的相关新闻和报刊的缩微胶卷和缩微胶片。以前，汉堡亚洲研究所图书馆数据库的所有文献资料都为西方语言，2002 年增添了亚洲语言。汉堡亚洲研究所每季度都在《亚洲》杂志的新文献栏目公布最新发表的有关亚洲的文章和著作。有关中国的文章和杂志目录每月在其《当代中国》月刊公布。

汉堡亚洲研究所的经费主要来自德国外交部和汉堡州参议院。所长德拉贡教授和另外3位副所长共同领导研究所的工作，积极寻求外来资助，以扩大经费来源。该所经常从基金会得到有报酬的委托任务。

二、政策影响

长期以来，汉堡亚洲研究所与德国外交部保持密切联系，其所长定期去外交部听取关于国际形势的吹风、汇报工作和接受研究任务。为德国政府和有关部门提供研究报告和重要信息是其工作职责。德国政府在草拟有关亚洲国家的文件和报告时，常听取该所意见，请其专家进行鉴定和评价。同时，汉堡亚洲研究所还为社会各界提供服务。它是德国最重要的亚洲问题咨询机构。汉堡亚洲研究所根据社会各方面的需求选择研究课题，向他们提供有关资料和解答他们提出的问题。另外，汉堡亚洲研究所的研究人员还通过出版书籍、发表评论、接受新闻采访向政府部门、经济界、同行以及媒体传播其研究成果，增加德国社会对亚洲和中国的了解，起着宣传和解释政府对亚洲政策的作用。

三、涉华研究

早在成立之初，汉堡亚洲研究所所长就预言，“激励我们的是预感到世界的未来将在太平洋地区”。在汉学专业还是大学里的阳春白雪，中国还在沉默的大墙背后时，汉堡亚洲研究所就将注意力集中于中国。后来对日本，还有“四小龙”国家也投入了更多的关注。汉堡亚洲研究所对中国的研究领域特别广泛，包括对外、对内政策、经济、社会、文教、科技、军事、理论、台湾、香港、澳门等问题。其研究人员不仅通过资料和信息研究中国问题，而且还应邀访华或带领德国旅游团访问中国，对中国进行实地考察访问。汉堡亚洲研究所拥有关于中国的丰富资料，不仅供该所研究人员使用，而且也向社会开放。西方国家及东欧和独联体国家的有关研究人员也常到该所查阅资料。汉堡亚洲研究所出版的关于中国的研究成果受到国内外有关方面的高度重视。其中有些研究成果还在联邦内政部下辖的“联邦政治教育中心”免费向学校和社会提供。

中国问题专家：

维尔纳·德拉贡（Werner Draguhn）博士，汉堡亚洲研究所所长，兼任德国海外研究所协会主席、德国亚洲学会副主席等职。同时，他还是欧中学术网络和欧亚研究项目等理事会成员。德拉贡 1939 年出生，曾在汉堡大学、伦敦经济政治学院和新德里经济学院学习，获文科硕士学位和经济学博士学位。德拉贡负责研究亚洲的政治、经济、社会问题。主要研究成果有："中国的经济安全"、“亚洲危机”、“亚太世纪”、“德国亚洲学会——不同文化的桥梁”、“亚洲新意识”等。为确保汉堡亚洲研究所在国际上的中国研究的优势地位，目前，德拉贡所长主要致力于该所的“管理”。

E－Mail：ifahh. draguhn@uni－hamburg. de

奥斯卡·魏格尔（Oskar Weggel）博士从 1968 年起担任汉堡亚洲研究所学术负责人，研究重点是中国和印度支那。汉堡亚洲研究所在这一领域的研究是欧洲独一无二的。魏格尔同时还担任德国亚洲学会理事，发表著作近 30 部，《中国》是其中之一。除了担任研究和协调工作外，魏格尔还是以中国为题的各种活动的积极演讲者。

E－Mail：ifahh. Weggel@uni－hamburg. de

卡尔斯滕·吉泽（Karsten Giese）哲学博士，1964 年出生，曾在柏林和台北学习现代汉学、社会学和政治学，1994 年获文科硕士学位，并多年从事中文翻译工作。吉泽曾在中国、香港和台湾地区进行较长时间的课题研究。1999 年在柏林自由大学获博士学位。自 2000 年 10 月在汉堡亚洲研究所从事研究工作，研究重点是中国的外交和安全政策、中国与台湾地区关系、中国的因特网、中国的移民问题、华侨华人问题、中国社会和文化的转变等。吉泽现为德国亚洲学会成员。主要研究成果有：“脱离土地走向世界—改革、市场和全球化前提下的中国移民问题”等。2004 年的研究课题是“中国向德国移民问题”。

E－Mail：ifahh. giese@uni－hamburg. de 或 karsten@uniterra. net

海克·霍尔比希（Heike Holbig）博士，研究方向是中国和香港问题，研究领域包括中国的内政、政治经济的转变过程、私有经济的利益协会、媒体政策和欧亚关系。2002 年 2 月霍尔比希在德国《国际政治》月刊发表题为“中国国际态度转变？在全球反恐联盟中的国家利益”的文章。认为中国在反恐联盟国际合作框架内追求自己的利益。2004 年的研究课题是“私营企业主对中国政党组织的挑战”。

E－Mail：holbig@ifa. duei. de

刘泽凯（Jen－ Kai liu）博士，研究方向是中国和澳门，研究领域是内政（人员、组织情况等）。2004 年的研究课题是“中国政治体系中人际关系的重要性”。

E－Mail：liu@ifa. duei. de

吕迪格·马柴茨基（Rüdiger Machetzki）博士，研究方向是东盟国家、印尼、中国等，研究领域是改革问题、经济、亚洲地区发展、东盟等。2004 年的研究课题是“全球化条件下民主参与对东亚国家社会经济发展的重要性”。

E－Mail：machetzki@ifa. duei. de

冈特·舒赫（Günter Schucher），1951 年出生，曾在汉堡和天津学习汉学和历史。担任德国亚洲学会业务主管和《亚洲》杂志的责任编辑。舒赫同时还是汉堡汉学协会、德国中国问题研究联合会等组织成员。研究方向是中国，研究领域包括政治和社会，重点是中国的劳动市场、社会转变和企业改革等问题。主要研究成果有：“全球化压力下的亚洲”、“中国国有企业人事政策问题”、“中国就业结构的转变”等。2004 年的研究课题是“中国农村劳动力市场的发展”。

E－Mail：ifahh. chb@uni－hamburg. de 或 schucher@duei. de

玛戈特·许勒（Margot Schüller）博士，研究方向是中国和香港，研究领域包括经济、财政和工业政策以及欧盟和亚洲关系。1986—1990 年在德国帕德博恩大学获经济学博士学位，博士论文题目是“中国农业产权结构改革”。1983—1985 年在中国辽宁大学学习。主要研究成果有：1999 年，“香港金融市场的发展”；2000 年，“全球化对中国社会的挑战”；2002 年 8 月，在德国《当代中国》月刊发表题为“中国—德国在东亚的最重要伙伴？”一文，文中分三个阶段回顾了德中关系的发展，并展望了德中经济关系的发展前景。指出，90 年代以来，中国在德国企业的全球战略中的地位迅速提升，中国是继日本之后德国在亚洲的第二大投资对象国。2000 年上半年，中国超过了日本，成为德国在亚洲的最大贸易伙伴，中国是继美国之后德国在欧洲地区以外的第二大贸易伙伴。德国企业在进行新的投资决策时，不仅首先考虑的是中国，而且越来越将其设在其他亚洲国家的地区中心转移到中国。德国经济的战略调整不是一个孤立的行为，而是顺应了工业国家加强对中国直接投资和将在亚洲的生产流程转移到中国的趋势。由于中国作为投资地的吸引力不断增加，德国亚太经济委员会认为，发展的趋势是，德国的企业将其地区中心从香港和新加坡直接转移到中国大陆。据东亚联合会估计，近来德国企业在进行投资决策时，中国占有优先地位。如果要在亚洲投资，中国始终被列为优先名单中的首位。德国企业也在考虑将生产地从亚洲其他地方转移到中国是否有意义。东亚联合会认为，亚洲危机使很多德国企业对其在东盟地区的投资感到失望，在落实东盟免税区问题上进展缓慢也吓住了不少德国企业，相比之下，中国是一个统一关税的市场。在工资成本和资本货物市场方面中国的吸引力远比其邻国大。资本货物的需求也会持续不断增加，因为日本和朝鲜将继续把生产地转移到中国。对于东亚联合会常任理事会主席沃尔夫冈·尼德玛克（Wolfgang Niedermark）而言，现在的发展趋势是"四小虎"国家在德国企业投资决策中将受到冷落，而这将对中国有利。总体来看，很多德国经济界的代表都积极评价德中经济关系的发展潜力。西门子公司董事长海因里希·冯·皮尔（Heinrich von Pierer）甚至认为，东亚在德国对外贸易中所占份额中期有可能从现在的12%上升到15%，长期有可能上升到20%。2003年，许勒撰写了"德中关系的结构转换"文章。2004年的研究课题是"全球化与中国社会的发展"等。

E－Mail：ifahh. schueller@uni－hamburg. de

布龙希尔德·施泰格尔（Brunhild Staiger）博士，研究方向是中国和香港，研究领域包括文化、教育、科学等。2004年的研究课题是"孔夫主义是否在中国复兴?"。

E－Mail：staiger@ifa. duei. de

汉斯—维尔姆·许特（Hans－Wilm Schütte）博士，研究方向是台湾，研究领域包括政治、社会、经济等。

奥勒·德林（Ole Döring）文科硕士，研究项目是中国的医学伦理。

斯特凡·弗里德里希（Stefan Friedrich），哲学博士，1965年出生，曾在弗莱堡、上海、巴黎和海德堡学习现代汉学和政治学，在中国和英国进行短期的学者访问。1999年在海德堡大学被授予博士学位，博士论文题目是"欧盟对中国的感知"。1997年10月起弗里德里希在汉堡亚洲研究所做研究工作，研究重点是中国的外交政策，特别是中欧关系。研究项目是编写中国手册，包括台湾、香港、澳门地区。主要研究成果有："中国与欧盟—中国看欧洲的世界政治作用"、"中国正在成为一个可预见的大国"、"90年代的欧洲与中国"、"德国与中国以及台湾、香港和新加坡的关系"等。

E－Mail：ifahh. chb @ uni－hamburg. de 或 stefan _ friedrich @ yahoo. com

托玛斯·霍佩（Thomas Hoppe）博士，研究项目是西藏问题。

沙勒斯·拉姆布勒（Charles Ramble）博士，研究项目是西藏问题。

托玛斯·莱欣巴赫（Thomas Reichenbach）博士，研究项目是中国私有经济的利益协会。

附：汉堡亚洲研究所近年有关中国研究的报告和重要文章

1. Hans Au － Das Wettbewerbsrecht der VR China ，MIA China，2004

2. Robert Heuser/Roland Klein（Hg.）－ Die WTO und das neue Ausländerinvestitions－ und Aussenhandelsrecht der VR China. Gesetze und Analysen ，MIA China，2004

3. Anja D. Senz － Korruption in Hongkong ，MIA China，2003

4. Beate Geist － Die "neue Menschheit" in Chinas Grossstädten ，MIA China，2003

5. Margot Schüller（Hrsg.）－ Strukturwandel in den deutsch－chinesischen Beziehungen ，MIA China，2003

6. R. Heuser － "Sozialistischer Rechtsstaat" und Verwaltungsrecht in der VR China（1982－2002），MIA China，2003

7. Werner Draguhn（Hrsg.）－ Chinas und Japans Bedeutung für Ostasien und die Weltwirtschaft，MIA China，2003

8. Gelingt die politische Steuerung der wirtschaftlichen Dynamik in China?，in：Draguhn，Werner（Hg.），Chinas und Japans Bedeutung fär Ostasien und die Weltwirtschaft，Hamburg：Institut für Asienkunde 2003，S. 60

—78

9. Chinas neue Regierung, Zur Sicherung politischer Legitimität nach dem X. Nationalen Volkskongress, China aktuell, März 2003

10. Andreas Blume — Chinas Beitritt zur Welthandelsorganisation, MIA China, 2002

11. Gunter Schubert — Chinas Kampf um die Nation , MIA China, 2002

12. Jörn — Carsten Gottwald — Regionalpolitik in der chinesischen Provinz Hainan , MIA China, 2002

13. Robert Heuser — Einführung in die chinesische Rechtskultur, MIA China, 2002

14. Scheerer & Raszelenberg — China, Vietnam und die Gebietsansprüche im Südchinesischen Meer , MIA China, 2002

15. Sebastian Heilmann und Jörn—Carsten Gottwald — Der chinesische Aktienmarkt, MIA China, 2002

16. The Evolution of China' s Political System. New Rules for Communist Party Rule?, in: Holbig, Heike/ Ash, Robert (Hg.), China' s Accession to the World Trade Organization. European and Chinese Perspectives, Richmond: RoutledeCurzon 2002, S. 159—168

17. Konfliktpotenziale und Lösungsstrategien in der VR China, in: Kurtenbach, Sabine/ Mehler, Andreas (Hg.), Die Vielfalt von Gewaltkonflikten. Analysen aus regionalwissenschaftlicher Perspektive, Hamburg: DüI 2002, S. 131—152

18. Fünf Jahre Hongkong in der VR China. Die Grenzen verschwimmen, China aktuell, Juni 2002

19. Die Politik entdeckt die"benachteiligten Gruppen". Die 5. Plenartagung des IX. Nationalen Volkskongresses, China aktuell, März 2002

20. Wende im internationalen Verhalten Chinas? Nationale Interessen in der globalen Antiterrorallianz, Internationale Politik, Februar 2002, S. 1—6

21. Chinas Reaktionen auf die Anschläge des 11. September, China aktuell, September 2001, S. 976—982

22. Agnes S. Schick－Chen － Urheberrecht an der Taiwan－Strasse, MIA China, 2001

23. Björn Alpermann － Der Staat im Dorf: Dörfliche Selbstverwaltung in China, MIA China, 2001

黑森和平与冲突研究基金会

Hessische Stiftung Friedens und Konfliktforschung（HSFK）

地址：Leimenrode 29 D－60322 Frankfurt am Main
电话：(069) 95 91 04－0
电传：(069) 55 84 81
网址：www. hsfk. de
E－Mail：info@hsfk. de

黑森和平与冲突研究基金会又名“黑森州基金会”，1970 年在法兰克福市由德国黑森州政府作为独立的公民法人基金会成立。黑森州宪法保障该基金会完全拥有科学自由。黑森和平与冲突研究基金会“不接受任何委托性研究”，研究工作“完全自由”，主要研究“在不使用军事武力的条件下解决冲突”以及“促进和平进程所需要的条件”等问题。黑森和平与冲突研究基金会 66％的经费来自黑森州政府，2000 年预算约 170 万马克，余下部分来自社会捐款。黑森和平与冲突研究基金会是德国最大的和历史最悠久的和平问题研究机构，其高水平的研究和针对当前形势的特点，在和平与安全政策方面，对德国政府起到了重要咨询和智囊作用。有关不扩散大规模杀伤性武器的战略研究使该所和它的领导人哈拉尔德·米勒名声大振。东西方冲突的结束并没有使世界进入一个和平期的愿望得以实现，而后发生了很多冲突。现在比以前任何时候都更需要加强对和平问题的研究。过去军备、裁军、缓和与军备控制是黑森和平与冲突研究基金会研究的重点，而现在其研究课题的范围更加广泛。巴尔干、近东和中亚地区的冲突、民族主义的危险、欧洲一体化问题、大规模杀伤性武器扩散、环境冲突、世界上越来越多的人陷入贫困、恐怖主义都是黑森和平与冲突研究基金会研究的重点。

一、成立背景

“世界上总是发生冲突—社会的、政治的和经济的冲突。我们必须理智地应对和解决这些冲突，而又不能使人们的自由受到限制。”1970 年 10 月 30 日，时任黑森州州长阿尔伯特·奥斯瓦尔德向黑森和平与冲突研究基金会临时董事会（恩斯特·奥托·陈皮尔教授等人）颁发黑森和平与冲突研究基金会证书时讲了这番话。在此前一年奥斯瓦尔德发表政府声明时，要求黑森大学为建立一个和平与冲突研究所拟定计划。法兰克福市政府也支持建立一个和平问题研究所的计划。1970 年夏，一个由 11 名科学家组成的委员会为规划中的研究所的目的、任务范围和组织提出了一项计划。计划的主要内容是：黑森和平与冲突研究基金会研究和探讨冲突产生的原因、调解和解决冲突的可能性。基金会的研究工作不仅限于对产生冲突的条件进行分析，而且要在分析的基础上，研究和提出富有创意的转变局势和解决问题的方案，目的是要使国际和各国减少使用武力、增加社会公正和政治自由。在这一文件基础上，1970 年 7 月 22 日黑森州政府决定成立黑森和平与冲突研究基金会，并于 9 月 15 日颁布了有关法律规定。黑森和平与冲突研究基金会成立于东西方缓和进程的初期，主要集中研究东西方冲突、军备动力、军控和裁军问题。70、80 年代，黑森和平与冲突研究基金会对其研究计划进行了修改和扩展，研究项目扩大到南北范围和其对东西方冲突的相互作用。黑森和平与冲突研究基金会将基础研究落实到实际的政策咨询工作之中。90 年代初，国际体系急剧变化要求其重新确定研究重点和特色。1991 年，在一个国际、社会、经济和技术变革时期，黑森和平与冲突研究基金会的研究项目主要集中于“合作理论与实践—欧洲对和平的贡献”问题上。这也包括全球和地区发展对欧洲和平进程可能产生的影响。重点从对战争根源的研究转向分析和拟订创建和平和采取非武力办法解决国家间和社会内部冲突的条件。2000 年黑森和平与冲突研究基金会进入其第 4 个科学发展阶段。这一阶段的研究项目是“民主与和平的相互矛盾”，任务是审查民主国家必然是和平的，实施西方民主化必然大有希望的和平战略思想。分析民主国家保证和平的能力及其面临的危险，并提出对内、对外和平政策的行动选择。

二、机构概况

黑森和平与冲突研究基金会设有委员会、董事会、研究所委员会、科学顾问委员会和科学委员会。委员会负责监督基金会的业务领导工作和批准预算。成员有：黑森州州长罗兰德·科赫（任委员会主席）、黑森州科学与文化部长乌铎·科尔茨、黑森州财政部长卡尔海因茨·魏玛尔；三位公众代表和三位研究所代表。董事会负责领导基金会的业务工作，董事会成员包括两名研究小组组长和两名科研人员，其每两年由研究委员会选举产生。研究所委员会由黑森和平与冲突研究基金会科研人员组成，负责制定研究所的研究计划和研究项目。科学顾问委员会负责制定和实施黑森和平与冲突研究基金会的研究项目。科学委员会每 4 年由基金会董事会任命一次。科学委员会的 9 名科学家来自美、英、德、瑞典等国。

黑森和平与冲突研究基金会主要负责分析和研究国际和国内武力冲突产生的根源、如何减少使用武力和加强公正，为建立和平创造条件。研究重点根据不同时期的要求进行调整。冷战时期，研究重点是促进缓和、军备控制和裁军以及东西方冲突和南北冲突的相互影响。冷战结束后，调整了研究重点，主要研究“欧洲合作的理论和实践对和平的贡献”问题。涉及以下 9 大问题：（1）欧洲新政治秩序的问题和内容，欧安会、北约组织、西欧联盟、欧共体和欧洲经济联盟在欧洲政治新秩序中的作用以及欧洲对外关系。（2）实行世界范围的军控和裁军，特别是不继续扩散大规模毁灭性武器的战略。（3）太空军备和导弹防御。（4）世界经济的分配问题，特别是资源分配的冲突问题。（5）发展与民族组成，特别是中、东、南欧的发展与民族组成问题。(6) 环境与发展的关系。(7) 社会化与和平教育。(8) 欧洲文化面临的挑战。(9) 亚洲和中国问题。东西方冲突结束后，其研究兴趣主要是分析和研究国内和国际冲突的原因，探索预防冲突的可能性，推动不诉诸军事武力解决冲突的步伐。调查欧洲安全与合作组织、北约、西欧联盟以及欧盟在欧洲政治新秩序中的作用、世界经济的分配、东南欧的发展和国家组合，研究世界范围内实行军备控制的条件和裁军。

黑森和平与冲突研究基金会共有工作人员 41 人，其中研究人员 19 人。其研究人员都具有较高的理论和研究水平，一些人还在国内外大学兼任客座教授或承担讲课任务。另外，黑森和平与冲突研究基金会的波恩分部有 4 名研究人员。每年负责就当前安全问题举行一次学术研讨会。黑森和平与冲突研究基金会原设军控和裁军、国际组织、发展和民主化、防止使用武力和冲突干预 4 个研究小组。调整后，现在分为三个研究小组。第一研究小组的研究项目是军备监督与裁军。其任务是观察军备的发展过程及其原因。研究军备和军控的决策程序。与国家和欧盟层面的防务决策者保持经常性的对话。目的是为民主国家外交政策制定一项适应新国际关系的军控和裁军计划。第二研究小组的研究项目是国际组织、民主和平与法律控制。主要负责调查和研究民主、国际组织、法律与和平之间的相互关系。其理论根基是康德的永久和平思想。康德认为保持稳定的国际和平秩序的三个条件是：共和制宪、加强贸易关系和国际组织。以前，社会科学主要研究前两个和平支柱。现在更注重研究国际组织，认为，国际组织是建立民主和平的关键。研究集中在国际组织在建立民主和平中的作用、国际组织的民主化政策和国际组织与民主国家间的关系三个方面。第三研究小组的研究项目是民主化和社会内部的和平。负责研究民主化与社会内部和平之间的相互关系，重点是民主国家如何对和平解决外部冲突施加影响和民主进程对和平解决内部冲突的影响。

黑森和平与冲突研究基金会图书馆是德国和平与冲突研究方面藏书最丰富的图书馆。图书馆专门设有“美国外交政策”收藏室，是欧洲惟一的有关美国外交政策文献和文件的收藏地。黑森和平与冲突研究基金会图书馆藏书 28500 册、4000 多份联合国文件、12500 份美国文件、200 份杂志。图书馆首先供该会研究人员使用，同时也向社会开放。黑森和平与冲突研究基金会图书馆是国际关系专业信息联盟的成员。该联盟承担着德国范围的信息服务任务。参加国际关系专业信息联盟的 10 个研究所共同建立了德国最大的社会科学文献和资料数据库，不仅为科学人员而且也为政治实践者使用。

三、政策影响

政策咨询是黑森和平与冲突研究基金会的一项重要工作任务。在如何尽早认清冲突产生的根源，防止其发展为武力冲突方面，提出政治解决冲突的办法和建议，为政治决策提供选择和引导公众讨论等。多年来，黑森和平与冲突研究基金会的研究工作以应用为目的，特别是冷战结束，苏东剧变，欧洲民族矛盾、地区冲突增多，该所积极调整工作重点，以适应形势的需要。其研究成果更加受到德国政府和各界的重视，需求不断增加。黑森和平与冲突研究基金会的研究工作为和平解决冲突作出了重要贡献。提出的对策建议对德国联邦和各州的政策、工会、政党、科学界以及媒体都起到了重要作用。黑森和平与冲突研究基金会的研究报告每年发表 10 份，呈报的对象是政治决策者。《和平鉴定》也是一份很有分量的研究成果，通过深入的分析研究，对当前的冲突以及外交和安全政策问题作出鉴定，并提出政策建议。

四、中国研究

黑森和平与冲突研究基金会的原发展和民主化研究小组的研究领域涉及亚洲和中国。该小组主要是从社会发展和安全角度对亚洲和中国进行研究。多年来，时常有涉及中国问题的研究成果发表。

中国问题专家：

恩斯特—奥托·岑皮尔（Ernst－Otto Czempiel）博士教授，黑森和平与冲突研究基金会创始人之一，德国 10 大知名教授之一，安全政策问题专家。1927 年出生，先后在柏林和美因兹学习历史、哲学和英国语言文学。1956 年在美因兹大学获博士学位。之后多年在德国大学任教。期间曾到美国大学作客座研究。1966 年起，在德国马尔堡和法兰克福大学任国际政治和外交政策教授。1970—1997 年任黑森和平与冲突研究基金会理事和研究小组组长。冷战后，岑皮尔教授针对当时的国际形势，撰写了多篇分量很重的战略性研究报告。如1998年撰写的“和平战略”、2000年的“相互依存时代的干预”、2002年的“变革中的世界政治”和“欧洲的新安全”等文章。岑皮尔教授曾多次到中国讲学和访问，他撰写的很多重要文章涉及中国。

E—mail：sanner@hsfk. de

彼得·克罗伊策尔（Peter Kreuzer）博士，1961年出生，所学专业有汉学、政治学、哲学、东亚政治以及中国语言文学，1990年获硕士学位，1995年获博士学位。1992—1995年克罗伊策尔在杜塞尔多夫大学东亚学院任教。1996—1998年参加德国科学研究会“中国政治控制的文化基础”研究项目。1999年起为黑森和平与冲突研究基金会科研人员。克罗伊策尔现为黑森和平与冲突研究基金会研究委员会副主席，发展与民主化研究小组成员。对中国问题颇有研究，主要研究成果有：“中国，最后的稳定支柱”、“社会主义市场经济和中国的传统”、“亚洲看世界：科索沃是美国全球霸权的组成部分”等。

E—mail：kreuzer@hsfk. de

五、出版物

黑森和平与冲突研究基金会的主要出版物有《黑森和平与冲突研究基金会研究》、《黑森和平与冲突研究基金会报告》、英文版《黑森和平与冲突研究基金会报告》、《黑森和平与冲突研究基金会观点》、《和平分析》、《和平鉴定》以及《文献汇编》等。其中《黑森和平与冲突研究基金会研究》在德国卡姆普斯出版社出版。黑森和平与冲突研究基金会出版的专著和文集包括其基础研究成果、和平与安全政策论文和科学会议简报。黑森和平与冲突研究基金会发表的所有文章都要经过外部专家鉴定。《黑森和平与冲突研究基金会报告》内容包括对现实问题的分析和行动建议。每年发表10份，呈报的对象是政治决策者和媒体。自1987年黑森和平与冲突研究基金会发表英文版《黑森和平与冲突研究基金会报告》，其内容主要针对国外的信息传播者。《黑森和平与冲突研究基金会观点》对当前问题的讨论发表尖锐的看法。其对象是对和平与安全政策感兴趣的读者。自1993年每年至少出版6期。《和平鉴定》是1987年以来德国5大和平研究机构联合发表的年鉴。除黑森和平与冲突研究基金会外，5大研究所还包括汉堡大学和平与安全研究所、海德堡新教学会、波恩国际变换中心和杜伊斯堡发展与和平研究所。《和平鉴定》通过深入分析和研究，对当前的冲突以及外交和安全政策问题作出鉴定，并提出政策建议。

汉堡大学和平与安全政策研究所

Institut für Friedensforschung und Sicherheits politik an der Universität Hamburg（IFSH）

地址：Falkenstein 1，22587 Hamburg
电话：+49（040）866 0770
电传：+49（040）866 3615
网址：http：//www. ifsh. de
E－Mail：ifsh@rrz. uni－hamburg. de

汉堡大学和平与安全政策研究所 1971 年作为“公民法人基金会”成立。1970 年，德国科学委员会建议促进对和平关系重大问题的研究。根据这一建议，汉堡州政府决定成立和资助汉堡大学和平与安全政策研究所。为此专门建立了基金会，目的是在和平问题研究框架内专门研究安全问题、促进科学人才的成长和研究成果的发表。汉堡州政府是基金会的承办人。德国联邦国防军创史人之一沃尔夫·格拉夫·鲍迪辛将军任汉堡大学和平与安全政策研究所第一任所长，德国社民党著名安全问题专家、前德国部长埃贡·巴尔也曾多年担任该所所长。汉堡大学和平与安全政策研究所的经费主要来自汉堡州政府和第三者赞助，有些研究项目由联邦国防军协会资助。

一、基本情况

汉堡大学和平与安全政策研究所现有 40 名工作人员，其中一半为研究人员。赖因哈德·穆茨任代理所长。另外，还有外国的研究人员、联邦国防军军官、德国外交部官员等在该所从事研究。

汉堡大学和平与安全政策研究所的工作受基金会董事会、管理委员会、科学咨询委员会和研究所委员会领导。汉堡大学和平与安全政策研究所下分欧洲和平与安全研究中心、欧洲安全与合作组织研究中心和裁军、军备控制与风险技术跨学科研究小组三个部分。欧洲和平与安全研究中心的任务是专门研究欧洲安全政策问题。该中心与国内外很多重要研究机构发展和保持密切关系。其研究重点是防止使用武力和军队在和平与安全政策方面的作用。欧洲安全与合作组织研究中心是世界上第一个专门研究欧安组织的研究机构。该中心是一个政治上独立的研究机构，试图通过研究欧安组织的结构、手段和活动，力求对欧安组织的能力和局限性作出切合实际的评价，支持欧安组织为有效预防危机、巩固和平和建设一个欧洲安全秩序作出努力。目前，研究的重点是欧安组织在危机预防和管理方面的活动范围、加强欧安组织在和平民主化和稳定方面的能力。目的是通过加深对欧安组织前景的理解，推动欧安组织的发展。服务对象是德国和欧安组织的政治活动家以及学术群体和广大公众。裁军、军备控制与风险技术跨学科研究小组负责对促使增加军备的因素和军备控制与裁军的可能性进行研究。其工作特点是将自然科学与社会科学相结合，进行跨学科的研究。研究重点是：东西方冲突结束后，军备控制、裁军和不扩散的基础、可能性和形式，研究和拟定军备控制计划等。

汉堡大学和平与安全政策研究所图书馆现有约 26000 部（册）专著和期刊，以及约 140 种国内外杂志。收藏文献的重点是：国际组织、冲突理论、和平研究、安全政策、裁军、军控合作等方面。此外，图书馆还藏有关于欧安组织、东南欧和中亚国家以及多数民族与少数民族关系的研究文献。目前，汉堡大学和平与安全政策研究所正在建设一个欧安组织文献资料馆，并与日内瓦大学国际研究学院和苏黎世联邦技术大学合作，建立相关的全文数据库。

二、研究任务和特点

汉堡大学和平与安全政策研究所主要任务是对东西方冲突和欧洲问题进行研究。重点是研究欧洲安全、军备控制、中东欧、高加索和中亚地区的转变过程以及世界内政问题。对欧安组织发展和集体安全问题进行研究和讨论，发表论文集也是该所的一个特色。20 世纪 70 年代汉堡大学和平与安全政策研究所主要研究军控合作、战略稳定、建立信任措施和集体安全等问题。80 年代中，在对当时实施的安全政策进行批评性的总结分析的基础上提出了共同安全计划。起草共同安全计划和提出制定这一计划的政治和军事条件，是该所 80 年代后半期的工作重点。随着苏、东剧变和东西方政治和军事对峙的结束，共同安全的前提已经具备。汉堡大学和平与安全政策研究所的工作重点除东欧外，已转向研究欧洲和平秩序和全欧集体安全体系结构。“9·11”恐怖袭击后，世界安全形势发生很大变化，非传统的安全威胁越来越重要，该所积极调整工作重点，加强了对新安全威胁的研究，特别是在防止和克服这些威胁方面力求拿出高质量的研究成果。

三、政策影响

从“军控合作”、“共同安全”到“集体安全”，合作解决问题这一主导思想，一直贯穿于汉堡大学和平与安全政策研究所的和平与安全政策研究的整个工作中。该所不仅对 20 世纪 70—90 年代不同时期的国际安全形势进行了全面分析，而且以应用为目的，对形势和问题提出了具有前瞻性的研究成果。80年代中期，汉堡大学和平与安全政策研究所提出了“共同安全计划”，认为“在核时代，安全问题不再是相互对抗，而且只有通过相互给予才能实现”，邻国和对手都必须考虑安全问题，“共同安全的目的是克服通过继续武装或反武装达到持久和平的观念”。该所的这一“共同安全计划”是在政治条件不断变化的情况下提出的，符合当时的实际情况和行动要求。对德国政府的安全政策具有很大影响。另外，汉堡大学和平与安全政策研究所举行的很多活动非常重要。如1989年3月28日，即在柏林墙倒塌之前，在汉堡大学和平与安全政策研究所，德国联邦国防军和民主德国国家人民军高级军官举行了第一次“将军会晤”。1992年3月11日，戈尔巴乔夫访问汉堡大学和平与安全政策研究所，并作重要演说。1993年2月，汉堡大学和平与安全政策研究所举办裁军和军备控制问题学术交流会，提出了第一份欧洲安全新秩序计划草案。这些活动在德国和国际上产生了重大反响。多年来，汉堡大学和平与安全政策研究所研究工作受到德国政府的重视和支持。1996年9月，汉堡大学和平与安全政策研究所成立25周年，德国总统、汉堡市市长等政府要员到会祝贺并讲话。1997年5月7日，德国前总理施密特应该所所长邀请做关于“全球化与其对经济和民主的影响”的重要报告。2000年1月6日，汉堡大学和平与安全政策研究所的欧洲安全与合作组织研究中心成立，受到德国政府的高度重视，联邦总统约翰内斯·劳参加了成立活动。

四、出版物

汉堡大学和平与安全政策研究所的工作成果以多种形式出版和发行：论文、丛书、专著、年鉴与和平报告。汉堡大学和平与安全政策研究所的大部分出版物是“民主、安全、和平”（以前是军事、军备、安全）方面的丛书。出版的4个系列丛书是：提供给专业群体的《汉堡和平研究与安全政策论文集》、适合广大公众阅读的《汉堡和平研究与安全政策信息》、针对学校或学校以外教育工作编写的《教育信息》和《汉堡和平研究与安全政策报告》。除《年度报告》、《欧洲安全与合作组织研究中心工作报告》外，汉堡大学和平与安全政策研究所自1991年还出版《汉堡大学和平与安全政策研究所——时事》，向感兴趣的公众通报有关研究所的新项目、活动、出版发行等情况。汉堡大学和平与安全政策研究所还参与撰写《和平鉴定报告》，这是一项自1987年以来由很多研究机构共同完成的工作。《和平鉴定报告》以年鉴的形式发表，内容包括国际冲突事件、欧洲和世界面临的紧迫和潜在的和平威胁。1994年起该所还出版德、英、俄版的《欧安组织年鉴》。特别值得一提的是，汉堡大学和平与安全政策研究所出版的《安全与和平（S+F)》季刊，在国内外知名度很高。

弗里德里希·艾伯特基金会

Friedrich－Ebert－Stiftung（FES）

地址：Godesberger Allee 149，53175 Bonn
电话：49（0）228/883－0
传真：49（0）228/883－396
网址：http//www.fes.de
北京代表处地址：朝阳区新东路1号塔园公寓3－1－21室
电话：010－65324368
邮编：100600

弗里德里希·艾伯特基金会是德国历史最悠久、规模最大的政治基金会，也是欧洲最大的工人运动基金会。艾伯特基金会成立于1925年，为纪念第一位民主选举产生的德国总统、社会民主党人弗里德里希·艾伯特而成立，并以其名字命名。弗里德里希·艾伯特从一个普通工人发展为国家最高领导人。1933年希特勒上台后艾伯特基金会遭到取缔。二战后，随着政党的重建，1947年社民党率先重整艾伯特基金会。艾伯特基金会是德国社民党影响下的公益性机构，作为德国现执政党社民党最重要的思想库，实际上为社民党制定内外政策发挥咨询作用。艾伯特基金会会长霍尔格尔·伯尔纳为前黑森州州长。

一、机构概况

艾伯特基金会长期坚持的几大工作是：以民主思想对各方面的人士进行政治和社会教育；促进国际谅解和建立与发展中国家的伙伴关系；赞助有天赋的青年深造和升迁；在经济学和社会科学、社会史和当代史领域进行联系实际的研究和资助这种研究；为国内外政策决策机构提供咨询，特别是在经济和社会政策领域；资助国内外学者进行互访和考察。艾伯特基金会在国内有 14 个教育中心，1974 年以来用于成人教育的经费接近 3 亿马克。2001 年仅在德国就有 15 万多人参加了艾伯特基金会组织的 3000 多次培训活动、讨论会和专业会议。2001 年共资助 1700 名大学生学习，其中 300 名来自国外。2004 年艾伯特基金会的工作重点是：社会公正和改革政策；民主文化、社会和现代国家；革新和未来安全；共同塑造全球化。

艾伯特基金会现有工作人员 560 人（2002），在国外 60 多个国家设有代表处并派有工作人员，在约 100 个国家有合作项目。艾伯特基金会工作分为政治教育、奖学金、研究与咨询、国际工作 4 个部分。研究与咨询部分下设社会史和现代史、“中心任务”、经济和社会政策研究和咨询中心、国际政治分析 4 个部门。其中“中心任务”部门的主要工作是促进决策者与工会、政治、经济、科学、媒体、社会组织和行政管理部门间的对话、组织德国企业领导与德国政界的对话、定期组织讨论会、报告会、专业研讨会、专家会议，目的是促进信息与经验交流和深化相关对话，以鉴定报告、分析和专题报告形式向艾伯特基金会的伙伴和广大公众提出实用的解决问题的建议。经济和社会政策研究与咨询中心的工作目的是将科学研究成果用于政策咨询和促进政治、科学和实践三者间的对话。国际政治分析部分的任务是支持艾伯特基金会在欧洲、北美和日本的科学鉴定工作和将其在国际合作中的经验带入德国的政治讨论中。其出版物有：《欧洲政治》、《和平与安全》、《全球化与公正》、《欧洲政体网上学术交流会》、《国际政治与社会》、《政治信息》、《欧洲讲座》、《东欧政治信息》、《欧洲一体化工作小组工作报告》、《各国情况分析》等。

艾伯特基金会国际工作的目的是促进和平、多元化、法治国家、社会公正和使用非武力手段解决国家和社会冲突。艾伯特基金会的合作伙伴有政党、工会、联合会、研究和培训机构、群众运动、民间社会组织，也包括议会、政府机构和国际组织。艾伯特基金会驻外办事处的工作重点根据当地伙伴的需求而定。包括通过派遣短期专家访问、举办会议和讲座等进行培训、咨询和经验交流。近年，讨论和交流涉及的问题广泛，从亚、非、拉国家的民主化、中东欧的转变到欧洲的经济和政治一体化。

艾伯特基金会的经费主要由联邦和州政府拨款，少数来自私人捐赠。2002 年经费为 1.1 亿欧元。2004 年预算收入：联邦各部资助 1.03372 亿欧元，州和其他地区团体资助 279.4 万欧元，其他捐助者 267.4 万欧元，捐款 84.5 万欧元，参加活动费 97.1 万欧元，其他收入 409.6 万欧元。艾伯特基金会的国际工作主要由德国经济合作与发展部和外交部资助，有些项目由联邦各州、欧盟和世界银行资助。

艾伯特基金会图书馆拥有内容广泛、材料翔实的“社会民主主义文献档案”和有关工人运动的丰富藏书。艾伯特基金会图书馆建于 1969 年，是世界上最大的科学专业图书馆，也是德国最大的工会、国际工人运动方面的社会图书馆。图书馆最广泛地收集德国工人运动史的文献资料。其藏书包括德国工会联合会联邦理事会和联合会下属很多工会图书馆的藏书。收集的重点是工人运动史、社会史、工会和政党资料，也收集一些西欧、北美和第三世界国家的出版物以及国际工会组织和社会党国际的资料。社会史和当代史的收集包括德国社民党执委会以及德国工会和政党的原始文献资料。图书馆现有 60 余万册图书、小册子和期刊，6 万个缩微片和胶卷。每年新增 1.2 万册。图书馆每年订阅 2000 份报纸和期刊。目前，1000 多种期刊已做成缩微胶卷。图书馆与国内外多家同行保持密切联系与合作。该馆工作得到德国研究学会的大力支持。

二、政策影响力

艾伯特基金会的代表作为专家经常参加德国联邦议会各委员会的专题会议和听证会。而且在多数情况下，也参与议会委员会和议会小组的出国访问的准备工作和出访计划的实施。为了交流意见和信息，艾伯特基金会的代表经常参加外交政策范围的会谈。迄今每一位联邦德国总理为了实现其外交抱负都把与自己政党亲近的基金会作为重要信息来源和交流关系的场所。1998年社民党上台执政以来，联邦总理府是接受艾伯特基金会咨询的重要部门。艾伯特基金会在德国外交政策方面发挥两大作用：一是对政府的外交政策起到补充作用。多年来，艾伯特基金会与社会党国际、各国社会党、国际自由工会联盟，以及欧盟下属机构保持着密切联系。艾伯特基金会还与联合国下属机构，如国际劳工组织、教科文组织、世界粮农组织等有着良好的合作关系。艾伯特基金会经常将其在国际上的各种联系和对国际以及它国内政形势的了解，以报告、正式和非正式会谈形式提供给德国驻外使馆、外交部和德国经济合作与发展部。补充和扩大了德国政府外交活动的信息和联系渠道。长期以来，艾伯特基金会以其特殊的政治身份，通过辛勤工作，“使德国有可能实现其长期外交政策目标，达到以传统外交工作手段达不到的目标”；二是对德国外交政策起着咨询作用。艾伯特基金会为德国制定外交政策作出了重要贡献。由于其长期在项目对象国处在政策的“灰色地带”，拥有官方外交得不到的信息。艾伯特基金会每年都要对项目对象国的情况进行总结，并提交给外交部。还通过向其亲近的社民党提供信息和咨询，使其反馈到德国外交机构，从而对德国外交政策产生影响。上述咨询工作使艾伯特基金会被看作是“政治预警系统”。一位德国政府官员说，这让“我们了解世界的发展，并及时作出政策调整”。另外，外交部的工作人员也参加艾伯特基金会举办的活动。德国驻外使馆与艾伯特基金会的工作互补，一些使馆定期召开“基金会会议”，有时使馆与艾伯特基金会进行项目合作。人们认为，“基金会是使馆合适的、渴望得到的合作伙伴”。

三、对华工作

艾伯特基金会自20世纪80年代初开始同我国对外交流协会接触，促进了德国社民党领导人应我党邀请访华。1984年5月，社民党主席勃兰特访华，建立了我党与德国社民党的友好交流关系，同时确定了我国对外交流协会与艾伯特基金会的友好合作关系。艾伯特基金会于1985年4月底在中国上海设立第一个办公室，主要对我国经济体制改革进行研究。1987年我国对外交流协会通过换文和签署备忘录接受艾伯特基金会派合作项目执行人常驻北京。1987年底艾伯特基金会在北京设立办公室，主要从事政治和社会方面的工作。在苏联解体和东欧变化后，艾伯特基金会的重点转到东欧和俄罗斯，撤消了原设在中国广播电视部和成都的两个办公室。多年来，艾伯特基金会特别是其驻京项目执行人通过举办研讨会、交换代表团、考察组、提供奖学金等方式加强与中国的交流与合作，积极促进德国发展对华关系。在环境保护、地区发展、综合安全等方面进行了很好的合作。德国社民党许多政治家通过艾伯特基金会渠道来华访问。艾伯特基金会副会长福克斯 1998 年访华时强调，艾伯特基金会愿意在对华交流与合作中提供德国的经验教训，艾伯特基金会历来不向别人推销一种模式，认为各国的经济社会发展必须从本国实际情况出发。同时也强调与我国加强人权对话。并对我国存在的一些问题提出善意的建议。福克斯表示，艾伯特基金会对华保持长期合作，特别是在 1989 年非常困难的时期坚持下来。艾伯特基金会在同世界 70 多个国家的合作中，除巴西外，只在中国设立了两个合作办公室，对华工作在艾伯特基金会对外关系中占有重要位置。并重申艾伯特基金会支持一个中国的立场，在台湾不设办公室。

四、涉华研究

艾伯特基金会认为中国很重要，重视对华研究，尤其近年涉华研究成果明显增多。在其主要刊物《国际政治与社会》上经常发表有关中国的文章。如 2001 年第 4 期和 2003 年第 3 期刊登的于尔根·卡尔（Jürgen Kahl）撰写的“中国—德国的伙伴，中德关系的挑战”和“向全球化的大飞跃，中国即将加入世贸组织”两篇文章。全面分析了中德伙伴关系的发展和面临的挑战，以及中国加入世贸的意义和影响。2002 年第 3 期发表的汉斯耶尔格·海尔撰写的题为“中国的改革进程与其他转型国家的比较”一文，称中国的改革取得了很大成功，改革以来，经济一直保持高速增长。中国取得成功的秘诀是，逐步走出计划经济，采取了双重战略：一是改革国有企业；二是允许建立新企业。认为逐步走出计划经济可以避免投资过热和出现转型危机。中国通过在国际资本流通方面进行严格的对外经济调控，保证改革进程的顺利进行。尽管中国改革取得了很大成功，但仍存在不少问题，如国有企业与金融系统的问题，滞后的私有化等，中国还需进一步推进改革。但有一点需特别指出的是，他认为中国改革之所以取得现在的成果，主要归结于中国政治和社会的稳定。此外，艾伯特基金会驻京办事处经常举办或与中国合作伙伴、研究机构联合举办中国问题研讨会，邀请两国学者等参加，相互切磋和交流。这样的活动很多，这里不一一列举。

五、出版物

艾伯特基金会的主要出版物有《国际政治与社会》、《社会史文献》、《欧洲讲座系列》、《东欧政治信息》、《新社会/法兰克福分册》、《弗里德里希·艾伯特基金会数字图书目录》、《网上信息》等。

附：弗里德里希·艾伯特基金会组织结构图

理事会、成员大会、管理委员会、业务领导

新闻和中心任务：妇女项目协调处
新闻和公众工作处
中心任务处
波恩会议中心协调处
审查处

政治教育：政治学院处
社会政策信息处
东部对话处

国际合作：国际发展合作处—非洲、亚洲和太平洋地区、拉美和加勒比地区、中近东、发展政策、国际发展合作工会协调员、协调任务
国际对话处—西方工业国家、中东欧、国际政治分析、国际政治和社会编辑部、欧洲讲座编辑部、国际对话工会协调员、协调任务

会谈和工作圈子：就民主的未来、经济与政治、社会科学、政治与媒体、国际政治、未来能源等20多个问题进行对话和讨论。

科学工作：奖学金处
研究机构处
经济社会政策研究与咨询中心
行政管理：管理和财务处
人事福利处

康拉德·阿登纳基金会(KAS)

Konrad－Adenauer－Stiftung

地址：Rathausallee 12，5205 Bonn
电话：49 (0) 2241－246－0
传真：49 (0) 2241－246－5 91
网址：http//www. kas. de
E－Mail：zentrale@kas. de

康拉德·阿登纳基金会与弗里德里希·艾伯特基金会是德国并驾齐驱的两大政治基金会，以联邦德国第一任总理康拉德·阿登纳的名字命名，是德国基督教民主联盟的思想库。阿登纳基金会成立于 1964 年，其前身为基民盟 1956 年创建的“基督教民主教育工作学会”。成立时的宗旨是：维护基督的人物形象、巩固自由民主的法制国家、维护社会市场经济和把联邦德国纳入西方的价值观和大家庭。

一、机构概况

阿登纳基金会的工作方针是，促进德国、欧洲和世界的自由民主、社会市场经济发展、加强价值观的一致性。为建立一个和平和公正的国际秩序发挥作用，为在世界上代表德国的利益作出贡献。在越来越紧密联系的世界上，将国内工作与国际活动密切结合。加强与其他国家人民、文化和价值体系的交往。传播民主、人权、自由、公正思想。

阿登纳基金会的工作分为国际工作、政治与文化、地方政策与艺术和文学、文献档案与政治教育四大部分。其主要任务是进行国内政治教育、提供奖学金资助、促进学术研究和开展国际合作。对公民进行民主政治教育是阿登纳基金会的首要任务。政治教育的目的是激发公民的政治兴趣、促进公民的政治参与、强化公民的政治意识。政治教育的形式多种多样，有一日、周末或一周研讨班、大型国际会议、中小型学术会议、主题报告会、专题讨论、出版书籍、杂志等，通过这些活动向公民普及政治知识、提高公民参政、议政水平。阿登纳基金会的另一项重要任务是向有才智的后备人才提供奖学金或研究资助。其中对外国学生的资助成为阿登纳基金会越来越重要的工作任务。资助来自德国特别是中东欧以及发展中国家的优秀青年，其目的在于通过向来自发展中国家的学生提供奖学金，使他们在完成学业后返回祖国，能够成为政治领导力量，或在经济界、行政管理、教学和研究等领域担任要职，增加德国的对外影响力。目前，阿登纳基金会与6000名奖学金生保持密切联系。促进社会科学研究是阿登纳基金会的工作重点之一。阿登纳基金会研究的范围十分广泛，涉及社会、政治、经济等学科的许多领域。有些课题与其他研究单位合作完成，研究成果通常以报告、论文、专著等形式发表。阿登纳基金会促进学术研究的目的在于，加强政治研究与咨询工作，优化政治行为和促进政界、学术界、经济界等之间的对话交流和知识传递。此外，阿登纳基金会还从事有关文献的收集、整理和研究工作，建有图书馆和文献档案馆。广泛开展国际交流合作是其与其国内工作并重的一项重要任务。阿登纳基金会设有专门部门，负责国际交流与合作事务。其宗旨和原则是，通过信息与人员交流，加强国与国之间的沟通，增进国际间不同文化的了解，为发展中国家提供发展援助。阿登纳基金会的国际合作在世界不同地区有着不同的目标和侧重点。对发展中国家主要通过援助项目促进这些地区的民主、自由和法制建设。发展援助项目在阿登纳基金会的国际合作事务中占有重要地位。阿登纳基金会的国际合作范围不仅限于第三世界和转轨国家，在欧洲、北美也开展了很多工作。该会为开展国际交流与合作，在海外广泛建立分支机构，派遣自己的工作人员或雇佣当地人员。阿登纳基金会的足迹遍布全球，与所到国家的政治、经济、文化、教育、科技领域的人士建立广泛的联系和沟通渠道，编织稠密的国际联系网络。

576 名工作人员在阿登纳基金会的 10 个主要部门工作。其中 72 人在 120 多个国家负责着 200 个项目。阿登纳基金会会长为京特·林舍，欧洲议会议员。阿登纳基金会在国内设有 2 个教育中心和 21 个教育机构。目前，正在对 12 人进行办公通讯、财务、信息服务、文献和专业信息方面的专业培训。阿登纳基金会由会员大会、理事会、董事会和各专业职能部门组成。会员大会是阿登纳基金会的最高权力机构，会员大会人数限制在 55 人以内。会员大会的主要职责是：第一，选举理事会和董事会。第二，建议和决定基金会的工作方针和工作重点。第三，审议并通过基金会年度报告和财务报告。第四，审议会员的各种提案。会员大会一般每年召开一次，如果需要或理事会、董事会三分之一以上成员要求，可以召开特别会员大会，解决重要事宜。理事会是各基金会的最高领导机构，由会员大会选举产生，任期一般为 2—4 年。理事会由理事会主席、副主席、财务主管、秘书长和若干理事会成员组成。理事会的主要职责是全面领导基金会的工作和管理基金会的资金及其使用，理事会还有任命下属部门负责人的权力。董事会的主要工作是就基金会的重大事宜向理事会提供咨询和支持基金会的工作。董事会成员不能同时为理事会成员，现有成员 22 名。除上述权力和管理机构外，阿登纳基金会还设有很多专业职能部门，负责对内、对外事务。专业职能部门包括国内政治教育、科学研究、人才培养、国际合作等部门。对外开展国际合作是阿登纳基金会的一个工作重点，为此投入了大量人力、物力和财力。专门设立了两个负责国际事务的部门，即“国际合作一处”和“国际合作二处”。可见该基金会对开展对外交往、发展对外关系的重视。

阿登纳基金会的资金来源和使用①在德国政党基金会中具有代表性。德国联邦有关法律认为，德国政治基金会是德国政治文化的一部分，它们的工

① 闫瑾：“德国政治基金会探析”，载《德国研究》2003 年第 1 期。

作有益于公共事业，符合公众利益，符合联邦宪法精神的基本原则。阿登纳基金会的主要资金来自联邦和州政府的预算，其中来自联邦的资金约占90%。来自于私人捐款、会费和其他方面的收入所占比例很小。由于主要资金来自联邦和州政府预算，因此，阿登纳基金会的资金使用受德国议会和联邦审计署的监控。在联邦和州提供的公共资金中占最大份额的是项目资金，即用于特定项目的资金，阿登纳基金会获得的项目资金约占年资金总额的70%左右。项目资金的提供者主要是联邦经济合作与发展部、外交部、联邦教育、科学、研究与技术部和议会。项目资金主要用于：第一，开展国际合作（联邦经济合作与发展部的资金）。第二，向德国学生提供奖学金（联邦教育、科学、研究与技术部的资金）。第三，向外国学生提供奖学金（外交部的资金）。第四，整理重要的文献档案（主要是基金会所亲近的政党议会党团的文献档案）（议会的资金）。除项目资金外，阿登纳基金会还能从政府获得所谓“一揽子资金”，即用于维持基金会各机构工作正常运转等的费用。阿登纳基金会得到的“一揽子资金”占年资金总额的近30%。“一揽子资金”的提供者是联邦内政部。尽管该项资金总额不像项目资金那么高，但是它用于基金会的人员开支和日常工作等开支，对于基金会的正常运转至关重要。“一揽子资金”的主要用途有：第一，进行政治教育的大、小型会议和报告。第二，研究、咨询和文献整理。第三，出版刊物、举办展览。第四，人员支出、日常办公和管理支出及投资性支出等。2000年，按照固定比例，阿登纳基金会获得“一揽子资金”总额的32.5%。

阿登纳基金会图书馆1976年建立，是一个历史和政治专业的科学图书馆。现藏有15万个媒介，每年增加5000个。此外，每年订有490多份国内外期刊。图书馆订阅和收藏的重点是：当代史、政治科学、政党文献、国际政治、欧洲一体化、发展政策、前民主德国政治文献资料、当前有关民主德国历史的出版物。特别收集领域是：基民盟历史和政治的起源和表现、基督教民主政党的期刊、基督教民主文献、阿登纳基金会及其工作人员的出版物。出版物的种类有：印刷媒体—专著、小册子、杂志、画报。电子媒体—缩微片、缩微胶卷、软盘、光盘。基督教民主政治文献部负责开发和研究德国和欧洲的基督教民主历史。图书馆丰富的文字作品、现代媒体和拥有15.7万册的政治和时事的专业图书供广大读者使用。

二、政策影响力

作为思想库和咨询机构，阿登纳基金会为政治行动提出科学分析和预见性意见。阿登纳基金会的非官方身份，使其在国外获取信息的广度和深度上，成为官方信息来源不可忽视的补充。阿登纳基金会与德国政界保持十分密切的关系，特别是通过其在政府内任职的、所亲近的政党党员与政界建立了各种各样的联系。尽管德国法律规定，在一个政党中担任领导职位的政治家不允许在基金会中任职，但是许多现任和前任政府官员、议会议员以及政党干部，在阿登纳基金会身居要职，或起着决定性的影响作用。此外，在阿登纳基金会周围还有一些与其关系密切的小团体、组织、利益集团、企业和具有影响的公众人物，如新闻记者、学术权威等，这有利于该基金会在多领域、多层次广泛开展合作，扩大宣传和影响。阿登纳基金会专门设有政治和咨询部，该部以科学为依据的、实用型的政策咨询对于现代和高科技社会的政治决策程序绝对必要。日益复杂的国内、国际挑战使专家的建议越来越重要。阿登纳基金会考虑到了这一需求，调集其科研人力和咨询能力在柏林重组了“政治与咨询部”，在内政、社会、经济、欧洲一体化以及外交和安全领域对当前问题提出解决办法。政治与咨询部有 20 名科学家，分为 4 个工作小组，不仅提供政策咨询，而且也为政治家提供咨询服务。该部拥有多方面职能，重点完成 3 项任务：

1. 政治咨询。分析德国内政、社会、经济、外交和安全政策的长期发展趋势，以高度的敏锐性，对政治挑战提出具有前瞻性的对策建议，并将其尽可能快地输送到政治决策部门（议会、政府、政党）。为此，采取的主要手段有：通过政治机构和双边接触进行直接的政策咨询。举行各种会议，听取专家意见和提出可操作性的建议。直接送往决策者或通过因特网传送的简短报告和书面分析。

2. 思想车间。与科学家和德国的“思想工厂”保持密切联系与合作，建立和扩大与国际组织和其他国家重要“思想库”的联系。作为政治预警系统，发现和提出重要的政治动向和未来性问题，为政治决策者服务。

3. 政策宣传。政治决策是一个复杂和有争议的过程，不仅要为决策内容作准备，而且也要向广大公众进行宣传，以促使政治行动达到透明，这是政策合法性和得到广大公众支持的决定性前提。该部工作人员以在专业杂志或每日新闻上发表文章、为信息传播者做报告的形式，或通过广播和电视向公众解释问题的相互关系，争取人们的理解，促进公众对问题的讨论。他们认为这是进行民主决策的核心部分。另外，阿登纳基金会在柏林的政治学院是政治、经济、教会、社会和科学界之间对重要的未来问题进行对话的论坛。该院每年为想发表意见的人们组织各种讨论会。迄今共组织了 3500 多次活动，仅德国每年就有 15 万人参加这种活动。

三、对华工作

阿登纳基金会在亚、非、拉地区积极开展活动。随着德国政府实施新亚洲政策，该会更加强了在亚洲地区特别是在中国的活动，积极筹划在北京建立代表机构，配合德国政府推行亚洲政策。阿登纳基金会在亚洲很多国家开展合作项目，这些国家主要是中国、印度、巴基斯坦、印度尼西亚、日本、韩国、马来西亚、菲律宾、新加坡、泰国、越南、蒙古、柬埔寨、斯里兰卡等。中国是其在亚洲活动的重点。阿登纳基金会在中国的工作和活动更侧重经济方面。如在中国西安大学设立了一个企业管理培训中心。阿登纳基金会驻北京办事处 1996 年 2 月建立，它的中国合作伙伴是中国社会科学院。多年来，阿登纳基金会通过举办研讨会、资助奖学金生、互访、合作项目等，与中国各界人士建立了友好关系。为增进中德两国人民交往和推动两国关系发展作出了重要贡献。

四、涉华研究

阿登纳基金会很重视对中国的研究。近年，研究成果颇多，主要有“领导交替前一年的中国”、“中国的伊斯兰和政策”、“中国要修改宪法”、“中国的新安全计划”、“中国上升为全球经济强国，对亚洲是威胁还是机遇?”、“21 世纪初的中国”、“中国与日本是伙伴还是竞争对手”、“中国的不扩散政策和实践”等。阿登纳基金会还通过举办各种活动加强对中国的了解和研究，如近来举办的“中国会成为未来的超级大国吗?”、“中国正在走世界强国之路吗?”、“在美、欧、中全球争论中欧洲扮演的角色”、“中欧关系的未来”、“现在的中国与中国人”、“美国、欧盟与中国”、“欧盟与中国”、“中国和世贸组织的贸易伙伴”等研讨会。另外，阿登纳基金会还经常发布有关中国的新闻通报，如“中国面临的巨大挑战”、“中国和香港地区形势”等情况通报。

五、出版物

阿登纳基金会主要出版物有《分析与论证》、《工作报告》、《国外信息》、《政治见解》、《观察》、《历史性的政治通报》、《谈话资料》、《各国情况报告》、《时事通讯》和《政治未来论坛》。其中《政治见解》是反映现实问题的月刊。该刊以历史背景分析为基础，对当前的政治、社会和文化问题进行广泛的讨论，观点个人负责。《政治见解》的特点是动向性强，对问题分析深入，有研究，从中可受到启发。《工作报告》是对当前政治问题作出快速反应的、带有观点的小册子系列。

附录1：阿登纳基金会组织结构表

<table>
<tr><td></td><td></td><td colspan="2">会员大会</td><td></td><td></td></tr>
<tr><td></td><td></td><td colspan="2">理事会/董事会
主席</td><td></td><td></td></tr>
<tr><td></td><td>基金会柏林研究院</td><td colspan="2">秘书长</td><td>理事会圣奥古斯丁办公室</td><td>新闻与公关中心</td></tr>
<tr><td></td><td>秘书长在柏林全权代表</td><td colspan="2">副秘书长</td><td>理事会柏林办公室</td><td>理事会传媒办公室</td></tr>
<tr><td>政治教育与地方政策处</td><td>国内政策与社会市场经济处</td><td>科学研究处</td><td>人才培养与文化处</td><td>国际合作一处</td><td>国际合作二处</td></tr>
<tr><td colspan="2">人事与行政事务处</td><td colspan="2">财务处</td><td colspan="2">信息中心</td></tr>
</table>

附录 2：阿登纳基金会近年部分涉华研究成果和活动

文章：

1. SARS — eine verpasste Chance für politische Reformen in China?，Umbach / Nora Maas Hrsg. ，Datum 2004—05—06

http：//www. kas. de/publikationen/2004/4632 _ dokument. html

2. Das gemeinsame Wertesystem ist weder mit Russland noch mit China kompatibel. Datum 2004—03—05

http：//www. kas. de/publikationen/2004/4260 _ dokument. html

3. China vor Verfassungsänderung，Auslandsbüro VR China Dr. Stefan Friedrich Room 1903，Datum 2004—02—02

http：//www. kas. de/publikationen/2004/3993 _ dokument. html

4. Chinas Aufstieg zur globalen Wirtschaftsmacht：Bedrohung oder Chance für Asien?，Autor Stefan Friedrich，Datum 2003—09—01

http：//www. kas. de/publikationen/2003/2587 _ dokument. html

5. Christen in der Volksrepublik China，Autor Stefan Friedrich，Datum 2003—05—14

http：//www. kas. de/publikationen/2003/4593 _ dokument. html

6. China und Japan — Partner oder Rivalen?，Datum 2003—04—03

http：//www. kas. de/publikationen/2003/1761 _ dokument. html

7. China am Beginn des 21. Jahrhunderts，Datum 2003—01—21

http：//www. kas. de/publikationen/2003/1338 _ dokument. html

8. China：ein Jahr vor dem Führungswechsel，Autor：Generalsekretär der Konrad—Adenauer—Stiftung e. V. ，Datum 2002—04—01

http：//www. kas. de/publikationen/2002/363 _ dokument. html

9. Chinas neues Sicherheitskonzept，Datum 2001—11—27T15：19

http：//www. kas. de/db _ files/dokumente/auslandsinformationen/7 _ dokument _ dok _ pdf _ 1670 _ 1. pdf

10. Säbelrasseln am südchinesischen Meer. China droht der Gemein-

schaft südostasiatischer Staaten，Datum 2000—04—05

http：//www. kas. de/publikationen/2000/2481 _ dokument. html

活动：

1. WTO：China und Europa，Veranstaltung，Konrad—Adenauer—Stiftung e. V. ，Datum 2004—03—23

http：//www. kas. de/veranstaltungen/2004/10497 _ veranstaltung. html

2. Die Rolle Europas in der globalen Auseinandersetzung zwischen den USA，Russland und China，Veranstaltung，Konrad—Adenauer—Stiftung e. V. ，Datum 2004—03—08

http：//www. kas. de/veranstaltungen/2004/9817 _ veranstaltung. html

3. Umrisse des neuen Europas — Zur Zukunft der EU—China Beziehungen，Veranstaltung，Konrad—Adenauer—Stiftung e. V. ，Datum 2003—11—26

http：//www. kas. de/veranstaltungen/2003/8737 _ veranstaltung. html

4. EU—CHINA：Implications of the Beijing Summit，Veranstaltung，Konrad—Adenauer—Stiftung e. V. ，Datum 2003—11—19

http：//www. kas. de/veranstaltungen/2003/8183 _ veranstaltung. html

5. China auf dem Weg zur Weltmacht?，Veranstaltung，Konrad—Adenauer—Stiftung e. V. ，Datum 2003—06—18

http：//www. kas. de/veranstaltungen/2003/7486 _ veranstaltung. html

6. Kulturen der Welt im Zeitalter der Globalisierung am Beispiel China. — Gibt es eine wechselseitige Beeinflussung?，Veranstaltung，Konrad—Adenauer—Stiftung e. V. ，Datum 2002—11—06

http：//www. kas. de/veranstaltungen/2002/4867 _ veranstaltung. html

7. China am Beginn des 21. Jahrhunderts，Veranstaltung，Konrad—Adenauer—Stiftung e. V. ，Datum 2002—10—02

http：//www. kas. de/veranstaltungen/2002/4727 _ veranstaltung. html

8. China und die Chinesen heute，Veranstaltung，Konrad—Adenauer—Stiftung e. V. ，Datum 2002—01—15

http：//www. kas. de/veranstaltungen/2002/1853 _ veranstaltung. html

9. Zwischen den USA，der EU und China，Veranstaltung，Konrad—

Adenauer—Stiftung e. V. , Datum 2002—01—14

http：//www. kas. de/veranstaltungen/2002/1813 _ veranstaltung. html

10. China，die neue aufstrebende Weltmacht?，Veranstaltung，Konrad—Adenauer—Stiftung e. V. ，Datum 2002—01—09

http：//www. kas. de/veranstaltungen/2002/1749 _ veranstaltung. html

11. Kooperation oder Konfrontation?，Das Verhältnis zwischen USA und China ，Veranstaltung，Konrad—Adenauer—Stiftung e. V. ，Datum 2001—12—03

http：//www. kas. de/veranstaltungen/2002/1509 _ veranstaltung. html

12. China — die Supermacht der Zukunft?，Veranstaltung，Konrad—Adenauer—Stiftung e. V. ，Datum 2001—10—04

http：//www. kas. de/veranstaltungen/2001/1005 _ veranstaltung. html

海因里希·伯尔基金会

HEINRICH BÖLL STIFTUNG

地址：Rosenthaler Strasse 40—41，10178 Berlin
电话：49（0）30/285 34—0
传真：49（0）30/285 34—109
网址：http//www. boell. de
E—Mail：info@boell. de

海因里希·伯尔基金会是德国绿党的政治基金会，被称为绿党的思想库。在德国政治基金会中伯尔基金会的资历虽浅，但由于其环保、反战等政策思想取向体现了时代特征和越来越得到社会的支持，以及绿党在德政坛中的地位上升，伯尔基金会近年在德国社会政治生活中的地位和作用不断加强，国际影响也逐渐扩大。

一、历史沿革

伯尔基金会成立于 1996 年，1997 年正式开始工作。但在 1983 年前，绿党就已拥有州一级基金会，而且这些基金会试图成立联邦级基金会。“妇女运动”、“独立和平小组联邦会议”和“发展政策行动小组联邦大会”都是成立联邦基金会的积极倡议者。绿党政治家卢卡斯·贝克曼和克里斯塔·尼克尔斯也参加了倡议行动。在此倡议推动下，1988 年 7 月 26 日建立了彩虹基金会联合会。此前 1986 年 7 月各州基金会代表就此达成一致。8 月 15 日绿党联邦理事会承认彩虹基金会联合会为亲绿党的政治基金会。1996 年 3 月在美因兹联盟 90/绿党联邦大会上宣布各州基金会合并为联邦基金会，取名为海因里希·伯尔基金会。

二、机构概况

亲近德国绿党的伯尔基金会在法律上是独立的，思想开放，是一个联邦级基金会，下设 16 个州基金会。伯尔基金会最优先的任务是在国内外开展政治教育，以促进民主意愿、社会参与和人民之间的相互理解。坚持生态、民主、团结和公正的政治基本价值取向。国外与发展合作是伯尔基金会最重要的活动领域。作为文化政治基金会的伯尔基金会还承担着特殊的任务，即将重要的艺术工作提供给广大公众。

伯尔基金会设有成员大会、理事会、监事会和专业顾问委员会。成员大会是伯尔基金会的最高决策机构，成员大会有 49 名成员，至少每年召开一次会议，一般情况下半年召开一次。理事会由拉尔夫·福克斯和巴巴拉·温米斯希二人组成。理事会每 3 年由成员大会选举产生。业务领导为比尔吉特·劳巴赫。监事会负责监督理事会的工作，有 7 名委员。另外，伯尔基金会还设有妇女、培训机构、南部地区、西部地区、中东南欧 5 个专业顾问委员会。每个专业顾问委员会由基金会的 7—10 名专家组成，负责对伯尔基金会的工作计划和项目提出建议并作出决定。

海因里希·伯尔基金会下属的各州基金会是地区性政治教育工作的承办者。在法律上是独立的。联邦基金会与各州基金会签订有合作协议。各州基金会的工作计划根据联邦基金会的章程和指导方针制定。16 个州基金会在联邦基金会会员大会各有一名男性和女性代表。

伯尔基金会主要出版物有专著、论文和文献汇编。

三、两大特点

重视和保护妇女以及加强妇女地位是伯尔基金会的工作重点之一。伯尔基金会组织章程明确规定，伯尔基金会的各级组织机构妇女成员的比例至少占50%。伯尔基金会设有妇女研究所，专事妇女问题研究。该会认为亚洲国家政治和社会存在很大差异，妇女受到法律和社会歧视的情况比较严重，所以在其亚洲工作中，妇女是其工作的重中之重。这是该会的一大特色，是德国其他基金会所不及的。伯尔基金会的另一大特点是，它强调，"全球化和世界面临的问题需要扩大国际合作，只有这样我们的共同世界才能有未来"。成立8年来，伯尔基金会国外工作有显著发展，在许多国家设立了办事处，在世界四大洲的60多个国家和地区开展着160多个项目。这些项目主要集中在可持续发展、环保政策、男女平等以及促进民主和人权等方面。伯尔基金会的发展合作目的是促进生态平衡和可持续发展、社会公正、贯彻人权和文化对话。近年，伯尔基金会重视亚洲地区事务和政策咨询工作，促进亚洲国家与德国和欧洲的联系和政治对话。强调亚洲文化的多样性，理解亚洲文化的特性，这是亚洲可持续发展和和平政策的必要前提条件。

四、政策影响

伯尔基金会认同德国绿党的价值标准和奋斗目标，是德国绿党在国内外开展活动的重要机构。伯尔基金会的主要任务是发挥促进公民社会、政党、政府间联系的桥梁作用。其主要工作对象有政党、非政府组织、科研机构和社会、政治团体等。伯尔基金会被称为绿党的思想库，绿党的各种意见在此讨论，许多重要政治主张从该会产生。另外，该会肩负的另一重要使命是为绿党培训各级政治领导人才。

五、对华关系

伯尔基金会在亚洲工作的重点是南亚、东南亚和东亚。在东亚的重点是中国。近年，伯尔基金会与我国一些单位在城市建设和妇女权益等领域有合作项目。2000年伯尔基金会首次派代表团访问中国，积极宣传和介绍绿党的政策主张，强调绿党与德国其他政党的政策区别。突出绿党的重视生态平衡和人权的政策特点。同时代表团表示伯尔基金会是绿党的思想库，期望更多地了解中国。希望与中国开展多种形式的合作，如派代表团互访和举办各种研讨会，加强交流和相互了解；讨论的内容十分广泛，可包括环境保护、国际环保政策、市场经济下的环境保护、全球能源供应、环保技术、生物技术，以及妇女、民族宗教、人权等问题。伯尔基金会还表示了尽快在中国设立办事处的愿望。德国《法兰克福评论报》驻京记者马斯在伯尔基金会代表团访华后撰文称，“隶属于德国绿党的伯尔基金会负责人访华，表明绿党开始谨慎与中共接近”。从中不难看出，该会与绿党的特殊关系。另外，伯尔基金会的《亚洲报告》及时通报其对亚洲地区工作的最重要信息。

德国亚洲学会

Die Deutsche Gesellschaft für Asienkunde

地址：Rothenbaumchaussee 32
D—20148 Hamburg，Germany
电话：＋49（0）40 — 44 58 91
Fax：＋49（0）40 — 410 79 45
传真：49（0）30/285 34—109
E—Mail：post@asienkunde. de
网址：www. asienkunde. de
www. dga—ev. de

德国亚洲学会主要由德国的政治、经济、科学和文化界人士组成，是促进和协调德国当代亚洲研究的重要机构。学会虽完全是公益性的，但与德国外交部和经济界有着特殊关系背景。德国亚洲学会的研究和活动集中反映了德国对当代亚洲和中国研究的现状和发展。对我们了解德国的亚洲和中国研究十分重要。德国亚洲学会在德国内外不乏影响，被称为当代亚洲研究的“先驱”和“不同文化间的桥梁”。

一、发展历程

40年前，在德国人们对亚洲国家政治、经济和社会情况知之甚少，大学几乎只是教授汉语、日本语和印度语语言文学，主要对亚洲的文化、历史、哲学、宗教和语言进行传统的研究，基本将当前的亚洲政治、经济和社会问题排除在外。在这种情况下，1965年大众汽车基金会提出建议，邀请有关专家讨论支持德国当代东亚研究事宜。

不久，在大众汽车基金会积极提供资助的激励下，成立了当代东亚研究协调小组。1966年2月底，该小组决定在汉堡亚洲研究所建立一个当代东亚研究协调机构。首先，该机构对德国当代东亚研究作了新的阐述，建立了一套当代东亚研究对象和东亚现代史卡片。随后建立了当代东亚研究国际联络处。同时，印制了信息小报，向感兴趣的研究机构发送。此外，当代东亚研究协调机构还为举行当代东亚问题的德国和国际会议作准备。1966年3月17日大众汽车基金会董事会决定，责成当代东亚研究协调机构与科学家工作小组共同制定一个促进当代东亚研究的紧急计划。其中包括制定奖学金计划，以使高水平的科学人才成为当代东亚研究的专门人才。鉴于德国政经界和公众对东亚的兴趣不断加强，对当代东亚问题研究的需求增大，1967年2月，大众汽车基金会再次邀请有关人士在波恩柯尼希霍夫饭店举行会谈。会上大众汽车基金会秘书长提出建立德国东亚学会（Die Deutsche Gesellschaft für Ostasienkunde）的建议。根据这一建议，会议决定成立一个行动委员会，负责筹建德国东亚学会。行动委员会由德国外交部、经济、政治和科学界的代表组成。1967年3月6日德国东亚学会在波恩正式成立。建立德国东亚学会的目的是使德国从汉学和日本学研究，向政治、经济、法律多领域研究拓展。加强德国对当代东亚的研究，为这一研究工作吸引和培养后备力量。促进德国与东亚的交流与合作，提供当代东亚研究方面的咨询服务等。同年11月，在海德堡成立了一个当代东南亚地区研究和文献资料汇编工作小组。在此基础上，1977年4月16日德国东亚学会成员大会决定，将学会改名为“德国东亚和东南亚学会”。3年后，该学会开始讨论将其研究范围扩展至整个亚洲。1981年4月25日其成员大会决定，把“德国东亚和东南亚学会”改名为“德国亚洲学会”，但东亚仍是其研究重点。

德国亚洲学会从东亚到东亚、东南亚，再到亚洲的发展“三步曲”充分反映了德国对亚洲研究的历程，同时，也折射出东亚乃至亚洲的迅速崛起，平添了德国各界对亚洲的浓厚兴趣。自20世纪90年代以来，欧洲就在谈论“21世纪是太平洋的世纪”。无疑，亚洲是世界上最大的、充满了活力的洲。随着日趋增强的全球化，亚洲越来越成为国际社会关注和研究的重点。

二、基本情况

德国亚洲学会是一个科学专业学会，追求公益目的。主要任务是加强和促进德国当代亚洲学习与研究，传播对亚洲地区的经过科学论证的认识。在国家和国际层面协调和深化政治、经济、文化和科学界对亚洲感兴趣的人员和组织的合作。活跃与亚洲有关的信息、经验和思想的交流。

2003年德国亚洲学会共有成员700名，大部分来自德国各大学的科研部门。德国亚洲学会下设成员大会、董事会和科学咨询委员会。学会章程对各机构的任务作了明确规定。

德国亚洲学会每两年召开一次成员大会。德国统一后，成员大会改在柏林举行。董事会每两年由成员大会选举产生。

董事会主席：

特奥·佐默尔（Theo Sommer）博士，1930年6月10日出生。曾在蒂宾根、曼彻斯特、芝加哥学习历史和政治，获哲学博士学位。1967—1970年在汉堡大学政治系任教。1949年起任记者。1958年任德国《时代》周刊编辑。1973年1月1日—1992年9月30日任《时代》周刊总编辑。1992年10月1日—2000年3月31日与赫尔穆特·施密特（德国前总理）等共同任《时代》周刊发行人。自2000年4月1日任该刊大版编辑，主要负责外交政策，特别是德国和东方政策、防务和安全政策、欧洲问题、亚洲的发展问题。1969—1970年赫尔穆特·施密特担任德国国防部长时，他曾任国防部计划司司长。1970—1972年任联邦政府防务结构委员会委员。1999—2000年任德国联邦国防军共同安全与未来委员会副主席。佐默尔在国内外媒体发表很多文章。他发表的重要文章有“21世纪的欧洲”（1989年）。著作有《中国牌》（1979年）、《面对未来》（1999年）等。

副主席：沃尔夫冈·布伦（Wolfgang Brenn）博士，柏林

塞巴斯蒂安·海尔曼（Sebastian Heilmann）博士教授，特里尔

执行董事：冈特·舒赫（Günter Schucher）博士，汉堡

另外，德国亚洲学会董事会还聘请有关知名科学家到其科学咨询委员会担任南亚、东南亚、中国、日本和朝鲜问题顾问。

中国问题顾问：

贡特·舒伯特（Gunter Schubert）博士教授，图林根

贝蒂纳·格兰索夫（Bettina Gransow）博士教授，柏林

托马斯·赫伯勒（Thomas Heberer）博士教授，杜伊斯堡

梅希蒂尔德·洛伊特纳（Mechthild Leutner）博士教授，柏林

莫尼卡·舍德勒（Monika Sch? dler）博士教授，不莱梅

托马斯·沙尔平（Thomas Scharping）博士教授，科隆

玛戈特·许勒（Margot Schüller）博士，汉堡

古德伦·瓦克（Gudrun Wacker）博士，柏林

1976年3月31日前，德国亚洲学会的经费除少量会费外，大部分由大众汽车基金会资助。资金主要用于学会的组织领导和科研人员的开支、落实奖学金计划、组织东亚语言强化班、专业咨询等。福特基金会的资助只限于4年，主要用于深化对当代中国的讨论、协调和支持大学的研究和教学。1976年7月1日大众汽车基金会停止资助后，德国亚洲学会的活动不得不大量削减。人们曾产生用剩余的少量资金召开一次大型国际会议，以此结束学会的活动。但长期人们对学会活动的兴趣很大，特别是京特·迪尔接任学会主席后搞了很多新活动。他在担任学会主席的14年中争取到了200万马克的捐助，主要来自德国经济界。他不依靠公众资金，而是会费和捐款，重新使德国亚洲学会成为德国最重要机构之一。1993年5月6日汉斯·克莱因接替京特·迪尔担任学会主席后，提出了自己的更多倡议，以保证学会得到捐助，继续完成其作为当代亚洲研究的促进者和协调机构的重要使命。

三、主要活动

德国亚洲学会主要通过举办各种会议、报告和信息发布会以及促进与亚洲国家的交流达到其目的。德国亚洲学会每两年举行一次科学会议，并发表会议报告。近些年，德国亚洲学会努力抓住当前的重大问题，在有政治、经

济和社会代表参加的科学会议框架内进行研究和讨论。讨论的问题有“亚洲社会和计划经济体系的转变”、“苏联解体后的亚洲”、“欧洲和亚洲，变化和连续性”等。2003年会议议题为“欧洲对亚洲政策的可能性和局限性”。德国亚洲学会还借召开成员大会之际，举办政经界和知名学者参加的当前亚洲问题论坛，如“德国经济需要亚洲研究?”和“21世纪初的德国亚洲研究”等。此外，德国亚洲学会与汉堡亚洲研究所、布吕尔东西方讲座和德国科学与政治基金会共同举办科学后继人才会议。同时，德国亚洲学会也参加其他亚洲问题研究机构举办的各种会议和活动。

四、政策影响

德国亚洲学会与德国外交部始终保持密切联系，学会的多任主席在外交部工作过，如退休大使格奥尔格·费尔迪南德·杜克维茨被选为德国亚洲学会的第一任主席。多年来，德国亚洲学会成功地开展了一种特殊的外交，在德国和亚洲之间起到了重要的桥梁作用，大大加强了德国对亚洲的了解。同时，德国亚洲学会的发展也证明了没有公共资金的支持，同样具有活力，其重要原因是德国和欧洲与亚洲共同利益的联系。另外，德国亚洲学会始终与德国经济界关系密切。该学会在德国发展与亚洲经贸关系方面发挥了积极的推动作用。早在1987年德国亚洲学会就与德国经济界的代表举行了题为“在学习亚洲语言和了解亚洲之后做些什么?”的专题讨论会。1995年德国亚洲学会举办题为“德国经济需要亚洲科研”研讨会，专门邀请德国经济亚太委员会代表参加。会上德国经济亚太委员会代表表示，亚洲研究工作对德国经济十分重要。并将协调亚洲研究的任务交给了德国亚洲学会。德国东方经济委员会主席奥托·沃尔夫·阿梅龙根、联邦议员格奥尔格·卡恩—阿克曼和恩斯特·马约尼卡都是德国亚洲学会的积极支持者。

五、涉华研究与活动

德国亚洲学会从建立起就很重视对中国的研究，首先用大众汽车基金会资助的款项编写了有300个词条的中国手册。1971年2月由福特基金会资助，在汉堡举行了第一次题为“20年的中国”当代中国科学会议，从内政、外交、思想、文化、经济以及法律等多方面对中国的现状和发展进行了深入讨论和分析。这次活动在德国引起很大反响。德国电视三台对此专门作了详细报道。1973年6月24—30日由福特基金会和德国研究协会资助，在莱森堡举行的国际中国会议将德国亚洲学会的工作推向高潮。这是第一次在联邦德国召开这样的会议，加强了德国在这一领域的国际交流。

2000年6月23日，根据形势发展的需要，德国亚洲学会的科学家们建立了中国社科研究工作圈（Arbeitskreis Sozialwissenschaftliche Chinaforschung ，ASC)，以深化对中国的研究。中国社科研究工作圈在德国亚洲学会框架内，积极加强其成员在中国研究方面的交流，协调研究工作和为相关会议作准备，并为此建立了网站，主要服务于德国的研究团体。2000年11月17—18日中国社科研究工作圈第一次会议议题为“中国政府职能和能力的转变”。2002年11月的会议议题是“中国的跨国和一体化问题”。2004年1月16—17日该小组举行了第4次会议。

中国社科研究工作圈共有35名成员，都是来自德国各大研究机构和大学的中国问题专家和学者。中国社科研究工作圈的成员有：

马库斯·陶贝（Markus Taube）博士教授

E—Mail：markus. taube@uni—duisburg. de

古德伦·瓦克（Gudrun Wacker）博士

E—Mail：gudrun. wacker@swp—berlin. org

布约恩·阿尔佩曼（Björn Alpermann）

E—Mail：bjoern. alpermann@uni—koeln. de

塞巴斯蒂安·贝尔吉克（Sebastian Bersick）博士

E—Mail：beberlin@zedat. fu—berlin. de

约恩—卡斯腾·戈特瓦尔特（Jörn—Carsten Gottwald）博士

E—Mail：jcg@uni—trier. de

塞巴斯蒂安·海尔曼（Sebastian Heilmann）博士教授

E—Mail：heilmann@uni—trier. de

海克·霍尔比希（Heike Holbig）博士

E—Mail：holbig@ifa. duei. de

索尼亚·奥佩（Sonja Opper）博士

E—Mail：sonja. opper@uni—tuebingen. de

诺拉·绍斯米卡特（Nora Sausmikat）博士
E－Mail：NSausmikat@aol. com
多米尼克·席尔默（Dominique Schirmer）
E－Mail：schirmer@uni－freiburg. de
斯文亚·施里希廷（Svenja Schlichting），国民经济学硕士
E－Mail：svenja. schlichting@gmx. de
斯特凡·布雷姆（Stefan Brehm）
E－Mail：stefan. brehm@uni－tuebingen. de
多利斯·菲舍尔（Doris Fischer）博士
E－Mail：hg460fi@uni－duisburg. de
卡斯腾·吉泽（Karsten Giese）博士
E－Mail：karsten@uniterra. net
克里斯蒂安·戈贝尔（Christian Göbel）
E－Mail：goebel@uni－duisburg. de
贝蒂纳·格兰索弗（Bettina Gransow）博士教授
E－Mail：gransbbm@gmx. de
托玛斯·赫伯勒（Thomas Heberer）博士教授
E－Mail：heberer@uni－duisburg. de
卡斯腾·赫尔曼－皮拉特（Carsten Herrmann－Pillath）博士教授
E－Mail：chepi@uni－wh. de
萨比纳·雅科贝（Sabine Jakobi），文科硕士
E－Mail：jakobi@uni－trier. de
比特·克雷姆（Birte Klemm），文科硕士
E－Mail：klemm@ifa. duei. de
克里斯廷·库普菲（Kristin Kupfer），文科硕士
E－Mail：kristin. kupfer@ruhr－uni－bochum. de
梅赫特希尔德·洛伊纳（Mechthild Leutner）博士教授
E－Mail：mleutner@zedat. fu－berlin. de
凌刘卫（Ling Liu－Weikl）
E－Mail：weikl@t－online. de
尤塔·路德维希（Jutta Ludwig）
E－Mail：Ludwig. Tiddens@t－online. de

米夏尔·梅耶（Michael Meyer）

E—Mail：meyer. Michael@bcg. com

埃雷纳·迈耶—克莱门特（Elena Meyer—Clement）

E—Mail：elena. meyer—clement@uni—tuebingen. de

克里斯托夫·米勒—霍弗斯泰德（Christoph Müller—Hofstede），文科硕士

E—Mail：cmuelhof@fhbund. de

安德雷阿斯·奥贝海特曼（Andreas Oberheitmann）

E—Mail：oberheit@rwi—essen. de

莫尼卡·舍德勒（Monika Schädler）博士教授

E—Mail：schaedlr@fbw. hs—bremen. de

托马斯·沙尔平（Thomas Scharping）博士教授

E—Mail：t. scharping@uni—koeln. de

安格拉·朔腾哈默（Angela Schottenhammer）

E—Mail：Angela. Schottenhammer@t—online. de

冈特·舒伯特（Gunter Schubert）博士教授

E—Mail：gunter. Schubert@uni—tuebingen. de

京特·舒赫（Günter Schucher）博士

E—Mail：schucher@duei. de

玛戈特·许勒（Margot Schüller）博士

E—Mail：schueller@ifa. duei. de

安泽姆·施托尔特（Anselm Stolte）

E—Mail：anselm. stolte@web. de

六、主要出版物

1981年初夏，德国亚洲学会主席京特·迪尔在进行了几次预先会谈后，决定发行《亚洲》季刊。1981年10月出版第一期。《亚洲》季刊和网站定期报道德国亚洲学会和德国亚洲科研机构的活动情况。《亚洲》季刊发表来自政治、经济和文化方面的关于当代亚洲的科学论文。递交的每一篇文章都要经过该学会的科学咨询委员会的分析和评定。此外，德国亚洲学会还发表

会议报告和有关亚洲的新书书评等。

附录 1：德国亚洲学会近年发表的有关中国的评论与文章

1. Svenja Schlichting：Anleihemärkte in China：Entwicklungsstand und Perspektiven 26，ASIEN April 2004

2. Gunter Schubert：Taiwan nach den Präsidentschaftswahlen — eine Momentaufnahme 109，ASIEN April 2004

3. Frank Umbach：Konflikt oder Kooperation in Asien—Pazifik? Chinas Einbindung in regionale Sicherheitsstrukturen und die Auswirkungen auf Europa ，116，ASIEN April 2004

4. Frank Umbach：Globale Energiesicherheit. Strategische Herausforderungen für die europäische und deutsche Aussenpolitik，116，ASIEN April 2004

5. Margot Schüller（Hrsg.）：Strukturwandel in den deutsch—chinesischen Beziehungen. Analysen und Praxisberichte，87，ASIEN Januar 2004

6. Robert Heuser："Sozialistischer Rechtsstaat" und Verwaltungsrecht in der VR China (1982—2002)，89，ASIEN Januar 2004

7. Florian C. Reiter：Religionen in China ：Geschichte，Alltag，Kultur，91，ASIEN Januar 2004

8. Yingchi Chu：Hong Kong Cinema. Coloniser，motherland and self ，92，ASIEN Januar 2004

9. Robyn Iredale/Naran Bilik/Fei Guo（Eds.）：China' s Minorities on the move. 93，ASIEN Januar 2004

10. Frank Umbach und Andreas Fulda：Zur Zukunft der EU—China—Beziehungen im 21. Jahrhundert，47，ASIEN Oktober 2003

11. Gunter Schubert：Chinas Kampf um die Nation. Dimensionen nationalistischen Denkens in der VR China，Taiwan und Hongkong an der Jahrtausendwende，77 ，ASIEN Oktober 2003

12. Wolfgang Taubmann：Ländliche Armut und ihre Bekämpfung in der

VR China, 33 ,ASIEN Juli 2003

13. Gunter Schubert (Hrsg.): China: Konturen einer Risikogesellschaft auf dem Weg in das 21. Jahrhundert,102, ASIEN Juli 2003

14. Karl－Heinz Zürl, Jinmei Huang: Wirtschaftshandbuch China, 106,ASIEN Juli 2003

15. Sebastian Heilmann: Das politische System der Volksrepublik China, 111 ,ASIEN April 2003

16. Gustav Kempf: Chinas Aussenpolitik. Wege einer widerwilligen Weltmacht, 113 ,ASIEN April 2003

17. Hans G. Nutzinger (Hrsg.): Religion, Werte und Wirtschaft. China und der Transformationsprozess in Asien ,126, ASIEN April 2003

附录 2:德国亚洲学会近年的涉华会议

1. Möglichkeiten und Grenzen europäischer Politik in Asien, Wissenschaftliche Tagung der DGA, Berlin, 22.－23. Mai 2003

2. Ostasien und Europa － Vergangenheitsbewältigung und internationale Beziehungen,Brühl, 07.04.－09.04.2003

3. Open Up the West － China's Regional Development Policy, Hamburg, May 8－10, 2003

4. Die Allgegenwart von Selbstbehauptungsdiskursen in Ostasien, Chinesische, japanische und koreanische Perspektiven, Erlangen, 12.－14. Dezember 2002

5. 8.Tagung des Münsteraner Asien－Pazifik－Forums (MAPF). Aufstieg und Fall grosser Mächte: Indien, China und Japan in Asien (－ Von Drachen, Riesen und frommen Khen －), Mnster, 28.－29. Juni 2002

6. Chinas und Japans zukünftige Bedeutung für Ostasien und die Weltwirtschaft, Tagung des Asien－Pazifik－Ausschusses der Deutschen Wirtschaft, Berlin, 29. Oktober 2002

第四部分

意大利

概　论

意大利是充分重视思想库建设的欧洲国家之一。在当今世界政治、经济与安全形势复杂多变的情况下，意大利在经济、外交和防务政策等方面担负着政治智囊团作用的研究机构，更加注重加强其独特的组织功能和专项辅助作用，努力在国内政治生活和国际学术界扩大影响。

意大利的思想库虽不及美、英等国的思想库规模庞大、实力雄厚，但经过几十年的发展变迁，意大利业已涌现出一批具有较大影响力的机构。目前，意大利在对外政策方面较有影响的综合类或专业性重要研究机构约有40多家，其中大部分建于20世纪50年代以后，尤以70－80年代者居多。意大利思想库的类型包括协会、论坛、基金会、研究所和研究中心等。这些思想库的研究面比较广泛，侧重点则集中在世界人权状况、和平机制的建立、中东—地中海地区的安全与稳定、欧盟东扩与欧洲统一进程、欧洲安全与防务政策、地区冲突等国际热点问题和全球战略格局动向。意大利的研究机构大多集中在罗马、米兰、博洛尼亚、都灵、比萨、巴里、帕多瓦、佛罗伦萨和的里雅斯特等全国大中城市，其高层主管领导基本出自政府要员、著名专家学者或学科带头人。

意大利重点研究国际问题的思想库主要有：国际政治研究所、国际事务研究所、高级防务研究中心、安全与防务研究中心、意大利阿斯平研究所、和平研究中心、阿涅利基金会、意中经济文化交流协会、经济分析研究所、葛兰西基金会、霍普金斯大学博洛尼亚研究中心、战争与和平问题论坛、国际人权研究所、国际问题研究中心、人权研究中心、战略研究中心、国际种族政策研究中心、意大利IBM基金会、欧洲项目大学研究所、构思基金会、地缘政治与地缘经济研究所、国际种族政策研究中心、意大利中东和平研究中心、防务信息研究所、地中海研究所、意大利与拉美关系研究所、意大利非洲和东方事务研究所、战争与和平问题论坛、国际政治研究中心等。

意大利的思想库有以下几个突出特点：

1. 遵循非赢利原则。意大利的研究机构除得到中央政府和各级地方政府一定数额的财政支持外，很大程度上仰仗研究机构成员的会费、私人捐款以及各类企业、公司、团体的赞助来维持日常运作。意大利大多数研究机构公开表示不以赢利为目的，而以潜心学术研究与加强国内外学术交流为活动宗旨。

2. 注重多层次合作。意大利的思想库极为重视人员与机构的双边、多边的横向与纵向交流，通过共同创办研究刊物，组织专家会议、学术研讨会及专题报告会等形式，召集国内外政治、经济、金融、司法、军事、战略以及政府与非政府机构人士，就有关国际问题进行跨学科、跨地域的多角度探讨和剖析，并以此为基础进行广泛、持久、深入的学术合作。

3. 坚持独立性。意大利许多思想库强调恪守独立性、学术性和多样性的组织原则，宣称不代表任何地区、行业、党派或社会集团的利益，以避免受到政府意志的摆布、权力机关的制约以及各种意识形态党派组织的影响。为促进有不同文化背影和持不同政治立场的学者和团体间的自由交流，意大利的思想库还十分注重创造宽松和谐的学术氛围，鼓励专家学者自由阐述思想言论，畅所欲言地表达各自立场、观点和学识。

意大利思想库的社会作用表现在三个方面：首先，为政府决策服务。无论是意大利官方资助的还是独立的民间研究机构，它们大都积极向政府部门及相关单位提交辅助决策的研究成果和各种学术观点，为国家制定宏观政策和解决重大现实问题提供对策性建议与科学依据，在一定程度上影响着国家职能部门的政策抉择。有的研究机构为意大利政府制定相应的内政外交政策构筑学术论坛；有的受到政府某部门的直接管理和掌控，负责随时向有关部委和领导上报材料。其次，提升意大利整体研究水平。意大利各类研究机构通过举办讨论会、辩论会、座谈会和职业培训班，向意大利国内从事政治、经济、防务及国际关系研究的专家学者提供一个高层次讨论、评析和辩论国际问题的平台，及时追踪国际政治与经济的发展情况，分析国际关系的最新变化和战略性重要问题，并同时研究意大利在当今全球化进程中的作用。意大利思想库另一个重要任务就是，通过以上活动，为意大利的外交、军事和经济研究事业培养后备力量，加强研究队伍的文化修养和职业素质，全面提高意大利的国际问题研究水平。第三，引导全社会对国际问题的关注。意大利思想库不仅致力于通过高层次专业交流与研究，向政府部门提供咨询和研究成果，而且注重在广大民众中间开展普及教育工作，大力传播有关国内经济发展和国际关系动向的信息。其主要途径有：大量出版发行各类期刊、专著、简报和研究报告，如《阿斯平》、《国际政治研究所－国际关系》、《意大利与国际政治》、《全球关注手册》、《意大利与国际政治》、《国际观察家》、《全球—外交政策》、《中国世界》、《战略观察所》等；利用媒体和网络就国内、国际问题发表时事评论，传播有关研究机构的政论观点；举办形式多样的学术讲座、时事报告会、培训班等。

近年来，随着中国综合国力的稳步增强以及国际地位的日益提高，意大利思想库对中国问题的关注与研究热度有了明显的提高。除国际政治研究所、意中经济文化交流协会、意大利阿斯平研究所等著名思想库已设置有关中国问题的研究项目外，一些高等院校和研究机构也相继开设了中国问题研究课题，就中国经济改革、外交战略、社会思潮和意中关系等方面，组织了一系列研究与交流活动，在学术上进行有益的积极探索，不仅在一定程度上影响政府的对华政策，而且还有助于引起国际社会重视中国的经济成就、国际作用与未来发展走向。

国际政治研究所

Istituto per gli studi di politica internazionale

地址：Palazzo Clerici，Via Clerici 5
20121 Milano (Italy)
电话：+39 02.86.33.13.1
传真：+39.02.869.20.55
网址：http：//www.ispionline.it
电子邮箱：ispi.eventi@ispionline.it

一、历史沿革

国际政治研究所[①]是意大利历史最悠久、最具威望和最负盛名的国际问题研究机构之一，最初由米兰大学和帕维亚大学的一群青年学生组建，于1934年3月27日正式开展活动。当时，他们希望在法西斯政府统治下的意大利，开辟一个类似于伦敦皇家国际事务研究所和纽约外交政策协会那样的“能自由阐述思想言论、不受政府意志摆布”的外交问题研究中心。1935年

① 本文关于国际政治研究所的情况主要来自该所互联网页（2004年6月）。

2月，意大利大财团皮莱利公司开始提供雄厚的经济资助，使国际政治研究所的规模得以日益扩大，制定了雄心勃勃的研究计划，并与企业界建立了密切联系，从而在法西斯专制期间获取了一定的活动自主权。例如，虽然研究所必须遵守宣传墨索里尼法西斯政府的“游戏规则”，但却能够与当时意大利政治和文化领域的名人（包括反法西斯主义人士）通力合作。

国际政治研究所早期的主要活动是出版刊物（《国际关系》等），就时事新闻与国际热点问题发表评论文章，同时还建立了一个研究室和一个专业图书馆。二战期间，这些刊物及时报道盟军作战信息，向意大利民众传递战争进展情况，在热切关注国际局势发展的广大学者和普通百姓中十分畅销。20世纪50年代以来，国际政治研究所在文化组织方面的活动更加活跃，每年都要为立志从事外交工作或在国际政治与经济学科有所建树的青年人举办一期研究班，为意大利外交、经济等领域培养和输送了不少专门人才。1969年以来，国际政治研究所被意大利外交部外交协会选定，成为年轻外交官业务进修的培训中心之一。同时，该研究所有关国际问题的研究活动也不断得到加强，除密切与学术界的交往外，还积极与意大利外交部等政治机构以及其他国内外思想库建立联系。从20世纪70年代初开始，由于活动经费和内部机构方面遇到较大困难，研究所的运作曾受到一定影响，基本处于半停顿状态，直到1986年才开始逐渐恢复正常活动。

二、基本情况

国际政治研究所是一家私法团体，于1972年获得法人资格，目前在意大利外交部的管辖下运作，机构管理上归国库部和审计处掌控。如今，以会员身份挂靠国际政治研究所的国内外企业、大学、银行和机构已多达40家。

（一）主要活动

1. 学术研究

国际政治研究所致力于追踪国际政治、国际经济、国际关系和国际战略的发展动向，其学术活动的目的在于：促进意大利深入开展对国际问题的探求与研究，全面了解意大利在当今全球化进程中的作用，向专家学者们提供一个高层次讨论、分析和辩论国际问题的平台，从而有益于营造一种关注现实问题与国家间相互依存关系的国际性文化。

国际政治研究所的主要活动是，通过举办各种类型的讨论会、辩论会和座谈会，召集国内外政治、经济、学术和文化界的专家学者，根据国际政治与国际经济的发展情况，分析国际关系的最新变化和战略性重要问题。参加学术活动的有政治家、专家学者、经济企业界人士和国内外机构、政府组织与非政府组织的代表，有时甚至还包括青年学生和普通民众。最近几年举办的研讨会主要涉及巴以冲突、国际恐怖主义、伊拉克危机、欧洲统一进程、欧盟机构改革、大西洋两岸关系、北约走向以及人权问题。近年来应邀参加国际政治研究所学术活动的国内外重要人物有：意大利总统钱皮、前苏联领导人戈尔巴乔夫、加拿大前总理让·克雷蒂安、意大利参议院议长佩拉、意大利前经济财政部长特雷蒙蒂、意大利前总理达莱马、前总理迪尼以及意大利其他一些著名学者与政治家：蒙蒂、埃玛·博尼诺、马利亚·马尔蒂尼、乔治·那波利塔诺、法乌斯托·波卡尔、塞尔焦·罗马诺、特隆凯蒂·普罗维、詹尼·廖塔和皮耶罗·法西诺。

国际政治研究所经常以组织国际会议的活动方式开展学术交流，同时与意大利外交部以及国内外其他国际问题研究机构密切联系。国际政治研究所积极与国内外许多来自学术与非学术领域的经济、政治、司法、历史和战略方面的专业人员进行广泛合作，并与世界一些著名国际问题研究机构建立了学术伙伴关系，如：德国外交政策协会、法国国际关系研究所、伦敦皇家国际事务研究所、阿根廷国际关系委员会、上海国际问题研究所、荷兰国际关系研究所、华盛顿卡内基国际和平基金会等。国际政治研究所的学术活动还得到意大利一些大学和企业的支持与协助，如：米兰大学、米兰博科尼大学、米兰人民银行、都灵圣保罗公司、意大利信贷银行等。同时还获得一些国内外机构的大力协作，如：欧洲委员会和欧洲议会驻米兰代表处、国际劳工联盟、联合国高级人权委员会、联合国贸易和发展会议、联合国新闻中心。

2. 职业培训

早在 1950 年，国际政治研究所已开始注重加强国际问题的研究队伍，并为意大利的外交事业培养青年后备力量，成为培养外交人才的训练基地。1969 年与意大利外交部签署有关协议后，国际政治研究所着手为外交后备力量举办“年训班”，1999 年又在此基础上开辟了“国际事务硕士班”，招收对象锁定为那些立志投身外交事业以及在国际部门（国际机构或非政府性机构等）工作的外交人员。另外，国际政治研究所还举办了大量“短训班”（分为“冬季学校”和“夏季学校”），对国际热点问题进行深入研究，并给这些定时制学生授予结业证书。2000 年至今，国际政治研究所已举办了 120 多期短训班，总共培训了来自全国的 3000 多名学生和年轻外交人员。

3. 资料收集

国际政治研究所十分重视日常收集国内外有关报刊资料的工作，长年以来持续不断地掌握大众媒体对国际政治与国际经济等方面的资讯，坚持收集意大利、法国、英国、美国、西班牙、德国和瑞士等国的主要报纸，网罗意大利一切有关国际政治与国际经济方面的刊物，以及英国、美国、法国和西班牙等国发行的经济、战略与地缘政治问题的评论杂志。国际政治研究所现设有一家图书馆和一间报刊收藏室。图书馆藏品丰富，作品广泛涉及国际法、经济、历史、地理、地缘经济、政治理论和社会学，总计达 8 万余册，其中 5 万册向读者开放借阅。报刊收藏室则存有 200 多种国际杂志，主要包括国际关系、军事战略、国际政治与国际经济类，同时还备有来自国内与国际组织的大量文献资料。

（二）组织机构

国际政治研究所在国内外享有很高的学术地位，其组织机构设置齐全，特别是学术委员会聚集了一批国际学术界的重量级人物。

所长：博里斯·比安凯里（Boris Biancheri）

副所长：里查德·佩里西克（Riccardo Perissich）
　　　　卡洛·萨尔瓦托里（Carlo Salvatori）
　　　　佛朗哥·布鲁尼（Franco Bruni）

常务董事：罗杰罗·福萨蒂（Giovanni Roggero Fossati）

秘书长：保罗·马格里（Paolo Magri）

董事会：由 27 名成员组成

监督委员会：由 12 名成员组成

账目审计处：由 7 名成员组成

学术委员会成员一览表

主任	佛朗哥·布鲁尼（Franco Bruni）	意大利国际货币政策与理论学著名教授
成员	维克托·布尔曼·托马斯（Victor Bulmer－Thomas）	伦敦皇家国际事务研究所主任
	蒂埃里·德蒙布里亚尔（Thierry de Montbrial ）	法国国际关系研究所主任
	诺埃尔·维拉蒂夫（Noel V. Lateef）	纽约外交政策协会会长
	杰西卡·马修斯（Jessica T. Mathews）	华盛顿卡内基国际和平基金会会长
	卡洛斯·马努伊兹（Carlos Manuiz）	阿根廷国际关系委员会主席
	法乌斯托·波卡尔（Fausto Pocar）	米兰大学教授 前南斯拉夫国际战犯刑事法庭副庭长
	斯特罗贝·塔尔博特（Strobe Talbott）	华盛顿布鲁金斯研究所所长
	埃伯哈德·桑德施耐德（Eberhard Sandschneider）	德国外交政策协会会长
	艾尔弗莱德·范斯塔登（Alfred Van Staden）	荷兰国际关系研究所主任
	俞新天（Yu Xintian ）	上海国际问题研究所所长

(三) 出版物

国际政治研究所的重点刊物是四月刊《国际政治研究所—国际关系》(ispi—relazioni internazionali)，它专门介绍该研究所的学术研究、培训活动的情况，研究所主要会议和研讨会的情况，刊载国内外学者就国际问题发表的学术文章。此外，还有综述每年世界重大政治经济事件的年刊《意大利与国际政治》(L' Italia e la politica Internazionale)、《全球关注手册》(quaderni global watch)、论文合订本《政策摘要》(policy brief)、双月刊《全球FP》(global fp)。

近三年来，许多意大利知名政要在国际政治研究所刊物上发表过政论文章，其中包括：意大利总统钱皮、前经济财政部长特雷蒙蒂、参议院议长佩拉、欧洲议员那波利塔诺、前共同体政策部长布蒂寥内、左翼民主党前任总书记奥凯托与达莱马、参议员斯科尼亚米里奥、前内政部长比安科、前司法部长法西诺、《晚邮报》社论撰写人罗马诺、前总理迪尼、前外长鲁杰罗等。另外还有一些外国政府领导人撰写了文章，如：捷克总理泽曼、梵蒂冈前外长托朗、联合国驻罗马新闻处主任米斯图拉、巴西副总统马尔科·马西埃尔、墨西哥总统福科斯、波兰中央银行行长巴尔切罗维兹等。

三、重点研究项目

国际政治研究所与米兰博科尼大学联合开展以“全球展望”为主题的研究活动，目的是严密地关注地缘政治与地缘经济领域的发展动向，力求确保意大利的国家根本利益。“全球展望”研究活动由“观察员”和“研究纲领”两大系列组成。

(一)“观察员”涉及四类项目

1. 欧洲

分析欧盟“宪法化”的总体进程以及重新规范横向（共同体机构之间）与纵向（欧盟、各成员国同地区及地方机构之间）权力范围的必要性，包括欧盟在经济、外交和安全方面的国际战略动向。计划对欧盟成员国间的权力分配以及由此引发的欧盟选举制度和机构层面的各种可能性进行数量上与质量上的分析判断。

2. 近期政策

一方面剖析欧盟未来政策在观念上和结构上的变化；另一方面研究目前尚未加入欧盟的欧洲国家（俄罗斯、乌克兰、摩尔多瓦、白俄罗斯等）以及地中海东部与南岸国家的政治经济发展状况。同时还关注正在就加入欧盟进行谈判的保加利亚和罗马尼亚等国以及预计中期进入谈判阶段的西巴尔干国家的发展前景。

3. 安全与战略研究

针对全球化没有产生缓和政治冲突并使国际关系非军事化效果，而各国外交政策更加注重安全政策分量的情况，国际政治研究所致力于广泛参与意大利国内政治与舆论界有关安全战略问题的讨论。

4. 亚洲

国际政治研究所历来视亚洲为传统研究项目，特别关注亚洲地区的政治、经济及社会等方面的发展状况，长期研究中国、韩国、日本等亚洲重要国家的经济、社会福利制度改革以及所走的不同发展道路。同时评估 1997 年经济危机引发的后果和亚洲各国的外交与安全政策，分析亚洲国家面临的共同问题（例如环境问题）和各个国家的政治制度，尤其是越来越多的亚洲国家正在参与进行的经济一体化进程，及其对整个亚洲地区未来发展走向产生的重要影响。国际政治研究所还特别重视中国经济崛起对东亚地区产生的影响，认为中国的飞速发展根本改变了东亚地区政治经济的态势平衡，也改变了美国与东亚地区的关系。

（二）“研究纲领”涵盖五大项目

1. 欧盟的发展与内部政策

鉴于目前欧盟经济发展处于困境的情况，对欧盟成员国之间发生冲突的一些方面进行分析，如稳定条约、社会福利制度、社会政策、欧盟扩大后扶贫基金的分配等。

2. 土耳其

土耳其是即将加入欧盟的穆斯林国家，也是美国在这一动荡地区的战略伙伴，目前是国际政治关注的中心之一。本课题计划就土耳其的形势发展、国内政治经济改革、与欧盟的关系、与美国的联盟以及能源安全等问题进行深入研究。

3. 海湾国家

海湾地区一直是世界能源平衡的中心，几十年来战乱频仍。本课题主要评析海湾地区的政治和经济状况、能源安全以及该地区与美国及欧盟的关系。

4. 高加索与中亚

苏联解体后，高加索与中亚地区因蕴藏着丰富的石油和天然气等能源资源，成为西方和周边国家的战略利益中心。最近的阿富汗战争和国际反恐斗争又进一步提高了高加索与中亚地区的战略重要性。本课题将深入研究高加索与中亚的局势发展，特别是该地区的政治与经济环境的变化，以及与美国、俄罗斯和欧盟的关系。

5. 阿根廷

四、涉华研究

2001 年 11 月中国加入世界贸易组织后，国际政治研究所更加重视对中国的研究，尤为关注中国在深化改革阶段面临的社会福利制度的挑战以及政局与外交动态。2002 年，国际政治研究所在亚洲研究项目中专门成立了“中国中心”，组织一些中国问题学者，针对意大利企业在日益开放的中国市场上运作过程中遇到的问题，深入研究中国的投资环境、市场条件、发展趋势及改革特点等，并探寻解决问题的良策，为意大利企业家与中国开展经贸合作提供必要的帮助和技术性指导。他们每年聚会二至三次，其间除确定中心的运作措施外，还围绕中国课题组织一系列学术活动。中国问题专家维博担任该中心的负责人和协调员。

“中国中心”于 2004 年 5 月 24—7 月 8 日开设了“在中国经商研究证书”研究课程班。它围绕当今中国市场，传授有关中国“商业风气”的总体特点，包括政治、经济、司法、文化等各个层面的培训课程，旨在帮助意大利企业家在进入中国市场前，全面了解在中国经商的机遇与风险，做好充分的思想与技术准备，及时把握中国市场的特殊风向标，根据实际情况确定商业运作战略。本课程授课使用英语和意大利语，教员来自国际政治研究所和其他国内外大学，他们经过认真研究，借鉴那些已在中国市场上打拼过的企业家、经营者和自由职业者的经验教训，针对中国方方面面的社会现实，尽可能客观地向学员们传授知识。

"在中国经商研究证书"课程班实行全日制，在国际政治研究所位于米兰的所在地举办，总计180个小时。报名者（青年管理人员和企业家）需提交个人简历和申请书，根据条件决定录取人选。中选者需交纳1250欧元，费用包括学费、资料、活动和研讨会费。培训班结束后进行评估测试，合格者发放结业证书。"在中国经商研究证书"课程班得到了意大利因泰萨银行、皮莱利财团、法塔公司等11家银行和公司的大力赞助和支持。

"在中国经商研究证书"课程班的培训内容分为四个部分：

1. 今日中国

（1）前言：中国的奇迹

（2）中国自1978年以来的经济发展：宏观经济状况

（3）公共行政机关的改革

（4）国营企业与非国有企业的增长

（5）中国政治体制的变化

（6）中国在当今世界格局中的作用

（7）21世纪有待解决的问题（社会福利改革、银行体制、环境问题、能源资源等）

2. 加入世界贸易组织的影响

（1）对中国的经济和社会产生的影响

（2）给欧洲与意大利带来的新机遇

（3）对世界经济产生的影响

3. 法律层面

（1）国际法概要

（2）中国法律的演变

4. 在中国市场的运作

（1）如何进入中国

—筹措资金计划

—与中国的进口与出口

—合资企业与其他合作形式

—中国的不同领域：特点与机会

（2）如何在中国销售

—买卖：销售与推销

—广告与中国消费者

（3）如何在中国经营企业

—与中国合作者的关系

—与地方当局的关系

—与母公司的关系

—对人力资源的管理

—移居他乡

（4）总体文化经营

—懂得中国的心理

—贸易谈判技术

—生意中的沟通技术

（5）一些经验：失误及可行性解决方法

“在中国经商研究证书”课程班授课教师人员组成一览表

克里斯蒂亚娜·巴尔巴泰利（Cristiana Barbatelli）	米兰咨询公司亚洲业务部 马切拉塔大学
贾科莫·博阿蒂（Giacomo Boati）	国际政治研究所
伦佐·卡瓦列里（Renzo Cavalieri）	莱切大学
马尔科·克罗奇（ Marco Croci）	布雷西亚大学和米兰博科尼贸易大学
孔切尔托·萨斯（Concerto Sas）	布雷西亚大学和米兰博科尼贸易大学
克劳迪奥·博尔迪（Claudio Dordi）	布雷西亚大学和米兰博科尼贸易大学
付新（Fu Xin）	牛津大学
瓦莱里娅·加塔伊（ Valeria Gattai）	米兰博科尼贸易大学
尼科莱塔·马里戈（ Nicoletta Marigo）	伦敦皇家学院

续表

马尔科·梅雷利（Marco Merelli）	米兰博科尼贸易大学
法布里佐·佩雷蒂（Fabrizo Peretti）	米兰博科尼贸易大学
桑德罗·西代里（Sandro Sideri）	荷兰社会研究所国际经济名誉教授
帕特里齐亚·坦博索（Patrizia Tambosso）	锡耶那大学
贝内代塔·特里维拉托（Benedetta Trivellato）	米兰—彼科卡大学
乔万尼·瓦凯利（Giovanni Vacchelli）	国际服务公司
玛丽娅·维博（Maria Weber）	米兰博科尼贸易大学

五、高层领导与中国问题专家简介

1. 国际政治研究所所长——博里斯·比安凯里（Boris Biancheri）

意大利资深外交活动家比安凯里是1930年11月3日出生于罗马的意俄混血儿，母亲是俄罗斯人，父亲奥古斯托系意大利人，职业外交官，曾任意大利全权公使和外交部国际机构总干事。

比安凯里在罗马完成了所有学业，于1953年大学法学专业毕业。1956年开始其长达数十年的外交生涯，早先在外交部办公室工作，随后就职于意大利驻希腊使馆、意大利驻法国土伦领事馆以及驻日本的外交机构。1972

年任意大利驻英国使馆参赞，1975 年任外交部总秘书处合作处处长，1978 年任外交部办公室主任，1979 年被任命为意大利驻日本大使，1984 年担任外交部人事部门负责人。

1985 年比安凯里被任命为外交部政治事务部门主管之后，代表意大利参与了一系列有关欧洲政治合作方面的谈判工作。1987 年底出任意大利驻英国大使，1991 年转任意大利驻美国大使。1995 年 11 月被任命为外交部秘书长。1997 年 9 月就任意大利安莎通讯社社长。比安凯里还荣获美国慈悲山学院文学名誉博士学位和圣约翰大学法律名誉博士学位。

比安凯里勤于写作，笔耕不辍，长年的外交经历和广博的国际阅历更造就了其独特的国际问题学者风范。目前他既是意大利重要媒体《新闻报》的社论撰写人，同时也为一些国内外的期刊提供了许多有关国际政治的评论文章。其主要作品有：《欧洲与苏联政策新动向》、《波罗的海的琥珀》、《全球化时代的外交》、《世界地缘政治图册》、《地区与地方机构的国际化》、《新的全球混乱》。1997 年 11 月，比安凯里出任国际政治研究所所长。

2. 国际政治研究所中国问题专家——玛丽娅·维博（Maria Weber）

国际政治研究所高级研究员玛丽娅·维博 1951 年 2 月 14 日出生，佛罗伦萨大学“切萨雷·阿列雷”系政治与社会学专业毕业。维博是米兰路易吉·博科尼大学国际关系学和比较政治学教授，任该校东亚社会经济研究所研究部门负责人，同时还担任国际政治研究所亚洲项目主管，兼任“中国中心”以及“在中国经商研究证书”课程班的协调员。另外，维博还参加了其他一些学术机构：比较政治研究中心、政治心理国际社会、政治研究欧洲协会“妇女与政治身份”等等。维博的学术研究领域十分广泛，涉及经济发展、政府管理政策、规章制度、中国以及亚洲机构改革等诸多方面。

维博是最为关注中国发展的当代意大利学者之一。近几年来，维博在国内外一些重要研究刊物上发表了许多有关中国和东亚问题的论著，就中国的社会主义市场经济模式、经济可持续发展、环境保护问题、中意经贸发展前景等方面进行评论。其主要作品有（包括合作）：《21 世纪初的中国：旧挑战与新挑战》（2004 年）、《当今中国：经济增长与文化根源》（2003 年）、《意大利人与中国人交往的障碍》（2003 年）、《美国—中国：“9·11”后远东新的力量平衡》（2002 年）、《亚洲的经济体制改革》（2001 年）、《中国的奇迹》（2001 年）、《亚洲金融危机之后》（2000 年）、《中国报告：社会主义市场经济的成功与香港的未来》（1995 年）、《驶向中国一如何看待和利用世界最大的市场》(1996年)、《中国—国际政治研究所专刊》(1994年)、《来自中国的一种新的发展模式：社会主义市场经济》(1993年)、《中国：开放政策》(1993年)。

维博在《中国的奇迹》[①]中阐述道，中国是21世纪拉动世界经济发展的火车头，与中国交往就意味着为长期的合作打下基础。中国这个“经济巨人”注定将在新世纪世界范围内发挥头等重要的作用。中国成功摆脱了1997年亚洲经济危机的困扰，在国际上树立了积极的形象。维博强调要认真对待中国的迅速崛起：“中国在20世纪发展进程中，已从一个封闭孤立的国家变为完全融入国际政治和经济社会中的国度。1990年以来中国经济年均增长9%，创造了全球最高发展水平之一。这种奇迹足以使中国注定成为未来几年世界经济舞台上的主角之一。如今的中国是由政治改革带动的经济奇迹引发的结果，这种奇迹是在所谓社会主义市场经济的基础上建立起来的。在这样一个奇怪的组合中，社会主义与资本主义相互溶合，为自由市场不断开辟空间。得益于这种模式，最近几年中国取得了世界上最高的经济增长率，吸引了全球1/3的外资。”维博认为，中国的经济发展与其文化、传统和习俗的关系密不可分，需要努力探求中国的现在与以往之间存在的牢固关联。“因为只有领悟了这种联系，才有可能更好地理解中国20多年来取得的辉煌业绩。”同时维博也指出，中国在快速现代化进程中的一系列问题上面临着挑战：如何对付日益严重的失业难题、加紧进行政治改革、慎重处理与台湾的关系以及同美国和其他经济强国的关系。维博表示，“尽管中国目前还面临着大量问题有待解决，但它在新世纪伊始就表现出经济快速增长、进一步向世界开放以及不断加强自由市场作用的良好发展势头。之所以要认真对待中国，就是因为除此之外别无选择，如今的中国不再是20世纪50年代人们看不到的中国，恰恰相反，在全球各个角落都能感受到中国的存在，这是不能置若罔闻的事实。中国在处理国际危机中的重要政治作用也是无可争辩的。”

维博在《美国—中国：“9·11”后远东新的力量平衡》[②]中指出，冷战结束以来，中国的外交日益活跃，成为国际舞台上的重要成员。但美国一直对中国采取遏制政策，担心经济迅速发展的中国在亚洲实行霸权主义，布什

① 意大利il Mulino出版社2001年发行。

② 国际政治研究所出版物“quaderni global watch”22期。

政府甚至将其视为美国主要战略竞争对手。然而“9·11”事件却为中美两国之间开启了新的外交进程。面对“9·11”恐怖活动，中国迅速采取了负责任的态度，在国际反恐联盟中立场坚定、旗帜鲜明、积极合作，在反恐斗争中发挥了重要的国际作用。同时中美关系也随即缓和，有力地加强了双边政治与经贸关系。但美国并没有消除对中国霸权趋势的警惕，特别是台湾问题仍然是引发两国关系紧张的主要原因。

3. 国际政治研究所中国问题专家——贾科莫·博阿蒂（Giacomo Boati）

博阿蒂是国际政治研究所亚洲及中国问题重要研究学者，同时身兼米兰博科尼大学教授。

近年来，博阿蒂积极参加国内外一些涉及中国问题的研讨会，发表了一些评论中国事务的学术性文章，其主要成果有：《中国的机会》（2004 年 1 月）一文，分析了中国经济飞速发展给意大利企业带来的机遇和挑战；《当今中国：经济增长与文化根源》（2003 年与维博合作），评论中国的地区差异、社会阶层和失业状况；《现代中国社会的特点》（2003 年 12 月与维博合作），阐述了中国社会主义市场经济的运作形式和特点，指出中国在环境方面存在的严重问题及其对未来经济发展的影响；《意大利人与中国人交往过程中的主要障碍》（2003 年 12 月与维博合作），阐述了中国的传统宗教与道德伦理，分析与中国商业谈判的要点。认为意大利人与中国人进行交往时，应该相互影响和借鉴，共同加强文化等领域的合作；《中国的改革与科技力量》（2003 年 11 月），指出中国近来年实施的经济改革政策，促使高科技领域发展迅猛，有力推动了经济增长，加强了国际竞争力，同时还分析了中关村高科技园区的经济效益与示范作用。另外，博阿蒂还撰写了《中国经济现实倾向》、《中国的改革与高科技》等论著，为推动意大利的中国问题研究工作起到了积极作用。

附录 1：国际政治研究所会员一览表

Accenture	Alexander Hughes International	Assicurazioni Generali
Assolombarda	Compagnia di San Paolo	Aventis Bulk
Axa Assicurazioni	Banca Popolare Commercio e Industria	
Astaldi S. p. a.	Banca Popolare di Verona e di Novara	
Comune di Milano	Cerved Business Information	
Finlombarda	Banca Popolare di Milano	Comune di Venezia
Confindustria	FFC—Finanziaria e Fiduciaria di Credito S. A.	
Eni	Camera di Commercio di Milano	Finmeccanica
Fiat	Fondazione Fiera di Milano	Banca Intesa
Italcementi	Istituto Javotte Bocconi Manca di Villa Hermosa	
Marsh Italia S. p. a.	Merloni Elettrodomestici	Mediobanca
Olcese S. p. a.	Plasmon Dietetici Alimentari	Pirelli S. p. a.
Siemens	Provincia di Milano	Regione Lombardia
Techint	Telecom Italia	Tecnimont
Vodafone Omnitel	Università L. Bocconi	UniCredito Italiano

附录 2：近年来国际政治研究所发表的部分涉华评论文章：

1. “中国的改革与科技力量”（Technological Cluster and Innovation in China），Giacomo Boati，QUADERNI Global WATCH N. 32

2. “美国一中国：‘9·11’后远东地区新的力量平衡”（US－China：new balance of power in East Asia After September 11th），Maria Weber，QUADERNI Global WATCH N. 22

3. “‘非典’在中国”（La SARS in Cina），Giacomo Boati、Maria Weber，ISPI－RELAZIONI INTERNAZIONALI N. 15

4. “中国的公共参与和环境领域的非政府组织”（Partecipazione pubblica e ONG ambientali in Cina），Nicoletta Marigo，ISPI－RELAZIONI INTERNAZIONALI N. 13

5. “中国一中国共产党第十六届代表大会”（Cina －il 16 Congresso del PCC），Area Ricerca Asia，ISPI－RELAZIONI INTERNAZIONALI N. 13

6. “美国、俄罗斯与中国在反恐斗争中的合作”（La cooperazione tra USA、Russia e Cina nella campagna contro il terrorismo internazionale），Corrado Stefanachi，ISPI－RELAZIONI INTERNAZIONALI N. 12

7. “中国与美国：一种复杂的关系”(Cina－USA：un rapporto complesso)，Maria Weber，ISPI－RELAZIONI INTERNAZIONALI N. 10

8. “处于经济发展与能源及环境制约中的中国”（La Cina tra sviluppo economico e vincoli energetici ed ambientali），Nicoletta Marigo，ISPI－RELAZIONI INTERNAZIONALI N. 9

9. “亚欧会议：亚洲与欧洲之间新的合作形式”（ASEM：una nuova partnership tra Asia ed Europa），Nicola Cassarini，ISPI－RELAZIONI INTERNAZIONALI N. 8

10. “中国与世界贸易组织”（La Cina e il WTO），Maria Weber、Silvia Zanazzi，ISPI－RELAZIONI INTERNAZIONALI N. 5

11.“中国：旧挑战与新挑战”（China：old and new challenges），Maria Weber、Stefania Paladini，QUADERNI Global WATCH N. 5

12.“中国的革新与高科技”（Innovazione e High Tech in Cina），Giacomo Boati，POLICY BRIEF 2004. 02

意大利阿斯平研究所

L'istituto Italia dell'Aspen

Aspen Institute Italia

罗马地址：Piazza dei Santi Apostoli 49，00187 Roma
电话：+39 06 9784511
传真：+39 06 6796377
米兰地址：Via Carducci 2，20123 Milano
电话：+39 02 72010095
传真：+39 02 72010097
网址：http：//www. aspeninstitute. org
电子邮箱：info@aspeninstitute. it

一、基本情况

意大利阿斯平研究所[①]成立于 1984 年，是美国“阿斯平研究所”（1950

① 本文关于意大利阿斯平研究所的情况主要来自该所互联网页（2004 年 6 月）。

年开始活动）驻外四大分支机构之一。总部设于罗马，在米兰建有分部。

意大利阿斯平研究所是一家就全球性问题进行广泛深入探讨以及组织信息与学术交流的非赢利性质的高层次国际协会，也是意大利当今最具权威的思想库之一。

意大利阿斯平研究所致力于促进不同文化背景和社会制度的国家、团体间的自由交流，以充分彰显各自的观点、才能、学识和特长。意大利阿斯平研究所邀请工业、经济、金融、政治、社会和文化等领域的高层领导在绝对秘密和确保言论自由的条件下，对国际社会共同面临的现实挑战进行坦率的磋商和探讨。该研究所除自己单独组织学术活动外，还积极与意大利、欧洲和世界其他一些地区的研究机构密切学术合作，热心参与这些研究机构发起的学术活动，借机加强与意大利和国外政治、经济、文化、科技、企业、宗教等各界头面人物的交往，扩大意大利阿斯平研究所在国际政治与学术界的声誉。自 1984 年成立以来，该所已在国内外组织了 150 多次国际会议和学术研讨会，与会者达 5000 多人。

意大利阿斯平研究所管理模式的成功，主要取决于它所采用的运作方法，即进行“闭门”式的交流与辩论，这样有利于协调与会者之间的关系，可以及时更新讨论课题，加深与会者对现实问题的认识。该研究所的突出特点在于，它十分重视进行跨学科和纵向横向相结合的交流，并且就某些实际方面提出长期有效的观念与价值。意大利阿斯平研究所召集研讨会的目的，并不是为了对某一问题寻找出一致同意的或仅仅是令人放心的结论，而是突出表明当今世界各种现象的复杂性，鼓励对这些现象进行文化上的深入研究，从中显现出具有普遍性的价值与理想，并使这些价值与理想能够在世界上启发一种现代和明智的领导观念。因此，该研究所活动的首要目的就是，推动世界政治、经济与学术界对当代重要国际问题进行全面探讨和客观审视，通过自由、坦率、开放式的交流，加强相互了解，向政府与经济领导人提供对现行发展状况的最新理解与分析结果，促使他们不断增强在国际关系中的领导能力。

二、组织架构

意大利阿斯平研究所的会员由“支持性会员”、“普通会员”、“阿斯平之友”和“阿斯平青年伙伴”组成。意大利阿斯平研究所的会员，有的需要向研究所提供经济资助，有的则按要求免费提供其研究论著。意大利阿斯平研究所的活动经费主要依靠研究所会员的捐款以及一些企业和机构的赞助。

（一）支持性会员

“支持性会员”系出资捐助意大利阿斯平研究所活动的企业、机构和协会，它们的头面人物有权参加研究所的“总董事会”。目前已有 100 多个企事业单位提供了资助（见下表）：

ABB SpA	ENEL SpA	Meliorbanca SpA
Accenture SpA	ENI SpA	Microsoft Italia
Acea SpA	ERG SpA	Morgan Stanley
Netsystem SpA	Ernst & Young Financial	Aeroporti di Roma SpA
Alcatel Italia SpA	Business Advisors SpA	Nodalis SpA
Alitalia SpA	Etnoteam SpA	Nortel Networks SpA
API SpA	FAID Federdistribuzione	Philip Morris Corporate
Pappalardo	Falck SpA	Services Inc.
AstraZeneca SpA	Farmindustria	Pirelli SpA
A. T. Kearney SpA	Ferrero International	Poste Italiane SpA
A. T. M. SpA	Ferrovie dello Stato SpA	Banca Nazionale del Lavoro SpA

续表

Atos Origin	Ferrovie Nord Milano SpA	RAS SpA
Autostrade SpA	FIAT SpA	RCS Quotidiani SpA
Datalogic SpA	Finarvedi SpA	Rolls — RoyceInternational-Limited
Banca Intesa SpA	Fincantieri SpA	San Paolo IMI SpA
RAI	Finmeccanica SpA	Saras SpA — Raffinerie Sarde
Bluefin Srl	FIN. PART SpA	SEA SpA
BNP Paribas	FondazioneItalianaAccenture	Siemens SpA
Sol SpA	Fondazione Pfizer	Siemens Informatica SpA
BP Italia SpA	Francesco Micheli Associati	Sigma—Tau SpA
Italtel SpA	Geox SpA	Società dell’ Acqua Pia
H3G SpA	GlaxoSmithKline SpA	Antica Marcia pA
Celestica Italia	Gruppo Marcegaglia Srl	Booz—Allen & Hamilton Inc.
Cisco Systems Italy	Cassa di Risparmio di Firenze	Studio Legale Bonelli Erede
Citigroup	IBM Italia SpA	Assicurazioni Generali SpA
Coca Cola Italia	Impregilo SpA	Sun Microsystems Italia
Coeclerici SpA	British American Tobacco	Sviluppo Italia SpA
Confcommercio	Service SpA	Todini Costruzioni Generali SpA

续表

Confindustria	Lexmark International srl	Tecnimont SpA
Cuneo e Associati Srl	Lloyd Adriatico SpA	Telecom Italia SpA
Techint SpA	Manpower SpA	Banca di Roma
e. Biscom	McDonalds Development	Vodafone Omnitel SpA
Edison SpA	Italy, Inc.	EMC Computer Systems Italia
EDS Italia SpA	Mediaset SpA	Colt Telecom SpA
Zoppas	Mediocredito Centrale	KPMG Business Advisory

（二）普通会员

“普通会员”专指那些对意大利阿斯平研究所的活动感兴趣、隶属于其他研究院所或文化机构的意大利本国和国际人士，他们以其出色的专业成就和文化才能获准免费参加研究所的活动。他们中的代表者参加研究所的“总董事会”，任期三年。

（三）阿斯平之友

“阿斯平之友”是支持意大利阿斯平研究所活动的小型企业或机构（营业额在 7700 万欧元以内）的会长、常务理事和社长参加的团体。他们支持研究所实施致力于提高领导能力的研究计划与活动纲领。意大利阿斯平研究所“执行委员会”确定该团体的领导人选。现任会长是埃尼奥·普莱苏蒂。

（四）阿斯平青年伙伴

“阿斯平青年伙伴”由那些参加研究所 1999－2001 年“阿斯平新领导”活动的 25—35 岁的年轻组成，这项活动旨在推动当今的决策者与那些有可能成为未来领导人的青年才俊们的对话。他们来自社会、文化和经济生活的不同领域，可以有选择地参加研究所的一些活动。意大利阿斯平研究所“执行委员会”任命该组织的领导人选。现任会长是卢乔·斯坦卡。

三、领导机构

意大利阿斯平研究所的领导机构由总董事会、执行委员会、所长、副所长、董事长和审查团组成。

总董事会：由“支持性会员”和与之人员数量相等的“普通会员”代表组成，包括所长、副所长、董事长等高层领导以及研究所的创办成员。总董事会的主要职责是：确定研究所活动的总体方针路线；通过预算；确定执行委员会的组成，选举产生该委员会主席、研究所所长和副所长等。

领导机构设置与人员组成一览表

高层领导	
名誉所长	卡洛·斯科尼亚米利奥（Carlo Scognamiglio）
	切萨雷·罗米蒂（Cesare Romiti）
所长	朱利奥·特雷蒙蒂（Giulio Tremonti）
副所长	保罗·萨沃纳（Paolo Savona）
	卢乔·斯坦卡（Lucio Stanca）
	恩里科·莱塔（Enrico Letta）
总董事会董事长	朱塞佩·卡塔内奥（Giuseppe Cattaneo）
《Aspenia》杂志社社长	马尔塔·达苏（Marta Dassu ）
研讨会事务部门主任	乔万纳·劳诺（Giovanna Launo）
阿斯平之友协会主席	埃尼奥·普雷苏蒂（Ennio Presutti）
行政管理部门主管	阿代利亚·洛瓦蒂（Adelia Lovati）

执行委员会成员	
卡洛·斯科尼亚米利奥 (Carlo Scognamiglio)	意大利前参议院议长
切萨莱·罗米蒂 (Cesare Romiti)	意大利"意中协会"主席
科拉多·帕塞拉 (Corrado Passera)	意大利 Intesa 银行常务董事
多梅尼科·西尼斯卡科 (Domenico Siniscalco)	意大利都灵大学政治经济学教授
埃利奥·卡塔尼亚 (Elio Catania)	意大利国营铁路董事长
埃玛·马尔切加里亚 (Emma Marcegaglia)	意大利工业家协会副会长
埃尼奥·普莱苏蒂 (Ennio Presutti)	"阿斯平之友"会长
恩里科·莱塔 (Enrico Letta)	意大利前共同体政策部部长
菲德莱·康法罗尼耶里 (Fedele Confalonieri)	意大利 Mediaset 公司董事长
弗朗切斯科·卡塔吉罗内 (Francesco Caltagirone)	意大利《信使报》总裁
弗朗切斯科·科西加 (Francesco Cossiga)	意大利前总统
弗朗切斯科·米凯利 (Francesco Micheli)	意大利 e. Biscom 公司董事长
弗朗科·弗拉蒂尼 (Franco Frattini)	意大利现任外交部长
贾科莫·瓦恰戈 (Giacomo Vaciago)	米兰圣心天主教大学政治经济学教授

续表

执行委员会成员	
吉安·马里亚·格罗斯彼得 (Gian Maria Gros—Pietro)	意大利都灵大学经济学教授
詹菲里切·罗卡 (Gianfelice Rocca)	意大利工业家协会前副会长
詹尼·德米凯利斯 (Gianni De Michelis)	曾多次担任意大利政府部长
詹尼·莱塔 (Gianni Letta)	意大利总理府国务秘书
朱利亚诺·阿马托 (Giuliano Amato)	意大利前总理
朱利亚诺·乌尔巴尼 (Giuliano Urbani)	意大利文化遗产部部长
朱利奥·特雷蒙蒂 (Giulio Tremonti)	意大利前经济与财政部长
朱塞佩·卡塔内奥 (Giuseppe Cattaneo)	意大利阿斯平研究所董事长
琼·保罗·菲托西 (Jean—Paul Fitoussi)	法国巴黎政治学院教授
卢恰·安农齐亚塔 (Lucia Annunziata)	意大利广播电视台前任董事长
卢乔·斯坦卡 (Lucio Stanca)	意大利革新与技术部部长
路易吉·阿贝特 (Luigi Abete)	意大利国家劳动银行行长
马里奥·戈雷科 (Mario Greco)	意大利议会欧盟政策常务委员会主席
马里奥·皮拉尼 (Mario Pirani)	意大利著名记者、经济与政治学家

续表

执行委员会成员	
保罗·米耶利 (Paolo Mieli)	Rizzoli出版社社长
保罗·萨沃纳 (Paolo Savona)	意大利政治经济学教授、前工业部长
皮耶罗·纽迪 (Piero Gnudi)	意大利国家电力公司董事长
彼得·费雷罗 (Pietro Ferrero)	意大利著名食品公司 Ferrero 总裁
拉伊内尔·马塞拉 (Rainer Masera)	罗马大学货币与金融市场经济学教授
里卡尔多·佩里西克 (Riccardo Perissich)	Telecom 集团经济事务等部门负责人
罗马诺·普罗迪 (Romano Prodi)	欧盟委员会主席、意大利前总理
托马索·帕多阿·斯基奥帕 (Tommaso Padoa Schioppa)	欧洲中央银行执行委员会成员
翁贝托·阿涅利 (Umberto Agnelli)	意大利菲亚特集团董事长
翁贝托·埃科 (Umberto Eco)	意大利杂文作家和叙事文学作家
维托里奥·科拉奥 (Vittorio Colao)	Vodafone Omnitel 公司常务董事
威廉·马耶尔 (William Mayer)	美国阿斯平研究所前任所长

执行委员会：由总董事会的成员选举产生，“支持性会员”和“普通会员”人数各占一半。任期三年，最多连任两届。执行委员会在研究所的日常管理方面拥有广泛的权力：提出活动计划、提议所长和副所长人选、任命董事长并确定其年薪、任命“阿斯平之友”和“阿斯平青年伙伴”的领导人、审议通过活动预算等。

所长：根据执行委员会的提议由总董事会选举产生，主管研究所的总体活动，确保其运作符合研究所宪章的要求。所长领导执行委员会的工作，主持执行委员会和总董事会。任期三年，可以连选连任。

副所长：根据执行委员会的提议由总董事会选举产生，名额为 3—5 人，任期三年，可连选连任。在所长因故缺席的情况下，至少一名副所长须担负所长职责。

董事长：根据所长的提议由执行委员会任命，负责研究所行政与财政具体事务的管理，任期三年，可再次任命。

审查团：由总董事会选举产生的 3—5 名成员组成，其中一人由外交部长指定，审查团自选产生团长。审查团成员任期三年，可以连任。负责掌控和监察协会的财务与经济管理情况。

四、会议形式与研究项目

（一）会议形式

“国际会议”和“圆桌会议”是意大利阿斯平研究所向其会员提供的两种主要参与形式。意大利阿斯平研究所的政策纲领折射出两个主要方针：“地缘政治方针”和“主题方针”。“国际会议”用以商讨“地缘政治方针”，诸如欧洲、地中海、大西洋两岸关系、巴尔干以及新能源地缘政治等问题；“圆桌会议”则用以“主题方针”，就经济世界、医疗保健、可持续性发展等话题进行讨论。在这些会议召开期间，均规定“闭门”讨论有关国家或国际重要问题，畅所欲言地表达看法。

“国际会议”只限于商议具有国际重大战略意义的重要问题。应邀出席“国际会议”的除意大利阿斯平研究所的会员外，还有其他一些政治和企业机构的权威领导人以及金融与学术专家。

“圆桌会议”最近两年的会议数量大幅增加，其重要性更加明显。“圆桌会议”一般由意大利阿斯平研究所的成员召集，会议深入分析某一个国家性的重要问题，会议有时分成小组进行辩论。会议的主题与形式通常很容易吸引大的研究学术机构和利益团体的代表参加。这是一种便于进行直接和深入讨论的交流形式。

近几年意大利阿斯平研究所组织的部分重要会议列举如下

时间	会议名称	地点
2004.02.27—29	阿斯平欧洲对话——互相学习：为欧洲机构改革竞争	威尼斯
2003.10.02—04	大西洋伙伴关系	罗马
2003.07.08—09	能源地缘政治：展望亚洲	佛罗伦萨
2003.06.28—29	罗马尼亚阿斯平之日	布加勒斯特
2003.06.20	重新密切跨大西洋伙伴关系：共同目标与共享价值	罗马
2003.05.09—11	为了一个新的跨大西洋交易	威尼斯
2003.02.28—03.01	阿斯平欧洲对话研讨会	罗马
2002.03.01—02	技术革新在国家经济发展中的作用	拉奎拉
2002.04.06—07	阿斯平欧洲对话研讨会	威尼斯
2002.05.31—06.02	阿斯平青年伙伴协会研讨会	卡莫里
2002.06.08—09	科学、认知与科学幻想之间的生物技术	切尔沃港
2002.06.11	信息与通讯技术境况：经济振兴的战略与规划	罗马
2002.07.04—05	欧盟东扩：为社会、文化与企业带来的新机遇	布达佩斯
2002.07.09—10	欧洲、美国和俄罗斯在能源领域的决斗	佛罗伦萨
2002.10.28	寻求最佳城市：问题与管理计划	米兰
2002.11.22—24	欧洲、美国与地中海地区	巴切罗那

(二) 主要研究项目

无论是在“国际会议”还是在“圆桌会议”期间，意大利阿斯平研究所都要分析意大利的政治、经济与社会状况，为意大利政府制定相应的内外政策构筑了一个学术论坛。研究所的讨论议题主要集中在欧洲建设、大西洋两岸关系、地中海地区的稳定与发展方面。另外，还广泛涉及国际经济中的中小企业、欧洲与拉美关系、现代化高科技手段的影响等议题。

“国际会议”的五大课题是：

1. 阿斯平欧洲对话

主要探讨欧盟政治、经济与社会一体化进程中面临的重大问题。在欧洲开始流通统一货币后，欧盟东扩、机构改革和经济管理方面的议题就成为辩论的焦点。另外还包括如何加强欧盟的国际作用、如何使欧盟向中东地区进一步开放以及同发展中国家的关系更加平衡等方面的问题。就社会协调与发展前景问题（如经济难点、社会福利体制改革等）进行的关键性讨论的情况最终予以公开。意大利阿斯平研究所认为，欧盟未来建设要适应世界经济全球化的发展趋势，通过培育欧洲日益强大的国际特性来回应全球化带来的挑战。这种国际特性有利于创造新的经济与社会形式，并推进欧洲早日实现政治经济一体化的理想。研究所在此议题中还特别关注意大利的政治、经济与社会状况，专门安排了“意大利的今天与明天”研究系列。

2. 大西洋两岸对话

意大利阿斯平研究所是维系意大利与美国关系的重要桥梁，从 2000 年开始举办一系列旨在分析欧美关系的国际会议。会议目的是讨论经济问题（包括工业、金融与价格市场）和以反恐斗争为主的安全问题。2003 年 5 月，意大利阿斯平研究所举办欧美关系研讨会，意大利外长弗拉蒂尼在会上发表讲话强调，意大利政府任欧盟轮值主席的首要任务是，极力修复因伊拉克战争造成的欧美裂痕，搭建一座欧洲通向美国的桥梁：“在这样一个复杂微妙的时期，维护欧美关系将是我们的中心工作”，“只要与美国发生冲突，欧洲不可避免要陷入分裂”。[①] 参加此次研讨会的还有一些正在改写美国国际战略的“强硬学者”，如对白宫外交政策影响很大的里查德·佩尔莱、新

① 意大利《晚邮报》2003 年 5 月 10 日。

保守分子中的新星罗伯特·卡甘。他们提出了一些很难回避的问题，其中包括欧洲应该在接受法国的领导与注重加强与美国关系之间进行抉择。

3. 欧洲一地中海伙伴关系

意大利阿斯平研究所强调，欧洲与地中海地区的相互依存与相互合作突出表现在环境、能源、移民和贸易等诸多方面。欧洲一地中海地区的政治稳定与经济联系取决于双边合作和共同参与，而不是单方面的援助或单一国家的协调作用。该所通过举办一系列有关地中海问题的国际研讨会，寻求促进地中海两岸合作与发展的有效途径，加强欧洲与地中海地区的联盟关系。欧洲与地中海南岸地区在政治、经济、文化和历史上有着千丝万缕的联系，早在1987年意大利阿斯平研究所的有关会议结束后发表的《地中海宣言》中就明确阐述，将日益密切与地中海南岸国家的关系。这种观点后来于1995年11月欧盟在巴塞罗那举行的“欧洲一地中海会议”上再次得到确认。

4. 巴尔干地区的稳定与合作

意大利阿斯平研究所在组织了一系列有关巴尔干地区的安全与稳定的国际会议后，目前正在研究与该地区进行经济合作的可能性，促使欧洲国家特别是意大利，向该地区提供特殊援助，以帮助这一地区正在进行的经济与机构改革。该所通过它在巴尔干地区所发挥的地缘政治与地缘经济观察家作用，愿意向企业界提供与东南欧政治领导人进行直接对话的机会，并借此研究向巴尔干地区投资的必要条件与措施。

5. 推进欧洲一中国对话

随着中国经济实力的不断增强以及国际政治地位的日益提高，意大利阿斯平研究所越来越重视对中国的全面研究，就文化思潮、经济模式、政治制度和欧中关系等问题进行评估。“推进欧洲一中国对话”研究项目于2000年开始启动，为欧洲和中国这两个拥有不同文化背景和社会制度的地区加强交流搭建了一个操作平台。该项目主要讨论如何促使中国经济在国际领域发挥重要作用，特别是与欧盟建立密切关系的议题，论证中国加入世界贸易组织和欧元流通等重大事件所引发的影响与冲击，确认这些事件是否都有利于加强欧中双边合作的能力和可能性。同时还关注意大利经济为欧中密切关系发挥的重要作用。近年来，意大利阿斯平研究所的著名刊物《阿斯平》更加关注中国，2004年2月出版的第23期甚至被辟为中国问题专刊，美国和意大利等欧洲国家的专家学者发表了30多篇评论中国政治改革、经济发展和国际作用的学术文章。

（三）出版物

意大利阿斯平研究所出版季刊《阿斯平》，首次发行于 1995 年，截止 2004 年 6 月已发行了 24 期。《阿斯平》邀请意大利和国际权威人士就有关战略问题发表分析评论文章。现任社长是马尔塔·达苏，责任社长卢恰·安农齐亚塔，主编意塔洛·卢皮。《阿斯平》由意大利《24 小时太阳报》社发行，意大利语版每个季度在意大利书店和罗马、米兰的主要报亭出售。英语版杂志可在世界各地的大学、使馆和文化机构购得。

五、重要领导人简介

1. 意大利阿斯平研究所所长——朱利奥·特雷蒙蒂（Giulio Tremonti）

特雷蒙蒂 1947 年 8 月 18 日生于松得利奥市，法学专业毕业，辩护律师、大学教授，曾在帕维亚大学法学系讲授税务法。同时兼任《世界》周刊和意大利《晚邮报》的社论撰写人，发表过大量有关税收问题的专著，如《意大利人的 100 种税》、《工业税制》、《没有财富的国家与没有国家的财富》、《税收联邦制》、《税制改革》等。

特雷蒙蒂从 1994 年开始由学术界转向政界，在当年举行的意大利议会选举中以左翼“塞尼公约党”成员的身份首次当选众议员，但他却迅速追随意大利力量党领袖贝卢斯科尼，并于 1996 年正式加入意大利力量党。特雷蒙蒂在 1994 年贝卢斯科尼领导的意大利第一届中右政府内担任财政部长，上任伊始就制定出倾向于维护企业家利益的“特雷蒙蒂法案”。1996 年中左政府上台后，特雷蒙蒂不断批评意经济政策，成为中左执政联盟“重要的权威性对手”。2001 年 5 月，特雷蒙蒂担任贝卢斯科尼第二届中右政府的经济财政部长，根据意大利经济增长缓慢的情况，提出了一个旨在鼓励企业投资、扩大内需的《百日法案》，计划通过改革劳工制度、社会福利和税收体制等一系列振兴经济的措施，使意大利经济早日摆脱 20 世纪 90 年代中期以来的“亚健康状态”。为了促进意大利经济的增长，特雷蒙蒂还经常强调政府对经济进行干预的必要性，并在 2003 年 6 月召开的八国首脑会议上提出了“刺激消费，发展经济”法案。

2003年11月26日，时任意大利阿斯平研究所副所长的特雷蒙蒂被任命为所长，并于2004年2月1日正式上任。

特雷蒙蒂极为关注中国产品大量涌入欧洲的倾向，认为中国低廉产品的劳动成本和社会成本使意大利和欧洲处于不合理的竞争地位，致使意大利企业出口大幅下降，纺织业和制鞋业面临崩溃的危险，"在中国不遵守贸易规则的情况下，欧洲是不可能与之公平竞争的"。① 特雷蒙蒂呼吁欧洲面对中国产品构成的严重挑战和威胁，应共同协力保护好欧洲自己的内部市场，要求意大利政府在实施征收高关税和实施配额的贸易保护主义政策的同时，对来自中国及远东地区的产品还要进行食品、卫生和环保方面的检验，② 抵御中国产品的冲击，维护本国产业的发展。

2. 意大利阿斯平研究所名誉所长——卡洛·斯科尼亚米利奥（Carlo Scognamiglio）

斯科尼亚米利奥1944年11月27日生于意大利瓦莱塞，居住在米兰，在米兰博科尼大学攻读经济贸易学，1968年以优异成绩毕业。1970—1971年在伦敦经济学校进修经济与工业政策专业。1973—1984年在帕多瓦大学和米兰博科尼大学讲授工业经济和企业财政学。1984年7月—1992年担任罗马路易斯大学的校长。斯科尼亚米利奥曾担任意大利工业部、国家参与部、预算部、国库部及公共职能部的政府顾问。1983年担任《晚邮报》出版集团董事长，1984—1990年担任斯泰特集团的副董事长，1985年以来担任意大利布尔克公司董事长。除此之外，他还担任其他许多大公司的董事长或董事会成员。1990年他担任意大利"重组公共资源与私有化委员会"主席。斯科尼亚米利奥于1992年以自由党党员身份首次当选参议员，并成为参议院欧洲事务委员会主席以及预算委员会成员。在1994年的全国大选中，他又以意大利力量党成员身份再次当选参议员。同年4月16日，斯科尼亚米利奥被选为意大利参议院议长。随后在1996年4月21日的大选中继续当选参议员。斯科尼亚米利奥自1998年3月退出意大利力量党之后，成为意大利新组建的政党——"共和民主联盟"的成员，是共和民主联盟的会议主席和议会党团主席。1998年10月——1999年12月，他在达莱马中左政府

① 意大利《宣言报》2003年8月23日。

② 意大利《展望》周刊2003年8月28日。

内任国防部长。

斯科尼亚米利奥自20世纪80年代以来参加了许多政府部委研究委员会：国家参与部、预算部、财政部、工业部和公共职能部。1990年担任国库部私有化委员会主席。

斯科尼亚米利奥迄今共撰写了50多部以经济为主的研究论著。1988年荣获法国学院经济奖。斯科尼亚米利奥从1995年开始担任意大利阿斯平研究所所长，2004年初正式卸任。他在连续三届担任该所所长的9年期间里，努力推动研究所学术活动的多样化和高水准，扩大了研究所的国际声望。

附：近年来意大利阿斯平研究所《阿斯平》季刊有关中国问题的部分评论文章

1. “中国在意大利”（La Cina in Italia），Antonella Ceceagno，Aspenia N. 24

2. “使私有财产合法化”(Legalizzare la proprieta privata)，Cao Siyuan，Aspenia N. 23

3. “巨人的觉醒”(Il risveglio del gigante)，Daniel Rosen，Aspenia N. 23

4. “新的冷战?”(La nuova Guerra fredda?)，Ronald Dore，Aspenia N. 23

5. “共产党的资本主义”（Il capitalismo comunista)，Joseph Fewsmith，Aspenia N. 23

6. “了解中国”（Capire la Cina)，Gianni De Michelis，Aspenia N. 23

7. “新的全球火车头”（La nuova locomotiva globale)，Angel Ubide，Aspenia N. 23

8. “增长将持续下去”（La crescita continuerà)，Andrea Boltho，Aspenia N. 23

9. “衰退临近了”(Il declino è vicino)，Gordon G. Chang，Aspenia N. 23

10. “中产阶级地位上升”（L’ascesa della classe media)，Luigi Tomba，Aspenia N. 23

11. “寻找高科技”（Alla ricerca di alta tecnologia)，Maria Weber，As-

penia N. 23

12. “中国军队”（L’ esercito cinese），David Shambaugh，Aspenia N. 23

13. “后现代时期的文化”（La cultura postmoderna），Maria Rita Masci，Aspenia N. 23

14. “敌人还是盟友？与华盛顿的冲突”（Nemico o alleato? Lo scontro a Washington），Ted Galen Garpenter ，Aspenia N. 23

15. “中国对美国太空霸权的挑战”（La sfida cinese al dominio spaziale americano），Gabriele Garibaldi，Aspenia N. 23

16. “北京：迷失的城市?”（Pechino：la Citta Perduta?），Jasper Goldman e Carlo Ratti，Aspenia N. 23

17. “中国知道遵守规则吗?”（Ma la Cina sa stare alle regole?），Renzo Cavalieri，Aspenia N. 23

18. “亚洲三角”（Il triangolo asiatico），Marco Panara，Aspenia N. 23

19. “中国看美国战略”（La strategia Americana vista dalla Cina），Zhang Xiaodong，Aspenia N. 23

20. “中国的智慧”（L’ intelligenza della Cina），Mei Zhaorong，Aspenia N. 13

21. “龙的世纪 ”（Il secolo del dragone），Konrad Seitz，Aspenia N. 13

意中经济文化交流协会

Istituto Italo—Cinese

per gli scambi economici e culturali

意中協會

istituto italocinese

米兰地址：Palazzo Clerici，Via Clerici 5
20121 Milano，Italy
电话：(＋39) 02/862325. (＋39) 02/862765
传真：(＋39) 02/72000236
都灵地址：Lungopo Antonelli 177
10153 Torino，Italy
电话：011/8980406
传真：011/8903021
北京地址：Zijin Guest House，321，
Chongwenmen Xidajie，9
100005 Beijin，PRC
电话：0086/10/65127157

传真：0086/10/65127158
网址：http：// www. tuttocina. it
电子邮箱：info@china－italy. com

一、协会概况

意中经济文化交流协会[①]简称意中协会，1971 年 3 月 17 日在米兰成立，当年以天主教民主党为背景，由 50 名议员以及一些经济界和文化界人士组成。协会成立大会在意大利众议院附近的一个古老礼堂举行，意大利政界、经济界、文化界以及新闻界的许多社会名流出席了协会成立仪式。意中经济文化交流协会得到意大利政府、议会和垄断集团的支持，属于意大利半官方民间组织，对中国态度友好。该协会首任主席维托里诺·科隆博（Vittorino Colombo）是天主教民主党新力量派主要成员，曾任意大利财政部副部长、海运部部长、外贸部部长等政府要职。2000 年 3 月，切萨雷·罗米蒂接任意中协会主席。意中协会名誉主席则是意大利著名政治家朱利奥·安德烈奥蒂。

意中协会与中国一些重要机构建立并保持着友好关系：中国人民对外友好协会、国际书店、中国国际旅行社、中国集邮总公司。意中协会还设有一个藏书超过 3000 多册的图书馆，收藏各种书籍和其他出版物，包括专业杂志和各种重要的会议文集，并收集有大量中国邮票、画作、剪纸及汉语课本。

意中经济文化交流协会的会址设在米兰和都灵，从 1983 年开始在北京设有正式注册的代表处。意中协会的会员每人每年交纳会费 80 欧元，支持性会员和团体交纳 750 欧元。

① 本文关于意中经济文化交流协会的情况主要来自该协会互联网页（2004 年 6 月）。

意中协会执行委员会人员组成一览表

主席	切萨雷·罗米蒂（Cesare Romiti）
名誉主席	朱利奥·安德烈奥蒂（Giulio Andreotti）
副主席	费利切·布蒂（Carlo Felice Butti）
	马里奥·曼托瓦尼（Mario Mantovani）
	恩里科·皮亚内塔（Enrico Pianetta）
	克劳迪奥·罗蒂（Claudio Rotti）
	安东尼诺·扎尼博尼（Antonino Zaniboni）
理　事	瓦莱里奥·贝托尼（Valerio Bettoni）
	弗朗科·卡耶尼（Franco Cajani）
	彼得罗·奇奇内利（Pietro Cicinelli）
	蒂纳·科隆博（Tina Colombo）
	布鲁诺·科隆博（Bruno Colombo）
	利诺·朱迪切（Lino Giudice）
	马西莫·拉努齐（Massimo Lannucci）
	安杰洛·拉扎罗托（Angelo Lazzarotto）
	朱塞佩·纳波里塔诺（Giuseppe Napolitano）
	阿尔贝托·奥尔托拉尼（Alberto Ortolani）

续表

	贝纳德托·拉达埃利（Benedetto Radaelli）
	爱多尔多·瓦利（Carlo Edoardo Valli）
	多梅尼科·维齐尼（Domenico Vicini）
审查委员会审计员	伊纳斯·基耶里凯蒂（Ines Chierichetti）
	马里奥·德托尼（Mario De Togni）
	马尔科·曼佐利（Marco Manzoli）

二、主要活动

意中经济文化交流协会的主要任务是，研究意大利和中国之间财政、工业及贸易关系的发展，同时组织一系列意中经济、企业、科技、文化方面的交流活动，就加强两国各个领域的合作进行探讨。

（一）组织各种形式的观光旅游

意中协会组织意大利公民去中国旅游、安排行程、代订机票和酒店、拟定参观访问计划、满足各种要求（包括普通旅游、文化旅游、经贸考察、科学家访问等）。行前开会介绍情况，加深对中国各地社会、文化和其他方面的了解；返回意大利后组织交流经验体会。

（二）促成两国建立友好省市关系

意中协会从1979年开始致力于建立意中两国之间友好省市关系的工作，它所促成的米兰与上海的城际关系是中国与西方国家的第一对友好城市关系。迄今为止，意中协会已在意大利和中国之间建立了约40对友好省市关系。友好省市关系有助于增加双方之间的互相了解，对加强双方在经济、贸易和其他各方面的实质性合作关系发挥着重要的支持作用。

（三）举办名目繁多的交流活动

意中协会组织了一系列文化学习班、学术研讨会和服务项目：为意大利人举办中国语言和文化学习班；翻译进修班；中医培训班；安排两国代表团互访；组织意中两国学生的进修班；安排意中两国戏剧和音乐团体的巡回演出；组织中国日和中国周，商定各种活动和节目；每年组织意大利企业界人士参加中国的广州交易会，组织文化界人士访华；在意大利和中国组织各种文化活动（展览、会见、研究、座谈）；提供口译和笔译服务；市场调研；代订中国报刊杂志和代销中国邮票；为旅意华侨服务：会见、座谈、意大利语言文化学习班等，并协助他们解决包括社会活动、经济和文化方面的各种问题；举行各种会议、研讨会、学术会议、座谈会、科学报告会。

（四）出版介绍和评论中国的书刊

意中协会自1973年开始出版《中国世界》（Mondo Cinese）杂志，每年三期，每四个月出版一期。这是意大利独一无二介绍中国艺术、文化、政治、科学和社会生活的期刊。意大利文化遗产部评定这本刊物具有极高的文化价值。意中协会备有各种旅游指南、地图、汉语词典、汉语课本和汉语语法书，以及其他出版物：中文《意大利旅游指南》、意大利文《中国》（这是一本插图丰富、包括大量中国城市和名胜古迹地图、含有许多历史和地理信息的中国导游书）。此外还有大量历史和政治书籍；译成意大利文的中国寓言、童话、故事集；介绍中医、药膳、养生学和保健方面的书籍等。意中协会集邮部收藏着从1949年至今历年发行的中国邮票，包括很多珍品以及1949年以前发行的邮票。每年专为中国邮票收藏家和集邮爱好者提供包括上一年度发行的所有中国邮票和其他邮票的集邮年鉴。

近年来意中协会参与组织的一些重要活动列举如下

2000 年	罗米蒂在罗马和米兰推介意中协会的运作情况；
	适逢意中建交 30 周年之际，罗米蒂正式访问中国，并在意中协会与中国对外友协的合作议定书上签字；
	罗米蒂会晤中国总理朱镕基；
2001 年	向意大利外交部提议创建一个致力于加强意中合作的专门机构；
	为在中国经营医疗培训计划与高级卫生研究所签署协议；
	在罗马、米兰和巴勒莫开辟中医学校；
	组织意大利斯卡拉剧院赴中国演出；
	在罗马举办“纪念意大利著名传教士利马窦到北京传教 400 周年”国际研讨会；
	在米兰就中国加入世贸后欧中关系走向举办“欧华经济贸易论坛”，这是中国入世后欧洲国家举行的首次大规模经贸研讨会。
2002 年	罗米蒂与意大利总理贝卢斯科尼就中国议题举行会谈；
	在科莫开办中国语言和文化培训班；
2003 年	组织米兰市长阿贝尔蒂尼率领伦巴底大区企业家代表团访问中国；
	继续在米兰和科莫开办中国语言与文化培训班；
	向意大利政府建议设立一个旨在促进意中合作的组织；
	举办“中国—意大利卫生日”国际研讨会。

三、政治影响力

意中经济文化交流协会成立30多年来，一直从理论上和行动上不断致力于促进意中两国在政治、经济、科技与文化等各个领域和层次的友好合作关系，积极开展多种多样有益于推进意中友好的交流活动，是维系和拓展意中官方与民间交往的重要桥梁。意中协会在意大利各界拥有广泛的政治影响，对促使意大利政府和企业制定积极的对华政策发挥了较大作用。意中协会本着增进相互理解和友情的基本原则，为促使意大利政府、议会和企业界加强意中友谊做出了不懈努力，特别是在引导意大利企业家了解中国、帮助中国企业家在意大利寻找合作伙伴方面发挥了重要作用。意中协会前任主席科隆博参议员曾表示："政治和宗教信仰的分歧，不应阻止妨碍各国人民和各个国家在一起进行交流，商讨博爱、友谊和互助，因为我们都需要共同建设一个和平勤劳的社会。"

为进一步拓宽意中经贸合作渠道，2003年11月，意中协会发起并组织了"意中基金会"。意大利总统钱皮为该基金会的建立表达了衷心祝贺和良好期望，意大利政府也十分重视意中基金会对推进意中双边关系的作用，积极与某些地区政府和民间机构一起共同予以鼎力相助和协作，使意中基金会发挥意大利政府机构的作用，为推动企业国际化提供政策支持，有助于将意中双边合作推向一个新水平。意大利生产劳动部副部长乌尔索表示，希望与意大利－中国基金会密切合作，弥补在开展对华交流方面失去的时间。[①] 意中基金会的创始会员还有：埃尼石化集团、意大利航空公司、意大利保险总公司、意大利外贸协会、意大利工业家协会、意大利碳化氢公司、爱迪生基金会、米兰商会、因泰萨银行、皮雷利集团等20家公私企业和机构。参与基金会运作的有意大利四个大区：伦巴底、维纳托、皮耶蒙特和埃米利亚－罗马涅大区以及意大利政府的四个部：外交部、生产活动部、教育、大学与科研部、文化遗产部。意中基金会于2004年1月召开了第一次董事会，意中协会主席罗米蒂当选基金会会长。意中基金会的成立旨在进一步推动意中经济与文化关系的深入发展，帮助两国企业家之间相互了解，大力拓展交流

① 意大利《晚邮报》2004年1月13日。

意中基金会董事会董事一览表：

姓名	所属公司机构
Francesco Mengozzi	Alitalia
Sergio Balbinot	Generali
Corrado Passera	Banca Intesa
Diana Bracco	Bracco
Massimo Sordi	Camera di Commercio Milano
Cesare Geronzi	Capitalia
Vittorio Mincato	Eni
Umberto Quadrino	Fondazione Edison
Jonella Ligresti	Fondiaria Sai
Piergiorgio Romiti	Impreglio
Primo Brioni	Monte dei Paschi di Siena
Francesco Merloni	Mts Merloni
Calisto Tanzi	Parmalat
Riccardo Perissich	Pirelli
Pietro Modiano	Unicredito Italiano

与合作渠道。[①] 基金会总经理鲁伊尼（Alcide Luini）博士指出，基金会作为一个开放性机构，将吸收一切有志于发展对华关系且具备相应条件的单位参加。意中基金会计划设立一个研究中心，专门负责为意大利企业在中国开展业务提供必要的技术指导，并将组织文化、艺术、培训、医疗、科研等方面的对华交流活动。

四、重要领导人简介

1. 意中经济文化交流协会主席——切萨雷·罗米蒂（Cesare Romiti）

罗米蒂 1923 年 6 月 24 日生于罗马，1945 年毕业于大学经济贸易专业，1970 年任意大利航空公司总经理，1974 年 11 月开始进入意大利最大私营集团菲亚特公司任金融、计划、控制部门经理，1976 年 4 月 30 日被任命为菲亚特股份公司常务董事，后陆续担任菲亚特汽车股份公司副董事长、菲亚特国际控股公司副董事长兼总经理，1996 年担任菲亚特集团董事长。1998 年退休后继续从事经济活动，同年 6 月担任意大利《晚邮报》出版集团董事长。罗米蒂在菲亚特集团高层任职长达 25 年，拥有丰富的企业管理、商业贸易经验，堪称意大利近代史上备受尊敬与爱戴的政治与经济界的重量级人物，由于他善于宏观经营管理，巧妙处理劳资关系，被誉为“意大利真正的资本主义铁腕管理人”。[②]

罗米蒂曾多次访问中国，长年勤勉于意中合作事业。他在担任意中协会主席的同时，还兼任意中基金会的会长，积极推动意中两国在文化、经济与政治等领域关系的持续发展，促进意大利更多地参与同中国的合作项目，加强意中教育和文化交流，以巩固两个文明古国之间的文化纽带。

罗米蒂多次敦促意大利政府重视对华关系，采取有效措施加强同中国的经济、金融与文化合作，认为“中国作为潜力巨大的市场，经济增长势头强劲，已成为国际经济舞台的主角之一，是一列不能错失的火车，中国为意大利企业的发展提供了极大的机会”。罗米蒂充分肯定了中国为有效及时控制“非典”疫情的蔓延所付出的努力和取得的成果，提议意科技界向中国的传

① 意大利 confindustria 网站 2003 年 12 月 17 日。

② 意大利 Grandinotizie 网站 2001 年 12 月 6 日。

统医学开放，鼓励意大利与中国的科学家努力进行中西医结合抑制“非典”病毒的研究，加强两国大学与研究机构在医学领域的交流与合作。在中国产品冲击意大利市场问题上，罗米蒂反对将意大利经济发展滞后的原因归咎于中国，认为这是由于意大利经济体制结构落伍所致。罗米蒂强调，“我们应该与中国开展密切的合作。关注来自中国竞争的挑战是对的，但不应采取提高关税壁垒的贸易保护主义的解决办法，而是要增加竞争力和生产效率”。[①]“主要工业化国家都在注视着中国。为此，如果在竞争方面遇到较大困难时犹豫不决，就会失去机会，意大利企业占领中国市场的机会就更少了。”[②]

2. 意中经济文化交流协会名誉主席——朱利奥·安德烈奥蒂（Giulio Andreotti）

安德烈奥蒂1919年1月14日生于罗马，1941年毕业于罗马大学法律系。1946年当选意大利立宪会议的代表，1947年至1992年意大利历次议会选举中，他均当选为众议员，并担任过众议院大民党议会党团主席、众院外交委员会主席等职务。从1973年起一直是欧洲议会议员，1991年被总统任命为终身参议员。

安德烈奥蒂是意大利著名政治活动家，被视为“战后意大利民主政权的象征”。在其半个世纪的政治生涯中，曾7次出任政府总理、8次担当国防部长、5次外交部长、2次财政部长、2次预算部长、2次工业部长、1次国库部长和1次内政部长。

安德烈奥蒂勤于写作，其主要论著有：《共和国的元勋》、《一名耶稣会士在中国1552—1610：利马窦从意大利来到北京》、《在庇护九世的示意下》、《近观美国》、《第一共和国》、《耶稣的四个人》、《与我同时代的历史、政治与教会人物》、《德·加斯贝利传》、《近观德·加斯贝利》、《近观苏联》和《耗人的权力》。

安德烈奥蒂在政府任职期间重视发展同中国的关系，曾4次作为意大利政府领导人访华。1987年中国科技大学授予他名誉教授头衔，1991年北京大学授予他法学名誉博士学位。安德烈奥蒂表示佩服中国的三代领导人，认为中国在他们的领导下，正在发生着翻天覆地的变化，中国在世界事务中的

① 意大利ASCA网站2004年6月22日。

② 意大利《晚邮报》2004年2月1日。

地位日益提高。

作为意中协会的名誉主席，安德烈奥蒂积极致力于促进意中经济文化交流，为推动两国政治经济关系的改善做出了重要努力。20世纪90年代初西方实施对华制裁政策时，时任意大利总理的安德烈奥蒂，在恢复对华关系问题上采取了比较积极的态度，于1991年9月毅然访问中国，主动打破僵局，带动西方全面恢复对华关系。

安德烈奥蒂是虔诚的天主教徒，与梵蒂冈关系十分密切，主张梵蒂冈与中国实现关系正常化。2001年10月，意中协会为纪念中西文化交流的奠基人利马窦到京传教400周年，参与组织召开了“利马窦—中国与西方对话”国际研讨会，教皇约翰·保罗二世发表致词，恳请中国宽恕和谅解天主教会在殖民地时代所犯下的错误。安德烈奥蒂对此表示，教廷向北京致歉将会使梵蒂冈与北京的关系出现转机，希望双方加强对话早日打破梵中外交僵局。他在专著《一个耶稣会士在中国 1552—1610：利马窦从意大利到北京》中指出，意大利天主教耶稣会传教士利玛窦神父于1582年到达中国澳门直至1610年在北京逝世，在28年的时间里，向中国孜孜不倦地传播天主教、西方传统与自然科学知识，促进了中西文化交流，为中国与欧洲相互了解与交往开创了先例，这个伟大事业必将在21世纪结出新的果实。[①]

附：近年来意中协会《中国世界》季刊登载的一些评论中国问题的文章

1.“‘非典’时期的中国经济”(L’ economia cinese ai tempi della Sars)，Romeo Orland，N. 115

2.“处于延续性与转折性的中国外交政策”（La politica estera cinese tra continuità e segnali di svolta)，Lina Tamburrino，N. 115

3.“1840—1911年间的中国天主教会”（La Chiesa cattolica in Cina dal 1840 al 1911)，Elisa Giunipero，N. 115

4.“中国第四代领导集体”（La quarta generazione al potere)，Marina Miranda，N. 114

① 意大利 tuttocina 网站。

5.“当今中国的腐败问题——几个最新案例”（La corruzione in Cina oggi：alcuni casi recenti），Flora Diana Sapio，N. 114

6.“艾滋病在中国——极大的危险”（AIDS in Cina：il grande pericolo），Michel Raffa，N. 114

7.“管理中国：中共十六大之后的问题与展望”（Governare la Cina：problemi e prospettive dopo il XVI Congresso del PCC），Guido Samarani，N. 113

8.“中国与朝鲜半岛”(La Repubblica Popolare Cinese e la penisola coreana)，Gianfranco Mantovani，N. 111

9.“加入世贸组织后的中国—经济领域也实施多极化”（La Cina dopo il WTO，Multipolarismo anche in economia），Antonio Pollio Salimbeni，N. 111

10.“中国在国际关系进入马年的社会紧张与缓和之中”（Tra tensioni sociali e distensione nei rapporti internazionali，la Cina entra nell’anno del cavallo)，Marina Miranda，N. 110

11.“新疆民族主义：中亚、阿富汗与‘新的大赌注’”(Il nazionalismo etnico nel Xinjiang：l’Asia centrale，l’Afshanistan e il “nuovo grande gioco”)，Chiara Betta，N. 110

12.“中国、反恐斗争与国际新秩序”(La Cina，la guerra al terrorismo e il nuovo ordine mondiale)，Lina Tamburrino，N. 109

13.“90年代中国与欧盟在人力资源培训方面的合作”（La cooperazione tra Repubblica Popolare Cinese e Unione Europea per la formazione delle risorse umane negli anni novanta)，Bettina Mottura，N. 109

14.“中国加入世界贸易组织”（L’adesione della Cina al WTO)，Romeo Orlandi，108期

15.“中国与美国之间：可超越的争执”（Tra Cina e Stati Uniti：un contenzioso superabile)，Enrica Collotti Pischel，N. 107

16.“中国为全球化做准备”（La Cina si prepara alla globalizzazione)，Alessandra Lavagnino，N. 106

17.“21世纪的中国挑战”（The Chinese Challenge in the 21st Century)，Silvia Zanassi，N. 106

18.“法轮功：中国新精神运动的社会、政治与宗教方面”（Il Falun

Gong：aspetti sociali，politici e religiosi del nuovo movimento spirituale cinese)，Elena Vanni，N. 105

19. “长征与全球经济”（La lunga marcia e l’ economia globale)，Cesare Romiti，N. 104

20. “外国在中国的投资：中国政府的新目标以及对投资者产生的新问题”（Gli investimenti stranieri in Cina：nuovi obiettivi del Governo cinese e nuove problematiche per gli investitori)，Marisa Siddivò，N. 102

21. “美中紧张关系中的真相与象征”（Realtà e immagine nella tensione tra Stati Uniti e Cina)，Enrica Collotti Pischel，N. 101

国际事务研究所

Istituto Affari Internazionali

IAI

地址：Via Angelo Brunetti 9，00186 Roma (Italy)
电话：39/06/3224360
传真：39/06/3224363
网址：http：//www. iai. it
电子邮箱：iai@iai. it

一、概况

国际事务研究所[①]是在意大利著名政治活动家阿尔蒂耶罗·斯皮内利（Altiero Spinelli）的倡议下，于1965年10月11日成立的一个非赢利性质的文化机构。1980年根据意大利总统颁布的法令，国际事务研究所被提升到法人地位，如今已发展成意大利一个重要的国际政策研究中心。

① 本文关于国际事务研究所的情况主要来自该所互联网页（2004年6月）。

自 1991 年开始，国际事务研究所的地址设在罗马一座建于 18 世纪的巴洛克风格的精美建筑“龙迪尼大厦”内。研究所组织的主要活动均在这里举行。

国际事务研究所的活动资金来源广泛，既有意大利外交部的政府拨款，同时也得到了个人与集体会员、公共和私人机构以及一些重要国际基金会提供的经济资助。

国际事务研究所的首要目标是，通过组织学术研究、会谈交流和发行刊物，推动对国际政治问题的深入认识，促使世界上所有国家努力构筑超国家组织形式，致力于民主自由、经济发展和社会正义。

二、组织机构

国际事务研究所为确保研究与交流工作有条不紊的进行，配备了包括领导委员会、学术委员会以及行政管理机关在内的一整套组织机构。

高层领导

所　长	斯特凡诺・西尔韦斯特里（Stefano Silvestri）
主　任	詹尼・邦维奇尼（Gianni Bonvicini）
副所长	罗伯托・阿利博尼（Roberto Aliboni）
	保罗・圭列里（Paolo Guerrieri）
副主任	埃托雷・格雷科（Ettore Greco）

领导委员会成员一览表

朱利亚诺·阿马托（Giuliano Amato）	詹卡洛·阿拉戈纳（Giancarlo Aragona）
马里奥·阿尔皮诺（Mario Arpino）	法布里齐奥·巴尔卡（Fabrizio Barca）
弗朗科·贝尔纳贝（Franco Bernabe）	博里斯·比安凯里（Boris Biancheri）
乔治·博多（Giorgio Bodo）	维琴佐·坎坡里尼（Vicenzio Camporini）
罗科·坎杰罗西（Rocco Cangelosi）	萨尔瓦托莱·卡鲁巴（Salvatore Carruba）
马里奥·恰恰（Mario Ciacia）	克劳迪奥·科尔尼尼（Claudio Cornini）
卢易吉·丹特（Luigi Dante）	马尔塔·达苏（Marta Dassu）
保罗·加林贝蒂（Paolo Garimberti）	多梅尼科·费西凯拉（Domenico Fischella）
乔治·戈梅尔（Giorgio Gomel）	皮耶罗·加斯塔多（Piero Gastaldo）
埃托莱·格莱科（Ettore Greco）	阿方索·约佐（Alfonzo Iozzo）
恩里科·莱塔（Enrico Letta）	安德烈亚·曼泽拉（Andrea Manzella）
米凯莱·诺内斯（Michele Nones）	毛罗·帕斯奎罗（Mauro Pasquero）
朱塞佩·佩尼西（Giuseppe Pennisi）	科斯坦扎·佩拉（Costanza Pera）
保罗·萨沃那（Paolo Savona）	里卡尔多·佩里克（Riccardo Perissich）
塞佩·扎德拉（Giuseppe Zadra）	那塔利诺·龙齐蒂（Natalino Ronzitti）
詹易吉·托萨托（Gianluigi Tosato）	泰雷萨·萨尔维米尼（M. Teresa Salvemini）
安托尼奥·普里·普里尼（Antonio Puri Purini）	
法布里齐奥·萨科马尼（Fabrizio Saccomanni）	
詹皮埃罗·奥莱塔·阿尔梅尼塞（Giampiero Auletta Armenise）	

学术委员会人员组成

伊雷内・卡拉泰利（Irene Caratelli）	研究员
米凯莱・科梅利（Michele Comelli）	研究员
毛里齐奥・克莱马斯科（Maurizio Cremasco）	学术顾问
皮耶莱・达尼斯（Jean－Pierre Darnis）	副研究员
伊萨贝拉・法劳塔诺（Isabella Falautano）	副研究员
拉法埃莱・法莱拉（Raffaele Farella）	研究员
乔瓦尼・加斯帕里尼（Giovanni Gasparini）	研究员
埃托莱・格莱科（Ettore Greco）	研究所副主任
劳拉・瓜佐内（Laura Guazzone）	学术顾问
西莫那・拉马里诺（Simona Lammarino）	副研究员
拉法埃洛・马塔拉佐（Raffaelo Matarazzo）	研究员
米凯莱・诺纳斯（Michele Nones）	学术顾问
卡洛・帕多安（Pier Carlo Padoan）	学术顾问
达尼拉・皮奥皮（Daniela Pioppi）	研究员
那塔利诺・隆齐蒂（Natalino Ronzitti）	学术顾问
弗拉维亚・扎农（Flavia Zanon）	助理研究员

行政管理部门

<table>
<tr><td colspan="2">担保委员会</td></tr>
<tr><td>主席</td><td>切萨雷·梅利尼（Cesare Merlini）</td></tr>
<tr><td>成员</td><td>布鲁诺·博塔伊（Bruno Bottai）</td></tr>
<tr><td></td><td>翁贝托·科隆博（Umberto Colombo）</td></tr>
<tr><td></td><td>安东尼奥·马卡尼科（Antonio Maccanico）</td></tr>
<tr><td></td><td>乔治·那波利塔诺（Giorgio Napolitano）</td></tr>
<tr><td></td><td>塞尔焦·西利恩蒂（Sergio Siglienti）</td></tr>
<tr><td colspan="2">财会</td></tr>
<tr><td>财务总监</td><td>切西迪奥·瓜扎罗尼（Cesidio Guazzaroni）</td></tr>
<tr><td>账目审计员</td><td>阿莱桑得罗·克莱门特（Alessandro Clemente）</td></tr>
<tr><td></td><td>达尼埃拉·加洛（Daniela Gallo）</td></tr>
<tr><td></td><td>恩尼奥·皮耶尔马丁尼（Ennio Piermarini）</td></tr>
<tr><td colspan="2">办公室</td></tr>
<tr><td>计划助理</td><td>卢卡·巴代尔（Luca Bader）</td></tr>
<tr><td>图书馆</td><td>阿莱桑得罗·贝尔蒂诺（Alessandra Bertino）</td></tr>
<tr><td>总秘书处</td><td>马里特扎·克里科里安（Maritza Cricorian）</td></tr>
<tr><td>出版物</td><td>桑得拉·帕萨里耶罗（Sandra Passariello）</td></tr>
<tr><td>办公室助理</td><td>巴尔巴拉·迪贝拉尔迪诺（Barbara Di Berardino）</td></tr>
<tr><td colspan="2">秘书处</td></tr>
<tr><td>西尔瓦纳·安杰里尼（Silvana Angelini）</td><td>安娜·高内（Anna Gaone）</td></tr>
<tr><td>焦万纳·洛瓦斯科（Giovanna Lo Vasco）</td><td>卡蒂亚·马尔凯西（Katia Marchesi）</td></tr>
<tr><td>卡尔拉·佩雷格里尼（Carla Pellegrini）</td><td>娜塔丽·钱皮恩（Nathalie Champion）</td></tr>
</table>

三、出版物

国际事务研究所在数十年的研究活动中，十分重视通过承办发行各类刊物，推广其学术成果，展示国际事务研究所对国际问题的关注和整体研究水平，以进一步加强学术交流，密切与国内外政治、企业及社会力量的联系，扩大该所在国际问题研究领域的影响。

（一）《意大利与国际政治》（L'Italia e la politica internazionale）

国际事务研究所与国际政治研究所合办的年刊，是两个研究机构学术与出版合作的具体成果。本刊汇集的文章着重审视和评论意大利的外交政策，同时就欧洲和国际重大问题进行多角度分析，对那些热切关注当今意大利外交政策和国际化进程的人们而言，可谓是一个有用的参考。

（二）《国际观察家》（期刊）（The International Spectator）

登载权威性国际研究报告的英语版意大利季刊，从意大利的角度重点分析评论在欧洲、巴尔干和地中海地区发生的重要事件。

（三）《全球—外交政策》（GLOBAL－FP）

国际事务研究所、国际政治研究所与美国著名杂志《外交政策》合办的、为所有大众读者（无论专家学者与否）编辑的双月期刊，邀请意大利、欧洲和美国的外交政策、经济和国际战略方面的专家从各自不同的角度，以清晰、有趣和透彻的笔触分析诠释当今全球化时代的国际政治与国际经济事件以及国际局势的未来走向。

（四）《国际观察家》（文集）（Lo Spettatore Internazionale）

论述国际政治、国际经济与国际战略的文献资料研究丛书，内容广泛翔实。虽创刊于20世纪70年代，但直至最近几年才有较大影响，发行量不断攀升。社长那塔利诺·龙齐蒂，编辑部秘书是桑德拉·帕萨列洛。

(五)《国际事务研究所手册》(IAI Quaderni)

由国际事务研究所研究人员或外国专家，针对国际政治问题及其他热点话题用意大利文撰写的短小专题论文，旨在向研究所的会员和国际问题专家们推广其研究成果。社长罗伯特·阿利博尼。

(六)《国际事务研究所文献》(Documenti IAI)

国际事务研究所的研究人员参加一些研讨会及学术活动后撰写的文献与资料，系研究所内部文件，不予公开发行，研究所成员可直接向研究所索取查阅。社长罗伯特·阿利博尼。

近年来发行的其他一些专题论著有：《八国集团、联合国与预防性冲突》、《加强合作重组欧洲军火工业》、《欧盟的宪法改革与意大利的作用》、《阿姆斯特丹和尼斯条约签订后的欧盟外交关系》、《欧盟的国际作用》、《经济全球化时代的贸易、投资与竞争策略》、《地区工业的全球性挑战》、《意大利经济的国际化与银行的作用》、《欧盟的北部》、《意大利与欧洲防务》、《全球化管理》、《土耳其的地缘政治》、《意大利在全球竞争时代的对外经济政策》、《预防暴力冲突》。

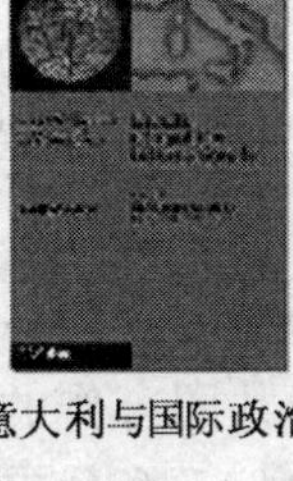

《意大利与国际政治》

《国际观察家》(期刊)

《全球—外交政策》

《国际观察家》(文集)

四、学术与政策影响

国际事务研究所堪称一个名副其实的国际问题研究中心，其主要任务是围绕国际时事开展分析、讨论和研究工作。研究人员精心制订研究课题和提案，以跨学科的方法从事研究，并将自己的观点与理解同国内外同行进行比较。另外，国际事务研究所在评判和研究欧盟国际作用方面占据着重要学术地位，与意大利政府和议会等重要职能部门，就欧盟改革事项建立经常性的联系，提供了一些必要的咨询建议。为配合欧盟改革议题的研究工作，国际事务研究所计划组织三次有意大利和欧洲范围的专家学者参加的重要学术研讨会，同时在国际事务研究所欧洲计划网页上开辟一个季度时事通讯专栏，定期公布学术交流活动的安排等有关信息。

国际事务研究所十分关注正在修订中的欧盟宪法，对欧盟东扩与体制改革等问题积极提出建议，踊跃参与讨论。研究所为此制定的“欧洲 2004”学术计划，通过组织一系列意大利及欧洲范围的高层会晤、与意大利和欧洲其他研究机构共同承办学术研讨会、发行学术论著以及在本研究所网页上进行宣传等方式，为在广大欧洲社会有效强化欧洲一体化意识作出贡献。根据 2004 年欧洲面临诸多大事连台的情况（欧盟宪法尘埃落定、10 个中欧和地中海国家正式加入欧盟、欧洲议会选举、欧洲委员会改选等），国际事务研究所准备深入研究欧盟东扩进程中的欧盟机构改革问题。特别关注欧盟宪法的最终结果，对欧盟有关机构改革会议进行展望。同时将进一步与欧洲一些研究机构加强合作，对照分析欧洲各国在欧洲建设问题上的争论。国际事务研究所认为，大力发展欧盟统一的外交与防务政策，对加强欧盟的国际作用是至关重要的。扩大至 25 国的欧盟，需要更加重视制定统一的外交与防务政策问题。最近几年，国际事务研究所加大了这方面的研究力度，出版了大量有关论著，参加了一些欧洲的研究计划。国际事务研究所围绕三方面开展研究：(1) 欧洲在国际舞台上的政治与地缘战略作用，欧洲的根本定位、政治优势、可能承担的使命；(2) 欧盟在外交与防务领域加强合作的发展趋势，这些合作对欧盟的团结协作所产生的影响，欧盟大国与小国之间在外交与防务政策方面的关系；(3) 欧盟与联合国、北约等国际与地区安全防务组织的关系。这是“横向政策研究协会”与“欧洲政策研究所”共同合作的一个研究项目。参加研究项目的有“横向政策研究协会”下属的 15 个分支研究机构和中东欧协作研究机构。各研究单位根据制定的一系列特定问题，定期递交欧盟各成员国和一些候选国就欧盟东扩与机构改革等问题的辩论争议情况。

在国际事务研究所组织的研究计划中，外国合作者的数量不断增加，与国内外一些同类研究机构的学术合作关系日益密切。国际事务研究所参加的一些跨国研究组织有：Conflict Prevention Network（CPN）、Euro－Mediterranean Study Commission（EuroMeSCo）、GDN（Global Development Network）、Trans European Policy Studies Assciation（TEPSA）、International Relations and Security Network（ISN）。

国际事务研究所的学术交流十分活跃，除每年召开所内各种课题的讨论会和报告会外，还与意大利及外国不少研究机构建立了密切联系，定期举行双边或多边会晤，就加强学术合作交换意见，并共同创办研究刊物或互派专家学者参加各自组织的学术交流活动。国际事务研究所经常就地区安全、全球化挑战、世界格局和欧美关系等热点问题举办国际性研讨会，为提高本所的学术水平和研究地位创造了有利条件。国际事务研究所为了加强自身在国际问题研究领域中的重要作用，还准备增加学术研讨会和各类期刊的发行数量，进一步改善研究所的网络建设。

近年来国际事务研究所承办部分国际研讨会概览

2004 年	
1 月 23 日	南方共同市场：经济复苏前景与经济一体化时机
2 月 11 日	世贸组织就农业问题的谈判：对欧洲与意大利的挑战与机遇
3 月 18 日	扩大后欧洲的跨欧洲基础设施建设以及对意大利产生的合作前景
3 月 26—27 日	欧盟外交政策改革以及欧洲议会的作用
4 月 15 日	普京连任后俄罗斯经济改革的现状与前景
4 月 16 日	地中海两岸关系
4 月 23—24 日	欧盟新宪法与欧盟扩大后的欧洲议会
5 月 4 日	亚洲地区的增长：东南亚与中国的经济贸易前景

续表

5月7—8日	巴塞罗那进程中的民主与安全——以往的经验与未来展望
5月14日	坎昆会议后世贸组织的重新洗牌与跨大西洋两岸关系
5月20日	小欧洲与大欧洲
5月26日	伊拉克危机与中东地区战略态势
6月	欧洲议会选举后的欧洲议会的作用与欧盟新宪法
7月	在一个新周期内的全球经济：如何与不平衡共舞
2003年	
2月14日	从1990—1991年海湾战争到今天的伊拉克战争
2月17日	哥本哈根峰会后的欧盟扩大形势
3月14日	欧盟及发展中国家与新一轮世贸组织谈判
4月10日	欧洲与中东：萨达姆政权跨台后的合作前景
5月6日	亚洲的全球化挑战：中国的经济贸易与发展前景
5月28日	非洲：发展战略与发展前景
5月29日	欧洲军火工业以及市场统一进程
6月27—28日	欧盟的意大利任期
7月8日	欧洲共同政策：在新世界中的挑战

续表

7月4—5日	为跨大西洋合作而努力
10月22日	意大利体制的国际化战略与政策
11月17日	跨大西洋安全合作：面对新的挑战
11月18日	欧美关系与新的国际挑战
12月2日	欧洲的太空政策与安全政策
12月16—17日	欧盟峰会、欧盟宪法与欧盟客观行动能力
2002年	
1月18日	巴尔干地区的经济重建与区域一体化
1月28日	新全球经济中的日本
2月12日	世贸组织多哈会议的转折：新一轮多边会晤前景
3月22—23日	维护地中海地区稳定
3月28日	欧盟东扩：展望欧洲经济一体化的可能性
4月19日	地中海地区国家的自由化与私有化进程的前景
4月23日	亚洲地区的经济贸易一体化前景
5月14日	中国和俄罗斯加入世贸组织：新的多边贸易体制的平衡
5月31日	处于快速增长与改革需求中的中国经济
9月30日	从对话到合作：北约的地中海对话的未来前景

续表

10月12日	欧盟的国际作用与扩大进程
11月5日	欧美关系与新的国际挑战
11月11日	欧洲的太空与安全政策
12月12日	美国、欧洲和俄罗斯：联盟与竞争之间的新三角关系

五、研究领域

国际事务研究所的研究范围相当广泛，主要集中在欧洲、国际经济政策、中东与地中海地区、安全与防务和跨大西洋两岸关系等五大领域。

(一) 欧洲

主持人：Gianni Bonvicini、Ettore Greco

学术顾问：Natalino Ronzitti

研究人员：Michele Comelli、Raffaello Matarazzo、Flavia Zanon

国际事务研究所自成立之日起，就将"欧洲一体化"列为中心研究课题之一，坚持对欧洲的体制改革、经济与防务等各个层面，从政治、经济、法律等多重视角进行深入系统的分析研究。迄今已完成了有关欧洲贸易、统一货币、欧洲航天政策、PESC成员国的工业政策、欧洲共同外交与安全政策以及对发展中国家政策等诸多问题的研究。2002－2003年度研究课题有："欧盟东扩与体制改革"、"意大利担任欧盟轮值主席"、"意大利推动有关欧盟未来走向问题的辩论"、"从欧盟宪法到公共评论：思考我们欧洲的未来"、"走向一个30个成员国的欧盟"、"欧盟依靠自我协作管理?"等。目前，针对欧盟不断扩大、欧盟宪法面临继续修订的实际情况，国际事务研究所计划继续关注围绕未来欧洲一体化进程的一系列问题，同时还将特别重视对中东欧和东南欧地区的研究。2003－2004年度主要研究课题如下：

1. 观察欧盟宪法的修订与最终结果以及欧盟东扩进程中的欧盟机构改

革问题；

2. 欧盟扩大后的外交与防务作用；

3. 欧盟国家与欧盟候选国就欧盟东扩与机构改革等问题的辩论；

4. 欧洲共同外交与安全政策；

5. 意大利与法国之间的经济合作与双边政治关系；

6. 加强欧洲一体化与欧盟东扩之间的相互关系。

（二）国际经济政策

学术领导：Paolo Guerrieri

协调人：Raffaele Farella

秘书：Silvana Angelini、Anna Gaone

这是国际事务研究所对世界经济以及意大利经济国际化问题进行的专项研究。国际经济政策研究室的重要活动计划，均与意大利国内外其他研究单位合作开展。主要研究课题有：

1. 全球化展望：全球经济的发展趋势；

2. 意大利经济的国际化政策与现行重新调整的进程；

3. 世界贸易组织与贸易政策：多哈贸易谈判的警示；

4. 全球化管理：国际经济的体制与基本规则。

（三）中东与地中海地区

计划协调人：Roberto Aliboni

学术顾问：Laura Guazzone

研究人员：Daniela Pioppi

理事：Maurizio Cremasco

中东与地中海地区是国际事务研究所最早设立的研究方向之一，多年来制定的大量研究计划反映出意大利这样一种立场：欧洲的南部是否和平稳定是影响西方和意大利安全的一个重要因素，中东一地中海地区直接关系到欧洲一体化的发展进程。研究计划确定的两个目标是：分析中东、地中海地区国家的政治、社会和经济发展状况及其对欧洲与西方安全的影响；与中东、地中海国家的重要研究机构和专家学者建立富有创造性和生机勃勃的密切关系。最近两年间完成的主要研究课题有："从国家安全的长远角度预防冲突"、"向地中海论坛高级官员提交的有关预防和处理冲突的措施与程序的报告"、"与约旦外交研究所就在欧洲一地中海地区提早警惕预防冲突问题进行学术合作"。

目前正在进行的研究项目是"对中东一地中海地区的大西洋彼岸展望"，其目的是为西方总体评判地中海南部国家在"9·11"事件后的现状提供一个客观的分析报告。国际事务研究所已开始启动这项为期两年的研究项目，并组织了一批来自欧洲、北美和地中海南岸国家的研究机构和研究人员，定期进行学术讨论与合作交流。该研究项目得到美国"德国马歇尔基金会"的大力支持。

（四）安全与防务

主持人：Michele Nones、Stefano Silvestri

研究员：Giovanni Gasparini

副研究员：Jean－Pierre Darnis

国际事务研究所从 1967 年开始同欧洲和美国一些重要研究机构合作进行安全与防务问题的研究。20 世纪 70 年代后，这项研究活动又扩展到中东、地中海、非洲和苏联战略问题。在 80 年代又进一步增加了中国、日本以及南亚问题的研究。自 90 年代初以来，国际事务研究所加强了对防务与安全问题政治和经济层面的研究工作。2000－2002 年度完成的研究课题是："欧洲安全与防务政策的空间规模"、"武装力量的后勤支持体系——问题与展望"、"全球化进程：欧洲与意大利的安全与防务政策"、"直升飞机在新军事态势中的作用：意大利的前景"、"为保证美国的国家安全严密控制军事技术的出口"。目前正在进行中的研究计划如下：

1. "安全与防务"纲要，关注欧洲防务走向

(1) 为了对欧洲防务进展情况进行有效的追踪观察，决定设置一个备有准确消息的信息处，在总的主题下分成政治、军事和统一进程中的体制等方面，以便随时查询有关欧洲范围内的安全政策统一进程的重要新闻与评论。服务对象不仅限于学术界的专家学者，也包括那些关注安全与防务问题的广大普通民众。在国际事务研究所的网页上，还开辟了"防务经济：表格与图示"专页，为研究所就欧洲国家与美国之间在防务经济方面主要对比参数的

制订工作提供便利。(2) 就意大利议会“防务与外交委员会”所关心的议题，为议员们设立特别情报处，及时向他们通告有关防务与安全问题的信息，如防务新模式和军事手段改革方面的动向。(3) 与那些纳入安全与防务政策范围内的国家行政机关（国防部、外交部、生产活动部、总理府等）密切协作关系，在安全与防务领域努力开展咨询顾问活动，为这些职能部门及时提供信息和建议。

2.“欧洲空间与安全”研究

这是国际事务研究所为“欧洲航天局”开展的一个国际专项研究，2002年就开始制定有关欧洲安全防务与航天领域关系的研究计划。参与该计划研究的，除牵头的国际事务研究所外，还有英国“欧洲改革中心”、“欧盟安全研究所”、德国“外交政策协会”、巴黎“欧盟安全问题研究所”、法国“战略研究基金会”、洛瓦尼奥大学“欧洲研究所”、西班牙“国际战略皇家研究所”。此研究团队计划从政治、制度和经济角度，对欧洲在安全政策范围内的航天活动进行分析，并对欧洲共同的航天政策予以展望。研究结果已于2003年12月2日提交给一个国际会议。

(五) 大西洋两岸关系

由 Ettore Greco 主持。国际事务研究所一直十分关注大西洋两岸关系问题，北美的专家学者积极参加了该课题的许多研究计划和研讨会，由国际事务研究所出版发行的《国际观察家》和《全球—外交政策》等期刊都定期吸纳了不少北美的作者。

国际事务研究所自创立之日起，就努力为推动意大利在大西洋两岸关系中发挥积极作用。该研究所对大西洋两岸有关巴尔干、俄罗斯、中东、地中海等对意大利而言是战略性政治利益地区的共同政策的潜力与不足所进行的分析是严密系统的。国际事务研究所探讨的另外一些涉及大西洋两岸关系的重要课题有：“北约的未来”、“在欧洲处理危机”、“美国与欧洲的贸易关系”。有关欧洲与美国关系的研究计划，通过召开学术研讨会、报告会和出版学术报告等方式，促进了欧洲与北美洲的专家学者和政治家们充分交流思想，密切合作，以加强大西洋两岸间的关系。

2002—2003 年完成的研究课题有：“新的国际挑战——重新评估大西洋两岸关系”、“对中东—地中海地区的大西洋展望”、“意大利外交政策的演变及意大利与美国的关系”、“冷战后武力的用途”。

2003—2004 年度主要课题是：

1. 欧洲安全与防务政策的发展及其对大西洋两岸伙伴关系的影响

计划召集一些大西洋两岸专家学者共同进行研究，对欧洲安全与防务政策的发展及其对大西洋两岸伙伴关系的影响等问题进行持续性和系统的分析探讨。为此组织两次重要的国际会议和学术研讨会：（1）2003 年 11 月与欧盟安全研究所联合举办国际会议，审议欧洲的防务政策现状，评估当前欧洲的防务政策对大西洋两岸关系的影响，并且研究了欧美盟友为维护欧洲与国际安全所面临新的责任形式和分摊的义务。（2）2004 年春季举办了一个学术研讨会，研究欧洲安全与防务政策的最新发展动向。参加这一课题研究的有欧洲和北美洲的专家学者和有关政府与机构的代表。该课题的赞助者是美国的德国马歇尔基金会和圣保罗公司。

2. 大西洋两岸关系的发展前景对中东—地中海地区的影响

3. 就大西洋两岸关系问题做出报告

每月编辑一份报告，研究大西洋两岸关系发展情况。从主题角度而言，报告分成如下几个部分：欧盟与美国之间的合作计划与机制关系的发展演变；在联合国、八国集团、世界贸易组织、国际货币基金组织和世界银行等重要国际组织内部的大西洋两岸关系；将每月对大西洋两岸关系发展动向的主要分析评论文章发表在报刊杂志上；就有关欧美关系的定位变化进行民意测验。这些部分各自又根据地域再次分类，如美国、欧盟、加入北约的欧洲国家、新近加入北约的国家、欧盟候选国等。

除以上研究领域之外，国际事务研究所还从事国际经济与国际法等方面的研究。

六、高层领导简介

1. 国际事务研究所所长——斯特凡诺·西尔韦斯特里（Stefano Silvestri）

西尔韦斯特里是意大利著名战略问题专家，1942 年生于罗马，专业记者。1966 年进入国际事务研究所工作，起初任基层研究人员，随后被提升为研究部门的副主任和主任（1972 年），1979 年担任国际事务研究所副所长，同年被选为欧洲领导委员会的成员。西尔韦斯特里于 2002 年当选国际事务研究所所长。

西尔韦斯特里是意大利许多报刊外交与防务专栏的特约评论员。自1985年开始，一直是意大利《24小时太阳报》的社论撰写人。1971－1972年，他曾在伦敦国际战略研究所工作。1972－1976年，在美国约翰·霍普金斯大学博洛尼亚研究中心专门从事地中海地区安全问题的研究。先后有六届意大利政府（科西加、斯帕多利尼、克拉克西、戈里亚、德米塔和钱皮政府）选中他担任外交部、国防部和工业部的政府顾问。1995年1月－1996年5月，任迪尼政府国防部副部长。目前，西尔韦斯特里既是法国政府“经济与防务委员会”的成员，还在意大利“高级防务研究中心”和“军事战略研究中心”担任学术顾问。同时他也是“国防与航天工业协会”董事会以及“国际战略研究”理事会的成员。

西尔韦斯特里重点研究经济与防务政策，发表的主要论著有：《地中海地区政治力量的运用》（1973年）、《北约的南翼》（1979年）、《欧洲安全》（1969年）、《苏联战略－理论与实践》（1970年与1980年）、《导弹防御系统与欧洲》（1985年）、《意大利防务新模式》（1990年）、《欧洲核问题讨论的未来前景》（1990年）、《多国力量》（1993年）、《波斯湾国家的安全体制－对西方的影响》（1994年）、《C31组织与构造》（1995年）。

2. 国际事务研究所主任——詹尼·邦维奇尼（Gianni Bonvicini）

邦维奇尼是意大利欧洲问题和外交政策资深学者，1943年生于特伦托，佛罗伦萨大学“切萨雷·阿列雷”系政治学专业毕业。目前，邦维奇尼在担任国际事务研究所主任的同时，还兼任特伦多市“特伦多文化研究所”的所长。在国际事务研究所，他负责领导国际关系季刊《国际观察家》的编辑、出版与发行工作。邦维奇尼参加了许多国内外文化中心和研究机构，如布鲁塞尔的“横向欧洲政策研究协会”、德国居特斯洛市的“贝塔斯曼科学基金会欧洲战略组织”、意大利特伦托市的“大学特别委员会”与“公共学术研究会”、“特伦托发展社指导委员会”、罗维莱托市的“巴尔干永久观察员学术委员会”等。邦维奇尼早年曾担任意大利上阿迪杰地区研究室顾问，参与编纂了意大利中左“橄榄树”联盟的外交政策纲领，担任过意大利普罗迪政府的欧洲政策顾问。

邦维奇尼的学术论著主要集中在欧洲现实问题和意大利外交政策。最近几年的重要作品有：《加强合作重组欧洲军火工业》（2003年）、《尼斯条约和阿姆斯特丹条约签署后的欧盟国际关系》(2003 年)、《欧盟北部：在新兴安全规模问题上的民族观点》(2000 年)、《在欧洲预防暴力冲突》(1998 年)、《在全球竞争时代的意大利经济外交政策》(1997 年)、《没有欧洲的意大利？——不参与欧盟决策的代价》(1997 年)、《一个为欧洲更新的伙伴》(1995 年)、《欧盟的外部经济与安全政策：向欧洲自由贸易联盟国家扩大影响》(1994 年)。

高级防务研究中心

Il Centro Alti Studi per la Difesa

地址：Piazza della Rovere，83
00165 Roma—Italia
网址：http：//www. casd. difesa. it
外联部电话：+39 0646913107
传真：+39 066834036
电子邮箱：relest. sm@casd. difesa. it

一、基本情况

高级防务研究中心①是意大利从事安全与防务问题研究以及负责培训高层领导队伍方面最高水平的国际性研究与训导机构。高级防务研究中心的前身是根据 1949 年 8 月 16 日意大利国防部法令建立的“高级军事研究中心”，其任务是辅助一小部分高级别国家行政官员深入了解与军事问题相关联的国家生活的各个层面，并集体性地重点讨论有关意大利防务问题。高级军事研

① 本文关于高级防务研究中心的情况主要来自该中心互联网站（2004 年 6 月）。

究中心于 1979 年更名为“高级防务研究中心”，其研究领域也不再仅限于军事问题，而是扩展至涉及国家防务的全方位研究。1987 年 6 月，在高级防务研究中心内部组建了一个旨在重点研究有关国家利益的政治、战略和军事方面课题的“战略研究军事中心”，以满足国防部长、参谋部及国防参谋长的具体需求。1994 年 7 月，根据国防部的法令，又在高级防务研究中心增设了“高级防务研究所”和“军队参谋部高级研究所”。目前，高级防务研究中心的主要职责是：培训陆、海、空三军高级军官，改善国防高级军官和文职官员的文化修养与职业素质；完善军官的职业培训和文化修炼机制；制订有关涉及国家防务结构与军事装备手段问题的研究课题。1971 年以来，高级防务研究中心将总部地址设在萨尔维亚蒂大厦内，这是一座文艺复兴时期造就的精美壮观的古典建筑，正面朝向穿越罗马城的台伯河。

二、机构设置

高级防务研究中心设有一名主任、一个参谋部和三个各自相对独立的分支机构：高级防务研究所、军队参谋部高级研究所、战略研究军事中心。高级防务研究中心的主任担当统一领导，其直接掌管的参谋部负责协调和配合三个研究机构的活动以及高级防务研究中心的总体运作。高级防务研究中心的主任人选由国防参谋长直接任命，协助主任履行职责的还有他本人挂帅的领导委员会。参加领导委员会的成员包括：高级防务中心的军事与非军事部门负责人、高级防务研究所主要负责人、军队参谋部高级研究所所长、战略研究军事中心主任以及国防参谋长。领导委员会是高级防务研究中心的核心领导层，其主要职责是：负责审议和决定两个培训研究所——高级防务研究所和军队参谋部高级研究所的研究计划、研究课程和会议安排；商议培训军官的评估机制；承担高级防务研究中心在使用人力、物力和财力时可以提高协作水平的所有组织和职能工作。1949 年 9 月 1 日至今，高级防务研究中心已历经 24 任所长，现任所长是乌戈·德卡罗利斯空军上将。

三、政策影响力

高级防务研究中心作为意大利从事安全与防务问题研究的最高水平的研究机构，受到意大利政府等职能部门的高度重视。意大利外交部和国防部等政府部门直接或间接地参与高级防务研究中心研究计划的制定与成果转换，尤其是意大利国防部负责该中心的整体运作，甚至具体指导学术活动和培训业务。国防部长和国防参谋长等政要在研究和制定意大利军事、安全与防务方面的政策措施时，十分注重参考高级防务研究中心提交的专题报告和学术研究成果。高级防务研究中心的研究重点项目是：军事政策、战略议题、军事史、国际安全、维护和平的执行停火协定的活动、军控以及国际关系动向。近年来，意大利总统钱皮、意大利总理贝卢斯科尼、意大利外长弗拉蒂尼、国防部长马蒂诺等一些高级军界和政界人士都前往出席了高级防务研究中心及其所属的三个分支机构（高级防务研究所、军队参谋部高级研究所、战略研究军事中心）举办的学术会议或年度典礼活动，从而有力加强了该研究中心的学术作用与政策影响力。

高级防务研究中心不仅在意大利国内安全与防务问题研究方面占有举足轻重的地位，而且在国际有关研究领域也享有较高声誉。高级防务研究中心的对外学术交流活动十分活跃，与国际相应组织机构建立了密切合作关系。近年来一些学术会议还向国立与私立非军事机构的学者开放，邀请国内外有关人士参加学术研究，并与国内外大学、研究机构和开展安全防务问题研究的行政机关加强合作。此举有助于推广安全与防务问题的课题研究，扩大了高级防务研究中心的政治与学术声誉。

高级防务研究中心机构设置如图：

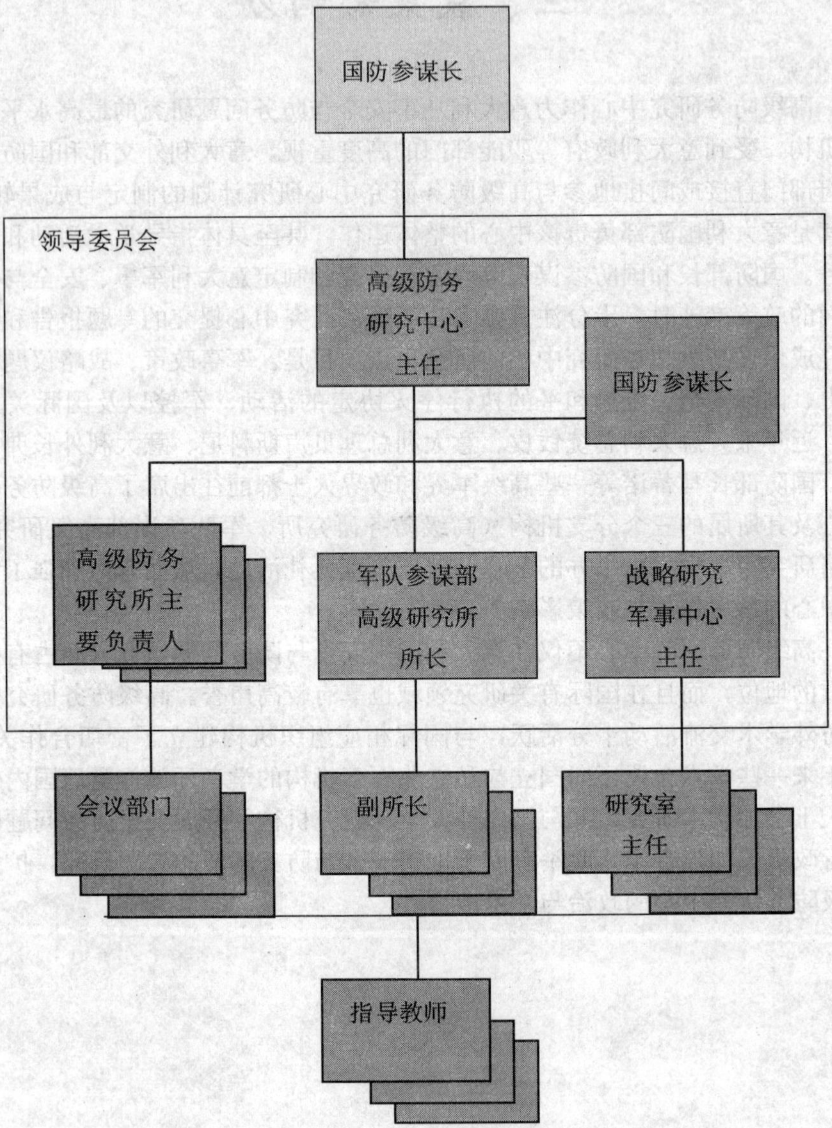

四、高级防务研究所

L’Istituto Alti Studi per la Difesa

网址：http：//www. casd. difesa. it/iasd

电子邮箱：iasd. segre@casd. difesa. it

电话：+39 06 46913178

传真：+39 06 6861623

高级防务研究所每年组织一系列会议，研究国家安全与防务战略，分析意大利武装力量的组织状况与军事政策。高级防务研究中心的主任直接领导该研究所的总体事务。辅助他工作还有数名主要负责人，他们都是陆、海、空、宪兵四大武装力量和财政警察的少将级军官，以及来自国防部和外交部的两名文职官员。

每年参加高级防务研究所会议的一般有 30—35 人，其中 20%为外国人。与会者包括：根据各武装力量参谋长、宪兵部队和财政警察最高领导提议，由国防参谋长确定的将官和校官；国防部及其他部委的文职官员；应国防参谋长邀请的外国相当级别的官员。每年度的研讨会持续约 9 个月，大致分为两个阶段：1. 启始阶段。在为期两个月的时间里，所有与会者就普遍关注的国际关系和国际政策方面的课题进行初步交流。2. 研讨会阶段。为时 7 个月，与会者对特别重要的问题进行详细阐述与深入研究。

高级防务研究所的主要活动内容如下：与战略研究军事中心协作，就有关课题进行集体或个人方式的研究；举办报告会与学术研讨会；与意大利的研究机构联合举办有关防务问题的学术活动；就意大利及外国著名专家指定的现实热点问题举行会议；与一些著名的外国研究机构（北约防务学院等）进行合作并举办联合会议；通过实地访问意大利和国外的国防工业企业，结合具体项目研究防务问题，促使参加研究所活动的有关人员正确判断和评估不同国家的社会、政治、经济和军事等各个方面的情况。

最近几年间，高级防务研究所的学术会议也向一些国立与私立非军事机构的领导与学者开放，邀请意大利和国外有关著名人士参加学术研讨会，就地缘政治、地缘战略、地缘经济以及打击国际恐怖主义活动等议题进行探讨。这是一个具有重要意义的改革措施，其目的是宣传推广安全与防务的课题研究，促进不同领域专家之间的学术交流。高级防务研究所学术会议探讨的主要课题是：意大利的体制与机构；国际安全与稳定的机制；危机的处理与武装力量的行动；欧洲战略概览；资源的使用与管理；武装冲突中的国际人道主义法则；联络与谈判；欧洲防务中的工业政策与技术研究。高级防务研究所2002—2003年度重点研究领域是：欧盟、北约、联合国三大国际性组织与国际安全稳定体制的关系。

每年度会议期间的重要会议文件和与会者的学术文章均发表在专门刊物上。高级防务研究所的主要出版物是《个人论文》（I Temi individuali）、《团体论文》（I Temi collegiali）和《高级防务研究所手册》（I Quaderni dello IASD）。

五、军队参谋部高级研究所
L'Istituto Superiore di Stato Maggiore Interforze

网址：http：//www. casd. difesa. it/issmi
电子邮箱：segrcorsi. issmi@casd. difesa. it
电话：＋39 06 46913014
传真：＋39 06 68802299

军队参谋部高级研究所所长是一名级别相当于少将的军官，由高级防务研究中心主任直接任命。他配有三名分管陆、海、空三军事务的副所长，级别均为准将。

军队参谋部高级研究所的任务是，通过举办“军队参谋部高级课程”培训班，进一步提高那些在武装部队和国际联合部队的参谋部中担负着特别重要职责的意大利部队军官和财政警察官员们的文化修养和职业素质。参加“军队参谋部高级课程”培训班的成员，必须拥有少将至中校军衔。他们是从就读于“武装力量战争学校”和“海军军事研究所”的军官中选拔出来的。应国防参谋长邀请的一些来自盟国和友好国家的外国军官也可参加培训班。2000—2001 年度还招收了一部分米兰大学与罗马“圭多·卡利”社会项目国际自由大学的毕业生。这两所高校已与高级防务研究中心签订协议，决定合办一个国际军事战略研究硕士班。“军队参谋部高级课程”班的培训过程和教学方式注重讲授与辅导相结合，旨在通过授课、报告会和个人与集体相结合的研究方式，促进学员的参与积极性和自学能力，不断扩充他们的知识和经验。在培训班中，每 12—14 个学员分成一个学习小组，每个小组中通常有两名外国人，并配备一名经验丰富的军官充当指导教师。担任教学工作的是军事与非军事行业的专家学者，他们主要来自意大利国内和国外的高等院校和工商企业界。同时还定期聘请在国内和国际机构担任重要职务的高级军官和著名政界人士举行报告会。教学范围是：国际政治与国际关系；经济与组织；防务与战略；计划性与行动计划；法律与军事条例。

为了推进意大利高级军官的国际交流活动，军队参谋部高级研究所计划与北约国家、和平伙伴及地中海地区的对应机构进行双边和多边协作活动。另外还准备在意大利和外国进行游历性学习。

军队参谋部高级研究所的主要出版物是《个人论文》(I Temi individuali) 和《团体论文》(I Temi collegiali)。

六、战略研究军事中心

Il Centro Militare di Studi Strategici

网址：http：//www. casd. difesa. it/cemiss

电子邮箱：segreteria. cemiss@casd. difesa. it

电话：+39 06 46913208

传真：+39 06 6879779

战略研究军事中心由一位少将或同等级别的军官担任主管领导，下设三个部门（外交关系；军事社会学；科学、技术、经济与工业政策）以及一个外联办公室。战略研究军事中心的任务是：组织战略、政治和军事方面的研究活动；推动武装力量与国内外大学、研究机构和开展安全防务问题研究的行政机关之间的合作；用以培养军事科学研究人员的活动；提升意大利青年研究人员的业务水平；出版研究论著。

由国防部长领导的学术委员会具体指导战略研究军事中心的活动。这个学术委员会的成员包括国防参谋长、外交部秘书长、各武装力量参谋长、宪兵部队总司令、国防秘书长、武装力量高级委员会主席、高级防务研究中心主任、现任国防部长任命的专家。战略研究军事中心的主任则以秘书的职责参加学术委员会。该委员会分析和评估当年需应对的主要问题，确定研究课题和研究方向。

领导委员会负责监督军事战略研究中心的活动，并负责审议通过研究计划及有关财务开销。领导委员会由高级防务研究中心主任掌管，成员还有国防参谋部及武装力量的副参谋长、国防部长办公室主任、国防部长军事政策办公室主任、国防部长外交顾问以及战略研究军事中心主任等人。

执行委员会负责研究活动的调整、监控和检查，并对结果进行评估。执行委员会的成员包括战略研究军事中心主任、三名副主任、该中心三个部门的负责人和秘书处负责人。

战略研究军事中心从事四大领域的研究：军事战略、防务安全政策和国际关系；司法研究、军事史和军事社会学；工业政策、相关的技术与军备；对与防务问题相关联的行政管理问题的研究。目前，约有 50 项课题研究正在进行之中，参与研究工作的有个人、团体和大学。战略研究军事中心每年还举办一定数量的国内国际研讨会，与意大利本国和国外的相关研究机构密切合作。战略研究军事中心已着手计划与伦敦、巴黎、柏林、华盛顿、莫斯科和上海的一些国际著名研究机构合作进行学术研究。战略研究军事中心在 2003 年制订的四大研究项目及其课题列举如下：

（一）前景展望

2003 年后的欧盟与欧洲空间；欧盟防务与外交政策的发展机制以及与北约的关系；新时期的意大利军事变革；北约和欧盟的扩大—地中海地区的安全态势；“9·11”事件后横跨地中海的安全关系；移民与恐怖主义；21 世纪战争的风险理论与社会学；在地中海地区扩散大规模杀伤性武器及其对欧洲南翼的威胁。

（二）区域研究

国际金融体系与反恐斗争；有关西方国家能源储备机制的流动逻辑；拉美地区稳定与动荡的因素演变；非洲地区稳定与动荡的因素演变；分析欧盟成员国在实施“能源与可持续性发展计划”中的政治责任；土耳其与前苏联亚洲国家外交关系中的战略政治作用；欧洲范围内的海军作战规模；新型恐怖主义与生物、化学和辐射的威胁：欧洲国家的应对现状。

（三）与国外研究机构的合作项目

中亚地区：恐怖主义、社会结构和政治稳定；大规模毁坏时代中的威胁调解；多国部队内部社会学方面的问题；马其顿内部情况及对外影响：领导阶层的民族政治学与边境安全；南联盟的地缘政治前景。

（四）未来研究内容

欧盟的和平力量等等。

战略研究军事中心为了推动国内对战略议题的广泛认识与深入研究，除出版内部专用丛书外，还公开发行《战略观察所》（L’Osservatorio Strategico）丛书和英语版季刊“CeMiSS Quarterly”。刊载文章对有关问题的分析仅代表作者本人的观点，而不是意大利国防部及作者所属军事和民事机构的意见。

七、高级防务研究中心主任简介

高级防务研究中心主任、意大利空军上将乌戈·德卡罗利斯（Ugo De Carolis）生于1942年1月2日，1961年应招进入空军学院学习，毕业于大学航空学专业。完成大学学业后，取得了军事驾驶员的飞行执照。1965年分配到维罗那维拉弗兰卡第三空军联队。

德卡罗利斯在其几十年的军事生涯中，主要驾驶喷气式战斗机，特别是

F—104G/S型飞机和旋风式战斗机，飞行总里程达2500小时。德卡罗利斯还在意大利和外国参加了大量专业培训班，在一些国内外军事航空部门执行过各种任务。德卡罗利斯于1974年担任第三空军联队第28分队的队长，后成为佛罗伦萨航空战争学校参谋部教学系负责人。德卡罗利斯1980年分配到空军参谋部"制度与人员"部门工作。1983年担任第36飞行大队队长。1984—1987年，德卡罗利斯就职于意大利驻英国使馆，担任航空专员。回国后担任空军参谋长办公室主任。1989—1992年，担任空军参谋部安全与作战信息部负责人。随后，他领导空军学院三年，曾在欧洲航空监控局常任委员会代表意大利担任过飞行电信和辅助设备监察员。1997—2001年，德卡罗利斯担任国防部副秘书长，主要负责在技术管理领域和有关军事装备政策领域制定国际合作规划，并负责协调与国防工业部门的关系。

2001年4月11日，德卡罗利斯被任命为高级防务研究中心主任。

德卡罗利斯撰写了许多有关军事文化的论著和文章，其中一些已纳入意大利航空战争学校和空军学院所教授的组织学课文中。

第五部分

欧盟

概 论

欧洲一体化刚走过 50 多年的历程，与美国及欧盟主要成员国相比，欧盟思想库的发展比较晚。然而随着欧洲一体化进程的深入，欧盟在政治体制改革、单一市场、共同外交和安全政策等方面不断遇到新的困难和挑战，为确保其顺利发展和壮大，需要根据成员国利益和国际形势调整政策，对智囊机构的作用也越来越重视。近年来在欧盟层面上陆续出现了一些智库，它们对欧盟的建设和发展发挥了不可忽视的作用。

虽然大多智库均强调其独立性，但从隶属关系、活动方式和研究项目看，它们与欧盟的关系比较密切。如欧盟安全问题研究所是由欧盟理事会决定成立的，其监督机构是由欧盟主要成员国代表组成的政治安全委员会和共同安全与防务政策高级代表领导的委员会。在欧洲亚洲事务研究所和欧洲政策中心举办的各种活动中，欧盟委员会委员、欧洲议会议员、欧盟其他机构的高级官员及成员国部长是常客，而且欧洲政策中心能在 24 小时之内对透明度最低的决策机构——欧洲理事会的活动进行快速的报道和分析，这足以说明两者关系非同一般。

根据资金来源，欧盟智库大致可分成两类：第一类智库主要靠欧盟拨款，如欧盟安全问题研究所，其资金主要来源于欧盟成员国根据 GNP 按比例上缴的资金，有时还根据开展专项活动的需要，接收其他渠道提供的资金。第二类智库的资金来源主要是会费和捐款。如欧洲政策研究中心的资金主要是会员缴纳的会费、欧盟官方机构的捐款、基金会的资金、合同以及研究项目费、大会会费和出版物收入等。欧洲政策中心除了每年从欧盟委员会获得部分经费外，其他资金来源渠道与欧洲政策研究中心相似。

欧盟智库的研究范围广泛，涉及政治、经济、外交、安全等各个领域。欧盟安全问题研究所是专门研究欧盟共同外交与安全事务的智库，为欧盟理事会和共同外交与安全政策高级代表作前瞻性的形势分析。欧洲亚洲事务研究所主要对欧亚的政治、经济和安全关系以及亚洲的重大事件进行研究，从而促进欧亚之间的对话、相互了解与合作。欧洲政策中心和欧洲政策研究中心也是欧盟的两个重要智库，它们在欧盟与公众之间扮演着独特的角色，一方面及时向公众介绍欧盟的政策并对其进行分析和评论；另一方面，举办各种活动，鼓励欧盟内不同利益集团就欧盟面临的一些重大问题进行公开讨论，并将结果提交欧盟，为其决策提供参考依据。由于作者尚不掌握欧盟的所有思想库情况，本章仅对几个比较活跃的思想库进行介绍，使读者对欧盟思想库有一个初步了解。

欧洲亚洲事务研究所

European Institute for Asian Studies

地址：EIAS
35 Rue des Deux Eglises
1000 Brussels
Belgium
电话：32（0）22308122
传真：32（0）22305402
电邮：eias@eias. org
网址：http：//www. eias. org

欧洲亚洲事务研究所位于比利时首都布鲁塞尔，是欧盟资助的政策研究智库。该研究所对欧亚的政治、经济和安全关系以及亚洲重大事件进行研究，促进欧亚对话、相互了解与合作，向欧盟机构、学术界和商业界提供信息和建议，从而在欧洲决策过程中起到“第二传媒”的作用，促使欧盟的共同外交与安全政策更加关注亚洲事务。①

① http：//www. eias. org，以下资料均引自该网站。

一、主要活动

欧洲亚洲事务研究所的主要活动是承担研究项目、举行形势报告会以及各种形式的研讨会。

（一）举行研讨会

举行研讨会是欧洲亚洲事务研究所的主要活动之一，该所单独或与其他智囊机构、研究所或基金会共同举办国际性的学术研讨会。从 2002 年 10 月到 2003 年底共举办了 10 多次研讨会，涉及的国家和组织主要有朝鲜、韩国、中国、中国的台湾、印度、欧盟、东盟。议题范围广泛，包括政治、经济、社会、安全等领域。参加的人员包括专家、学者、政要以及各界代表。

最近几次研讨会的情况介绍如下：

2003 年 10 月 17 日和 21 日分别在伦敦和莱顿举行关于中国与台湾地区问题研讨会。讨论的议题是：国际社会中的台湾地区与中国；地区和全球经济中的中国与台湾地区；东亚经济的地区主义对北京与台北关系的影响；中国、香港特别行政区和台湾地区的统一进程；中国和台湾地区在 WTO 的未来角色；台湾地区加入国际组织的经历；全球公共卫生、非典、中国与台湾地区；非典后中国与台湾地区的公共卫生；台湾地区加入世界卫生组织的要求；参加国际组织是海峡两岸关系中的一个问题；北京对台湾地区在国际上的存在的看法；中国与台湾地区的透明度；中国的反腐运动；媒体在中国与台湾地区的作用；台湾地区与中国的经济改革；世贸组织与国有企业职工；中国与台湾地区的人权问题；全球化、人权与台湾地区的新外交；中国的经济、社会和人权状况；全球性的组织是中国和台湾地区的机遇。

2003 年 11 月 6 日，欧洲亚洲事务研究所与德国康拉德·阿登纳基金会在布鲁塞尔共同举办主题为“欧盟与中国北京会晤的意义”的会议。与会者发言的题目有：欧中北京会晤的成果、中国的经济转型、城乡差距、中国面临的社会经济挑战等。会议讨论了欧盟与中国北京会晤的成果，中国面临的社会经济挑战，中国的经济转型，中国入世后取得的进展，中国的政治改革和管理问题，中国的城乡差距，中国政治转型的走向与前景，中国的社会改革，中国的教育体制改革，中国的管理问题对欧中对话的意义，全球和地区安全问题，中国地区政策的首要问题，中国、欧盟与北约的安全合作对话，学术研究对欧中关系的政策影响。

2003 年 11 月 17—18 日，在布鲁塞尔举办了关于亚洲与欧洲的民间商讨会，亚欧非官方人士与会，就如何加强两个地区的民间对话以及亚欧会议（ASEM）如何促进该对话进行了交流。讨论的议题有：关于亚欧会议，亚欧会议在欧亚关系中的前景，新闻工作者对亚欧会议的看法，民间、媒体与亚欧会议。

2003 年 11 月 26 日，在布鲁塞尔举行了关于欧盟与韩国关系讨论会，主题是开辟欧韩伙伴关系新纪元。会议对欧韩建交 40 年来的关系进行了回顾，展望了未来的发展趋势。专家们认为，在过去的 40 年里，欧盟与韩国成为重要的政治和经济伙伴，定期开展政治对话，稳定促进双边贸易和投资。欧盟强力支持韩国奉行和平繁荣政策，通过与朝鲜开展政治对话和提供经济援助，促进东北亚地区实现持久和平与繁荣。双方表示，欧盟和韩国致力于和平解决核危机，在朝鲜半岛缔造和平与安全。会议报告的内容主要有：东亚的金融合作、欧朝贸易关系、双边外资走向、理解和解决朝核危机。

2003 年 12 月 4 日，欧洲亚洲事务研究所和德国康拉德—阿登纳基金会在布鲁塞尔共同主办了题为“从新德里峰会看欧盟与印度关系”的会议，审视了欧盟与印度在新德里峰会取得的成果以及欧印关系的前景，对欧盟与印度的关系进行了回顾，欧洲议会代表团与南亚国家和南亚地区合作协会均出席了会议。会议讨论的题目有：欧盟委员会主席对欧印关系的看法；印度对欧印关系的看法；欧洲理事会看欧印关系；布鲁塞尔看欧印关系 40 年；印度的经济社会发展；伊拉克、坎昆和欧印关系的前景；管理、安全和国际关系；印度的腐败、透明度和良好的管理议程；印度、巴基斯坦和中国是否会进行核武竞赛等。

（二）举行午餐会（Luncheon Briefings）

就欧亚关系举行午餐会是欧洲亚洲事务研究所的主要活动之一，它以非正式午餐的方式开始，包括提问在内共持续一个半小时。参加会议的既有该所成员，也有来自其他单位关注该问题的人士。

2004年已经举办了4次这样的会议，议题分别为：2004年台湾“总统”选举以及举行公投的原因、吉尔吉斯斯坦入世对中亚的影响、南亚地区合作联盟伊斯兰堡峰会的成果和影响、永久解决克什米尔问题的前景。

（三）专题报告会（Special Briefings）

欧洲亚洲事务研究所不定期召开专题报告会，邀请有影响的人士对某个专题做分析报告，由欧洲亚洲事务研究所人员和其他感兴趣的人士参加。

2003年1月29日，举行了东盟问题专题报告会，题目是“东盟面临的新挑战——新加坡的观点”。报告人是新加坡外交和司法部部长S·贾亚库马尔（S. Jayakumar）。

2003年10月16日，举行了题为“欧盟对朝鲜民主主义人民共和国的政策：交往还是停滞不前?”的报告会，报告人是欧洲议会议员格林·福特（Glyn Ford）、欧洲亚洲事务研究所研究员阿克塞尔·贝尔科夫斯基（Axel Berkofsky）、剑桥大学东亚研究所副研究员权素永（Soyoung Kwon）。

（四）研究工作（EIAS Research）

欧洲亚洲事务研究所的工作人员与其他单位的成员以及联系成员在研究工作中开展合作，就亚洲问题和欧亚关系进行讨论和分析。

2002年欧洲亚洲事务研究所的研究项目主要集中在三个方面：

（1）亚洲的地区主义和一体化进程；

（2）东盟的未来与演变；

（3）南亚地区合作联盟的未来与演变。

（五）接待来访者

欧洲亚洲事务研究所每年接待很多来访的个人和团体，向他们介绍研究所的工作情况、欧盟机构的作用，并同他们交流信息，商讨将来的研究项目等。

二、人员简介

欧洲亚洲事务研究所拥有一支庞大的研究队伍，其成员是来自世界各地的专家和学者。

研究所董事会领导成员：

1. 卢多·库伊威尔斯（Ludo Cuyvers），董事会主席

比利时人，1998年任欧洲亚洲事务研究所主席，经济学家，主要研究国际经济问题。20世纪80年代末，库伊威尔斯曾研究亚洲“小龙经济”的发展战略。1990—1991年，负责欧盟委员会对东盟的科技政策和战略的研究项目，曾在一些亚洲国家的研究机构担任领导职务。1991—1995年任菲律宾马尼拉大学一研究所主任，1992—1998年任泰国发展管理研究所主任。1994年，与同事一道创立了东南亚国家联盟研究中心。2000年，任柬埔寨管理研究所所长。曾在许多国际学术期刊发表文章，用荷兰文与他人编写过4本教科书，撰写了名为《全球化和社会发展：欧洲与东南亚的见证》(Globalisation and Social Development : European and Southeast Asian Evidence）一书。

电话：32（0）22308122

电邮：lcuyvers@ruca. ua. ac. be

2. 马尔科姆·苏班（Malcolm Subhan），董事会副主席

印度人，毕业于德里大学，先后赴美国西北大学学习新闻、加利福尼亚大学和剑桥大学学习政治学。1961年以来，一直从事欧盟与亚洲以及发展中国家的关系的研究，长期以来是欧盟驻亚洲新闻报刊（《远东经济评论》，《亚洲金融》、《亚洲纺织》和印度最大的商报——《经济时报》等）的记者，并为欧盟委员会撰写论文和报告，研究欧盟与东盟在工业领域的合作、欧盟与发展中国家的贸易关系等。苏班是布鲁塞尔自由大学远东事务中心的联系研究人员。

电话：32（0）22308122

电邮：m. subhan@eias. org

3. 格温·摩根（Gwyn Morgan），董事会副主席。

4. 迪克·格普威尔（Dick Gupwell），董事会秘书长。欧洲议会前政治

顾问，负责欧洲亚洲事务研究所的财务工作。

电话：32（0）22308122

电邮：d. gupwell@eias. org

5. 哈桑·卡兹米（Hasan Kazmi），财务总管和董事会董事。硕士，毕业于巴基斯坦白沙瓦大学哲学和政治系法律专业，是欧洲—巴基斯坦经济商会董事。

电话：32（0）22308122

电邮：h. kazmi@eias. org

董事会其他成员：

戴威·卡姆鲁（David Camroux）、沙达巴·伊斯兰（Shadaba Islam）、鲍德温·容谢尔（Boudewijn Jonckheere）、P·卡玛拉姆（P. Kamalam）、理查德·诺布斯（Richard Nobbs）、热拉尔·索尼耶（Gérard Saunier）、埃里克·图雷斯（Eric Tourrès）、劳伦斯·范德瓦勒（Laurence VandeWalle）。

研究所所长：

1. 威廉·万德尔格斯特（Willem van der Geest），欧洲亚洲事务研究所所长，经济学博士。

1997 年调入研究所工作，1999 年 4 月被任命为所长，两年后任主管研究工作的所长。负责制定研究计划、举行研讨会、欧盟机构简介（欧盟委员会、议会和理事会）、欧盟和亚洲的学术联系、因特网开发、刊物出版。同时是研究所董事会和执委会成员，负责工作人员招聘、资金筹措和审计工作。主要研究成果有：欧盟对外经济以及与亚洲的政治关系、欧盟与亚洲的协调和一体化进程的比较分析、发展中国家（亚洲和非洲）的贸易政策和市场准入战略、发展经济的公共政策和战略的总体平衡分析。此外，对中国问题也有一定的研究，其代表性的文章是 1998 年的《把中国带入国际协商体系——对中国加入 WTO 的分析》和 2000 年的《中国加入世贸组织对世界贸易平衡的影响》。曾在欧洲、亚洲（包括中国）和非洲的许多国家工作过。

电话：32（0）22824751

电邮：w. vandergeest@eias. org

其他工作人员：

1. 阿普尔巴·孔杜（Apurba Kundu），资深研究员，博士。代表作是《印度的军国主义》一书。目前任《现代南亚》杂志编辑、南亚社会研究论坛主席。

电话：32（0）22824746

电邮：a. kundu@eias. org

2. 阿克塞尔·贝尔科夫斯基（Axel Berkofsky），研究员，博士。2002年在汉堡获博士学位，论文题目是“美日安全同盟”。为欧洲和亚洲的许多报刊撰写过大量有关东亚安全问题的文章，2003 年 1 月开始在欧洲亚洲事务研究所工作。

电话：32（0）22824752

电邮：a. berkofsky@eias. org

3. 阿诺·瓦尔德列夫尔（Arnaud Valdelievre），所长助理。毕业于布赖顿萨塞克斯大学国际关系与发展专业，目前在布鲁塞尔攻读国际政治硕士学位，对中亚问题感兴趣。2003 年 9 月起，担任欧洲亚洲事务研究所所长威廉·万德尔格斯特的助理。

电话：32（0）22824741

电邮：a. valdelievre@eias. org

4. 措埃·麦卡锡（Zoe McCarthy）（女），行政助理，1992 年到欧洲亚洲事务研究所工作，负责办公室工作。

电话：32（0）22824741

电邮：z. mccarthy@eias. org

5. 约翰·奎格利（John Quigley），《欧亚报告》的助理编辑。1999 年12 月到欧洲亚洲事务研究所工作。

电话：32（0）22824750

电邮：j. quigley@eias. org

6. 安迪·卡林（Andy Carling），计算机技术人员。自 1978 年至今，一直从事计算机工作。

三、涉华研究

欧洲亚洲事务研究所从事亚洲地区问题研究的同时，非常重视中国问题研究，主要形式是召开中国问题专题讨论会或者在刊物上发表文章。

近几年发表的关于中国问题的文章以及活动简介如下：

研究所在2002年12月出版的《简报》上刊登了资深访问研究员、澳大利亚国立大学外交专业格雷戈·奥斯汀（Greg Austin）教授题为“美国对中国边缘地区的挑衅和北京的反应”一文，文章对中国政府对台湾、西藏和新疆问题的敏感性进行了论述，分析了美国对中国的挑衅，并提出了欧洲国家应采取的对策。

文章说，中国领导人一直把台湾、西藏和新疆问题看作对国家统一和领土完整的威胁，尤其是小布什2001年上台后，试图利用这些问题遏制中国作为大国的崛起，遂提升了与台湾的军事关系，在西藏和新疆问题上也有所动作。2001年“9·11”事件发生后，美国军队进驻中亚，积极的一面是推翻了塔利班政权，消极的一面是使美国更容易对新疆等地的事务进行干涉，反映出美国在政治上对中国边缘地区的新挑战。虽然美国没有对西藏进行军事干预，甚至今后这样的可能性也很小，但中国仍然认为美国可在西藏问题上对中国施加越来越大的压力，促其“和平演变”，并达到遏制的目的。

奥斯汀强调指出，国际关系的历史充分表明，当一个大国对另一个大国的边缘地区构成战略压力时，国际格局将趋于不稳，所以美国在中国边缘地区问题上的挑衅立场不仅是对中国一国的安全挑战，而且是对国际安全的挑战。一旦美中发生冲突，无疑将威胁到整个亚洲的稳定与繁荣。

文章指出，中国上述三个地区的问题与美国全球战略的关系越来越密切，2001年美国总统布什审视美国战略时声称，将来战争的最大威胁是来自中国，此后美国在政治和军事上采取了许多措施干涉中国的边缘地区。

奥斯汀认为，从长远看中国将不可避免地实现政治自由化，届时美中关系的竞争点开始消失，但可能会出现其他导致美中敌对的因素。欧洲作为美国的盟友，应该理解美国奉行遏制中国的政策，但应努力使美中紧张关系保持在低风险的水平上。欧洲国家以及欧盟须准确把握现代美中关系的发展趋势，时刻准备从支持一方转向支持另一方。欧洲需对中国、美中关系以及中国在朝鲜和中东问题上的政策进行深刻研究。可考虑向美国施压，促其对中国采取建设性而不是抵抗性的态度，劝阻中国不要试图在朝鲜和中东问题上同美国作对，因为这对本国利益有害无益。欧洲还应讨论，美中关系出现紧张进而可能发生冲突时应该采取何种立场。

2003年11月6日，欧洲亚洲事务研究所与德国康拉德·阿登纳基金会在布鲁塞尔共同举办了主题为“欧盟与中国在北京会晤的意义”的会议。会议讨论了欧盟与中国北京会晤的成果，对中国存在的一些问题发表了看法。

奥地利维也纳大学教授苏珊·魏厄林—施维德尔基克（Susanne Weihelin—Schwiedrzik）做了题为“中国治理问题在欧中对话中的涵义”的主题报告，对欧中北京峰会作了评价，列举了欧盟对中国的政策报告和中国对欧盟的政策报告的异同点，提出了提升欧盟在中国的形象的建议。魏厄林—施维德尔基克认为，北京峰会是欧盟与中国以“共同利益”为基础发展“成熟的伙伴关系”向前迈出的重要一步，两个政策报告均确定了欧中关系今后几年的发展方针，尽管双边关系取得显著进展，但离“成熟伙伴关系”的目标尚远。

欧盟对中国的政策报告的主要思想是把中国的稳定与发展结合起来考虑，欧盟的利益在于中国发展成为一个“稳定、繁荣、开放、民主、拥有自由市场的法制国家”。而中国在报告中使用了“成熟的伙伴关系”一词，强调在发展伙伴关系时应遵循的三项原则，即理解、尊重和平等，中国寻求欧盟对其政治事务和经济发展的支持。

欧盟报告和中国报告的相互矛盾的地方主要是：欧盟重申 20 世纪 90 年代初的立场，即希望双方建立“伙伴关系”、中国进行制度变革，中国则强调，不进行政治改革也能发展经济。

魏厄林—施维德尔基克提议，在欧中对话中谈到中国的“治理”问题时，应强调稳定而非制度变革，指出实现稳定不仅依赖经济的增长，而且依靠社会治理，这乃是实现良好治理的先决条件，中国的不稳定源于国家与社会之间缺乏合作。

为了提升欧盟在中国的形象，欧盟应尊重中国的特殊国情，制定特殊战略，而不应照搬现成模式，把关注的重点从城市转向农村，从国家转向社会，从制度变革转向国家稳定。

最后对决定中国发展前途的因素作了简述，即中国的前途取决于农村人口，以及中国政府与农村人口就农民何时融入现代化进程问题进行谈判的能力。

在这次会议上，欧洲亚洲事务研究所所长威廉·万德尔格斯特发言的题目是“中国的经济转型是渐进改革的模式吗”。首先对中国建国以来四代领导人政策的政绩和失误作了评价，提出了“中国经济能否持续增长”的问题，然后分析了经济增长的有利和不利因素。万德尔格斯特说：1949—1976 年，中国领导人犯了许多严重错误，尤其是 1957—1960 年开展的“大跃进”运动和 1966—1976 年的“文化大革命”，给中国造成了巨大的损失。以邓小平为首的第二代领导人拨乱反正，奉行务实政策，坚持“实践是检验真理的惟一标准”，倡导建设“有中国特色的社会主义市场经济”。20世纪80年代初期，中国对外开放，引进外资，同时启动各领域改革，特别是教育改革、实行家庭责任制、鼓励兴建乡填企业、工业、银行体系和股市改革等，大大刺激了经济增长，中国步入稳定增长的轨道。以江泽民为首的第三代领导人成功地使中国经济融入世界经济，最典型的标志莫过于中国加入世贸组织。以胡锦涛为首的新的中央领导集体已经赢得称赞，社会经济稳定，最突出的是北京赢得2008年奥运会举办权，其次是载人航天飞船试飞成功，而且经济保持高速增长的势头。

万德尔格斯特指出，1997—1999年亚洲发生金融危机后，中国的经济增长与东南亚大多国家的经济下滑形成鲜明对比，也与俄罗斯以及多数中东欧国家的不稳定增长形成反差，这究竟标明中国的渐进式改革和务实主义政策拥有优越性还是中国改革的“起始条件”优于俄罗斯和中东欧国家？万德尔格斯特认为，中国的成功并不是因为其改革速度恰到好处，而是其改革的“起始条件”比俄罗斯优越，而俄罗斯国内效益低下的国有工业和农业的历史比中国长久得多，中国的“战略选择”正确之处在于其领导人充分利用了这些有利条件，尤其是教育改革造就了丰富的人力资源，在城、镇、乡一级实行了权力下放。

虽然世界银行在2004年最新的《全球经济预测》中认为，中国经济将在中长期内保持增长，到2015年东亚经济将保持6.2%的年增长率，中国经济则以7—8%的速度增长。但问题是新一代中国领导人是否能够应对诸多挑战：如持不同政见者、要求政策更加开放和更加透明、粮食和能源方面的不安全、环境破坏、地区之间的发展失衡、不良贷款等等。

万德尔格斯特得出的结论是，决定中国经济是否继续增长的主要因素有两个，一个是缩小城乡差距、地区差距和城市贫困，另一个是处理好人口流动问题，两者紧密相关。中国经济持续增长的有利因素是低薪剩余劳动力的继续存在，不利因素和风险则是自然资源的匮乏（能源和环境）和政治因素（要求加大开放力度、提高管理效率、缩小差距）。

四、主要出版物

（一）《欧亚报告》（EurAsia Bulletin）

报道当前欧亚形势以及影响欧亚关系的重大国际事件，介绍欧盟机构（委员会、议会和理事会）内部与亚洲事务有关的动态。一年通常出版 10 期，服务对象是关注欧洲和亚洲事务的个人、组织和团体。

欧亚报告 2003 年 10/11 的内容包括：坎昆之后的欧盟向何处去；欧亚会议和民间团体——需要注入新动力；中国与中国的台北在世贸组织中面临的挑战；马哈蒂尔——民族英雄还是全球坏男孩；中国的政治转型的走向和前景；斯里兰卡的政治危机；中国与东盟的关系日益深化；日本军队前往伊拉克；欧盟对中亚的政策目标；缅甸阻挠欧亚与东盟的关系发展；欧盟安全战略中未确定的亚洲重点。

（二）《简报》（Briefing Papers）

在深刻分析欧洲和亚洲问题的基础上，对当前形势和未来走向进行研究，是决策者、新闻工作者、学者以及其他专家的重要读物。一般刊载欧洲亚洲事务研究所承担项目的研究成果。所长威廉·万德尔格斯特担任编辑。

2000—2003 年出版的简报内容包括：渐进的民主和治理——中国的理论和评价标准；中国与越南的边界争端及其对地区的影响；中国在金融问题上与东南亚和东亚的共性；朝鲜半岛和解的经济后果；东南亚联盟——从经济对话到政治对话；“9·11”后美国与印度尼西亚的关系；台北与北京的关系展望；东亚经济一体化——在地区主义和多边主义之间寻找平衡；美国对中国边缘地区的挑衅和北京的反应；55 岁的巴基斯坦——从真纳到穆沙拉夫；欧盟对上海合作组织的政策反应；“9·11”后东南亚的穆斯林政策；欧盟对朝鲜民主主义人民共和国的政策——是交往还是停滞不前；里海能源是否可取代波斯湾能源？

（三）《政策简介》(Policy Briefs)

对亚洲当前的问题进行分析并向欧盟提出具体建议。近期的政策简介分析了亚洲出现核武器竞赛的可能性，以及欧盟通过东盟论坛在亚洲安全中发挥重要作用的问题。

（四）专题报告（Special Reports）

（五）亚洲电子指南（Asia E—Guide）

刊登欧盟关于亚洲事务的最新报告。

（六）书评（Book Reviews）

向亚洲学者和专家介绍书籍。

此外，欧洲亚洲事务研究所还主办学术杂志——《现代南亚》，该所资深研究员阿普尔巴·孔杜担任编辑。该杂志主要发表关于孟加拉国、不丹、印度、马尔代夫、尼泊尔、巴基斯坦、斯里兰卡等国以及南亚海外侨民问题的研究和分析文章。

附：近年来欧洲亚洲事务研究所涉华研究文章

1. EU—China Security Relations，Luncheon Briefing，28 April 2004.

2. China，India and Pakistan：A nuclear arms race in Asia? Dipankar Banerjee，Policy Brief，January 2004.

3. EU－China：Implications Of The Beijing Summit，Conference，6

November, 2003, Brussels, 6 November 2003.

4. China and Chinese Taipei: Challenges in the WTO, Keith Rockwell, EurAsia Bulletin Vol 7 #10 and #11 — October/ November 2003.

5. China's political transition — trends and prospects, Wei—Wei Zhang, EurAsia Bulletin Vol 7 #10 and #11 — October/ November 2003.

6. China—ASEAN: A deepening relationship, Duncan Freeman, EurAsia Bulletin Vol 7 #10 and #11 — October/ November 2003.

7. Taiwan and China in the Global Communities, Conference, 17 October; 2003, London; and 21 October 2003, Leiden.

8. EU—China human rights dialogue, Haina Lu, EurAsia Bulletin Vol 7 #6 and #7 — June/July 2003.

9. Hong Kong's political crisis, Duncan Freeman, EurAsia Bulletin Vol 7 #6 and #7 — June/July 2003.

10. Sino—India Summit, Roberta Zavoretti, EurAsia Bulletin Vol 7 #6 and #7 — June/July 2003.

11. Hong Kong's Security Law, John Cushnahan, EurAsia Bulletin Vol 7 #4 — April 2003.

12. China's Leaders Face Challenge, Duncan Freeman, EurAsia Bulletin Vol 7 #4 — April 2003.

13. Local government in India and China, George Mathews, EurAsia Bulletin Vol 7 #3 — March 2003.

14. Is Europe Losing Out in Trade With China? Duncan Freeman, EurAsia Bulletin Vol 7 #3 — March 2003.

15. China Joins ITER, Major Progress Expected, John Quigley, EurAsia Bulletin Vol 7 #2 — February 2003.

16. European Union Policy Responses to the Shanghai Co—operation Organization, Greg Austin, Briefing Papers, December 2002.

17. The China Periphery: The New US Challenge and Beijing's Response, Greg Austin, Briefing Papers, December 2002.

18. On The Future Outlook for Taipei — Beijing Relations, Werner Pfennig, Briefing Papers, December 2001.

19. China's Banking Problems: Commonalities With South—East And

East Asia, Sylvain Plasschaert, Briefing Papers, October 2000.

20. The Management of the Border Disputes Between China and Vietnam and its Regional Implications, Ramses Amer, Briefing Papers, October 2000.

欧盟安全问题研究所

The European Union Institute for Security Studies

地址：Institute for Security Studies
European Union
43 Avenue du Président Wilson
75775 PARIS CEDEX 16
电话：33 (0) 156891930
传真：33 (0) 156891931
电邮：institute@iss－eu. org
网址：http：//www. iss－eu. org

欧盟安全问题研究所是欧盟下属的一家智囊机构，受共同外交与安全政策高级代表的直接领导，在学术上享有独立和自由。其任务是促进欧盟共同外交与安全政策的发展，维护欧盟的整体利益。与欧洲国家以及国际研究机构拥有广泛的联系。[①]

① http：//www. iss－eu. org，以下资料均引自该网站。

一、基本情况

（一）研究所简史

1989年11月13日，西欧联盟部长理事会作出成立安全问题研究所的决定，1990年西欧联盟安全问题研究所正式成立。该所是西欧联盟的附属机构，与其他欧洲研究机构的不同之处是，虽然拥有较强的独立性，但须对政府间机构——西欧联盟理事会负责。

研究所的第一任所长是约翰·罗珀（John Roper），1990年4月至1995年9月任职。目前是英国上议院议员、伯明翰大学德国问题研究所研究员。曾任大学讲师、议会议员、皇家国际问题研究所资深研究员。1970年至1983年任英国下议院议员，1979年至1981年任在野党防务问题发言人，1981至1983年任社会民主党首席督导员。

第二任所长是圭多·伦齐（Guido Lenzi），1995年10月至1999年9月任职。目前是意大利常驻欧安组织的代表。1964年开始从事外交工作，曾任意大利外交部政治司全权公使，曾在阿尔及尔、瑞士洛桑、伦敦、莫斯科和纽约工作过，并先后担任亚洲司司长、北约办公室主任、国防部长外交顾问和参议长。1999年10月返回外交部。他还是国际和战略问题研究所的联系成员、国际问题研究所管理委员会委员。

随着欧洲一体化进程的深化，欧盟成员国推动共同安全与防务政策发展的决心日益增大。1999年5月，西欧联盟在德国不来梅召开的春季部长理事会上，就西欧联盟并入欧盟一事达成一致意见。同年6月的欧盟科隆首脑会议确定了最后期限，决定西欧联盟将在2000年底以前并入欧盟。为了实施欧盟的共同外交与安全政策尤其是欧洲安全与防务政策，2000年11月10日，欧盟理事会签署一项原则性协议，决定在欧盟内成立安全问题研究所，与原有的西欧联盟安全问题研究所合二为一。2000年12月，欧洲理事会尼斯会议通过了这项决定，欧盟安全问题研究所于2001年7月20日正式成立，总部设在法国巴黎。2002年1月开始工作。

（二）经费来源

研究所的资金主要来源于欧盟成员国，各国根据本国 GNP 按比例上缴，有时根据开展专项活动的需要，也可接收其他渠道提供的资金，但必须事先征得研究所所长的同意。2002 年该研究所的可控预算为 320 万欧元。

（三）主要出版物

研究所是一个非赢利性机构，面向欧洲和全世界免费出版刊物。主要有 3 种：

1. Chaillot Papers。被称为研究所的“招牌”刊物，其内容体现了本所或外部研究人员集体或独立研究的成果，它涉及欧盟安全的各个方面。撰写论文的访问学者可应邀在研究所工作一至两个月。从西欧联盟安全问题研究所成立到 2004 年 5 月，共发表了 68 篇 Chaillot Papers，由几十个国家的 100 多名研究员或欧洲—大西洋战略联盟的一流专家独立或合作撰写，并提供给了 30 多个国家的 3000 多名学者。

2. Occasional Papers。刊登安全问题研究所资助下的研究成果和一些研讨会报告，其特点是速度快。1997 年至 2004 年 5 月，研究所共发表了 51 篇 Occasional Papers。

3. Newsletter。登载研究所的活动情况和短论，一个季度出版一期。

二、使命与活动

（一）使命

随着欧盟正在发展成为一个对国际事务负责任的战略角色，为自己确立了更高的目标：形成共同的思维方式；对国际形势进行正确分析；做出合乎时宜的反应。为此欧盟也赋予了安全问题研究所一项重要的使命，即推动欧洲安全文化的形成和发展，从而促进欧盟的共同外交与安全政策。因此，欧盟安全问题研究所承担着三个方面的任务：

1. 与欧盟内外所有国家的安全研究机构保持联系，对欧盟重大的安全与防务问题进行研究和讨论；

2. 为欧盟理事会和共同外交与安全政策高级代表作前瞻性的形势分析；

3. 组织欧洲国家、加拿大和美国就所有安全问题开展对话。

(二) 活动

1. 研讨活动

为了对欧盟将要进行的决策进行分析，并提出有益和中肯的建议，研究所开展一系列具有不同目的的活动。

首先，专门为欧盟理事会服务。主动或根据欧盟相关机构的要求撰写报告、评论和文件，有时组织外部专家参加的讨论会和情况介绍会。

其次，举办各种会议。根据与会者的范围主要分成三类：一类是广义上的研讨会，在巴黎或布鲁塞尔举行。目的是为了加深分析的深度，邀请欧盟成员国、入盟候选国、其他欧洲国家以及美国和加拿大的学者、官员、专家和决策者与会。二是跨大西洋活动中心会议。每年举行两次，一次在欧洲，一次在北美。邀请大西洋两岸的专家和官员参加，目的是提升大西洋两岸的关系、促进双方在安全领域采取措施，研究所最后公布会议情况。1995 年，研究所成立了跨大西洋论坛。三是特别工作组会议。由欧洲所有研究所的专家组成，定期对欧盟在安全问题上采取共同措施以及可能出现的情况进行探讨，特别是俄罗斯、巴尔干、欧洲防务问题等。

2. 其他活动

提供研究奖学金。根据理事会的要求，研究所向欧盟所有国家的青年学者提供奖学金，以促进欧洲的共同安全文化。此外，也向其他国家的学者提供奖学金，如 1999 年和 2000 年这项奖学金分别提供给了前苏联国家、前南斯拉夫国家、阿尔巴尼亚的学者。1991 年以来，共有 26 个国家约 130 名年轻的研究人员获得了该研究所的研究奖学金，在本研究所或与该所有联系的某个国家的研究所工作 1—2 个月。研究所还邀请一些资深公务员或国际知名学者在所内逗留 1—2 个月，撰写 Chaillot Papers。1991－2001 年，共有 17 名来自 10 个欧洲国家的访问学者曾在该研究所工作。

接收实习生。欧盟安全问题研究所向即将从欧洲国家大学毕业的大学生以及欧洲研究所的年轻研究人员提供少量的实习名额，根据需要，实习期限为 2—3 个月。实习人员在负责人的监督下为研究所的工作提供帮助。

接收访问学者。迄今共有100位访问学者曾在欧盟安全问题研究所工作过，其中一些来自欧盟成员国，另一些则来自入盟候选国、中东欧以及前苏联国家，如波兰、匈牙利、捷克、斯洛伐克、斯洛文尼亚、罗马尼亚、保加利亚、阿尔巴尼亚、土耳其、乌克兰、以及波罗的海三国。

通过合作项目向其他欧洲研究所开展研究和讨论提供资助。与美国兰德公司（Rand)、华盛顿战略和国际研究中心（CSIS)、纽约国际和平学会（International Peace Academy）开展合作。

三、机构设置与人员组成

欧盟安全问题研究所是一家独立研究机构，并享有学术自由，它接受两个机构的监督。一个是政治与安全委员会（PSC)，一个是共同安全与防务政策高级代表领导的委员会。前者是研究所政治上的领导机构，由来自欧盟主要国家的代表组成，根据对欧盟共同外交与安全政策以及安全与防务政策所承担的责任，对研究所的活动行使监督权，但同时不侵犯其学术自由。后者负责制定研究所的预算和工作法规。

现任所长妮科尔·涅索托（Nicole Gnesotto)，法国人，安全问题专家

1999年10月1日到2001年12月31日，任西欧联盟安全问题研究所所长。毕业于法国高等师范学院，获现代文学教师资格。1994—1999年在巴黎政治学院任教授，后任法国国际关系研究所所长的特派员。1986－1990年，是法国外交部分析和预测中心副主任，1990－1993年是西欧联盟安全问题研究所研究小组成员。撰写过许多关于战略问题和欧洲安全的文章。2002年1月，被任命为新成立的欧盟安全问题研究所所长。

电话：33（0）156891940

电邮：n. gnesotto@iss－eu. org

研究所的研究人员主要来自欧盟的较大成员国，他们研究能力强、经验丰富。

1. 朱迪·巴特（Judy Batt)，英国人，中东欧问题专家，伯明翰大学中东欧政治学博士。1991—2003年是伯明翰大学俄罗斯和东欧研究中心、中东欧政治学资深讲师。2002年，获得东南欧欧洲一体化方面的让·莫内基金教席，是英国皇家国际问题研究所的苏联项目研究员。1992—1993年在

英国外办从事政策计划工作。主要研究成果有：中东欧政治的发展（2003年），中东欧的地区、国家和同一性（2002年），欧盟东扩的长期影响：新的边界（1999年），市场重组：政治经济和宏观经济转型（1999年），从改革到转型的中东欧（1991年）。目前主要研究欧盟新成员国中的中东欧国家及其对欧盟共同外交与安全/欧盟安全与防务政策的贡献、巴尔干安全问题和欧盟在巴尔干的作用。

电话：33（0）156891946

电邮：j. batt@iss－eu. org

2. 让—伊夫·艾纳（Jean－Yves Haine），比利时人，在巴黎政治学院获政治学博士、巴黎索邦大学国际关系学硕士、曾在比利时卢万大学学习法律。1997—1999年是哈佛大学政府管理系的访问研究员，1993—1997年在巴黎政治学院任讲师，1990—1993年担任《信使国际》（Courriel International）报的记者，其研究成果有：美国外交政策、大西洋关系以及欧洲防务。目前从事美国外交政策、大西洋关系以及欧洲安全与防务政策的研究。

电话：33（0）156891952

电邮：jy. haine@iss－eu. org

3. 古斯塔夫·林德斯特伦（Gustav Lindström），瑞典人，博士。兰德研究院政策分析系硕士，斯坦福大学国际政策系硕士。曾先后在欧盟、西欧联盟、世界银行工作，发表的成果主要是关于恐怖主义、预警、全球化、欧盟共同外交与安全政策、移民等问题。目前在欧盟安全问题研究所从事大西洋关系、美国安全政策、突发威胁等问题的研究。

电话：33（0）156891957

电邮：g. lindstrom@iss－eu. org

4. 多夫·林奇（Dov Lynch）爱尔兰人，牛津大学安托尼学院国际关系学博士、俄罗斯和东欧关系硕士。1999年在牛津大学国际关系和俄罗斯外交政策系任讲师，1999—2002年，在伦敦皇家学院任战争学讲师，曾是皇家国际问题研究所俄罗斯和欧亚项目的研究员。主要研究成果有：俄罗斯对独联体的维和战略（2000年），与他人合作编辑了《里海能源》一书（2002年），转型时期的欧亚（2000年）。目前在欧盟安全问题研究所，从事欧盟与俄罗斯关系、俄罗斯及前苏联地区的安全、欧盟对该地区的政策研究。

电话：33（0）156891956

电邮：d. lynch@iss－eu. org

5. 安东尼奥·米西罗利（Antonio Missiroli），意大利人，比萨高等师范学院现代史博士，约翰·霍普金斯大学国际公共政策硕士。1993—1996年在宾夕法尼亚Carlisle迪金森学院、博伦亚任讲师、罗马CeSPI欧洲研究室主任，1996—1997年在英国牛津大学圣·安托尼学院做访问学者。发表过关于欧洲共同外交与安全政策、斯堪的纳维亚、政治反对党、中欧与意大利外交的文章，编写的书籍有：《德国政治学》、《德国问题》、《两个德国》、《欧洲的精英来自何地》。目前主要研究媒体关系、欧洲制宪会议进程、欧盟扩大和共同外交与安全政策/欧洲安全与防务政策。

电话：33（0）156891951

电邮：a. missiroli@iss—eu. org

6. 马丁·奥尔特加（Martin Ortega），西班牙人，马德里独立大学公共国际法博士。1988—1989年是牛津大学圣·安托尼学院资深联系成员，1990—1992年在马德里独立大学公共国际法和国际关系系任讲师，1992—1997年是萨拉曼卡大学的讲师，后在Complutense大学执教，1997年12月至2001年6月是西欧联盟安全问题研究所的研究员，2001—2002年是马德里国际问题思想库INCIPE的主任，其研究成果包括地中海地区的安全与合作、战略犯罪、欧盟的决策程序，书籍有《捍卫国家领土的合法性（自卫）和全球治理》。目前在欧盟安全问题研究所，研究地中海和中东问题、欧盟使用军事手段的法律和政治影响。

电话：33（0）156891955

电邮：m. ortega@iss—eu. org

7. 布卡德·施米持（Burkard Schmitt），德国人，资深研究员。波尔多大学硕士毕业，纽伦堡埃尔兰根弗里德里希·亚历山大大学现代史博士。1995—1998年是自由研究员和记者，1997—1998年担任德国社民党议员团和卡塞尔协会（GES Kassel）的顾问，弗里德里希·艾伯特基金会以及西欧联盟安全问题研究所的研究员，1998—2001年成为欧盟安全问题研究所研究员，目前在欧盟安全问题研究所担任两种职务。一是从事军事和核问题的研究，二是作为所长助理负责研究所内部的改革尤其新网站的开发、信息技术以及出版体系的改革。

电话：33（0）156891953

电邮：b. schmitt@iss—eu. org

8. 克劳斯·贝歇尔（Klaus Becher），德国人，波恩大学国际法和英美问题系政治学硕士，里士满祖赖知识与分析管理伙伴。1999—2003年是国际战略研究所（IISS）欧洲安全问题的资深学者，1997—1999年在科学与政治基金会工作，1988—1997年就职于德国外交政策协会。研究成果有：解读欧洲安全（2003年）、欧洲安全与防务、大西洋安全关系、太空政策、导弹防御和情报。2003年，成为欧盟安全问题研究所的首位副研究员。从事太空政策，尤其是共同外交与安全政策以及欧盟安全与防务政策问题研究。

电话：44（0）20854933986

电邮：k. becher@iss－eu. org

9. 季米特里奥斯·特里安塔菲卢（Dimitrios Triantaphyllou），希腊人，毕业于伯克利加利福尼亚大学政治历史系，塔夫茨（Tufts）大学弗莱彻法律和外交学院国际关系学硕士和博士，东南欧和黑海问题研究杂志的副主编。1996—1999年，担任雅典希腊欧洲和外交政策基金会（ELIAMEP）副会长，1995年任欧洲议会议员外交政策顾问。近期成果有：全球化时代的希土关系（2001年）、阿尔巴尼亚因素（2002年）。

电话：33（0）156891954

电邮：d. triantaphyllou@iss－eu. org

四、研究项目

欧盟安全问题研究所的核心领域是欧盟的安全与防务政策，其他研究项目均围绕该领域展开。从地域上看，研究所的研究范围可从近到远分为五个层次：首先是以西欧国家为主的欧盟本身，其次是作为近邻的中东欧地区，第三是前苏联国家，第四是中东地区，最后是非洲地区。研究项目涵盖欧盟安全与防务的各个方面，但随着国际形势的变化和欧盟自身的发展，侧重点也有所变化。

20世纪90年代，苏联东欧剧变、冷战结束，研究所的研究重点是欧洲的安全一体化、冷战后的欧洲一体化与核威慑、乌克兰与俄罗斯对西方政策的影响、波罗的海国家独立后的安全与防务。1991年，南斯拉夫开始解体，巴尔干危机频仍，研究所的研究项目除了传统的欧洲安全外，扩展到了欧洲的冲突预防、南斯拉夫危机的启示、南斯拉夫危机对欧洲外交政策的影响等。90年代后半期，欧盟加快了东扩进程，研究所也开始注重东扩对欧盟与中东欧双边关系的影响、俄罗斯与西欧的安全关系等的研究。

2001年9月11日美国发生了震惊世界的恐怖袭击事件，研究所确立了2002年的重点研究领域，主要在三个方面：首先是战略新秩序，课题包括："9·11"对地缘政治造成的后果，国际体系的变化，欧盟面临的安全挑战和对外行动的重心，欧盟面临的重大安全威胁，美国的政策变化及其对大西洋关系的影响，北约、联盟、多边主义、联合国的未来，核遏制、裁军和核不扩散，俄罗斯和中国应该扮演的角色等。其次是地区问题，课题包括：欧盟如何、为何和以何种程度为危机地区的稳定做贡献，如以巴冲突、海湾、印度和巴基斯坦、克什米尔问题、中亚、巴尔干、地中海、非洲，欧盟在危机管理中的强势和劣势。第三是关于欧盟政策，包括："9·11"事件对欧盟共同外交和安全政策和共同安全与防务的影响，欧盟的防务前景，如何使欧盟的对外政策更具凝聚力，欧盟的分裂危险，欧洲一体化的新因素，如何走出日益严峻的困境，欧盟和北约以及欧盟和美国关系的走向，欧洲军工业的前景。

2003年中东危机恶化，同年3月美英对伊拉克发动战争，研究所的课题也充分体现出这一新的形势变化，如欧盟与中东危机、防止核扩散等。

附：欧盟安全问题研究所近期研究成果

1. Crisis management in sub—Saharan Africa. The role of the European Union Fernanda Faria, Occasional Papers, April 2004.

2. One year on: lessons from Iraq , R. Asmus, C. Bertram, C. Bildt, E. Brimmer, M. Dassu, R. de Wijk, J. Dobbins, W. Drozdiak, N. Gnesotto, P. H. Gordon, C. Grant, G. Gustenau, P. Hassner, J. Hulsman, A. Lejins, C. McArdle Kelleher, A. Moravcsik, J. Onyszkiewicz, J. Sedivy, N. Serra and A. Vasconcelos, Edited by G. Lindström and B. Schmitt, Chaillot Paper, March 2004.

3. For our eyes only? Shaping an intelligence community within the EU Björn Müller—Wille, Occasional Papers, January 2004.

4. From Copenhagen to Brussels—European defence: core documents,

Volume IV, Compiled by Antonio Missiroli, Chaillot Paper, December 2003.

5. Fighting proliferation — European perspectives, Mark Smith, Bruno Tertrais and Jean Pascal Zanders, Edited by Gustav Lindström and Burkard Schmitt, Chaillot Paper, December 2003.

6. The South Caucasus: a challenge for the EU, Pavel Baev, Bruno Coppieters, Svante E. Cornell, David Darchiashvili, Arman Grigorian, Dov Lynch, John Roberts, Domitilla Sagramoso, Brenda Shaffer and Arif Yunusov; Edited by Dov Lynch, Chaillot Paper, December 2003.

7. EU cohesion in the UN General Assembly, Paul Luif, Occasional Papers, December 2003.

8. Space and security policy in Europe, Stefano Silvestri, Rapporteur, Occasional Papers, December 2003.

9. EU and Ukraine — a turning point in 2004? Taras Kuzio, Occasional Papers, November 2003.

10. Three pillars for CFSP, Nicole Gnesotto, Newsletters, October 2003.

11. Partners and neighbours: a CFSP for a wider Europe, Judy Batt, Dov Lynch, Antonio Missiroli, Martin Ortega and Dimitrios Triantaphyllou, Chaillot Paper, September 2003.

12. The European Union and armaments Getting a bigger bang for the Euro, Burkard Schmitt, Chaillot Paper, August 2003.

13. The European Union and the crisis in the Middle East Muriel Asseburg, Dominique Moïsi, Gerd Nonneman and Stefano Silvestri Edited by Martin Ortega, Chaillot Paper, July 2003.

14. EU — Russian security dimensions, Hiski Haukkala, Thomas Gomart and Anaïs Marin, Occasional Papers, Edited by Dov Lynch, July 2003.

15. Rebound, Nicole Gnesotto, Newsletters, July 2003.

16. EU cooperative threat reduction activities in Russia Kathrin Høhl, Harald Müller and Annette Schaper, Edited by Burkard Schmitt, Chaillot Paper, June 2003.

17. Euros for ESDP — financing EU operations Antonio Missiroli, Occasional Papers, June 2003.

18. Russia faces Europe Dov Lynch, Chaillot Paper, May 2003.

19. European armaments cooperation Core documents, compiled by Burkard Schmitt, Chaillot Paper, April 2003.

20. Rebuilding, Nicole Gnesotto, Newsletters, April 2003.

21. The Galileo satellite system and its security implications Gustav Lindström with Giovanni Gasparini, Occasional Papers, April 2003.

22. Terrorism, proliferation: a European threat assessment, Harald Müller, Chaillot Paper, March 2003.

23. La question du Cachemire Après le 11 septembre et la nouvelle donne au Jammu et Cachemire Christophe Jaffrelot et Jasmine Zérinini—Brotel, Occasional Papers, March 2003.

24. L' Union en action : la mission de police en Bosnie, Agnieszka Nowak, Occasional Papers, January 2003.

25. La Bulgarie et la Roumanie dans le Pacte de stabilité, Ralitza Dimtcheva, Occasional Papers, January 2003.

26. After Copenhagen: abandoning the fiction, Nicole Gnesotto, Newsletters, January 2003.

27. From Laeken to Copenhagen, European defence: core documents compiled byJean—Yves Haine February, Chaillot Paper, 2003 Summary.

欧洲政策中心[①]

EUROPEAN POLICY CENTRE

地址：42 Boulevard Charlemagne
　　　Brussels 1000
　　　Belgium
电话：32－2 231 0340
传真：32－2 231 0704
电邮：info@theepc. be
网址：http：//www. theepc. be

欧洲政策中心是欧盟的一个重要智库，成立于 1997 年 1 月，由布鲁塞尔游说集团的创始人斯坦利·克罗希克（Stanley Crossick)、让·莫内行动委员会前副主席马克斯·科恩斯塔曼（Max Kohnstamm）及《卫报》前欧洲版主编约翰·帕尔默（John Palmer）三人创立。欧洲政策中心的经费主要来自会员的会费、一些会议和活动赞助单位的捐款，另外欧盟委员会每年都给中心拨一笔经费。

① 本文资料主要来源于欧洲政策中心网站 http://www. theepc. be

一、基本运作情况及影响

欧洲政策中心自称是一个独立的非赢利性智库，其使命是致力于欧洲的一体化，以其优秀的研究成果为欧洲的建设做出贡献。欧洲政策中心注重政策分析，能及时对影响欧洲一体化的关键问题提供分析和评论。

为了完成其使命，欧洲政策中心每年都要举办各种活动，鼓励欧盟内不同利益集团之间进行公开、平等的讨论，并将这些讨论结果转交到欧盟政策制定者手中。同时，中心也不讳言它特别重视加强政府和工商业界的联系。这不仅反映在它的顾问理事会的组成上——这些顾问大都是欧盟内大企业集团的总裁或总经理；也反映在欧洲政策中心的会员组成上，这一中心实行会员制，而这些会员很多都是世界各地的大企业。

对于欧盟面临的一些重大问题，欧洲政策中心积极参与讨论，主要是通过组织各种活动及它的网上和印刷品杂志——《挑战欧洲》，鼓励公众就欧洲一体化的根本性问题展开讨论，它起到了专家和政策制定者相互吸收意见的媒介作用。欧洲政策中心的主任、政策分析人员和高级政策顾问都是布鲁塞尔最有经验的政策分析人士之一，他们能随时就欧盟最近的政策发展进行磋商和评论。

欧洲政策中心称，欧盟委员会委员、欧洲议会议员、来自欧盟各机构的高阶官员及各国部长、欧盟和世界事务方面的高级专家等都是欧洲政策中心所举办的各种活动的常客，因此，中心能在一定程度上影响涉及会员利益的欧盟决策。

二、机构与人员

欧洲政策中心设有顾问委员会、董事会、执行委员会、高级政策顾问、政策分析师等机构和职位，另外还设有《挑战欧洲》杂志编委会。中心主任为斯坦利·克罗希克。

（一）顾问委员会主要成员

1. 彼特·苏特兰德（Peter Sutherland），顾问委员会主席。英国石油集团主席，高盛国际（Goldman Sachs International）主席。世界贸易组织主要创始人之一，曾任关贸总协定总干事、爱尔兰联合银行主席、设在马斯特里赫特的欧洲公共管理学院的董事会主席。他还曾担任欧盟负责社会事务、教育及竞争政策的委员，发表过很多文章，也出版了多部著作。因其对欧洲一体化研究的贡献，他曾被授予罗伯特·舒曼奖章。他是欧洲一体化的积极支持者，主张加强欧盟超国家机构的作用，特别是要让欧盟委员会在欧盟的未来发展中发挥关键作用。

2. 马克斯·科恩斯塔曼（Max Kohnstamm），顾问委员会名誉主席，让·莫内行动委员会前副主席；佛罗伦萨欧洲大学前校长，欧洲政策中心的三位创始人之一。发表过多篇文章，主张深化欧洲一体化，并在全球推广欧盟治理经验。如在《从多边主义到全球主权分享》一文中，科恩斯塔曼指出，欧盟从一个“多边主义的集团”到一个“主权分享的共同体”的演变经验对全球都有参照作用，只有形成一个主权共享的共同体，世界内在的分裂才能最终被克服。

其他顾问委员会成员：

卡莱尔·凡·米尔特（Karel Van Miert），副主席，前欧盟委员会负责竞争政策的委员；卡佐·阿萨开（Kazuo Asakai），日本驻欧盟使团大使；戴维·巴达格尔（David Badger），前战神集团（Mars Incorporated）副主席；简—菲利普·库托斯（Jean－Philippe Courtois），微软公司副总裁；阿兰·都克斯（Alan Dukes），都柏林欧洲事务研究所所长；弗朗兹·弗罗斯迈尔（Franz Froschmaier），前欧盟委员会总署长；安奈特·休塞尔（Annette Heuser），贝塔斯曼（Bertelsmann）基金会主席；爱丽卡·曼（Erika Mann），欧洲议会议员，跨大西洋政策网络管理委员会主席。约翰·蒙克斯（John Monks），欧洲贸易联盟秘书长；威姆·菲利巴（Wim Philippa），欧洲实业家圆桌会议秘书长；本·维尔拉研（Ben Verwaayen），英国石油集团首席执行官；莫里卡·伍尔扶—马斯（Monika Wulf－Mathies），德国世界邮政网政策与环境执行主任，德国总理顾问，前欧盟委员会地区政策委员等等。

（二）主要负责人介绍

1. 斯坦利·克罗希克，欧洲政策中心董事、主任及创建主席。1935 年出生于伦敦，1956 毕业于伦敦大学，法学学士（优等生）。律师、智囊团负责人、政治分析家、作家、演讲家和媒体评论家。从 2000 年至今担任欧洲政策中心主任。曾任贝尔蒙特公司董事长、布鲁塞尔贝尔蒙特欧盟律师事务所创始人及执行合伙人、欧盟委员会美国商会高级副主席、自由、独立及社会职业委员会欧洲秘书处主席、国际律师联合会名誉副主席、欧盟法律协会顾问委员会副秘书长、国际律师联合会秘书长等职。曾于 2002 年 12 月和 2003 年 4 月以欧洲政策中心主任身份两次访华。

Tel：(32)（0）2235.08.82；

Fax：(32)（0）2231.07.04；

电邮：S. Crossick@theepc. be.

2. 海威尔·克里·约尼斯（Hywel Ceri Jones）：欧洲政策中心董事，执行委员会主席，前欧盟委员会负责社会与就业的总署长及负责教育、培训与人力资源开发的主任。

Tel：(32)（0）2 286.93.72；

Fax：(32)（0）2 231.07.04；

电邮：Hc. Jones@theepc. be.

3. 约翰·帕尔默，欧洲政策中心董事、政治主任、欧洲政策中心在线公共政策杂志《挑战欧洲》主编。1975—1997 年间他是位于布鲁塞尔的《卫报》欧洲版主编，他也是一位有经验的广播和电视播音员，既能用英语也能用法语熟练广播。从 1983 年到 1986 年，他是大伦敦企业委员会的主任，这一时期他也是伦敦运输委员会的成员。作为欧洲政策中心的政治主任，他负责分析欧盟内的宏观政治形势以及欧盟共同外交、安全和防务政策的发展情况。他经常给商业领导人、外交官、工会、非政府组织和地区政府就欧盟事务的最新发展状况作高层次的简报。曾就读于温布尔顿大学及伦敦经济学院。出版三本有关欧盟事务的著作：《没有美国的欧洲——大西洋关系中的危机》（牛津大学出版社 1987 年版）Europe Without America－the crisis in Atlantic relations（Oxford University Press 1987)；《贸易地位——欧洲共同体的未来》（哈奇逊出版社 1989 年版）Trading Places－the future

of the European Community (Hutchinson's London 1989);《1992 及更远的将来——进入 21 世纪后的欧洲共同体》(1991 年布鲁塞尔欧盟委员会) 1992 and beyond－the European Community into the 21st Century (the European Commission, Brussels 1991)。

Tel:(32) (0) 2 235.08.82

Fax:(32) (0) 2 231.07.04

电邮:J. Palmer@theepc. be

4. 汉斯·马腾斯 (Hans Martens),欧洲政策中心董事、执行委员会首席执行官。最近的著作有《强势欧元——是祸还是福?》、《英国加入欧元区的决定并不是火箭科学》等。

Tel:(32) (0) 2 231.03.40;

Fax:(32) (0) 2 231.07.04;

电邮:H. Martens@theepc. be.

弗拉塞尔·卡梅伦 (Fraser Cameron),欧洲政策中心董事、研究主任。剑桥大学国际关系学博士。曾任欧盟委员会驻美国代表团政治与学术处主任,负责欧盟的对外关系,特别是大西洋两岸关系、欧洲安全和扩大问题。

Tel:(32) (0) 2 235.08.84

Fax:(32) (0) 2 231.07.04

电邮:F. Cameron@theepc. be

5. 吉欧凡尼·格莱菲 (Giovanni Grevi),欧洲政策中心董事、副研究主任。曾就读于巴菲亚大学和伦敦经济学院。其主要研究领域包括欧盟机构改革、欧洲外交和安全政策。

Tel:(32) (0) 2 286.93.78

Fax:(32) (0) 2 230.74.72

电邮:G. Grevi@theepc. be

其他人员还有:

1. 伊丽莎白·卑斯兰 (Elizabeth Bisland),高级行政人员。

Tel:(32) (0) 2 235.08.83

Fax:(32) (0) 2 231.07.04

电邮:E. Bisland@theepc. be

2. 凯瑟琳·克鲁柏 (Cathryn Clüver),通讯执行官,《挑战欧洲》副主编。

Tel：(32) (0) 2 286.93.79
Fax：(32) (0) 2 231.07.04
电邮：C. Cluver@theepc. be
等等。

(三) 政策分析师

1. 阿莱桑达·波斯科 (Alessandra Bosco)，高级政策分析师。
Tel：(32) (0) 2 286.11.93
Fax：(32) (0) 2 231.07.04
电邮：A. Bosco@theepc. be
2. 纪尧姆·都兰德 (Guillaume Durand)，政策分析师。
Tel：(32) (0) 2 235.08.86
Fax：(32) (0) 2 230.74.72
电邮：G. Durand@theepc. be

(四) 高级政策顾问

阿兰·梅休 (Alan Mayhew)，波兰政府顾问，欧洲学院教授，欧盟委员会前主任；胡果·佩门 (Hugo Paemen)，胡根及哈特逊 (Hogan & Hartson) 高级顾问，德国美国马歇尔基金会高级顾问，前欧盟驻美国大使；艾伯哈德·莱恩 (Eberhard Rhein)，前欧盟委员会主任等。

(五)《挑战欧洲》编委会

《挑战欧洲》是欧洲政策中心关于欧洲事务的免费在线杂志，旨在刺激和扩大对欧盟面临的主要问题的讨论。《挑战欧洲》首次出版于 1997 年 1 月，是中心政治主任、前《卫报》记者约翰·帕尔默 (John Palmer) 创立的。《挑战欧洲》还设有“给编辑的信”栏目，公众可以通过它参与对欧洲事务的讨论。

《挑战欧洲》编委会成员：约翰·帕尔默 (John Palmer)，《挑战欧洲》主编；凯瑟林·克鲁尔 (Cathryn Cluver)，《挑战欧洲》副主编；爱德华·

贝斯特（Edward Best），欧洲公共管理学院教授；爱恩·戴维逊（Ian Davidson），前英国《金融时报》专栏作家；鲍尔·吉里斯皮（Paul Gillespie），《爱尔兰时报》国际部编辑；吉欧凡尼·格里菲（Giovanni Grevi），欧洲研究中心研究副主任；丹尼尔·格罗斯（Daniel Gros），欧洲政策研究中心主任；安耐特·休塞尔（Annette Heuser），布鲁塞尔贝塔斯曼基金会主任；约瑟夫·詹宁（Joseph Janning），贝塔斯曼集团政策研究处主任；托马斯·简深（Thomas Jansen），欧盟经济和社会委员会主任办公室主任；德罗斯·史密斯（Dorothy Smith），英国电信公司欧盟事务与欧洲规则处总经理等14人。

三、研究重点

(一)"我们需要的欧洲"

"我们需要的欧洲"（The Europe We Need，简称TEWN）是欧洲政策中心工作计划的一个中心部分，对发生在欧洲一体化核心的关键问题提供及时的分析和评论。最主要的议题有：政府间会议和机制改革、自由安全和公正的欧洲、经济和社会的欧洲、世界中的欧洲。TEWN能帮助会员和公众理解不断快速发展的欧盟政治。

1. 政府间会议和机制改革

当前欧盟正进行关于制宪的政府间会议，为应对欧盟扩大的影响并使欧盟更有效率和更民主，制定一个新的机构框架和决策规则。研究目的是对此提供最全面和最深入的分析和评论。

2. 自由、安全和公正的欧洲

欧洲公民能从欧盟得到的最基本的好处就是自由、安全和公正。一个无边界的欧洲需要对移民和难民政策、司法和内务合作提出一个全面和建设性的解决方案，以给成员国和近邻国家提供好处。研究目的主要是反映移民和难民政策对欧洲的影响并监控欧盟人权宪章的实施。

3. 经济和社会的欧洲

欧洲社会和经济模式的进一步发展处于欧洲一体化的核心。一个公平、可包容的、经济可持续增长的社会凝聚模式对加强欧洲人的共同欧洲身份的认同非常关键。欧洲的经济治理也需要严肃评估货币稳定与增强竞争力和增加就业之间的关系。研究的目的是通过深度分析及专家评论，力求解决这一问题及相关问题。

4. 世界上的欧洲

欧盟是世界上一个主要的超国家集团：它超越了狭窄定义的国家利益并在解决冲突上找到了和平的方法。欧盟需要在世界上其它地区“复制”它的成功，对新的全球治理体系的发展作出主要贡献，并确保多边主义对话及法治成为国际关系中的支柱。研究的目的主要是通过对关键问题包括大西洋两岸关系、欧洲安全学说和“大欧洲”政策的分析和讨论，为加强欧盟对世界的影响作出贡献。

（二）“一体化的工作计划”

为更有力地奠定自己作为一个关于欧盟事务的主要智库的地位，2004年欧洲政策中心开始实施一个“一体化的工作计划”。目的是使一些关键性问题可以在较长的时间里得到更深入的分析和研究。

“一体化的工作计划”将要讨论的主要议题：经济增长和就业；经济治理；多样性文化的欧洲；扩大“近邻欧洲计划”；欧洲政治；欧洲外交和安全政策的未来；欧盟和亚洲；制定更好的规则。

值得注意的是，这一工作计划将欧盟与亚洲关系列入将要进行深入讨论的重点议题。因为欧洲政策中心认识到，亚洲地区快速的经济和人口增长，以及它与欧洲和美国的关系，更为复杂的安全环境使得这一地区对欧洲显得更为重要。“欧盟与亚洲”议题的重点是政治、安全和经济方面，特别要对欧盟与中国、印度、日本和东盟的关系进行全面审视。主要是通过一系列的专家会议、研讨会、公共活动及出版研究成果来完成这项工作。在“中国新的全球角色”这一议题中将讨论中国的巨大的潜能及欧盟与中国日益增长的伙伴关系，中国的快速成长对日本和东盟的影响，中国加入 WTO 对中国国内及全球经济政策的影响等问题。

四、主要出版物

作为设在布鲁塞尔的欧盟主要智库，欧洲政策中心通过对欧盟和国际事务的分析促进对政治问题的讨论和反应，在自己的网站上或以刊物的形式提供迅速而准确的分析和反应，使其会员、布鲁塞尔的决策者以及广大民众，不仅理解欧盟政治生活的各个方面，而且能对欧洲的发展发挥积极作用。

为此，欧洲政策中心出版形式不一的各种内部刊物，涉及的议题范围非常广泛。这些内部出版物一方面为中心会员及公众的活动提供有用的背景信息；另一方面更重要的是，它们构成了中心的内部专家与会员和公众的联系通道。

1.《新闻简报》

《新闻简报》提供事件的摘要以及欧洲政策中心的最新信息，大约两个月出版一期。它是欧洲政策中心的会员进行联系的一个重要途径。

2.《年度报告》

对欧洲政策中心上年的所有活动进行全面概括。

3.《挑战欧洲》

这一刊物的宗旨是通过促进关于欧盟一体化进程的最重要的问题的讨论，扩大欧洲以及全世界公众的对话范围。其最新的系列是关于“欧洲前途”的讨论、跨大西洋关系、社会经济改革、移民管理、欧洲与邻国的关系。

4.《论文》

涵盖关于目前欧盟一体化议题的广泛讨论，名义上是由内部分析人士撰写的，但外部专家也被邀请参加，这些论文带有政策倾向，都有一个总摘以及建议，代表着作者本人的观点而不一定是欧洲政策中心的观点。

5.《立场性论文》

此为简短的公开评论，代表了中心对某个议题的看法，在特定的情况下发表，提出具体建议和解决办法。

6.《专题论文》

《专题论文》这种形式为该中心专家及他人对快速变化的事件发表看法和对欧盟一体化有关的问题进行辩论提供了一个窗口。该论文简明扼要，有政策倾向，反映了作者本人的观点，不代表欧洲政策中心的观点。

7.《时评》

对关于欧盟政治进行的重要讨论的主要稿件（如讲话、声明、文章）进行摘要性介绍，以让读者了解一些政策领域快速发展的情况。时评通常较短，提供对目前某个议题的综合分析。其目的是刊载对一些问题有不同立场的文章，让读者掌握某个议题的所有方面。

五、以会员为主导的工作模式及主要活动

欧洲政策中心举办一系列高规格的重要活动，通常有负责制定欧盟政策和公共事务的重要官员参与。一般来说，这些活动只对欧洲政策中心的会员开放。

作为一个智库，欧洲政策中心的独特之处在于它的会员制度，它目前有包括世界著名企业、各类协会和团体、各国驻欧盟外交使团等不同组织在内的 300 多个会员。其会员来自不同的地方和阶层，在经济和社会方面有着广泛的代表性。欧洲政策中心的会员制决定了这一机构并不具有完全的独立性，因为它的研究和活动都是以会员需求为主导的。按照规定，欧洲政策中心专家须在欧盟首脑会议后的 48 小时内为其会员提供对首脑会议的分析和评论；在中心网站公布的有关政策评论报告须在当天送到会员手中；研讨会和对话报告也要在 48 小时内送到会员手中。

为了让会员更好地理解欧盟的制度和运作情况，欧洲政策中心还新增了一项业务，即建立了一个教育和培训中心，开展常规的培训、就有关欧盟事务的特别问题举办研讨会和实习班，会员在这里还可以查阅欧洲政策中心拥有的多种内部刊物。教育和培训中心的设立为欧洲政策中心的专家和会员提供了一个新的联系方式。

欧洲政策中心的目标是为在欧洲经济和社会生活方面有不同利益的会员进行平等对话提供机会，为了反映这一利益的多样性，中心提供了不同类型的会员身分，以迎合这些要求。对于企业会员，中心将其分为金会员、银会员和铜会员三类。金会员向大型或跨国公司开放，银会员向中型公司及大型咨询公司开放，铜会员向小型公司及中小规模的咨询公司开放。金会员会费每年 10000 欧元。好处有：免费参加中心举办的各种论坛中的两种形式的论

坛；参加只有企业会员参与的会议，在这种会议里，会员能和企业界的高级代表、欧盟机构、学术界、欧洲政策中心高级研究人员等就某一重要议题进行近距离磋商；免费参与每年至少4次的欧盟首脑会议之后的通报会；免费参与每月至少3—4次的中心政策通报会，欧盟机构、成员国政府和工业界的关键人士将到会发言；免费参与欧洲政策中心的政策对话会议，主要讨论当前欧盟面临的重大问题，如欧盟机构改革、欧盟委员会以白皮书形式提出的各种政策建议等；免费参与欧洲政策中心董事、政策分析师和高级政策顾问发布的通报会；免费获得中心的各种出版物，包括双月刊《新闻简报》；及时获得中心以电邮形式发出的各种活动报告和相关信息；使用欧洲政策中心的网站，部分内容只对会员开放。银会员会费每年为5000欧元，好处是：除只能免费参加中心举办的各种论坛中的一种外，其他待遇与金会员相同。铜会员会费为每年2500欧元，好处是：除不能参加论坛外，待遇与金、银会员一样。

除企业会员外，还有大量来自非政府组织、学术团体、各类协会、各国驻欧盟使团、欧盟地区政府、宗教组织的会员，会费从几百到几千欧元不等。

对中心的会员来说，这些活动非常重要，这不仅在于所讨论的问题很重要，也在于这些活动提供了建立一个工作网络的可能性。能有机会参与这些会议是中心会员的一个重要好处。非会员只能参与数量有限的一些公开活动，费用一般是50欧元。

欧洲政策中心举办的活动形式主要有：

1. 政策对话

这一活动的目的是通过开展公开的政策对话，使欧盟面临的关键问题在各国民众和利益集团之间得以进行全面和深刻的讨论。专家小组讨论是通常采用的形式，并在48小时之内在网站上发布讨论情况。这一活动对推动欧盟的决策，促进欧盟通过有关立法发挥了一定作用。

2. 政策通报

这是欧洲政策中心工作日程中一项颇具特色的重要内容，其形式简单，效果良好。它以问答形式开展讨论，为各国和欧洲知名人士提供了发表意见的机会。有关某一事件的报告24小时内就可在网站上发表并寄给所有会员。

3. 峰会报告和通报

欧洲理事会闭门举行会议，是欧盟透明度最小的决策过程。欧洲政策中心能在 24 小时之内在网上对会议进行快速、准确、深刻和简要的分析，并寄发给所有会员。通过这种峰会报告和通报的方式，就会议作出的决定向有关人士透露一些消息。

此外，欧洲政策中心还为其会员举办一系列论坛，使其能够就当前自己感兴趣的热点问题进行讨论。举办论坛的最初目的是为了使会员能够对某一个问题相互理解。现在论坛的功能已大大扩展，包括安排会员与欧盟及各成员国一些关键的决策者和对政策制定有影响的人士进行讨论。论坛形式不同，日程、人员组成也各不相同，但其目的都是以讨论的形式激发创造性思维，为会员的企业运作提供服务。论坛一般每年举行 3—5 次。每种论坛的年费为 3000 欧元。论坛主要向企业会员开放，有时也邀请其他会员与会。

当前，欧洲政策中心组织的论坛形式有以下几种：

1. 电子商务论坛

邀请公司和贸易协会参加对话，目的是让会员了解当前信息和通讯技术的使用和收益情况，其重点是欧洲的电子商务发展。

2. 税收政策论坛

目的是通过商界与欧盟机构代表的对话和交流，以便让他们对税收对欧洲商务环境产生的影响进行分析。

3. 金融服务行动计划论坛

目的在于对欧盟的金融服务行动计划的进展情况进行分析和研究。

4. 律师论坛

目的是确保律师能有效地参与欧洲一体化的进程。

5. 风险论坛

就公共政策对商务战略在风险领域产生的影响进行讨论。

6. 贸易论坛

目的是让各利益集团对世界贸易组织制定的多边贸易体系进行辩论和分析，尤其是对在多哈举行的新一轮贸易谈判进行讨论。

欧洲政策研究中心[①]

Centre for European Policy Studies

Thinking ahead for Europe

地址：1 Place du Congres，
Brussels B－1000，
Belgium
电话：32－2 229 3911
传真：32－2 219 4151
电邮：info@ceps. be
网址：http：//www. ceps. be

欧洲政策研究中心成立于1983年，是一个独立的欧盟政策研究机构，其资金主要来源于会员缴纳的会费、官方机构如欧盟委员会的捐款、基金会的资金、合同研究、项目研究、大会会费和出版物的收入等。

① 本文资料主要来源于欧洲政策研究中心网站 http://www. ceps. be

一、研究领域

（一）经济政策

1. 宏观经济政策小组：欧洲政策研究中心宏观经济政策小组是欧洲中央银行的几个独立的领先研究机构之一，它由欧洲政策研究中心主任丹尼尔·格罗斯直接领导，其成员都是欧洲权威的经济学家。小组每年都对欧洲经济的整体情况发表一份评估报告。其研究成果在金融市场分析家、学者和高级官员中广泛传阅，并得到普遍认可。

2. 经济政策研究所欧洲网络（European Network of Economic Policy Research Institutes，简称 ENEPRI）：这一网络将欧盟 25 国及两个准成员国罗马尼亚和保加利亚的主要经济研究机构联系在一起，其目的是为了更好地传播研究成果、协调各研究机构的研究计划、强化各国政府在欧盟层面考虑本国经济决策的意识。这一网络正在进行的研究议题包括：欧洲的就业前景；欧洲面临的挑战；欧洲人口老龄化；住房市场及劳动力的流动问题。

（二）金融市场和机构

由于欧洲金融市场的快速变化，制定金融规范对欧盟来说已刻不容缓。欧洲政策研究中心已对此做了多年前瞻性的研究。当前的研究重点是债券市场规范、金融监管的结构、金融中心竞争、电子商务及零售金融等问题。

（三）能源与气候变化

欧洲政策研究中心认为，能源、环境和可持续发展对欧洲来说是战略性问题，这三个问题相互关联、互为倚靠，而且由于它们对欧盟的繁荣和进步至关重要，公众越来越关注这些问题。同时，全球化也影响了欧盟的政策制定及商务活动的开展，对于政策选择来说，不同经济体对投资的竞争是一个决定性因素。欧盟市场的自由化及欧盟能源市场的一体化对竞争政策造成了冲击，导致政策制定逐渐“欧洲化”。欧盟的扩大无疑将会增强这种趋势。

此外，欧盟在推动各国签署《京都议定书》、减轻大气升温方面正发挥着领导作用。在这一背景下，欧洲政策研究中心力求拿出第一流的研究成果，为欧盟的可持续发展做出贡献。中心的研究计划是在和欧盟机构（欧盟委员会、欧洲议会）、成员国、其他研究机构及中心会员特别是工商业界人士、非政府组织和工会的磋商下进行的。

（四）贸易发展和政策制定

在全球化时代，更好地理解贸易和投资流动及贸易政策的作用显得更为重要。欧洲政策研究中心在进行高质量的政策研究方面一直很有成绩，就贸易和投资问题提出过不少建议。当前研究的主要关注点是：WTO 的未来、全球化对欧洲社会的影响、欧盟下一次扩大对贸易和投资的影响以及如何制定对巴尔干国家和“近邻政策”相关国家的贸易和投资政策等。

（五）“大欧洲”

“大欧洲计划”将其关注点集中于扩大后的欧盟与其相邻地区的关系及如何创建一个稳定的欧洲空间问题上，这一计划是在 1998 年发起的。由前欧盟驻俄罗斯大使、欧洲政策中心高级研究员迈克尔·爱默生牵头，“大欧洲计划”的研究经费来源广泛，而每一笔经费都与某一特定的议题或领域有关。

（六）政治与机制

几年来，欧洲政策研究中心一直在关注欧盟制宪过程中的关键性问题、特别是机构改革问题。欧洲政策研究中心的政治与机制小组将继续跟踪欧盟的制宪进程。关注的重点如下：欧盟扩大后的政治动力、欧洲议会及欧盟委员会主席的选举、欧洲宪法条约的批准、民主与治理、欧盟在世界上的地位问题。与过去一样，政治与机制小组将以出版物的形式多出成果、出好成果。优秀的成果是欧洲政策研究中心与政治制定者及记者们保持密切关系的坚实基础。

（七）司法与内务

自 1999 年 5 月 1 日《阿姆斯特丹条约》生效以来，司法与内务一直是欧盟内一个极富活力的研究领域，很多问题都可归于司法与内务这一领域，而且这些问题对成员国来说都还相当敏感，欧洲政策研究中心司法与内务研究项目的目标就是帮助欧盟在扩大后如何在公民自由权与安全之间搞好平衡，关注重点是：外部边界控制体系的中长期影响、欧盟的共同移民和难民政策、警务与司法合作的机制问题等。

除上述研究领域及相应的专门研究小组外，欧洲政策研究中心还有如下一些针对性很强的研究项目：

1. 人口老龄化、健康状况及保健支出的决定因素

当前这一项目是由欧洲政策研究中心牵头，18 个伙伴共同进行。目的是考察欧盟扩大后保健支出的未来发展。这一项目将重新审视欧盟公民当前的健康状况与医疗服务之间的联系、人口老龄化对卫生保健服务的影响以及卫生保健方面的支出与人口出生率和非本地人口对医疗服务的需求三者之间的关系。这一项目得到了欧盟委员会的资助。研究时间为 2004 年 2 月至 2007 年 1 月。

2. 欧洲的自由与安全：安全问题、社会凝聚力问题及欧盟的机制发展

欧盟的扩大对欧盟社会和机制的发展提出了一个根本性问题，即如何适应扩大后这一新的形势。这一新的适应过程，包括反恐措施的实施一直是公众热烈讨论的议题，特别是如何处理好自由与安全的问题。这一研究项目的目的就是为政府间会议提出一个可供讨论的机制改革方案，既能确保安全也不会消弱公民自由、人权及欧洲公民权。这一项目也得到了欧盟委员会的资助。研究项目从 2002 年 10 月开始，到 2005 年 10 月结束。

其他研究项目："欧盟共同外交和安全政策：透明性与效率"、"人口统计的不确定性与社会福利体系的可持续发展"、"扩大后欧盟内经济和政治的重新一体化：对地区稳定的影响"等。

二、主要成员介绍

董事会成员：

H. 沃罗·鲁丁（H. Onno Ruding），董事会主席；埃里克·贝尔弗拉希（Erik Belfrage）；汉斯·斯科夫·克里斯腾森（Hans Skov Christensen）；爱梯拿·戴维翁（Etienne Davignon）；拜伦·菲利普（Baron Philippe）；罗德·西蒙（Lord Simon）、列支敦士敦王子尼古劳斯（Nikolaus）、斯特发罗·麦可西（Stefano Micossi）；简—多米尼克·佩尔塞凡（Jean－Dominique Percevault）、佩得罗·施瓦兹（Pedro Schwartz）；约瑟夫·托索夫斯基（Josef Tosovsky）；丹尼尔·格罗斯（Daniel Gros），欧洲政策中心主任；卡尔·拉罗（ Karel Lannoo）欧洲政策中心首席执行官。

研究人员：

1. 丹尼尔·格罗斯（Daniel Gros），欧洲政策研究中心主任。

教育背景：芝加哥大学经济学博士。

语言：英语、法语、德语、意大利语。

主要研究领域：欧洲货币联盟、宏观经济政策、转型市场经济学。第二研究领域：欧盟扩大、大欧洲政治经济学、欧美关系、公共财政、银行与金融市场。

电邮：daniel. gros@ceps. be

Tel：(＋32/2) 229. 39. 38

2. 马可·爱奥多（Marco Airaudo），研究员。

教育背景：都灵大学经济学学士，宾西法尼亚大学经济学硕士，目前正在宾西法尼亚大学攻读经济学博士学位。

语言：意大利语、英语。

主要研究领域：货币/金融政策决策，最优债务管理，宏观经济目标的均衡。第二研究领域：国际金融。

电邮：marco. airaudo@ceps. be

Tel：(＋32/2) 229. 39. 39

3. 约安娜·阿帕（Joanna Apap），研究员。

教育背景：马耳他大学荣誉学士，苏塞克思大学欧盟法律和政策硕士、哲学博士。

语言：阿拉伯语、英语、法语、意大利语、马耳他语、西班牙语。

主要研究领域：司法与内务、欧盟政治、欧盟机构、欧盟扩大。第二研究领域：成员国治理、大欧洲政治经济学、与俄国、乌克兰的关系，养老金。

电邮：joanna. apap@ceps. be

Tel：(+32/2) 229. 39. 25

4. 瑞姆·雅迪（Rym Ayadi），研究员。

教育背景：突尼斯第二大学经济学与管理学士、巴黎九大工业经济硕士，目前正在攻读经济学博士学位。

语言：阿拉伯语、英语、法语、意大利语。

主要研究领域：银行与金融市场、金融市场规则、欧洲银行结构。第二研究领域：欧洲货币联盟、公司治理、零售金融与消费信贷。

电邮：rym. ayadi@ceps. be

Tel：(+32/2) 229. 39. 32

5. 塞内姆·阿丁（Senem Aydin），研究员。

教育背景：伦敦经济与政治科学学院欧洲政治与政策硕士。

语言：土耳其语、英语、法语。

主要研究领域：土耳其—欧盟关系、土耳其外交政策、欧盟扩大。第二研究领域：民主化与欧盟、欧洲一体化理论。

电邮：senem. aydin@ceps. be

Tel：(+32/2) 229. 39. 48

6. 本·克拉姆（Ben Crum），玛丽·居里研究员。

教育背景：阿姆斯特丹大学政治学硕士、欧洲大学佛罗伦萨学院社会与政治科学博士。

语言：英语、丹麦语、荷兰语、意大利语、德语。

主要研究领域：民主理论、立宪、欧盟未来大会。第二研究领域：基本权利、治理。

电邮：ben. crum@ceps. be

Tel：(+32/2) 229. 39. 42

7. 克里斯蒂安·埃根霍夫（Christian Egenhofer），英国苏格兰敦提大学高级研究员、让·莫内讲座教授。

教育背景：康斯坦斯大学国际管理硕士。

语言：英语、法语、德语。

主要研究领域：能源政策和规则、气候变化政策。第二研究领域：欧盟商业政策、环境政策、交通政策、欧盟政治、欧盟机构、规则制定政策、可持续发展。

电邮：cegenhofer@ceps. be

Tel：(＋32/2) 229. 39. 60

8. 迈克尔·爱默深（Michael Emerson），高级研究员。

教育背景：肯特与克莱大学荣誉博士学位、牛津大学政治学、哲学和经济学硕士。

语言：英语、法语。

主要研究领域：欧盟与俄国、乌克兰及北方国家的关系，欧盟—土耳其、塞浦路斯关系、泛欧机构、大欧洲政治经济学、欧洲安全。第二研究领域：欧洲货币联盟、向市场经济转型的经济学、欧盟政治、欧盟扩大、东南欧民主化、欧盟—高加索关系、欧美关系。

电邮：michael. emerson@ceps. be

Tel：(＋32/2) 229. 39. 31

9. 克里雅科斯·吉雅罗格楼（Kyriakos Gialoglou），研究员。

教育背景：东伦敦大学和德国莱布尼兹大学欧洲问题研究学士、英国沃维克大学国际政治经济硕士。

语言：英语、德语、希腊语。

主要研究领域：全球能源市场与趋势、公司治理、金融市场规范。第二研究领域：全球政治和经济、贸易问题、民族贸易和投资、社团的社会责任、政治激进主义和青年文化、希腊政治和经济。

电邮：k. gialoglou@ceps. be

Tel：(＋32/2) 229. 39. 57

10. 格罗科·霍希耐特（Gregor Hochreiter），研究员。

教育背景：维也纳大学宏观经济学专业毕业。

语言：英语、德语、丹麦语、挪威语。

主要研究领域：人口变化、养老金改革。第二研究领域：欧洲货币联盟。

电邮：gregor. hochreiter@ceps. be

Tel：(+32/2) 229.39.45

11. 戴维·克尔罗汗（David Kernohan），高级研究员、贸易政策室主任。

教育背景：城市大学工商管理硕士，伦敦大学经济学博士。

语言：英语、法语。

主要研究领域：国际经济学、应用计量经济学、经济一体化中的贸易和投资政策。第二研究领域：能源经济学、环境政策。

电邮：david.kernohan@ceps.be

Tel：(+32/2) 229.39.36

12. 卡勒尔·兰罗（Karel Lannoo），首席执行官。

教育背景：比利时鲁汶大学现代史与国际关系学士、南希大学欧洲研究硕士。

语言：荷兰语、英语、法语、德语、西班牙语。

主要研究领域：欧洲货币联盟，银行和金融市场，金融市场规范，公司治理。第二研究领域：零售金融与消费信贷，欧洲商业政策。

电邮：klannoo@ceps.be

Tel：(+32/2) 229.39.65

13. 马迪亚斯·勒文（Mattias Levin），研究员。

教育背景：朗德大学政治学硕士，伦敦经济学院世界经济中的政治专业理学士。

语言：英语、法语、瑞典语。

主要研究领域：银行和金融市场、金融市场规范、地区经济一体化，欧洲货币联盟。第二研究领域：公司治理、欧盟商业政策、贸易和投资。

电邮：mattias.levin@ceps.be

Tel：(+32/2) 229.39.58

14. 克里斯托弗·梅雅（Christoph Meyer），玛丽·居里研究员。

教育背景：科隆马克斯—布朗克社会研究所博士研究人员，剑桥大学大多里斯蒂学院国际关系专业博士。

语言：德语、英语、法语。

主要研究领域：政治信息与民主、共同外交和安全政策。第二研究领域：欧盟内的经济政策协调，一体化和欧洲化理论。

电邮：christoph.meyer@ceps.be

Tel：(＋32/2) 229.39.34

15. 海伦·莫里斯（Helen Morris），玛丽·居里研究员。

教育背景：加拿大蒙特利尔女王大学政治学学士，伦敦大学当代俄罗斯和东欧研究硕士学位，牛津圣·安东尼学院国际关系博士。

语言：英语、法语、德语。

主要研究领域：欧盟少数民族政策。第二研究领域：欧盟扩大、司法与内务。

电邮：helen. morris@ceps. be

Tel：(＋32/2) 229.39.42

16. 洁甘娜·罗切瓦（Gergana Noutcheva），研究人员。

教育背景：利默里克大学欧洲一体化硕士，现正在匹兹堡大学攻读国际关系学博士。

语言：保加利亚语、英语、法语、俄语。

主要研究领域：东南欧，欧盟扩大。第二研究领域：大欧洲政治经济，欧盟外交政策、欧盟政治。

电邮：gergana. noutcheva@ceps. be

Tel：(＋32/2) 229.39.53

17. 安德利斯·施耐德（Andreas Schneider），研究人员。

教育背景：佩思西澳大利亚大学农业科学理学士，伦敦大学外尔学院农业经济学理学硕士，伦敦大学外尔学院农业经济学博士。

语言：德语、英语、法语。

主要研究领域：农业政策，农业贸易和自由化，农业劳工，农业政治。第二研究领域：农业政治经济学与大欧洲，欧盟与其他农业集团的关系，欧盟扩大及对农业的影响。

电邮：andreas. schneider@ceps. be

Tel：(＋32/2) 229.39.83

三、主要活动

（一）研究网络管理

欧洲政策研究中心管理着多个研究网络：

1. 欧洲经济政策研究所网络，其成员是来自欧盟 25 个成员国的 23 个领先研究所。

主要活动：会议、老龄化、健康及税收体系的合作研究。研究经费主要来源于欧盟拨款及会费。

Website：www. enepri. org

2. 欧洲农业和乡村政策研究所网络，其成员是来自欧盟 25 个成员国的 13 个领先研究所。

主要活动：研讨会，不定期出版一些文件及政策评介。经费来源于欧盟。

Website www. enarpri. org

3. 欧洲自由与安全，其成员来自欧盟国家的 20 多所大学、研究所及个人。

主要活动：大会、研讨会、出版《工作文献》等。研究经费来源于欧盟拨款。

Website：www. eliseconsortium. org

4. 欧洲政策研究所网络，来自欧盟成员国及候选国的 30 个研究所。

主要活动：在布鲁塞尔和国家层面举行定期会议。出版《工作文献》、《联合立场论文》等。经费来源于欧洲政策研究中心的自有资金。

Website：www. epin. org

5. 气候战略，其成员包括 45 个研究机构和一些政策研究人员。

主要活动：研讨会、出版《政策简报》、《工作文献》等。经费来源于政府捐款和基金会资助。

Website：www. climate－strategies. org

6. 欧洲安全论坛，其成员是来自 20 个国家的 70 多位专家和官员。

主要活动：在布鲁塞尔举行定期会议，出版《工作论文》。经费来源于欧洲政策研究中心的自有资金及北约和美国驻欧盟使馆。

Website：www. eusec. org

7. 欧洲信贷研究所，这是由欧洲政策研究中心管理的法人实体。其成员包括 12 个消费信贷金融机构。

主要活动：研讨会、收集研究数据、出版《研究报告》、《新闻简报》。经费来源：会员会费。

Website：www. ecri. be

（二）组织专责任务小组进行专项研究

专责任务小组是为欧洲政策研究中心的企业会员及欧盟机构、欧盟成员国和联系国的高级官员专门设立的，通常每个专责小组一年召开 4 次会议，解决某一特别的工业、金融或规则问题。

专责小组的独特之处在于它将工商业界的领导人和欧盟委员会、欧洲议会、成员国政府、国际组织和权威的专家学者集中在一起，就共同关心的问题进行交流。研究小组的最终成果是《专门小组报告》，由欧洲政策研究中心出版并送到欧盟委员会、理事会和欧洲议会有关政策制定者手中。经验表明，这些报告对欧盟的政策制定非常有影响力。

专门任务小组联系人：欧洲政策研究中心副主任、企业联络处主任斯泰芬·杰奈克。

电邮：staffan. jerneck@ceps. be

Direct line：+32 2 229 39 10

Direct fax：+32 2 229 39 22

Mobile：+32 475 903 924

（三）国际顾问理事会年度会议

欧洲政策研究中心国际顾问理事会每年都会邀请一些来自欧盟各机构、成员国、工商业及学术界的著名人士与会，就欧盟当前最关键性的问题进行讨论。在 2003 年的会议上，顾问理事会讨论了三个主要议题：新的欧洲宪法、如何管理欧盟新的边界、欧美之间的紧张关系。

（四）午餐会议

午餐会议主要是为欧洲政策研究中心的会员准备，2003年约召开了40次会议。在研究中心给会员提供的服务中，这是最受欢迎的一种活动，参加者包括外交官、欧盟官员、学术界人士、企业会员和其他会员等，参加者主要是就一些感兴趣的问题进行非正式讨论。

此外，欧洲政策研究中心每年还举办次数不等的特别大会和研讨会。

四、主要出版物

（一）平装本

欧洲政策研究中心的权威专家就欧洲公共政策领域中的一些重要问题所进行的分析和评论。其读者是欧盟政策制定者、政府官员和公司管理人员。所有文章在发表之前都经过欧洲政策研究中心以外的专家的评审。

（二）《专题论文报告》

就某一重要问题而设立的专门任务小组在经过反复的讨论、分析后所得出的结论和对策建议。

（三）《工作文献》

在这一文献里，欧洲政策研究中心工作项目的进展情况会得到反映，并以此激发这一领域的讨论。

（四）《新闻简报》

每月一期，主要刊载欧洲政策研究中心的新闻及下一阶段的日程安排。

附：欧洲政策研究中心的会员制

欧洲政策研究中心的会员分为 4 类：

1. 企业会员

此类会员主要是：大捐款者、跨国公司、银行、大型咨询公司。年费：最低 12000 欧元，按公司的规模酌量增加。

2. 商务会员

此类会员主要针对雇员在 5 人以下的小业主。年费 1400 欧元。

3. 机构会员

此类会员指使馆、代表团、协会、工会及其他非赢利性团体或组织。年费：职员在 5 人以下的代表团或使馆年费 500 欧元；超过 5 人的年费 1400 欧元；超过 15 人的会费可以协商。

4. 个体会员

此类会员主要指学者、记者、政治家、政府官员及退休的公司经理人员。年费：500 欧元。

欧洲政策研究中心的企业会员项目重点在于欧盟政策与公司发展战略的关联，商业会员项目重点在六个方面：金融市场、能源与环境、网络产业与基础设施、农业、规则与竞争、贸易与投资。

欧洲政策研究中心给企业会员提供的服务：对欧盟政策进行及时的分析和评论；直接与欧盟的决策者进行接触并有机会参与欧盟的决策过程；设立专门小组就会员提出的问题进行研讨并提出报告；参加会员与欧盟官员的早餐会；会员能有机会接触中心的研究人员并将在全年得到中心的所有出版物。

核心圈会员：有些企业会员可以成为中心的核心圈会员，他们可以参加欧洲政策研究中心的顾问理事会国际会议，还可参加列支敦士敦大会，这个会议主要讨论欧盟与中东欧国家的关系，并特别关注扩大进程。还可参加欧洲政策研究中心的董事会会议。

其他非企业会员可以参加位于布鲁塞尔的午餐会，在参加欧洲政策研究中心组织的会议时在会议费用上可享受五折优惠，在购买中心出版物上可享受 3 折优惠。

图书在版编目（CIP）数据

欧洲思想库及其对华研究/中国现代国际关系研究院．—北京：时事出版社，2004

ISBN 7－80009－833－8

Ⅰ．欧… Ⅱ．中… Ⅲ．①政治－中国－研究 ②经济－问题－中国－研究 Ⅳ．①D61 ②F120．2

中国版本图书馆 CIP 数据核字（2003）第 087870 号

出 版 发 行：时事出版社
地　　　址：北京市海淀区万寿寺甲 2 号
邮　　　编：100081
发 行 热 线：（010）88547590　88547591
读者服务部：（010）88547595
传　　　真：（010）68418647
电 子 邮 箱：shishichubanshe@sina. com
网　　　址：www. sspublish. com
印　　　刷：北京百善印刷厂

开本：787×1092　1/16　印张：31. 625 字数：450 千字
2004 年 10 月第 1 版　2004 年 10 月第 1 次印刷
定价：65. 00 元